高等学校公共管理类系列教材

U0949725

社会保障学

第二版

主　编　王德高
副主编　张秀丽　熊宇虹

Social Security

WUHAN UNIVERSITY PRESS
武汉大学出版社

图书在版编目(CIP)数据

社会保障学/王德高主编 .—2 版.—武汉：武汉大学出版社，2018.7
(2023.7 重印)
高等学校公共管理类系列教材
ISBN 978-7-307-20189-7

Ⅰ.社… Ⅱ.王… Ⅲ.社会保障—高等学校—教材 Ⅳ.C913.7

中国版本图书馆 CIP 数据核字(2018)第 098206 号

责任编辑:范绪泉　　责任校对:汪欣怡　　版式设计:韩闻锦

出版发行：**武汉大学出版社**　(430072 武昌 珞珈山)
(电子邮箱：cbs22@ whu.edu.cn 网址：www.wdp. com.cn)
印刷:湖北恒泰印务有限公司
开本:720×1000 1/16 印张:22.5 字数:402 千字 插页:1
版次:2010 年 2 月第 1 版 2018 年 7 月第 2 版
2023 年 7 月第 2 版第 8 次印刷
ISBN 978-7-307-20189-7 定价:45. 00 元

版权所有，不得翻印；凡购我社的图书，如质量问题，请与当地图书销售部门联系调换。

第二版前言

由武汉大学立项并支持编写的《社会保障学》自2010年问世以来，得到了读者们的广泛认同和好评，为许多高等学校和科研机构所采用，也成为许多社会图书馆的馆藏书，已经重印多次。但毕竟时间已过去7年了，在这期间社会保障理论在发展，社会保障相关制度的改革在深入和完善，社会保障法规在出台和完善，社会保障政策在推出，社会保障实践在丰富。读者们也提出了不少修改、完善的建议。本着对读者的负责和尊重，对学科、理论的负责和敬畏以及不断探索、与时俱进的精神，由主编王德高教授和张秀丽老师对该书进行了全面修订，修订的原则是：保持原章节基本不变（因为原章节设置科学、完整、合理、实用），重点对社会保障制度的改革与创新、新的政策法规、社会保障理论与政策的改革、创新和发展趋势等进行了修订和补充。

诚望读者们一如既往地关注和支持，并把你们的意见和建议转告给我们，以便再次修订时作为重要的参考依据。谢谢！

王德高

2018年夏于广州

第一版前言

社会保障制度是伴随生产社会化和市场经济体制的逐步形成建立、发展起来的，已经有100多年的历史了。由于它对经济发展、社会稳定有重要的促进作用，是现代国家和文明社会的标志，当今世界上所有的市场经济国家，都毫无例外地把实施和完善社会保障制度作为自己的基本国策之一。

《社会保障学》以社会主义市场经济体制为背景，贯彻以人为本、构建和谐社会的基本理念，重点阐释社会保障的基本制度、基本理论、基本概念、基本技能、方法和实务等知识点。

本书的主要特点和优点在于：第一，介绍了有关社会保障理论各流派的基本理论观点；第二，构建了社会保障比较完整的实用的知识体系；第三，注重了对我国社会保障制度的改革和实践活动的指导作用，有利于促进和推动我国社会保障制度的建立、健全与完善；第四，吸收了国内外最新研究成果；第五，探讨并预测了我国社会保障制度的改革与发展趋势；第六，通俗易懂，简明扼要。

《社会保障学》一书由主编王德高教授撰写大纲并修改、统稿和定稿。熊宇虹为副主编。本书的作者是：王德高、王飞、王宁、张慧兰、张磊、张浩、张玉、陈丹、肖劲、周秋妮、郑敏慧、姜俊、商敏敏、韩莉丽、熊宇虹（按姓氏笔画为序排列）。

《社会保障学》是集体研究和创新的成果。在该书的研究和撰写过程中，我们参阅了中外许多作者的书籍、论文和资料，将其主要部分附在书后，如果没有这些前期成果，本书的写作是根本不可能完成的。在此，向这些作者们表示最诚挚的谢意！

本书可以作为大学本科相关专业学生的教材，也可以作为理论和实际部门相关工作人员的参考书。

我们深深感到要撰写出一本高质量的书是一件很不容易的事，尽管我们为

第一章
社会保障导论

第一节　社会保障概述

一、社会保障的概念

“社会保障”源于英文“social security”一词，直译为“社会安全”，最早出现于美国1935年颁布的《社会保障法案》。1938年，“社会保障”一词又出现于新西兰的一项法案中。1941年，《大西洋宪章》也使用了“社会保障”一词。1944年，第26届国际劳工大会发表《费城宣言》，国际组织开始正式使用社会保障概念。社会保障逐渐成为以政府或社会为责任主体的福利保障制度的统称。1986年，我国《国民经济和社会发展第七个五年计划》中首次提出“我国将逐步地建立起具有中国特色的社会保障制度的雏形”，“社会保障”一词在我国开始广泛使用。

社会保障是现代国家和文明社会的标志。世界上许多国家，尽管社会经济制度的具体模式不同，但无不把社会保障作为政府的主要职能之一。建立和完善社会保障制度，不仅为社会成员提供了可靠的安全保障，而且能保障经济、政治和文化的高速发展。社会保障作为一项社会公益事业，关系着全体社会成员的安居乐业，国家和社会有责任通过立法形式对全体公民的基本权利给予保障，并使之制度化。但是，由于各国国情不同及政治、经济、传统文化、社会伦理道德等因素的影响社会保障制度在实践中差异很大，对社会保障的认知和理论界定存在差异。

如果要深入而准确地理解什么是社会保障，则需要了解已有的经典观点。

（一）几个主要国家对社会保障概念的界定

德国是最早由国家为公民提供社会保障的国家。德国的社会保障遵循的是特殊性原则，强调个人本身必须有动机保护自己，防备生活的风险，换言之，社会保障的作用是在社会需要的情况下支持个人。社会保障就是社会公正和社会安全，是为因年老、疾病、残疾等原因而丧失劳动能力或遭遇意外而不能参与市场竞争的人及其家人提供的基本生活保障，其目的是通过保障使之重新获得参与竞争的机会。在德国，是依据社会市场经济理论来理解社会保障的，把社会保障看作为社会竞争中失败而又失去竞争能力的人提供的基本生活上的安全措施。

在英国，社会保障是一种以国家为主体的公共福利计划，旨在保护个人及家庭免除因失业、年老、疾病或死亡而在收入上所受的损失，并通过公益服务（如免费医疗、生活补助）以提高其福利。社会保障包括：社会保险计划、保健、福利、失业和各种维持收入的计划，遵循的是普遍性原则，其目标被规定为消除贫困，基本含义是在国民失业、疾病、伤害、年老以及家庭收入锐减、生活贫困时予以生活保障，当公民因特定的原因收入中断或减少或有某种特殊需要时，给予其本人及其家庭的国家经济保障。

美国对社会保障的理解介于英国和德国之间，把社会保障作为“社会安全网”，是对国民可能遭遇到的各种危险如疾病、年老、失业等加以防护的社会安全网。社会保障是根据政府法规构建旨在避免公民因退休、疾病、失业、伤残等原因而中断或者丧失收入来源，并为公民提供因结婚、生育和死亡引起的特殊开支以及抚育子女的家庭津贴的保障体系。在美国，社会保障起初仅限于对老人、残疾者及遗属的生活保障，后来扩展到多样化的社会保险和家庭津贴。

苏联一直以马克思有关“必要劳动”和“剩余劳动”的理论以及列宁关于“最好的工人保险形式就是国家保险”的理论为基础，把社会保障当做一种分配关系体系，是依靠社会为因年老、疾病、残疾等原因而丧失劳动能力，或因某种原因需要物质帮助的公民提供生活保障的分配关系体系。

上述各国对社会保障的理解有一定的差异，但基本上认为社会保障是对社会成员最低生活水平、基本生活权利予以保障，它需要通过立法建设，由国家具体实施。

（二）有关国际组织对社会保障概念的界定

1942 年，国际劳工组织认为社会保障是通过一定的组织对这个组织的成员所面临的某种风险提供的保障，它为公民提供保险金，并预防和治疗疾病，在一个人失业时帮助他重新找到工作。

国际劳工局亚太地区局在《社会保障的原理与实践》一书中认为，社会保障可以被理解为一个社会在出现规定的意外事件或在规定的情况下向其成员提供的保护，其目的是：尽可能防止收入丧失或收入锐减的意外出现；当意外确实发生时，尽可能提供医疗或对引起的经济后果提供财政保护；尽可能为遭遇意外者的身体康复和职业恢复提供便利；尽可能为抚养儿童提供福利待遇。

这两个定义的基本内涵和上述几个国家的基本观点是近似的，只是在社会保障的责任主体上补充了“社会”或“组织”，使社会保障的责任主体更加完整。

（三）我国关于社会保障概念的界定

1. 内地学者对社会保障概念的界定

我国在 1986 年第六届全国人民代表大会第四次会议通过的《国民经济和社会发展第七个五年计划》中首次使用“社会保障”一词，把社会保障作为一个总概念，下面并列提出社会保险、社会福利、社会救助、医疗卫生失业、优抚安置工作等具体项目。结合我国的具体情况和现代社会保障的特点，可以把社会保障定义为：国家或社会通过立法和采取行政手段对国民收入进行再分配，以社会消费基金的形式，向因年老、疾病、伤残、死亡、失业及其他不幸遭遇的发生导致生存出现困难的社会成员给予一定的物质上的帮助，以保证其基本生活并提高生活水平权利的措施、制度和活动的总称。

这一定义包括以下几层含义：

（1）实施社会保障的责任主体是国家，或者说是代表国家的政府。国家代表着统治者的意志和利益，对社会管理具有最高行政权力，政府是各级国家权力的行政机关，对公民基本生活实施保障是国家和政府不可推卸的责任，也只有国家才能通过国民收入再分配对全社会实行生活保障。社会保障是法律赋予公民的权利。

（2）社会保障的对象是全体社会成员，特别是因特定原因遭遇而暂时或永久丧失劳动能力者、失业者、生活陷入贫困者及无依无靠者等社会成员。

（3）社会保障的目标是满足社会成员的基本生活需要，从而实现社会稳定和公平。

（4）社会保障既是一种社会行为、一种社会经济制度，也是一项社会事业，还是一种社会政策。在现代社会，社会保障还是政府调控宏观经济运行的重要手段。

2. 港台地区对社会保障概念的界定

港澳和台湾地区与我国大陆在社会保障认知与实践方面都存在着分歧。我国港台地区强调政府责任，社会保障是政府为保障国民最低生活需求所采取的一系列措施；港台地区习惯使用社会福利概念，强调大福利，其特色是社会服务这一块的发展。

在香港特别行政区，社会保障被看作以政府为责任主体向国民提供的福利：包括综合保障援助计划、公共福利金计划、暴力及执法伤亡赔偿计划、交通意外死亡援助计划及灾民紧急救济等。在中国台湾地区，社会保障一般译作"社会安全"。在我国台湾学者看来，社会保障既是社会安全制度，又是社会经济制度，其本质是保障国民经济的安全与国民生活的幸福；社会保障是国家以社会救助、社会保险及其他公共服务的方式，对国民遭遇危险事故导致失能、失依的人给予健康保障、职业保障及收入保障的制度。

二、社会保障的本质

社会保障的本质是一种社会福利。因为，社会保障由国家来主办，是为了补偿现代社会中被削弱的家庭和企业保障功能，是家庭保障、企业保障逐渐解体的结果。当劳动者保障由分散走向集中，由家庭、企业走向社会时，国家作为全社会的总代表，责无旁贷地担当起组织劳动者保障的责任。当然，这个转变不是偶然的，它深刻反映了由小生产向社会化大生产飞跃的实质，体现了经济发展的内在要求。所以，社会保障具有社会性的特点，其主要目的是在社会劳动者面临生、老、病、死等方面困难时向其提供帮助，其本质是社会福利事业。

三、社会保障的特征

社会保障的特征是多方面的，基本的、重要的特征可以归纳为以下几点：

（一）社会性

社会性指的是社会保障是国家在全社会范围内普遍实施的一种社会制度。它是就社会保障在覆盖范围、保障对象、制度目标、资金来源和使用方向等方面的特征而言的。社会保障的社会性表现在以下几个方面：

（1）实施范围的社会性，即社会保障是国家在全社会范围内统一实施的社会经济制度，完善的社会保障制度的对象应该涉及全体社会成员。这样，筹集到的基金规模就越大，抵御风险的能力也就越强，从而能让更多的社会成员从社会保障中获益。

（2）资金来源和使用上的社会性，即社会保障是国家在全社会范围内统一筹集基金的，国家通过征收社会保障税或社会保障费的形式从全社会的各个方面筹集社会保障基金；同时，社会保障基金的使用也具有社会性，它是由国家按照全社会统一的标准和方式安排的。其中社会保障基金中的社会统筹部分是由国家按照社会需要统一调剂使用的，带有明显的社会性质。

（3）制度目标的社会性，即国家和政府代表社会的共同利益制定社会保障制度，其实施目标是通过社会保障来满足社会成员的基本生活需要，实现社会福利最大化，促进社会的稳定和和谐发展，促进社会公平目标的最终实现。

（二）福利性

社会保障的福利性表现为它是一项社会福利事业，并不是以营利为目的。在对被保障的社会公民给予资金支付的同时，还提供医疗护理、伤残康复、教育培训、职业介绍以及各种社会服务。受保障的个人一般不直接交付全部保障费用，而是由实施的社会保障部门统一筹集经费，既有来自于政府财政的部分，也有企业和个人缴纳的部分，还包括社会各方面的捐赠。所以说社会保障具有福利性特征。

（三）互济性

社会保障是国家按照经济发展水平和承受能力，对社会成员给予基本生活保障的一种社会经济制度，必然具有互济性。所谓互济性是指人们在社会生活中互相接济，包括自发的以及非正式的相互帮助和有组织的参与者之间的利益合作。在市场经济条件下，社会成员的初始分配并不公平，有的较富裕，有的较贫困；有的家庭负担重，有的家庭负担轻，从而使不同的社会成员对社会保障项目的需求产生差异。社会保障制度通过社会保障基金的筹集和分配，在一定程度上矫正了这一社会缺陷，保证了每个社会成员的基本生活需求。每一个社会成员既为他人提供物质帮助，又享受他人为自己提供的物质帮助，充分体现了人类互济互利的精神。

（四）公平性

社会保障的公平性主要体现在社会成员享受社会保障待遇的权利和机会是均等的。任何一位社会成员，当其基本生活发生危机时，都有获得社会保障的机会和权利，而且获得的帮助是基本均等的。由于市场经济带来收入分配的两极分化，需要社会保障制度来加以调节，维持平衡，实现公平，避免其对市场经济本身的正常运转产生消极影响。社会保障对于弥补市场分配的缺陷、缩小社会成员之间的收入差距、保证社会公平目标的实现等的作用是不可替代的。

（五）强制性

社会保障的对象、内容、方式、方法等都是由国家规定的，并依法强制实施。每一位社会成员都应依法参加社会保障，依法履行义务，并依法享受权利。社会成员在参加保障的项目、享受保障待遇方面没有自由选择权，社会保障机构也不能拒绝给予社会成员应该享受的权益，不能随意改变保障项目的标准。社会保障基金的筹集过程也是在国家有关法律和制度的规范和保证下强制进行的，这种强制性是社会保障基金筹集过程顺利进行的重要条件，也是整个社会保障行为过程顺利完成的重要条件。

第二节　社会保障的原则、地位和功能

一、社会保障的基本原则

社会保障的原则是指导和规范社会保障行为过程，处理和协调社会保障制度实施过程中各种关系的准则。社会保障原则确立的依据是社会经济运行和国民收入分配的一般规律，以及社会保障活动的特殊规律，它反映这些规律对社会保障运行过程和结果的规范性要求。在不同的历史时期，社会保障原则要求的侧重点又有所不同，体现和实现原则的方式也不一样，认识和把握这些差异，才能在实践中正确贯彻社会保障的原则，使原则能始终体现客观规律的要求，并在实践中得到遵从，真正起到规范社会保障行为的作用。

（一）公平原则

公平是政府追求的一个重要目标，也是政府行为中的重要原则。公平原则要做到起点公平、过程公平、结果公平的统一，主要体现在以下方面：保障对象的公平，即不论受保障者的身份、地位、性别、职业、民族、种族，只要是该国的合法公民，均应得到平等的社会保障权益，也就是“起点公平”；保障过程的公平，即社会保障减少了风险给人们带来的损失，使遭遇风险的社会成员得到继续生存和发展的机会，做到“过程公平”；保障待遇的公平，即社会保障只保证公民的基本生活需求，尽管在待遇水平上有所差别，但社会保障的收入再分配功能已使初次分配的差距缩小，从而保证了公平性，也就是“结

果公平”。

我国改革前的社会保障制度，是以公有制经济单位（城镇企事业单位与农村人民公社和生产大队）为实施单位，以国家财政兜底为特色的“单位”保障。按照国家规定的社会身份如干部、工人、农民等，实行差别化的保障待遇。单位保障制度是计划经济体制的产物，与国有企业的性质密切相关，这种保障制度的实施造成平均主义和“大锅饭”现象，缺乏竞争力。改革开放后，单位保障制度越来越不适应企业竞争和劳动力流动的要求，需要建立独立于企业之外的社会化保障制度。目前建立的新型社会保障制度不仅促使职工从“单位人”转变成“社会人”，而且制度本身兼顾保障范围、水平和程度上的公平性。因此，新的社会保障制度资金的筹集要从单一主体走向多元化，保障待遇与贡献相联系，而不是与身份挂钩。在社会保障实践中，更多地关注弱势群体的利益，缩小贫富差距，维护社会公平正义。目前，在制度设计和实践层面提出建立覆盖全民的社会保障体系，让全体国民普遍享受社会保障，都是体现了社会保障的公平原则。

（二）与经济发展水平相适应的原则

这一原则也称为适当原则，是指社会保障的项目设置、适用范围、支付标准等应与国家的经济发展水平和承受能力相适应。社会保障水平过低，不能很好地保障公民的生活，不利于社会稳定与发展，也降低了劳动者的积极性，最终会影响社会稳定，对社会经济发展产生负面影响。如果社会保障水平过高，社会保障支出增长过快，会造成国家负担过重，影响经济发展和竞争力。社会保障具有刚性，保障标准一旦确定，就只能升不能降。一定时期社会保障水平是否适度，主要受以下几方面因素制约：

1. 一定时期的社会生产力水平

社会保障所需的物质财富是社会总财富的一部分，因此，社会保障水平的高低受到一定时期社会财富创造能力的制约，如果社会保障水平过高，超过了社会生产力水平所能提供的物质条件，社会保障就会成为无源之水。

2. 一定时期的消费水平

消费水平通常表现为消费物价指数。由于社会保障支出一般用于低收入者和生活有困难者，这部分支出大部分就被用于消费品的购买，因此受到社会消费水平制约，如果社会保障标准过低，满足不了一定消费品价格下受保护者的基本生活需要，则社会保障的制度初衷也就难以实现。

3. 社会伦理道德标准

社会保障首先要保障社会成员的最低生活需要，保护其基本生存权利，但最低生活需要并不能以满足最低生存需要为标准，还要考虑社会伦理道德的要求。

（三）权利与义务对等原则

权利与义务是一对紧密联系的范畴。公民要享受权利就必须承担一定的义务，在履行一定义务之后就应享受保障的权利。公民既是权利的主体，也是义务的主体，所以权利与义务是不可分割的。在现代社会保障制度中政府、单位和个人是社会保障的主体。政府是社会经济生活的组织者，享有管理国家事务的权利，同时承担保障社会成员基本生活的责任；企事业单位有权从在业劳动力等资源获得经济和社会效益，同时必须负有为其职工提供一部分社会保障资金的义务；公民个人享有获得基本生活保障的权利，同时承担一部分缴费义务。社会保障的权利和义务是辩证统一的，社会成员认真履行社会保障的有关义务是享受社会保障权利的前提。只有坚持社会保障权利和义务相统一的原则，才能增强社会成员的自我保障观念，强化投保意识，形成政府、单位和个人三方共同承担风险的社会保障机制，建立起正常运行的社会保障制度。

二、社会保障的地位

（一）社会保障是弥补市场经济缺陷的一种手段

市场经济存在着许多缺陷，如调节的自发性、盲目性、信息的滞后性和负外部性。这些缺陷会阻碍社会利益关系的协调发展和良好市场竞争环境的形成。因此，弥补这些缺陷就需要国家适当地干预，而社会保障就是其中一种有效的手段。社会保障属于社会福利公共事业，只能由国家来组织实施，国家通过提供社会救助、失业保险、养老保险，解决市场机制解决不了的问题。

（二）社会保障是社会再生产的保证机制

社会再生产是物质产品再生产和劳动力再生产的统一，劳动力再生产又是社会再生产过程得以顺利进行的保证。一旦劳动力再生产过程发生故障，又不能及时得以排除，必然会危及社会再生产。劳动者的保障对于保证劳动者的身心健康、家庭经济生活的稳定，对于保护和恢复劳动力有重要的作用。因此，社会保障具有保证劳动力再生产的重要作用，是社会再生产的保证机制。

（三）社会保障是经济运行的减震器

在西方发达国家，社会保障对经济发展的调节器作用表现在：在经济萧条时期，失业人数增加，贫困人口增加，社会保障用于失业救济和其他福利方面的支出必然增加。同时，由于失业增加，人们收入减少，意味着社会保障的收入来源减少，那么社会保障的支出会大于收入，或支出的增长大于积累的增长。社会保障支出的自动增加，使国民的货币收入不会大幅度减少，或者维持在一个相对稳定的水平上，从而减少了经济萧条的冲击，成为保证个人消费的手段，从增加需求方面推动经济的发展。反之，在经济繁荣时期，就业人数增加，社会保障用于失业救济、贫困补助以及其他福利方面的支出必然减少。而繁荣时期的国民收入增加，使得社会保障基金积累速度加快，基金数量增加，那么社会保障的收入会大于支出。社会保障支出的减少，在一定程度上相对减少了个人收入，在需求过旺中起到一定的抑制需求的作用。可见，社会保障在宏观层次上，对经济的运行具有“自动调节器”的作用。

在我国，由于社会保障体系还不健全，这种作用还不明显，但从对劳动者进行经济保障的微观层次来看，也可以起到促进经济发展的作用。例如，按照权利与义务对等的原则，把退休养老保障待遇与过去的劳动贡献对等起来，可以调动劳动者的生产积极性，鼓励他们努力工作，从而促进经济发展。又如，通过失业保险，可以使企业的多余人员剥离出来，有利于企业成为真正的经济主体，提高效率，而对失业人员的生活保障和技能培训，可以促进劳动力的合理流动，形成统一的劳动力市场。所有这些，都会促进经济的稳定发展。

（四）社会保障是实现社会公平的调节器和社会发展的稳定器

社会保障在调节个人收入差距、实现收入再分配方面，具有稳定社会的作用。社会保障的效应就是通过对收入较少以致丧失收入来源而发生生存困难的社会成员提供基本的生活保障，从而增强被保障对象的生活保障感、心理平衡感、社会公平感、人际关系密切感和政治上的向心力，为创造一个安定的社会环境和和谐的社会关系提供保证。因此，社会保障是社会发展的一种有效的稳定机制。

三、社会保障的功能

社会保障的功能是社会保障在经济发展中所具有的能力。社会保障的功能在于减少贫困，促进公平，为社会生活提供一个安全、稳定的环境，使社会经济各项活动得以稳定、协调、有序地进行。

（一）社会功能

1. 社会稳定功能

社会保障是国家依法建立的具有经济福利性的国民生活保障和社会稳定系统。社会保障几乎与国家同时产生，具有以国家为责任主体、以稳定社会秩序为基本目的的特征。社会保障以特定的社会问题存在，并需要国家采取社会保障措施来解决为前提条件，以国家财政为经济后盾，由国家统一管理并组织实施，以避免社会成员因各种原因陷入生存困境而产生破坏或报复性行为为目的。例如，20世纪30年代世界性的经济危机，在西方资本主义国家造成大量人员失业，增加了社会动荡不安的因素，西方国家推行包括社会保障措施在内的改良主义政策，缓和了经济危机造成的社会矛盾。因此，也有西方国家把社会保障称为“社会安全网”、“社会减震器”。国际劳工组织在总结各国实施社会保障制度的作用时指出：“没有社会的安定，就没有社会的发展；没有社会保障，就没有社会的安定。”

我国实行经济体制改革，由计划经济体制转向社会主义市场经济体制，将竞争机制引入社会经济活动，政府职能的转变使政府不再在社会成员的生产和活动上包揽一切，经济组织转变运行机制，就业制度进行改革，所有这些都为社会成员确立了竞争日益激烈的环境，增加了社会成员在社会生产和生活中的风险和困难，使社会不稳定的因素增多。如果国家不能妥善地采取措施来抑制和解决这些不稳定因素，社会就会因此而失去控制，进而破坏整个社会经济的发展。所以，要加大推进社会保障的改革进程，为社会成员解决生活之忧，发挥社会保障在维护社会稳定中的积极作用。

2. 社会公平功能

社会公平，是人类追求的最高目标，是社会文明进步的重要标志，是当代社会发展的一个十分重要的方面。一般而言，社会是否公平主要体现在社会成员的收益分配、生活状况等方面。就社会公平本身而言，它包含三方面的含义：起点公平、过程公平、结果公平。

（1）社会保障强调社会成员参与机会的公平性原则。在社会化的社会保障制度实施中，不存在任何特殊阶层，只有建立在权利平等基础上的机会平等，任何社会成员只要符合法律统一规定的条件，不论地位、职业、贫富等均被强制地纳入社会保障范围。社会保障的社会化程度越高，这种机会公平性就表现得越充分。所有社会成员能够在基本生活有保障的条件下，参与社会的公平竞争，在社会发展上做到“起点公平”。

（2）在社会发展过程中，通过社会保障活动，对于遭遇意外灾害而陷入困境的社会成员给予必要的救助，恢复其正常的生活；对失业者提供失业保险和失业救济，进行职业培训，使他们有能力重新参与社会公平竞争；对社会成员的疾病、职业病等提供医疗保险，又能使社会成员迅速恢复健康，重新走上工作岗位等。诸如此类的措施，均表明社会保障能够在一定程度上消除社会发展过程中因意外灾祸、竞争失败及疾病等因素导致的社会不公平，可以维护社会成员发展中的“过程公平”。

（3）社会保障通过调节公民的收入，有利于实现社会成员在发展中的“结果公平”。在市场经济条件下，由于社会成员的资本、劳动技能、身体素质和家庭人口等因素的影响，导致社会成员之间的发展结果不公平，具体表现在收入分配的差异上。贫富差距的产生是市场经济发展的必然现象，但在此基础上产生的贫困现象却是不利于社会稳定发展的严重的社会问题。对此，社会保障所具有的收入再分配功能，能在一定程度上缩小这种发展结果的社会不公平。一方面，社会保障制度的实施需要多方筹集资金，收入高者多缴纳费用，收入低者少缴纳费用；另一方面，通过保险费等的再分配，高收入家庭享受的社会保障待遇少，低收入家庭享受的社会保障待遇多，有些社会保障项目如社会救助，只有生活困难的社会成员才能享受，失业保险也只有失业者才有资格享受等。通过这样的调整，将一部分收入集中起来进行再分配，客观上起到了缩小贫富差距的作用，使社会成员在社会发展中的结果不公平在一定程度上得到了缩小。

3. 促进社会发展功能

社会发展离不开社会保障的发展，社会保障的发展又是社会发展的重要组成部分，这既是社会保障的特殊性质和功能所决定的，也是人类社会发展进程中所表现出来的客观规律。从世界情况来看，越是发达的国家，就越是有发达的社会保障事业，社会发展与社会保障构成相互促进的发展统一体。社会保障能促进社会成员重新认识发展变化中的社会环境，适应社会生活的发展变化；能促进社会成员的物质和精神文化生活水平的提高，使其更有效地为社会工作；能促进社会成员同整个社会的协调发展，促进劳动力市场的发育与成熟；能促进政府有关社会政策的贯彻实施；能促进社会文明的发展。所有这些都表明了社会保障对社会发展的重要作用。

（二）经济功能

社会保障作为政府的一项社会政策和国民收入再分配工具，不仅是经济发展到一定阶段的产物，而且它一经产生，便在经济发展中发挥着十分重要的作用。

1. 平衡需求功能

社会保障通常被称为调节经济的“蓄水池”，具有平衡需求的作用。在经济衰退或萧条时期，失业增加，通过失业给付和社会救助，抑制了失业者收入减少的趋势，增加失业和生活困难的社会成员的购买力，从而刺激了有效需求，促进经济的复苏。在经济繁荣时期，失业减少，社会保障支出相应缩减，社会保障基金的规模扩大，减缓了社会需求的膨胀，使社会总需求和总供给达到平衡。可见，社会保障支出自动地随着国民经济运行变化情况呈反方向变动，调节社会总供给和总需求的关系，自动地平抑经济过热或过冷的现象，是经济发展过程中的“自动稳定器”，促进和保持国民经济良性循环。

2. 国民收入再分配功能

社会保障对低收入阶层给予生活所需的给付，或在老年、失业、伤病、残废等情况发生时，实施必要的收入给付，对市场经济活动所造成的收入分配不均衡进行了再分配。社会保障的再分配功能有两种方式：垂直性再分配和水平性再分配。前者是进行从高收入向低收入阶层的收入转移，后者是在劳动时与非劳动时、健康正常时与伤残时之间进行的所得转移。社会保障正是通过这两种再分配手段来实现对国民收入的再调节，尽量缩小贫富差距，缓和社会矛盾。

3. 调节投融资功能

社会保障的资金是直接来自保险费、财政补贴以及资金运营增值的收入，有较高的稳定性，社会保障资金的运营成为国家调节投资的一大支柱。在发达国家，由于向全体国民征收年金保险费的累计额十分庞大，对于这些国家产业结构的调整起到了很大的作用，成为政府实施经济计划和合理控制的有效手段。在发展中国家，社会保障的这一功能也很明显，许多国家的社会保障基金通过向国家基础设施和重点项目投融资，不仅支持了国家建设，而且保障基金本身增值加快。此外，许多发展中国家还利用社会保障基金向成员个人融资，既有效地利用了基金，又解决了成员个人的困难。

4. 保护和配置劳动力的功能

在市场经济条件下，社会保障是保护劳动力再生产和促进劳动力合理流动及有效配置的重要制度之一。一方面，在市场竞争中，受优胜劣汰规律的支配，必然造成一部分劳动者退出劳动力市场，这部分劳动者及其家属因失去收入而陷入生存危机，社会保障通过提供各种帮助而使这部分社会成员维持基本生活需要，从而保护劳动力的生产和再生产。另一方面，劳动力资源的合理配置是实施市场经济和实现经济增长的重要条件，合理配置劳动力资源需要建立完善的劳动力市场，促进人力资源的合理流动。经济增长的周期性导致劳动力流动存在一定的风险性，通过建立全社会统一的社会保障网络，打破了靠血缘维持的家庭保障格局，超越了企业保障的局限，促进了劳动力的合理流动，实现了劳动力的有效配置。

第三节　社会保障制度的产生与发展

一、社会保障制度产生的条件

社会保障制度的产生离不开一定的经济条件、社会条件以及与之相伴随的理论准备。

（一）经济条件

经济条件就是社会生产力发展到一定水平，社会有一定的剩余产品可供扣除和储存，并且建立一套完整的调节收入分配制度，这是社会保障制度产生的经济条件。生产的社会化是现代社会保障制度产生的经济根源。因为生产的社会化使劳动者在生产过程中所遭到的风险事故增加，于是出现了疾病、伤残、事故、养老等社会保险问题。同时，生产社会化过程中的机械化程度的提高也加速了失业人数的增长，这些在资本主义社会已成为一个严重的社会问题，这些问题迫切要求实行社会保障制度。

生产社会化的发展所引起的家庭结构的变化要求实行社会保障制度。在农业社会中，以农业、手工业为主体的自然、半自然经济居主导地位。家庭既是消费单位也是生产单位，又具有教育、养老等功能，与当时的经济体制相适应，因此家庭保障成为劳动者和社会其他成员遭遇不幸的保护伞。在生产社会化条件下，机械化的高效低成本的大生产彻底击垮了以家庭为基本生产单位的自然经济基础，而家庭的职能也变为单一的消费单位，家庭的保障功能大大减弱，因此便产生了保障社会化的要求。

市场经济发展的周期性规律也要求实行社会保障。现代工业化的进程，伴随着市场经济的发展。市场经济按照价值规律运行，在价值规律的作用下，一方面促进了经济的发展，社会生产力水平提高；另一方面又必然扩大分配上的差距，优胜劣汰必然造成一部分企业破产、人员失业。这些就造成了效率与公平之间的矛盾。为了缓和矛盾，缓解市场经济所产生的不良影响，采取社会保障这种补充性分配机制有其特殊作用。

此外，生产的社会化和市场经济的发展，有力地促进了社会生产力的发展，使社会财富大量增加，为社会保障的产生与发展提供了物质基础，从而使现代社会有经济实力建立起社会保障体系。

（二）社会条件

社会条件是不同社会制度变革和新旧体制变革，以及同一制度下不同社会成员之间的利益调整和冲突的不可避免性所要求的。生产的社会化和市场经济的发展只是社会保障制度产生的可能性条件，可以说，工人阶级的坚决斗争是把社会保障制度产生的可能性变为现实的决定性因素。随着机器生产的进一步扩大，资本家为了剥削更多的剩余价值，必然日益加重劳动者的工作强度，造成了劳动者常常受到生、老、病、死、伤残、失业的威胁，工人为争取社会保障，与资产阶级的斗争日益激烈。资产阶级为了缓和社会矛盾，维护统治，保护资本家攫取高额的剩余价值，总是对工人阶级的斗争采取镇压和安抚的政策。而社会保障正是安抚政策的一种具体措施，这种措施是维护资产阶级自身利益和资本主义制度的“安全网”、“减震器”。现代社会保障制度产生于19世纪80年代，正是工人阶级斗争的结果。

（三）思想理论

理论来源于实践，先进的理论也是改革的先导，社会保障的理论是推进其不断发展的另一个重要条件，广泛的政治舆论促进了社会保障的发展。在现代社会保障制度产生以前，就存在着朴素的社会保障思想，进入工业化社会以后，西方资产阶级的福利经济学理论和马克思列宁主义理论，都对现代社会保障制度的建立和发展起到了指导和推进作用，成为社会保障事业发展不可缺少的先导。

二、社会保障制度的发展

（一）社会保障制度的早期发展

社会保障制度的最早萌芽可以追溯到原始社会的氏族保障、奴隶社会的主从保障和封建社会的家庭保障。

在原始社会，生产力水平低，消费品不足，产生了平均分配、共同消费劳动成果的必然性。为了保证部落的存活和延续，建立了重点制的氏族部落保障原则，表现在氏族成员在消费品分配和消费的次序安排上，先是有劳动能力的成年男子，其次是成年男子的妻子，最后是没有劳动能力的老人和孩子。这种原始的保障形式的基本原则是：个人保障需求与群体保障需求是高度统一的；生产目的与保障目的是高度统一的；保障的手段是单一的，全部社会产品都拿来统一分配，不允许氏族部落的首领独断专行，多则同饱，少则同饥。由于受极低的生产力水平限制，氏族保障的范围极为有限。

在奴隶社会，生产力水平有了一定程度的提高，劳动产品有了剩余，但是这时阶级的分化使劳动者失去了人身自由和独立性，成为奴隶主的占有对象，处于被统治地位。奴隶的生活保障成为奴隶主如同保养农具和喂养牲口的生产需要，奴隶的生活保障完全由奴隶主负责。这种形式就是主从保障。

在封建社会，自然经济占统治地位，家庭既是生产单位，又是消费实体，是组织生活和育幼养老的基本单位，其功能是全方位的。在小生产的条件下，劳动力的再生产和保护，以及对丧失劳动能力者的赡养，都是由家庭亲属负责。家庭保障成为这一时期经济保障的主要形式。

当然，从现代社会的观点来理解，氏族保障、主从保障和家庭保障不能被认为是一种社会保障。在前资本主义的阶级社会，也存在少量的、由统治阶级实施的保障活动，可以视为现代社会保障的雏形，表现为：

1. 国家进行的救济保障

国家通过征税或征粮，取得一部分社会积累，在发生重大灾害事故、局部地方的生产处于停顿或崩溃的情况下，以国家形式进行救济。如约公元前2500年，巴比伦国王命令僧侣、官员及村长收取税款作为救济灾害的损失；在我国的宋代，设常平仓、惠民仓、福田院、广惠仓，用于养老、恤孤、济贫等；元代设养济院，收养“诸鳏寡孤独、老弱病残、穷而无靠者”；清代举办社仓、义学、施医局等。

2. 社会上的慈善救济和互助保障

如在中世纪的欧洲，教会举办学堂，掌管慈善事业；中国一些封建地主和乡董士绅以及佛门、教会也通过办义社和临时性的施粥、施衣等方式来施舍行善。

这些社会保障的雏形具有随意性和不平等性。所谓随意性表现为济贫行为没有具体的项目和标准，不平等性表现为这些保障形式是统治者为了其统治需要而向被统治者“施舍”的恩赐。

（二）现代社会保障制度的形成和发展

现代社会保障制度的形成和发展过程可以分为以下几个阶段：

1. 萌芽阶段

现代社会保障制度萌芽阶段的标志是英国在19世纪上半叶颁布的新《济贫法》，它使社会保障体系的最低层次的措施即社会救助第一次采取立法形式公之于世。

新《济贫法》是从17世纪初的旧《济贫法》伊丽莎白女王当政时期，英国于1601年制定了《济贫法》。与1834年《济贫法》相对应，1601年《济贫法》又称旧《济贫法》。发展而来的。旧《济贫法》的救济对象是有劳动能力但没工作的人、无劳动能力的贫民和无依无靠的孤儿。它把济贫仅仅看做富人对穷人的恩赐，不承认社会救济失业是一种社会义务和责任，不承认需要社会救助是公民的一项基本权利，不承认从事社会救助需要专门的方法、专业知识和专业人员。旧《济贫法》的出现，表明当时的英国统治者意识到了贫困和失业的危险，因此需要由政府采取一些措施来缓和因这些问题而导致的社会矛盾。

19世纪上半叶颁布的新《济贫法》的性质和特征不同于旧《济贫法》，它第一次强调了需要社会救助是公民的一项权利，国家和社会对公民实施社会救助是其应尽的义务，是一项积极的福利措施，要求经过专门训练的社会工作人员从事此项事业。新《济贫法》规定救济资金主要来源于地方税，济贫事务仍然由地方与教区共同负责。受助者通过严格的财产审查，在有确切的资料证明其生活无保障时，才能住进济贫院，济贫院实行严格的管理；受助者被取消选举权，丧失政治自由；受助者必须禁闭在贫民习艺所，不得外出，丧失个人自由。

虽然新《济贫法》以受助者的不平等为前提，不能预防贫困，存在侮辱性的限制条件等，但也有其自身的意义：它标志着社会保障制度在政府的积极干预下，开始进入法制化、专业化的新时期。

2. 形成阶段

现代社会保障制度诞生的标志是1883年俾斯麦执政的德国政府颁布的《疾病社会保险法》，作为社会保障制度的基本项目——社会保险出台，从此，现代社会保障制度开始形成。

德国是最早以立法形式推出社会保险计划的国家。1881年威廉一世颁布了一个阐述社会保险和社会救助的必要性的诏书，要采取若干“保护”的社会措施，推行社会改革，被称为德国社会政策的“大宪章”。在社会改革的旗号下，德国在1883年制定并颁布了世界上第一部社会保险法——《疾病社会保险法》。随后，在1884年又颁布了《工伤事故保险法》，1889年颁布了《老年和残障社会保险法》，并于1911年将上述3个法律确定为德意志帝国统一的法律文本，另增《孤儿寡妇保险法》，成为著名的《社会保险法典》，史称“帝国社会保险法典”。1923年和1927年，德国又先后制定了《帝国矿工保险法》、《职业介绍和失业保险法》。这些法令的颁布标志着世界上第一个完整的社会保障体系的建立，社会保障制度由此诞生。

德国不是当时世界上最发达的国家，之所以首先推行社会保险制度，并非出于人道原因，而是出于政治策略的考虑，是为了满足政治斗争的需要自上而下产生的，是国家统一、社会安定的需要，同时，也是顺应历史潮流，为调和无产阶级和资产阶级的冲突，调和劳资关系，巩固政治统治而建立的。

从德国最初推出的社会保险法案来看，它为当今多数国家实行的投保资助的社会保险制度奠定了基础，提供了基本原则，即：劳动者因风险失去收入的必须获得一定程度的补偿；雇主负担工伤社会保险的全部资金来源；社会保险实行强制推行的投保原则；国家、工人和雇主三方为绝大多数社会保险项目分摊保险资金；投保费比例实行等比制和级差制；退休金按退休年限计发；医疗服务一律免费；社会保险制度只覆盖从事经济活动的劳动者；劳动者必须达到一定的年限；享受保险待遇需具备一定的条件。这些原则归纳起来有四个方面的特点：一是强调劳动的重要性，劳动者的劳动权利受宪法保护；二是保障对象不是全体国民和救济的贫困者，而是劳动者；三是强调权利和义务相对应，即缴纳保险费与所得待遇标准是相联系的，劳动者能够得到多少保险金与他劳动时间的长短及缴纳费用的多少和时间的长短有关，但并非完全对等；四是强调国家立法强制实施，体现法律的强制性。

随着社会保险制度在德国的建立，一些西方国家也相继实行社会保险，颁布社会保险法令，实行社会保险制度。社会保险制度在欧洲得到了广泛推行，随后又向美洲发展。

3. 发展阶段

社会保障制度进入发展阶段的标志是1935年美国通过了历史上第一部《社会保障法》。

20世纪30年代，资本主义世界发生了严重的经济危机。为了稳定经济，资本主义国家依据凯恩斯主义对经济进行干预。美国因大危机导致严重的预算危机，原来的职业养老金计划也受到冲击，罗斯福在推行新政中为寻求刺激经济增长与创建失业保险体系之间的均衡，在1935年8月14日通过了《社会保障法》。这一保障制度包括5个保障项目：老年社会保险、失业社会保险、(贫穷) 盲人补助、(贫穷) 老年人补助、(失去亲人的) 未成年人补助。

从德国社会保险制度的建立，到美国《社会保障法》的颁布实施，形成了由国家财政出资的济贫和由受助人缴费的互助自保相结合的社会保障体系。它标志着现代社会保障制度由社会保险制度朝着综合性社会保障制度发展迈出了一大步。

4. 成熟和完善阶段

社会保障制度进入成熟和完善阶段的标志是“普遍福利”政策的广泛实施和“福利国家”的出现。

社会保障制度在世界范围内的真正发展是在第二次世界大战之后。在英国，被称为“福利国家之父”的威廉·亨利·贝弗里奇于1942年12月提出《社会保险及有关福利问题》的研究报告（史称“贝弗里奇报告”），主张用一种崭新的更加完善的社会保障制度将英国变为一个福利国家，社会保障覆盖全体英国公民，为他们提供从“摇篮到坟墓”的完备的社会保障，而这一报告在战后成为英国工党政府社会立法的白皮书。根据贝弗里奇报告的精神，英国政府以实现充分就业和社会福利为纲领，先后通过了一系列重要的立法，主要有1945年的《家庭津贴法》，1946年的《国民保险法》、《国民健康福利法》、《工业伤害法》，1948年的《国民救济法》等。此后，英国的社会保障在原有基础上全面发展，1948年英国首相艾德礼宣布，英国第一个建立了福利国家。在此影响下，西欧、北欧、北美洲、大洋洲的一些发达国家和地区，也先后宣布实施“普遍福利”的政策，社会保障进入了充分发展的时期。

这一时期的社会保障有如下特点：国家主管的社会保障项目得到了长足的发展，国家政权在社会经济生活中占据决定性的地位；社会保障计划不同程度地向全民化、普及化方向发展；社会保障的项目也在逐渐增多，保障范围不断拓宽，保障水平不断提高；社会保障的管理更趋于法制化和规范化；实行社会保障制度的区域不断扩大，从欧洲扩大到美洲，再到亚洲，乃至全世界，社会保障成为世界范围内普遍实行的社会经济制度和社会政策。社会保障制度不断成熟。

5. 改革和调整时期

20世纪70年代后，发达国家的经济发展进入滞胀时期，社会保障制度也因此陷入困境，如在西欧发生“福利国家危机”，在美国出现“福利困境”。

“普遍福利”政策指导下的社会保障导致了社会保障支出日益增加，国家财政负担过重，财政预算严重失衡；减少了可用于投资的资金储备，损害了国民经济的健康发展；扩大了劳动成本，使国家竞争力下降；刺激了通货膨胀，促使物价上涨，影响了群众生活，破坏了人们参与工作的积极性；设置大量不必要的公职，人浮于事。

为了克服社会保障制度的这些弊端，20 世纪 70 年代末 80 年代初，各国政府为实现福利增长与经济增长平衡和社会保障收支计划平衡，开始对本国社会保障制度进行改革。其具体措施有：在收入方面，采取多种方式增加社会保障的收入来源，包括提高缴纳社会保险费的上限、扩大缴费对象范围、提高社会保险费率、征收社会保障所得税；在支出方面，尽量削减社会保障费用，主要是削减某些社会保障项目、调整社会保障条件以缩小保障范围、冻结保障标准等；并采取提前退休等措施以增加就业岗位，减少失业保险费用；实行社会保障制度的“私人化”和“资本化”，“私人化”是指政府尽量缩小干预社会保障的范围，把这些项目交由非政府志愿机关、工人合作社和其他社会团体承担，“资本化”即鼓励私人部门以职业年金与私人养老计划、医疗计划形式参与福利资源的配置，导致混合福利的兴起；改变社会保障的管理体制，完善并增强社会保障的依法运行机制，使社会保障的行政管理、事务经办、监督控制三者分开；调控社会保障基金的投资结构，加强社会保险基金的运营管理。

三、我国社会保障制度的产生和发展

若就“社会保障”而言，我国古代早已有之，但若论现代意义上的社会保障，则是在中华人民共和国成立以后出现的。中华人民共和国成立半个多世纪以来，社会保障的发展也经历了 50 多年的发展变化，表现为从“国家一单位”的保障制度转变为“国家一社会”的保障制度。其发展阶段可以划分为以下四个时期：

（一）创建时期

中华人民共和国成立以后，实行计划经济体制，社会保障制度也因此选择了苏联等社会主义国家所实行的“国家保障型”模式。1949 年 10 月 1 日中华人民共和国成立，当时作为临时宪法的《中国人民政治协商会议共同纲领》为我国的社会保障制度提供了最基本的法律依据。刚成立的人民政府承担起救济灾民与救济失业工人的责任，并在企事业单位及其他基层单位的全面配合下，迅速主导着社会救济、劳动保险等社会保障制度的建设，从而一开始就形成了“国家—单位”保障制的基本格局。

中华人民共和国颁布的第一项社会保障法规性文件是1949年12月由政务院发布的《官员生产救灾的指示》。1950年6月政务院公布实施了《官员救济失业工人的指示》，劳动部于同年7月公布了《救济失业工人暂行办法》，1950年12月，国家又正式公布了一些优抚法规。1951年2月，政务院颁布了《中华人民共和国劳动保险条例》，并经1953年和1956年两次修订，全面确立了适用于我国城镇职工的劳动保险制度，从而成为我国社会保障制度中最重要的一项制度。1952年6月，政务院颁布了《关于全国各级人民政府、党派、团体及所属事业单位的国家工作人员实行公费医疗预防的指示》，公费医疗制度从此建立。1955年12月，国务院发布了《国家机关工作人员退休处理暂行办法》、《国家机关工作人员退职处理暂行办法》、《关于处理国家机关工作人员退职、退休时计算工作年限的暂行规定》、《国家机关工作人员病假期间生活待遇试行办法》等法规，国家机关、事业单位职工退休、退职制度由此建立。1956年6月，第一届全国人民代表大会第三次会议通过了《高级农业合作社示范章程》，确立了面向农村孤老残幼的“五保”制度。在这期间，中央政府及其职能部门还就职工福利、社会福利事业、福利工厂、生活困难补助等社会保障问题发布了一系列法规性文件。

到1956年，我国已经建立了以国家为主要责任主体、城乡单位担负共同责任并一起组织实施的较为完整的社会保障制度。在这种保障制度下，国家直接承担着统一制定各项社会保障政策、直接供款和组织实施有关社会保障事务的责任。各个单位开始普遍承担着实施有关社会保障政策的任务，国家与单位在社会保障制度的确立与实施过程中紧密地结为一体。

（二）调整时期

随着我国社会主义三大改造的完成，从1957年开始国家进入有计划地全面进行社会主义经济建设时期，中央政府也开始对社会保障制度进行调整和完善，使其适应新形势的发展。1957年和1958年国务院颁布了《关于工人、职员退休处理的暂行规定》等法规，企业职工的退休养老成为一项独立的制度安排。1962年2月国务院又颁布了《官员精简职工安置办法的若干规定》等法规，并开始在中国农村普遍建立起县、乡（公社）及村（生产大队）三级医疗保健网，合作医疗制度在广大农村得到了确立。在这一时期，卫生部、劳动部、内务部等也发布有关规定，对公费医疗、劳保医疗、农村五保和军烈属优待制度等进行了相应的调整。

在这一阶段，城镇职工的退休制度从劳动保险中独立出来并趋向统一和正常化，社会保险覆盖面在稳步扩大，农村五保制度、合作医疗制度及其他各项社会保障政策得到了一定程度的完善。

（三）受挫及恢复时期

1966年，“文化大革命”开始，国家进入十年动乱时期。社会保障制度受挫，表现为：在社会保险方面，社会保险无人监督、执行，社会保险政策、法令在许多地方和单位得不到贯彻执行。在政府宏观管理层面上，社会保障体系出现真空状态。最为严重的是，社会保险失去了统筹调剂职能，社会保险成为“企业自保”，而企业保险加大了社会保险在待遇上的苦乐不均现象，同时也恶化了职工养老金筹集与给付上的代际冲突。正常的退休制度中断。在社会救济方面，因内务部门的撤销，社会保险管理机构被撤销，民政部、劳动部、灾民救济和社会救济工作缺乏统一组织和领导，处于停滞状态。在社会福利方面，许多福利性生产单位被撤销或合并到有关工业部门，许多福利设施被占用、合并或撤销。全国福利性生产单位大幅度减少，一部分社会福利对象重新陷入生活困境。政治上的无政府状态所带来的冲击，使我国的社会保障事业付出了沉重的代价。

1978年党的十一届三中全会召开，为扭转“文化大革命”给中国带来的混乱局面创造了良好的政治和社会条件。《中华人民共和国宪法》的部分条款也对社会保障制度的具体实施办法作出了原则性的规定，国家重建民政部，主管全国社会救济、社会福利、优抚安置事务，劳动部门的工作也开始恢复正常。

在农村开展家庭联产承包责任制之后，城市也进入了经济体制改革时期。这一体制改革从根本上动摇了“国家—单位”保障制度的基础、行政体系和单位组织结构。与计划经济体制相适应的“国家—单位”保障制度的变革已是大势所趋。

（四）改革时期

20世纪80年代后，我国进入改革开放时代。从1986年起，随着我国经济体制改革的不断深入，我国的社会保障制度进入了全面改革的新时期。1986年4月，六届人大四次会议通过的《国民经济和社会发展第七个五年计划》在我国首次提出了“社会保障”的概念，而且详细阐述了社会保障的改革和社会化问题，社会保障社会化作为“国家—单位”保障制度的对立物被正式纳入国家发展计划。

这一改革转型时期也经历了几个逐层递进的阶段，社会保障最初是为国有企业改革配套服务，为了缓解农村贫困，之后逐渐成为市场经济体系的重要支柱，进而成为一项基本社会制度。现在，国家仍然继续主导着社会保障改革并承担着直接的重要责任，但构成社会的各个方面如企事业单位、慈善公益团体以及社会成员等均共同分担着社会保障责任，社会保障制度促进了整个社会经济协调、稳定发展。但是，由“国家—单位”保障制度转变为“国家—社会”保障制度的转型还未完成，新制度还面临很多问题，如新的社会保障体系还不完善、制度所覆盖的人群有限、地区发展不平衡、立法滞后、责任划分不清，等等。总之，我国社会保障制度改革的任务还很艰巨，应根据实际情况，进一步推进我国社会保障制度的改革。

☞ 小结

1. 社会保障是现代国家和文明社会的标志。不同的国家对社会保障概念的理解不同，但基本上都认为，社会保障是对社会成员最低生活水平、基本生活权利给予保障，它需要通过立法建设，由国家具体实施。

2. 社会保障的本质是一种社会福利。社会保障的特征是多方面的，主要有社会性、福利性、互济性、公平性、强制性。

3. 社会保障对经济发展的促进作用表现在：它是弥补市场经济缺陷的一种手段，是社会再生产的保证机制，是经济发展的调节器，是社会发展的稳定器。

4. 社会保障的功能是社会保障在经济发展中所具有的能力。社会保障的社会功能包括：社会稳定功能，促进社会发展功能，社会公平功能。经济功能包括：平衡需求功能，调节投融资功能，国民收入再分配功能，保护和配置劳动力的功能。

5. 社会保障的基本原则有：公平原则，权利与义务对等原则，与经济发展水平相适应的原则。

6. 社会保障制度的产生离不开一定的经济条件、社会条件以及与之相伴随的理论准备。

☞ 重点名词

社会保障　社会保障制度

☞ 复习思考题

1. 社会保障的特征、地位和功能分别是什么？
2. 社会保障应该遵循哪些基本原则？
3. 简述社会保障制度的产生与发展。

第二章 社会保障的基本理论

第一节 国家干预主义的社会保障理论

一、德国新历史学派理论

19 世纪 40 年代形成的旧历史学派到 19 世纪 70 年代演变成新历史学派。新历史学派提倡福利国家的社会保障思想，对德国社会保障制度的建立和发展产生了深远的影响。

新历史学派，又称为“讲坛社会主义”，是由于德国新历史学派的主要代表人物施穆勒、布伦坦诺等人在大学讲坛上标榜“社会主义”，宣扬资产阶级改良主义而得名。他们反对英、法等发达资本主义国家推行的经济自由主义理论和政策，也反对“激进”的社会主义和共产主义。英国的古典经济学派代表人物亚当·斯密认为，国家的职能仅限于维护社会秩序、国家安全和提供必要的公共工程和公共设施。但新历史学派认为，国家是集体经济的最高形式，在进步的文明社会中，国家的公共职能应不断扩大和增加，凡是个人努力所不能达到或不能顺利达到的目标，都应由国家实现。1872 年，讲坛社会主义者创立了“社会政策学会”。他们从改良社会主义观点出发，主张实施社会保险、缩短劳动日、改善劳动条件等社会政策，以实现社会平等和阶级平等。这些主张成为德国政府实行社会保障制度的依据。

新历史学派的社会改良政策有两个支撑点。一是他们从伦理道德出发，认为劳资冲突不是经济利益的对立，而是感情、教养和思想上存在差异而引起的对立。因此，在他们看来，劳资问题是一个伦理道德问题，不需要通过社会改革来解决，而只要对工人进行教育，改变其心理和伦理道德的观点，便可以解决。二是他们的国家观，该学派主张国家至上，国家直接干预经济活动，负起“文明和福利”的职责。他们认为，当时年轻的德意志帝国所面临的最严重的社会经济问题就是“劳工问题”。如何缓和劳资间的矛盾，填平两者在理想、精神和世界观方面的“深渊”，关系着帝国的前途和命运。正是在这种背景下，1883年德国推出了世界上第一部《疾病社会保险法》，1884年颁布了《工伤事故保险法》，1889年颁布了《老年和残障社会保险法》。这些法律规定由国家负责建立针对工人的健康保险、工伤事故保险和退休养老保险计划。这也是当时世界上最完备的工人社会保障计划。以上三部社会保障法律的颁布，标志着德国在世界上率先建立起了社会保障制度，也标志着人类社会保障制度的正式诞生。

新历史学派的政策主张包括：第一，国家的职能不仅在于安定社会秩序和发展军事实力，还在于直接干预和控制经济生活，即经济管理的职能；第二，国家的法令、法规、法律至上，决定经济发展的过程；第三，经济问题与伦理道德是密切相关的，人类的经济生活并不是仅仅局限于满足本身的物质方面的欲望，而且还应满足高尚、完善的伦理道德方面的欲望；第四，劳工问题是德意志帝国面临的最严峻的问题；第五，国家应通过立法，实行包括社会保险、孤寡救济、劳资合作以及工厂监督在内的一系列社会措施，自上而下地实行经济和社会变革。新历史学派以此反对“斯密的经济自由主义”和“马克思的社会主义”。新历史学派的社会改良主张被俾斯麦政府所接受，从而成为德国率先实施社会保险的理论依据。

社会保障制度在德国诞生后，新历史学派的主张后来由制度学派传播而在美国得以发展，并得到欧洲其他一些国家的部分认可，成为西方资本主义国家初期社会保障的思想基础。

二、福利经济学

福利经济学是从福利的观点对经济体系的运行进行评估的经济学，它判断一种经济体系的运行究竟是增进社会福利还是减少社会福利。它主要研究如何进行资源配置以提高效率、如何进行收入分配以实现公平，以及如何进行集体选择以增进社会福利。福利经济学不仅在发展过程中衍生出了公共选择经济学和产权经济学，而且也是社会保障制度的最基本和最重要的理论基础。福利经济学在福利国家的形成和发展中发挥了重要的理论指导作用。福利国家形成的理论基础是资产阶级的福利经济学以及在此基础上产生的福利国家理论。

福利经济学在20世纪初形成于英国，后来在美国、瑞典、法国等国得到传播。现代福利经济学的先驱为经济学家霍布森，后来英国著名经济学家阿瑟·塞西尔·庇古于1920年出版了著名的《福利经济学》一书，通过对经济福利的衡量标准和增进经济福利的途径进行研究，创立了福利经济学，奠定了西方福利经济学的理论体系。这本书系统地论述了福利经济学的理论，该书的出版标志着福利经济学的正式形成。庇古是英国著名的经济学家，英国剑桥学派的主要代表人物之一，早期福利经济学的代表人物，因研究社会福利经济而声名鹊起，被称为"福利经济学"之父。1926年、1928年庇古又分别出版了《产业变动论》和《财政学研究》，二者同《福利经济学》一起构成了其福利经济学体系的三部代表作。

庇古认为，"福利"系指个人获得的某种效用或满足，庇古将福利划分为社会福利和经济福利，只有可以直接用货币计算的那部分福利，才可称为经济福利。而经济福利的增加，取决于两个因素：即国民收入总量的增大和国民收入分配的平均程度，也就是说增加产出而不减少穷人的绝对份额，或增加穷人的绝对份额而不减少产出时，都意味着社会福利的增加。要增加产出，就必须解决生产资料在各生产部门之间如何配置的问题，否则就不能最大限度地增加国民产出量。而关于国民收入分配越平均、福利越大的论点，是基于边际效应递减规律的。这一规律认为，一个人拥有的收入越多，他的收入效用就越小。就是说随着货币收入的增加，货币对持有者的效用是递减的。他说，任何人在任何时候享受的经济福利是来源于他所消费的那部分收入，而不是来源于他的全部收入。一个人越富裕，它用作消费的收入在全部收入中所占的比重就越小。相对富裕的人失去一定数量的收入，从满足本身需要的角度来说，对他只是比较微弱的牺牲；而相对贫困的人，如果获得同样数量的收入，就能够满足他比较迫切的需要。因此，他认为从相对富裕的人的收入中转移一部分到相对贫穷的人手中，从整体上说，就一定能够得到更大的满足。他从中得出结论说，在不减少国民收入总量的前提下，提高穷人所获得的实际收入的绝对份额，一般来说将增加社会福利。但增加的穷人的绝对分配额，自由竞争的市场是不会提供的。富人向穷人转移收入有征收累进的所得税和遗产税等强制性的转移，也有富人的捐赠和举办福利设施等自愿的行动。庇古主张政府采取征收累进税、举办社会福利设施、失业津贴、社会救济等措施，实现财富由富人向穷人的转移，干预再分配或第二次分配，以达到收入的均等化，增加社会福利。

新福利经济学产生于20世纪30年代以后，以罗宾斯、希克斯、卡尔多、霍林的补偿原则论以及柏格森和萨缪尔森等的社会福利函数论为代表。新福利经济学在研究方法和观点上有较大的不同。

旧福利经济学是以基数效用论和不同个人之间效用的可比性作为自己的理

论基础的，认为个人主观心理评价的效用可以用货币计量，效用在个人之间可以进行比较，当社会各个人的综合效用最大时，社会经济福利就是最大；同时，他们还从收入的边际效用递减规律出发，断言国民收入的总量越大，其中归于贫者的比例越大，社会经济福利就越大；进而主张国家采取适当的干预经济的措施和财政政策，以调节生产资料和国民收入的分配。

新福利经济学则以序数论和一般均衡理论为基础，否认个人间效用比较的可能性，使用无差异曲线来表示消费者对不同组合商品的偏好，排除旧福利经济学的收入均等化的理论，仅以交换、生产和产品组合的最优条件作为达到最大福利的条件，即从生产资源配置方面找到最适度条件，认为这就是最大福利的界限，任何偏离只会使福利减损。其代表人物是意大利经济学家帕累托。帕累托提出的福利标准是，任何变革只要使部分人有收益而没有人受损，则就算使福利增大；否则，就无法判断福利是否增大。但反对他的英国学者卡尔多和希克斯认为这在世界上是不可能的。他们认为，在一种变革中部分人受益难免会使另外的人受损，不过政府可以运用适当政策使受损者得到补偿。而柏格森和萨缪尔森对补偿原理持异议。他们着眼于个人的主观感受，认为补偿是否适当，需在受益者在接受后感到，事前是无法预知的，因而这种决策也是不科学的。柏格森和萨缪尔森把福利极大化寄托在最适度条件的选择上，认为生产与交换符合最适度条件未必就能获得福利极大化，必须同时把分配方面及其他所有支配福利的因素一并列入“社会福利函数”，当这个函数值最大化时才算福利最大化。

新福利经济学的贡献主要在于：一是提出了社会福利函数理论；二是提出了社会选择理论；三是对市场失效与政府作用进行了研究。福利经济学的产生和发展，为“福利国家”社会保障的发展提供了理论依据，从而促进了资本主义社会保障事业的发展。

三、瑞典学派

瑞典学派又称为斯德哥尔摩学派或北欧学派，它是当代西方经济学的重要流派之一。瑞典学派有一系列著名的代表性人物，19 世纪末 20 世纪初，以著名经济学家大卫·达维逊、古斯塔夫·卡塞尔和克鲁特·维克塞尔为代表的“瑞典学派”诞生，当时他们就提出了收入再分配的主张。后来，林达尔、缪尔达尔、隆德堡、俄林等人发展了维克塞尔等人的主张，特别是以阿萨·林德伯克为代表的瑞典经济学家发展了维克塞尔的理论，对瑞典学派的发展作出了重要贡献。

林德贝克极力倡导“自由社会民主主义”。所谓“自由社会民主主义”，包括三项内容：在政治上实行西方的“民主制度”，而在经济上则实行“国有化”、“福利国家”与“市场经济”相结合的制度。按照瑞典学派的看法，一个理想的社会应当把福利普遍给予社会的成员，使人人得到幸福，而这就要求国家在环境保护、公共物品的供应、收入和财富的分配及经济稳定等方面担负主要责任。瑞典学派的作用不只是理论上的，他们中的一些成员本身就是国会议员或政府官员，因此他们的主张也就变成了政府的政策，在瑞典及北欧其他国家建立起了包括医疗社会保险、工伤社会保险、社会救济等在内的全面的灾害社会保障制度。

四、凯恩斯有效需求理论

1929年至1933年，资本主义世界经济大危机的出现，给自由主义经济下的传统福利理论带来了巨大冲击。在此背景下，由英国著名经济学家约翰·梅纳德·凯恩斯创立的反危机理论应运而生。1936年凯恩斯出版了《就业、利息和货币通论》一书，提出有效需求理论体系和通过国家积极干预经济，实现充分就业，促进经济增长的主张。凯恩斯首次提出了经济随时间的推移而演变的全新观念，从而开创了现代宏观经济学的新时代。在凯恩斯的国家干预主义思想中，社会保障占有相当重要的地位。他主张通过累进税和社会福利等办法重新调解国民收入的分配，国家对福利领域的干预有助于提高消费倾向，实现宏观经济的均衡。凯恩斯的理论主要有以下几个方面的内容：

（一）基本消费倾向原理

凯恩斯认为，由于所得增加致使消费增加，而消费增长比所得增长小，人们把必要消费的剩余进行了储蓄而非投资，这种消费倾向导致社会总需求小于社会总供给，从而引发经济危机和严重失业。

（二）有效需求原理

凯恩斯认为，当一个国家的商品总需求价格与总供给价格相等或者处于均衡状态时，就产生了一个国家的总需求和总购买力。总需求价格与总供给价格之间的变化决定社会的总就业量。当社会总需求价格大于总供给价格时，企业就扩大生产，增加雇佣劳动力，社会就业总量就增加；反之，当社会总需求价格小于总供给价格时，企业就减少或压缩生产，裁减劳动力，社会就业总量减少。这种社会的总的、合理的供求关系就是有效需求。凯恩斯的有效需求原理公式为：社会有效需求（Y）=投资需求（C）+消费需求（I）。凯恩斯认为，是消费需求不足和投资需求不足导致了社会有效需求的不足。而前二者的不足又是由消费倾向原理、资本边际效率原理和流动性偏好原理三个因素决定的。正是这三个因素的作用引起了投资不足，从而导致社会有效需求不足，造成了失业。

凯恩斯认为，在现代资本主义条件下，亚当·斯密的自由主义经济政策已经完全失灵，单纯依靠市场的自动调节已经难以应对资本主义的困境，必须实行国家干预主义，由政府对经济进行调节。主要通过扩大财政支出，进行基础设施和公共福利的建设，扩大投资、发展生产，从而提高资本的有效需求；另外，刺激人口出生率的上升和生活水平的提高，从而提高居民的有效需求。凯恩斯主张，通过国家调节和干预经济生活，以财政政策和金融政策为核心，通过财政赤字和举债的方法可以达到刺激经济增长、化解经济危机的目的。他把国家经济干预和调节的范围不仅扩大到再生产领域，而且扩大到再分配领域。例如提高国民的生活水平、增加国民福利，特别是采取普遍福利政策，就是国家干预国民收入再分配的一种表现。

凯恩斯主义是20世纪西方经济思潮中影响最大的一个流派，是西方资本主义国家政府干预和调节经济的理论先驱和指导者，对20世纪世界经济的发展以及社会保障制度的发展都产生了重要影响。

五、贝弗里奇报告中的福利国家思想

第二次世界大战以前各国的社会保障制度在保障的项目、覆盖率和保障的水平等方面可能各不相同，但具有共同点：社会保障只是保障居民拥有维持生存所必需的生活资料。第二次世界大战以后，社会保障进入到另一个阶段，福利国家纷纷出现，其先驱是英国牛津大学教授、英国社会学家威廉·亨利·贝弗里奇。1942年，他受英国政府的委托提出了《社会保险及相关服务》的著名报告。该报告强调了社会保险的重要作用，主张社会保险旨在保障个人获得维持生存的最低限度的收入；国家组织的社会保险和社会救济，目的在于保障以劳动为条件获得维持生存的基本收入。福利国家主张收入均等化，通过不同阶层的赋税差别来实行社会的再分配；主张社会福利化，即通过国家提出的一整套津贴补助、社会保险和公共救济制度，包括失业救济、退休金、养老金、家庭补助、医疗保险、卫生保险、住房补贴以及文化教育等社会服务和设施，来实现高福利国家的目标。《贝弗里奇报告》首次提出了家庭津贴计划、广泛的卫生保健制度和国家保持充分就业三个保障设想，具有划时代的、里程碑式的意义。国际著名福利经济学专家、福利国家经济学主要奠基人、伦敦经济学院经济系教授尼古拉斯·巴尔，把贝弗里奇的报告归纳为四个特点：（1）战略性。用社会保险、家庭津贴和国家税收负担的国民救助取代了原有的保障制度，并且成为一个统一的战略整体。（2）普遍性。对所有就业人员实行强制性保险。（3）保险精算原则。私人缴费的定额保险金的给付，根据平均出险率计算出的定额费率保险费的缴纳为基础。（4）节俭原则。补贴的给付应该限定在贫困线或贫困线以内，他确定了一条低水平的贫困线，以保证失业的真实性。

总而言之，该报告是一份较为完整的现代福利国家的蓝图。它的问世标志着英国福利思想的发展已完成了由理论向实际政策的过渡，它同时也意味着对福利思想发展的基本总结。在此后的几十年间，人们更多地围绕具体福利政策进行争论，而不是提出和确立新的原则，换言之，社会保障的经济研究也由此转入专业化的技术性分析阶段。

六、新剑桥学派的理论

新剑桥学派的理论是一种相对激进的收入分配理论。它主张回到李嘉图传统的以客观价值论为基础、以现代收入分配为中心的理论，其代表人物是琼·罗宾逊、尼·卡尔多、皮·斯拉法。该学派认为，在市场经济条件下，国民收入在工资和利润之间的分配是不公平、不合理的，国家应当采取包括福利政策在内的一系列社会政策来解决收入分配不均的现象。在措施上给低收入家庭以适当的补贴，从而改变他们的贫穷状态；政府出资提高失业者的文化技术水平，以使他们有更多的就业机会；对财产多和收入高的人群实行没收性财产税和累进所得税，以缩小贫富差距。新剑桥学派的收入分配理论虽然因为过于激进而未能在现实中得到切实应用，但其中关于推行普遍福利政策的分析还是另辟蹊径，在理论上产生了广泛的影响。

七、克林顿经济学

克林顿当选美国总统后，在向国会提交的经济报告《美国变革的前景》中阐述了自己的政策主张，其基本内容是政府必须干预经济，尤其是通过财政干预，以实现充分就业和经济增长的目标。具体表现为在短期内用财政赤字刺激经济，促进经济复苏，增加就业，重点是增加公共开支，缓解失业，主要减免中小企业的税收，用于扩大再生产，创造更多的就业机会；长期内逐步减少财政赤字，增加政府公共投资，保证经济的持续稳定增长。

克林顿政府在社会保障制度的改革中通过提高个人所得税、公司所得税以及高收入者的税率，加大了收入再分配的力度，强调建立更广泛、高效的医疗保健网络，要求雇主为雇员提供更多的医疗保险。克林顿政府的社会福利政策改革的中心就是改革健康医疗保险制度，改变许多美国人不享受任何医疗保障的不公平局面，与以前害怕触犯各种利益集团不敢干预经济的总统不同，克林顿拿出了自己的勇气和胆识，决心从根本上改革美国医疗制度的运行机制，实现与其他发达国家类似的全民保健制度。正如克林顿自己所说："我们的政策既不是随便的，也不是保守的；既不是共和党的，也不是民主党的。我们的政策是新的，是与以往不同的，是介于自由放任的资本主义和福利国家之间的第三条道路。"也就是说，他的政策是介于新自由主义和凯恩斯主义之间的折中主义经济政策。

八、布莱尔的"第三条道路"

英国前首相布莱尔的资深智囊、伦敦经济政治学院院长安东尼·吉登斯把"第三条道路"界定为社会民主的复兴，是一种思维框架和政策制定框架，其意义在于超越老派社会民主主义和新自由主义，是社会民主主义思想在英国的新发展。

"第三条道路"主张在维护经济自由的同时，把平等和社会正义当做与自由同等重要的原则。他们一方面承认私有制和市场经济的优越性，另一方面强调完全自由的政策不能保证市场以及社会的稳定、公正、福利和安全，提倡实行"自由民主的社会主义"。他们把民主从国家政治生活引入社会经济生活，通过高额累进税限制私人资本，同时通过建立社会保障制度来消灭贫困，实现公民收入的公平分配和充分就业，扩大生活福利，最终实现社会公正。他们提出要建立一个超越任何阶级、民族和种族压迫，消灭任何剥削和贫困的社会，保证人民享有完全的自由和民主权利，创造人人平等和个人得以全面发展的政治、经济的社会条件。归纳起来，"第三条道路"的行动纲领就是"激进派的中心、新型的民主国家、积极的公民社会、民主家庭、新型的混合经济、作为包容的平等、积极的福利政策、社会投资型国家、世界性的国家和民主"。

布莱尔的"第三条道路"在对待社会保障问题时认为，国家不仅应该提供适当水平的养老金，而且应该支持强制性的养老储蓄；逐步废除固定的退休年龄，把老年人看成一种资源而不是一种负担；严格管制劳动力市场，加大就业指导和就业培训；强调终身教育，鼓励人们通过储蓄和教育获得就业和投资创造能力，而不是学会无条件地依赖福利。

第二节　新自由主义的社会福利思想

一、费边社会主义和新自由主义的社会福利思想

19世纪末，英国出现了费边社会主义和新自由主义两种对英国社会保障制度的发展产生重要影响的政治思想，费边社会主义从资本主义外部，新自由主义从资本主义内部对当时社会制度进行了批判，从社会福利政策方面分别提出了自己的主张。1906年上台的信奉新自由主义的自由党政府，在深受费边社会主义影响的工党的支持下，进行了围绕养老金的一系列社会立法，从而为英国成为现代福利国家奠定了基础。

（一）费边社会主义的社会福利思想

韦伯夫妇是这一理论的主要代表人物，他们的主要著作有《英国济贫法的历史》、《英国工会主义的历史》、《工业民主主义》、《资本主义文明的衰落》等，他们在经济史与方法论方面都产生了很大的影响。

费边社会主义关于社会有以下主要观点：个人必须为社会工作，为公益献身，社会作为回报必须保证个人的自我实现。社会中的人应在平等的基础上保持协调关系，贫富收入不宜过分悬殊，贫困不仅是个人的事，而且是社会的事，因为社会这个有机体的一部分遭到削弱，势必损害整个有机体的效率，摆脱贫困并过上具有人的尊严的生活是每个人的权利，必须保证每位公民的最低生活标准。政府是一个理想的、可用来为社会服务的工具，政府有责任和义务组织各种社会服务，采取各种手段，包括某种形式的财富再分配来达到调整市场制度造成的不公正的目的。

1906年，"济贫法皇家特别调查委员会"曾发表过一个由韦伯夫妇起草的"少数派报告"。报告中建议国家的职责不仅仅是收容乞丐，而应该成为保障"公众福利"的工具。国家应该把社会的一部分资源用于防止人们陷入贫困，包括使儿童得到适当照料和教育，失业、患病的丧失工作能力的人应该得到帮助，老年人应有起码的收入，等等，这份报告在英国引起了极大的反响，英国最初的失业保险法就是根据他们起草的"少数派报告"中的建议制定的。

1909年韦伯夫妇发表了为英国济贫委员会起草的一份包含全面的社会保险计划的报告。他们建议建立全面的社会服务事业，以及照顾老幼病残和无法找到工作的人。该报告指出，所有这些服务事业的组织方式应使受救济的人不

致丧失政治或社会权利，应该把这些服务事业看做是社会对其成员应尽的义务，而且应由民选的地方当局进行民主管理，经费应从公共基金当中拨付，其中一部分来自地方基金，另一部分来自中央财政部门的津贴。关于失业问题，报告建议对失业者发放相当于工资的生活维持费，当局有权在适当情况下，重新训练工人担任其他工作。西方许多人认为这份报告是“一个里程碑”，它第一次对福利的概念和政策作出了全面而详尽的阐述和规划，后来的许多主张不过是该报告的翻版。

（二）新自由主义的社会福利思想

从1860年到1900年间，哲学界关于自由主义的观点出现转折，认为“积极的自由”不仅包括经济自由，还应包括社会保障。其结论就是，国家为推行个人自由，就必须积极进行社会改革。这就是当时所谓的“新自由主义”。新自由主义的代表人物主要有贝弗里奇、霍布豪斯和霍布森。新自由主义和传统自由主义的不同主要有以下三点：

1. 新自由主义修正了个人主义，用新个人主义代替了旧个人主义，强调了个人权利

古典自由主义强调个人权利自由，反对社会国家的干预。新自由主义认为若将个人自由发展到极端，会造成个人与他人与社会的尖锐冲突，个人自由会失去保障。新自由主义者为避免传统自由主义弊端，开始纠正以往过分强调个人主义的偏向，力求使个人利益与社会利益，个人自由与社会自由，个人发展与社会发展，个人权利与社会义务相统一。他们认为个人与社会是息息相关的，每个人都应对他人、对社会、对国家承担必要的义务，对国家富强、社会和谐和公共福利尽其应尽的责任，个人自由不能与他人利益、公共利益相悖。但新个人主义强调个人和社会的矛盾，出发点仍是个人，最终目的仍是实现个人自由。新自由主义是修正过的个人主义。

2. 新自由主义修正了自由的观念，使自由从消极自由发展到积极自由

传统自由观是消极的自由观，是在不妨碍他人行使同等自由权利的条件下，容许个人有为所欲为的权利，它所看重的是摆脱外在的限制和强制，不受国家和社会的压制和奴役。但是摆脱外界并不能保证个人主动性和创造性的发挥，也不能保证个人能力的自我完善和自我发展，所以需要积极的自由代替消极的自由。

3. 新自由主义者修正了国家的概念，用福利国家代替了警察国家

传统自由观是消极的国家观，国家是被动的，它的职能是警察职能、守夜

人职能，是保护个人自由而不是促进个人自由，同时要求尽量限制国家权力，强调管理最少的政府是最好的政府，但这种放任主义的国家观在实践中的结果使自由成了少数人的特权，垄断组织成了社会的主宰，穷人和弱者成了弱肉强食的对象，新自由主义主张用积极的国家观代替消极的国家观，所谓积极的国家观就是国家不仅为个人自由提供安全保障，而且要主动为个人自由的发展创造条件，主动排除妨碍个人自由发展的贫困、饥饿、疾病、伤残、愚昧等障碍。

在具体措施上，新自由主义主张：对公路、铁路、运河等实行公有制；由人民控制土地和土地所产生的价值；由公共团体控制信贷和保险；实行免费教育；国家有权代表社会对任何新形式的垄断或不平等的收入进行控制或抽税；实现完全的宗教平等和公民平等；政府应采取一切必要的措施干预经济生活，按社会的需要实行某种程度的财富转换，援助患病的人、老年人、寡妇、孤儿和失业者，以确保每个人获得真正的自由。

新自由主义的产生，标志着传统的自由主义由强调政治自由向经济自由转变，这不仅为1906年上台的英国自由党政府实行大规模的社会政策提供了坚实的理论基础，而且为未来福利国家之路在理论上作好了准备。

二、新自由主义经济学理论

新自由主义经济学理论是20世纪70年代盛行的西方经济思想，因主张自由竞争，反对自由放任；主张国家适当干预，反对国家调节经济过程而得名。新自由主义内部又有各种在理论观念和政策主张上大同小异的派别，其中最有影响的是弗莱堡学派、供给学派和货币主义学派。

（一）货币主义的社会保障理论

其代表人物弗里德曼认为“高效率来自市场竞争”。如果对低收入者给予维持最低生活水平的制度，“会挫伤人们的劳动积极性”，“最终有损于自由竞争和效率”。因此弗里德曼反对凯恩斯对低收入者发放差额补助的社会保障制度，但是完全取消又会遭到社会公众的反对。为了既救济贫困，又不损于竞争和效率，弗里德曼主张采用负所得税。通过负所得税“既帮助低收入者维持最低生活水平”又不挫伤人们的工作积极性。

（二）供给学派的社会保障理论

供给学派从其自由主义原则出发，指责社会保险削减了个人储蓄，抑制了人们的工作积极性，失业保险鼓励人们失业，使政府财政连年出现赤字，有加剧通货膨胀的危险。他们主张大幅度削减政府开支，对社会保障计划进行改革，“采取紧急援助、严格的福利和对儿童补贴相结合的社会保障制度”，从而鼓励就业，提高生产率，减少政府开支，同时主张通过人寿保险来弥补社会保险的不足。供给学派的代表人物罗伯尔茨指出，社会保险制度正处在危机之中，因为它计划要对一代又一代人支付不断增长的实际社会保险金。解决这一问题的途径就是削减社会保险金的增长计划，从工资指数转化为物价指数将从根本上消除长期的社会保险问题，此外还可通过商业人寿保险来弥补社会保险的不足。

（三）弗莱堡学派的社会保障理论

该学派认为，经济的高效率和经济发展，唯有依靠市场机制作用的充分发挥，在经济中必须有高度的竞争，因此弗莱堡学派反对垄断，反对政府对经济的直接干预，主张强化法制，构建良好的经济秩序，为市场经济的正常运行创造良好的条件。经济发展了，会间接保障整个社会的福利。同时，该学派基于人道主义，认为要使市场竞争更为人道化，主张实行社会保障政策。A. 米勒·阿尔马克提出要充分发挥市场竞争的作用，经济要按市场经济规则运行，同时扩大社会保障。所谓社会市场经济就是社会政策与市场经济的结合，更具体地说就是社会保障同市场经济的结合。艾哈德在其 1963 年的施政演说中明确地指出：“政府也认为改善社会福利工作是义不容辞的……工人在生病的时候应该和职员一样得到经济保障……联邦政府承担国家在法律和道德上的责任，对为社会服务而受到生命和健康损害者给予赔偿……在社会福利和经济方面安顿被流放者、难民、因战争而流离失所的人、过去的战俘和政治犯。”①

但是弗莱堡学派却反对福利国家制度。艾哈德说：“盲目性与思想惰性正在把我们推向福利国家那里去，它所能给我们带来的只是灾难。”② 他认为如果变成了福利国家，市场机制、自由竞争的社会被摧毁，人就会变得懒惰，从而会对经济效率和经济发展产生致命的损害，经济就会“瘫痪”，这样，也就谈不上任何福利了。他说：“在一个所谓福利国家里面往往万事俱备，独少‘福利’。最后会使人民大众都要陷入‘贫穷’的境地。”③ 他反复强调社会保

① 路德维希·艾哈德．大众的福利．武汉：武汉大学出版社，1995.
② 路德维希·艾哈德．来自竞争的繁荣．北京：商务印书馆，1983.
③ 路德维希·艾哈德．来自竞争的繁荣．北京：商务印书馆，1983.

障只是一个基础，获得更好的生活要依赖于个人的奋斗。也就是说社会保障只是满足人们的基本生活需要，并不是一切都依赖于社会保障。

第三节　马克思、恩格斯和列宁的社会保障学说

马克思主义理论体系中关于社会保障的理论，散见于经典作家和理论家的论述中，下面进行一些简单的介绍。

一、马克思、恩格斯的社会保障思想

马克思在《资本论》中曾经论述过社会保障基金的必要性：这个不变资本在再生产过程中，从物质方面来看，总是处在各种会使它遭受到损失的意外和危险中……因此，利润的一部分，即剩余价值的一部分，从而只体现新追加劳动的剩余产品（从价值方面来看）的一部分，必须充当保险基金……甚至在资本主义生产方式消灭之后，也必须继续存在的唯一部分。马克思在这里只是从自然灾害和意外事故对生产资料所造成的损失进行补偿的角度来谈建立保险制度，没有涉及灾害和事故对生活资料和劳动力所致损失的补偿问题。资本主义是以私有制为基础的，生产资料归资本家私人所有。而工人只是通过出卖劳动力为生，所以在资本主义再生产过程中，如果发生了灾害和意外事故，对资本家来说，重要的是对不变资本的物质形态即生产资料所造成的损失进行补偿。工人的伤亡对资本家来说并不构成对再生产的威胁，因为在资本主义生产过程中存在着一支强大的产业后备军，当工人伤残了可将其踢出门外，工人死亡了可换一批。因此，马克思只从不变资本物质形态遭损的角度谈建立保险制度是绝非偶然的。然而，在社会化大生产中，不仅仅是生产资料处于“会遭到损失的意外和危险之中”，生活资料和劳动力也是经常处于遭到损失的意外和危险之中。自然灾害和意外事故对生活资料和劳动力造成巨大损失或损害是经常发生的。但是，“大工业在瓦解旧家庭制度的经济基础以及与之相适应的家庭劳动的同时，也瓦解了旧的家庭关系本身”。因此，国家有必要建立社会保障制度。马克思和恩格斯在描绘未来社会的宏伟蓝图时，不仅提出要对生产资料建立保险制度，而且论述了对劳动者也要建立保障制度。早在 1848 年，马克思、恩格斯在《共产党在德国的要求》一文中就提出：“建立国家工厂。国家保证所有的工人都有生活资料，并且负责照管丧失劳动力的人。”

马克思不仅阐述了建立社会保障制度的必要性，也论述了社会保障基金的来源。马克思认为，社会保障基金最终都来源于工人创造的剩余价值。他指

出，为了补偿自然灾害和意外损失所造成的经济损失，利润的一部分即剩余价值的一部分，从而只体现所追加劳动的剩余产品（从剩余价值方面看）的一部分，必须充当保险基金。又说："保险必须由剩余价值补偿，是剩余价值的一种扣除"。恩格斯也说过："防止'损失'的保险费确实是从剩余价值中提取的，但它算在利润之外。"马克思在《哥达纲领批判》一书中也指出社会主义社会必须建立保障制度，即，社会产品在分配给劳动者个人时，应首先扣除以下几项："第一，用来补偿消费掉的生产资料的部分。第二，用来扩大生产的追加部分。第三，用来应付不幸事故、自然灾害等的后备基金或保险基金。"剩下来的社会总产品中的其他部分是用来作为消费资料的。在把这部分进行个人收入分配之前，还得从中扣除几项："第一，和生产没有关系的一般管理费用……第二，用来满足共同需要的部分，如学校，保险设施等……第三，为丧失劳动能力的人设立的基金。"这里马克思不仅指出社会主义社会必须建立保险制度，而且论证了社会主义社会保险基金是社会总产品的一种扣除。这部分扣除是人们的剩余劳动所创造的剩余产品的一部分。

二、列宁的社会保障思想

列宁指出，社会主义"充分保证社会全体成员的福利和使他们获得自由的全面发展"。不断满足人民日益增长的物质文化需要，是社会主义生产的根本目的。只有满足人民的需要，才能充分发挥劳动者在社会主义生产中的积极性和创造性。社会保障的需要是一种最基本的需要，也是"合理需要"。社会保障的对象，不仅仅是消费者、享受者和接受者，同时也是生产者、创造者和供给者，在人民当家做主的社会主义社会，社会保障是人民自己对自己的保障，是政府的社会政策，也是人民在履行义务过程中所享有的生活权利。列宁提出了社会主义社会保障应遵循的原则："最好的工人保险形式是国家保险，这种保险是根据下列原则建立的：（一）工人在下列一切场合（伤残、疾病、年老、残废；女工怀孕和生育；养育者死后所遗寡妇和孤儿的抚恤）丧失劳动能力，或因失业失掉工资时，国家保险都要给工人以保障；（二）保险要包括一切雇佣劳动及其家属；（三）对一切被保险者都要按照补助全部工资的原则给予补助，同时一切保险费都由企业主和国家负担；（四）各种保险都由统一的保险组织办理；这种组织应按区域和被保险者完全自理的原则建立。"这里包含了社会主义社会保障制度的主要内容：第一，保障项目。社会主义保障具有保障范围广、项目多的特点。包括工伤保险、医疗保险、养老保险、失业保险，还有对残疾人以及寡妇孤儿所设的各种救济项目。第二，享受对象。包括一切的雇佣劳动者及其家属，不论劳动者身份和企业性质的区别，只要符合条件，都可以享受国家规定的各种保障，这体现了人民当家做主、享有平等权利的社会主义优越性。第三，支付标准。津贴支付以劳动者的全部工资为基础，按照补助全部工资的原则发放，以保障劳动者的基本生活。第四，基金来源。保险费由企业主和国家两方负担，劳动者个人无需缴纳保险费。第五，管理机构。由国家建立统一的保险机构管理各种保险业务，以便各项保险基金的统筹安排，同时可以防止多头管理、政出多门互相扯皮的官僚现象，从而减少保险成本。十月革命胜利后，苏联根据马克思、列宁的理论建立了社会主义的社会保障制度。

第四节　其他社会保障思想

一、社会民主主义的福利思想

社会民主主义的思想源自19世纪的空想社会主义以及后来法国的蒲鲁东主义、德国的拉萨尔主义等各种社会主义流派。

社会民主主义主张意识形态多元化，拒绝把任何一种思想体系作为唯一真理，主张通过议会道路，平稳地进行社会变革；它放弃无产阶级政党的领导，把无产阶级政党改变为人民党，主张实行多党制。其目标是走第三条道路，具体内容是实现自由、平等、正义和互助。它几乎承认所有自由主义和民主主义的基本价值，把自由和民主作为社会主义的本质特征，主张扩大自由民主权利。第二次世界大战后的社会民主主义者已经没有自己独特的经济理论。他们几乎接受了正统西方经济学的全部理论，包括边际效用价值论、边际生产力分配论和凯恩斯的就业理论，不过有时也试图将马克思的经济学说与正统西方经济学理论综合起来，为自己主张的经济和社会政策服务。

欧洲社会民主主义者以争取社会民主、经济民主作为策略，把建立和发展社会保障制度作为实现社会主义的手段。他们认为应通过国家管理社会经济职能的扩展，加强国家对社会经济生活各个方面的管理和监督，一方面可以通过高额累进税去限制私人资本，另一方面可以通过建立社会保障制度消灭贫困，实现国民收入的公平分配和充分就业，扩大生活福利，最终实现社会主义制度。

东欧剧变后，社会民主主义的影响进一步扩大了，它对欧洲大陆国家的社会保障制度建立的影响是多方面的，主要表现在：由于社会民主主义运动中组建的各种政治团体对政府决策的影响，使国家在推进社会保障制度的进程中发挥了主导作用。

二、消费理论

20 世纪 50 年代，米尔顿·弗里德曼提出了持久收入理论，莫迪利安尼提出了生命周期理论，为当代消费理论奠定了基础。此后，20 世纪 70 年代兴起的理性预期学派大大增强了消费理论对现实的解释能力。当代消费理论不仅研究了消费和本期收入之间的关系，还注意到了消费者是如何根据本期收入、预期的未来收入、积累的财富、政府的税收政策等多种因素来确定消费行为的。凯恩斯之前的新古典经济学理论没有考虑跨时消费问题。凯恩斯理论认为，消费者是受即期约束的、以即期效用最大化为目标的，他们不考虑为老年之后的消费储蓄多少，只考虑在当前的消费中如何配置自己的收入，以便达到效用的最大化。把跨时消费引入新古典经济学的是莫迪利安尼的生命周期理论。

1954 年和 1979 年，莫迪利安尼和理查德·布伦伯格合作，先后发表了《效用分析与消费函数：对横截面数据的一种解释》与《效用分析和消费函数：统一解释的一个尝试》两篇论文，奠定了生命周期假说的基础。

生命周期假说的出发点是存在一个典型的理性消费者，追求的是其生命周期内一生效用的最大化，而其预算约束为生命周期内的收入与消费支出的平衡。由此得出的结论是，消费者在任何年龄上的消费支出与即期收入完全无关，而是依赖于一生的全部收入（劳动收入和储蓄收入）。因此个人的消费支出在其生命期的各个年龄段都要选择一个稳定的、接近于他们所预期的平均消费率进行消费。跨时消费是平滑的，由于储蓄等于收入减消费，而消费支出又是由一生收入决定的，所以短期的储蓄由即期收入和一生平均收入之差决定。这样的消费行为导致了个人储蓄和财富在其生命周期内的驼峰分布。生命周期假说不可避免地涉及老年期的消费问题。

在研究消费与社会保障问题时，采用的一个主要理论工具是由阿莱、萨缪尔森和戴蒙德等人所创立的生命周期假说和交叠世代模型。生命周期假说将一代人的寿命分为两个时期，不涉及两代人之间的关系；而交叠世代模型则将人的一生分为三个阶段：儿童、成年和老年，假定只有在成年阶段才有工作收入，那么一个人必然要在工作期间把他的收入分成三个部分，一部分用于当期自身消费；一部分用于老年退休后的消费；还有一部分要用于抚养下一代。如何来划分这三个部分，取决于对当前和未来消费的偏好和选择。交叠世代模型的出发点：任何时期都有不同代人生活着，每一代人在其生命的不同周期都可以和不同代人进行交易。

交叠世代模型的基本形式是一个跨时的一般均衡模型。经济由个人和企业组成，个人生存分为两期，第一期消费和储蓄，第二期则消费掉全部财产，取得一生效用的最大化。企业的行为是竞争性的，它雇佣劳动直到劳动的边际产量等于工资，租用资本直到资本的边际产量等于租用价格。当工资和资本的租用价格恰好使企业愿意使用劳动和资本的可用量时，要素市场得以均衡；由于净投资等于年轻人的储蓄与老年人的反储蓄之和，这时的商品市场也达到了均衡。但是，均衡状态不一定是唯一的。如果存在着一个同等的关心当前和后代效用的中央计划者，则经济处于黄金律稳定状态，此处的稳定状态的人均消费水平为最大；如果中央计划者较少地关心后代，则经济可能收敛于修正黄金律的稳定状态。

对于不同消费偏好的个人和群体，政府通过强制储蓄、课税等方式积累资金，以备其未来之用。同时，对处于贫困线以下的人群提供最低收入保障，以达到实现整个社会稳定的目的。

三、智利的社会保障思想

地处南美洲的智利是全球社会保障制度改革中激进主义的典型代表。20世纪早期的智利曾经是世界上富有的国家之一，人均收入比当时的澳大利亚还要高，社会保障水平同许多发达国家接近。从20世纪50年代开始智利出现了严重的通货膨胀，通胀率达到29%，并且在20世纪70年代以后加剧，20世纪70年代末人均寿命达到70岁，退休人员与在职人员比例为1：2，企业社会保障缴费占工资总额的50%以上，养老保障成为社会保障的主要问题。加之基金管理体系混乱，基金种类繁多，管理效率极其低下，经济和社会危机重重。

为了摆脱危机，智利政府1980年颁布了《养老保险法》，对从1983年开始新增的就业人员实行新制度，建立个人供款账户，把原来由国家提供养老保障改为完全由个人缴费的强制性储蓄制度，实行以自我保障为主的制度。鉴于政府管理社会保障基金的效率低下，智利实行社会保障基金的私营化管理，主张由私营机构管理保障基金，并负责基金的投资和运营，从而减小政府的压力，提高基金的投资效益。政府只是制定法律，对民营机构进行法律监管。除了智利之外，南美国家阿根廷、秘鲁等国的社会保障基金都是完全由个人缴纳，亚洲的新加坡实行的公积金制度也体现个人保障为主原则。尽管各国的制度建立在各国的国情之上，但是无论从世界普遍保障的角度还是从社会福利本源的角度看，他们奉行的制度都带有明显的激进主义倾向。

四、公共经济学

公共经济学不是一个学派，而是一个新兴的经济学科，它主要研究公共收支活动。公共经济学将社会保障作为收入再分配问题来处理，之所以要建立社会（政府）保障制度是因为市场机制的缺陷。斯蒂格里茨说，即使市场经济达到帕累托最优，也不能形成公平的收入分配格局。他认为：经济达到帕累托最优同收入分配没有什么关系。竞争市场可能会带来很不公平的收入分配，这会使得一部分人缺乏赖以生存的基本生活资料。政府最重要的干预活动之一就是重新分配收入，这是福利事业的特殊目的。公共经济学认为，政府应该通过公共医疗保健系统、医疗社会保险、工伤社会保险、残废保险、幸存者照顾计划以及社会救济等来构建一个灾害社会保险系统，保障每一个公民的基本生活。公共经济学更进一步研究了社会保险模式的选择、社会保障标准的确定、社会保障管理、社会援助的方式等多方面的问题，使社会保障的研究达到了一个更高的水平。

☞ 小结

国家干预主义的社会保障理论

1. 德国新历史学派

该学派提倡福利国家的社会保障思想，主张实施社会保险、缩短劳动日、改善劳动条件等社会政策，以实现社会平等和阶级平等。该学派主张国家至上，国家直接干预经济活动，负起“文明和福利”的职责。

2. 福利经济学

旧福利经济学认为个人主观心理评价的效用可以用货币计量，效用在个人之间可以进行比较，当社会各个人的综合效用最大时，社会经济福利就是最大；从收入的边际效用递减规律出发，断言国民收入的总量越大，其中归于贫者的比例越大，社会经济福利就越大；主张国家采取适当的干预经济的措施和财政政策，以调节生产资料和国民收入的分配。

新福利经济学的贡献主要在于：提出了社会福利函数理论；提出了社会选择理论；对市场失效与政府作用进行了研究。

3. 瑞典学派

瑞典学派认为：一个理想的社会应当把福利普遍给予社会的成员，使人人得到幸福，而这就要求国家在环境保护、公共物品的供应、收入和财富的分配及经济稳定等方面担负主要责任。

4. 凯恩斯有效需求理论

英国著名经济学家约翰·梅纳德·凯恩斯创立了反危机理论。1936 年凯恩斯出版了《就业、利息和货币通论》一书，提出有效需求理论体系和国家积极干预经济，主张通过累进税和社会福利等办法重新调节国民收入的分配，国家对福利领域的干预有助于提高消费倾向，实现宏观经济的均衡。

5.《贝弗里奇报告》中的福利国家思想

福利国家主张收入均等化，通过不同阶层的赋税差别来实行社会的再分配；主张社会福利化，即通过国家提出的一整套津贴补助、社会保险和公共救济制度，包括失业救济、退休金、养老金、家庭补助、医疗保险、卫生保险、住房补贴以及文化教育等社会服务和设施，来实现高福利国家的目标。《贝弗里奇报告》首次提出了家庭津贴计划、广泛的卫生保健制度和国家保持充分就业三个保障设想，具有划时代的、里程碑式的意义。

6. 新剑桥学派的理论

该学派认为，在市场经济条件下，国民收入在工资和利润之间的分配是不公平、不合理的，国家应当采取包括福利政策在内的一系列社会政策来解决收入分配不均的现象。在措施上给低收入家庭以适当的补贴，从而改变他们的贫穷状态；政府出资提高失业者的文化技术水平，以使他们有更多的就业机会；对财产多和收入高的人群实行没收性财产税和累进所得税，以缩小贫富差距。新剑桥学派的收入分配理论虽然因为过于激进而未能在现实中得到切实应用，但其中关于推行普遍福利政策的分析还是另辟蹊径。

新自由主义的社会福利思想

1. 费边社会主义的社会福利思想

费边社会主义关于社会福利有以下主要观点：个人必须为社会工作，为公益献身，社会作为回报必须保证个人的自我实现。社会中的人应在平等的基础上保持协调关系，贫富收入不宜过分悬殊，贫困不仅是个人的事，而且是社会的事，因为社会这个有机体的一部分遭到削弱，势必损害整个有机体的效率，摆脱贫困并过上具有人的尊严的生活是每个人的权利，必须保证每位公民的最低生活标准。政府是一个理想的、可用来为社会服务的工具，政府有责任和义务组织各种社会服务，采取各种手段，包括某种形式的财富再分配来达到调整市场制度造成的不公正的目的。

2. 新自由主义的社会福利思想

新自由主义者主张用积极的国家观代替消极的国家观。供给学派的社会保障理论主张大幅度削减政府开支，对社会保障计划进行改革，“采取紧急援助、严格的福利和对儿童补贴相结合的社会保障制度”，从而鼓励就业，提高生产率，减少政府开支，同时主张通过人寿保险来弥补社会保险的不足。弗莱堡学派认为经济的高效率和经济发展唯有依靠市场机制作用的充分发挥，经济发展了，会间接保障整个社会的福利。同时，该学派基于人道主义，认为要使市场竞争更为人道化，主张实行社会保障政策，提出要充分发挥市场竞争的作用，经济要按市场经济规则运行，同时扩大社会保障。

公共经济学

公共经济学将社会保障作为收入再分配问题来处理，之所以要建立社会（政府）保障制度是因为市场机制的缺陷。公共经济学认为政府应该通过公共医疗保健系统、医疗社会保险、工伤社会保险、残废保险、幸存者照顾计划以及社会救济等来构建一个灾害社会保险系统，保障每一个公民的基本生活。公共经济学更进一步研究了社会保险模式的选择、社会保障标准的确定、社会保障管理、社会援助的方式等多方面的问题，使社会保障的研究达到了一个更高的水平。

马克思、恩格斯和列宁的社会保障学说

1. 马克思、恩格斯的社会保障思想

马克思在《资本论》中也曾经论述过社会保障基金的必要性。马克思和恩格斯在描绘未来社会的宏伟蓝图时，不仅提出要对生产资料建立保险制度，而且论述了对劳动者也要建立保障制度。早在 1848 年，马克思、恩格斯在《共产党在德国的要求》一文中就提出“建立国家工厂，国家保证所有的工人都有生活资料，并且负责照管丧失劳动力的人”。

马克思不仅阐述了建立社会保障制度的必要性，也论述了社会保障基金的来源。马克思认为，社会保障基金最终都来源于工人创造的剩余价值。

2. 列宁的社会保障思想

列宁认为，社会主义“充分保证社会全体成员的福利和使他们获得自由的全面发展”。不断满足人民日益增长的物质文化需要，是社会主义生产的根本目的。社会保障的需要是一种最基本的需要，也是“合理需要”。社会保障的对象，不仅仅是消费者、享受者和接受者，同时也是生产者、创造者和供给者，在人民当家做主的社会主义社会，社会保障是人民自己对自己的保障，是政府的社会政策，也是人民在履行义务过程中所享有的生活权利。列宁提出了社会主义社会保障应遵循的原则和社会保障制度的主要内容（包括保障项目、享受对象、支付标准、基金来源和管理机构)。

☞ 重点名词

德国新历史学派　福利经济学瑞典学派　第三条道路　货币主义学派　供给学派　弗莱堡学派　消费理论　凯恩斯主义　公共经济学

☞ 复习思考题

试述社会保障理论的流派及其基本思想。

第三章

社会保障法制建设与管理体制

社会保障立法与管理是社会保障制度及其运行机制的根本条件，社会保障管理是一种社会政策管理，它是对社会保障法制的强化，在实践中要受到社会生产力和社会经济制度及各国政治管理体制的制约。社会保障管理能够主导社会保障制度的长期发展，能够监控和纠察社会保障的具体实践，能够贯彻落实社会保障的法律制度。社会保障管理对社会保障制度而言，较之法制系统、实施系统等更具代表性，因此，现代社会保障制度不仅要求建立起相应的社会保障管理体制，而且要求建立健全高效的社会保障管理体制。

第一节 社会保障法制建设

一、社会保障法概述

社会保障的法制建设就是要建立健全社会保障法律、法规体系，把国家的社会保障职能以法律和制度的形式固定下来，从而使得这项职能具有稳定性、连续性和极大的权威性，并在实际执行中做到有法可依、有法必依、执法必严、违法必究。社会保障制度成熟的国家，都是通过社会保障立法，使社会保障制度得以确立；通过社会保障法的实施，使社会保障制度得以规范；通过社会保障法的修改，使社会保障制度得以完善。

（一）社会保障法的历史演进

社会保障事业的发展历程就是社会保障立法实践的过程，每一项社会保障项目的实施背后，均有其相应的立法实践。纵观国外社会保障立法的具体实践，可以将社会保障立法的历史演进分为五个阶段：

1. 社会保障法萌芽——社会救助立法（1601—1832 年）

人类历史上最早的社会保障立法萌芽于 17 世纪英国的《济贫法》。从

1531 年到 16 世纪结束，英国颁布了一系列规定对亟待救济的贫民给予帮助法令。1601 年，伊丽莎白女王下令将以前各项济贫法令编撰补充成法典颁布，这就是历史上著名的英国《济贫法》，又称《旧济贫法》。为抑制救济的膨胀，1834 年英国重新颁布了《济贫法修正案》（即新济贫法），《济贫法》的颁布是国家通过立法确定济贫事业为政府职责的开始，开创了社会保障立法的先河。但在这一阶段立法理念局限于对贫民的救济事务，同时被救济者必须以牺牲尊严并接受奴役为代价，还称不上是现代意义的社会保障法。完全是出于防止贫民沦为流民危及王权的稳固，更多地是直接充当着强化英国统治秩序的工具。它以“慈善与矫治”的原则使该法兼有强迫劳动和福利救济的性质，强调对不劳动者的惩罚而忽略对需求者的帮助。

2. 现代社会保障法产生——社会保险立法（1883—1934 年）

现代意义的社会保障法是工业革命以后产生的，始于 19 世纪 80 年代德国颁布了世界上第一批社会保险法律。当时德国国内经济萧条，劳动人民生活贫困，工人运动不断兴起，劳工问题日益突出，国家通过立法，自上而下地实行包括社会保险、孤寡救济、劳资合作以及工厂监督在内的一系列社会政策措施。1883 年的《劳工疾病保险法》，是世界上第一个劳动保险法，即社会保险法律；1884 年又颁布《劳工伤害保险法》，1889 年颁布《残疾和老年保险法》。1911 年《孤儿寡妇保险法》与上述三部法律又被确定为德意志帝国统一的法律文本《社会保险法典》，开创了由国家立法实施社会保险的时代。这种以社会保险为主体内容的社会保障制度与工业化的进程相吻合，符合历史发展的潮流，从 19 世纪末到 20 世纪 30 年代，德国的社会保险立法成为各国仿效的楷模。在欧洲大陆，波兰、挪威、意大利及亚洲的日本等先后建立了各自的社会保险法律体系。日本于 1911 年制定了亚洲最早的也是唯一的社会保障立法《工伤保险法》，于 1922 年又制定了《疾病保险法》。东南亚和南亚的一些国家于 20 世纪 20 年代开始立法。

作为社会保障制度核心项目的社会保险法制化，标志着社会保障立法正式诞生。但是，这一时期的社会保险立法，项目零散、不成系统，各项社会保险立法之间也缺少有机联系。因此，现实呼唤系统的、成熟的社会保障法律制度的建立。

3. 社会保障法的发展阶段——综合性立法（1935—1941 年）

1935 年，在美国罗斯福新政中，颁布了在社会保障立法史上具有重要历史意义的《社会保障法》。它是世界上第一个对社会保障进行全面系统规范的法律，其内容涉及社会救济、社会保险和社会福利等方面，标志着社会保障法作为一项制度最终形成。随后，西方国家对本国社会保障立法进行了修改和完善，社会保障法迅速得到发展。此外，这个阶段社会保障制度在各大洲普遍建立并获得很大发展。欧洲国家中，除阿尔巴尼亚和摩尔多瓦外，其余国家在20世纪20年代以前已全部制定了社会保障相关法律。

4. 现代社会保障法成熟——福利化方向（1942—1969年）

这一阶段以第二次世界大战后英国政府宣布建立“福利国家”为标志，福利制度及社会保障制度在世界范围内得以普遍推行，社会保障立法更趋成熟。英国于1942年年底发表的《社会保险及有关的服务》，制订了以社会保险制度为核心的全面的社会保障计划。于1946—1948年以实现充分就业和社会福利为纲领，通过并实施了一整套社会保障法规，例如，《家庭补助法》,《国民卫生保健服务法》、《工伤保险法》、《国民救助法》、《社会保险法》等，至1948年宣告英国已成为世界上第一个福利国家。

继英国之后，北欧国家瑞典、丹麦、挪威以及其他西欧国家法国、联邦德国、奥地利、比利时、荷兰、瑞士、意大利等，纷纷按英国模式实施社会福利政策，美国、澳大利亚、新西兰以及日本也在按福利国家的路子建设各自的社会保障制度。因此，这一阶段是各个迈向福利国家的国家社会保障制度建设和立法发展的成熟阶段。在此阶段，以苏联为首的社会主义国家，在社会保障立法方面施行了国家保障制度。众多发展中国家也开展了各种社会保障立法。同时，国际劳工组织在社会保障国际立法上也积极行动，使社会保障在国际上得到了普遍承认，还制定了在国际社会保障事业发展中有着重要地位的《社会保障最低标准公约》。

5. 社会保障立法改革和调整

20世纪70年代以后，西方国家经济发展出现了滞涨现象，原本高福利倾向的社会保障立法面临着极大的挑战。面对不断增长的庞大的社会保障开支给国家财政造成的巨大压力，以及高福利待遇使劳动者产生惰性而给经济发展带来的诸多问题，各国政府纷纷开始探索社会保障制度的改革途径，对以往的社会保障法律体系进行必要的修订和完善。英国于1987年正式通过了社会保障制度改革方案；日本国会批准从1987年起，实行新的养老保险制度；美国里根政府通过立法砍掉了一些社会福利津贴；法国、联邦德国、荷兰、加拿大和比利时等国，都通过立法提高社会保险费率。发展中国家则一方面探索制定新的社会保障法律以建立起更加全面的社会保障制度，另一方面需要根据经济发展水平和国民对社会保障的需求变化进一步修订和完善社会保障法律。总之，大多数国家和地区的社会保障立法进入了自我完善并与整个社会经济协调发展的时代。

（二）社会保障法概念

社会保障法是调整社会保障关系的法律规范的总和，具体是指调整国家、社会和全体社会成员之间，在保障社会成员基本生活需要并不断提高生活水平的过程中，所产生的社会保障关系法律规范的总和。它既包括以基本法形式出现的社会保障法，也包括其他法律、法规中有关社会保障的规范，还包括具有法律效力的关于社会保障事项的地方性法规和规章。它是为了建立社会保障体系、维持社会保障体系的正常运作而制定的各种法律规范，是社会保障制度建立的基础和保证。从世界各国社会保障立法的实践来看，社会保障法一般不以单一的法律形式出现，而是由多种法律、法规构成的，如社会救济法、社会福利法、失业保险法、养老保险法等。同时还包括法律法规中有关社会保障的规范和具有法律效力的关于社会保障问题的规章、决定、条例等规范性文件，以及有关社会保障的司法解释等。

（三）社会保障法的特征

1. 社会性

社会保障法是典型的社会法（社会法以社会利益为本位，追求社会公平的实现，其中既有国家权利对市民社会个人权利的干预，又有个人享受国家给付的权利的关系），表现在：第一，保障对象是全体社会成员，而且随着社会经济的发展，社会保障的对象从选择性向全民性方向发展。第二，社会保障责任和义务的社会化，即社会保障通过立法，在政府、企业、公民及社会之间合理分担保障责任和义务，形成资金筹集渠道多元化、社会风险分散化的保障机制。第三，保障目的是为了保障全体社会成员的生活安全，实现社会的公平和稳定，因此社会保障法是具有社会公益性的法律。

2. 强制性

社会保障法是国家通过立法或者制度强制推行的涉及全体社会公民生活安全的一系列准则。社会保障法的适用范围、保障项目、待遇标准、享受待遇的资格条件、社会保障基金来源与筹集缴纳方式等，都要由相关法律规定，任何组织和个人都要严格遵从，不能随意更改。

3. 协调性

在纵向上，社会保障法与国家的其他法律在国家根本大法宪法的调整下与其他专门立法的内容相互衔接，相互补充和制约，以保证社会保障法规的有效实施。在横向上，社会保障制度具体的运作涉及劳动保障、民政、卫生等多个部门。社会保障法律还应该与这些部门规章及政策协调一致，以提高运作效率。在社会保障体制与项目内部由于事项庞杂，内容繁多，通常需要制定多部社会保障方面的法律，从而构成社会保障法律制度。在社会保障法律与法律之间各自规范着一定范围内的社会保障事务，又相互协调相互配合，共同构成一个完整的社会保障法制体系。

4. 安全性

社会保障制度是公民生存权以及其他基本人权的保障，也是社会稳定和经济发展的重要支柱。通过社会保障制度，能够有效调节收入分配，保护低收入阶层的利益，能够通过完善养老、医疗、失业、工伤、生育等方面的社会保险制度，使社会成员和劳动者在受到意外和风险时不至于生活没有着落。社会保障法的安全性特征，不仅反映了国家在社会保障问题上的态度和所应承担的责任，同时也为社会成员提供了一种“安全感”，使人们保持一种社会心理上的平衡，为整个社会的安定创造良好的条件。因此，社会保障法是社会稳定的重要防线，是社会安全网和社会减震器。

（四）社会保障法的本质、原则、内容和形式

1. 社会保障法的本质

社会保障法是生存和发展权利的保护法，是弱者保护法，是收入分配调节法。

2. 社会保障法的原则

社会保障法的原则是社会保障法基本精神的体现，是全部社会保障法律规范的价值主线和灵魂所在。社会保障法的基本原则在整个社会保障法的体系中具有根本准则的地位，集中反映社会保障法的本质，体现立法者在社会保障领域所奉行的政策。主要有以下几个：

（1）权利保障原则。权利保障即将获得保障作为公民权利和国家义务。从本质上讲，社会保障是国民收入再分配的活动，以保障所有公民最基本的生活需要。保障公民生存权是社会保障立法的基本准则之一。当今世界各国的宪法普遍确认了公民的生存权，规定了国家保障公民生存权的义务。为此，社会保障立法应将法的适用范围确定为全体公民，都有享受社会保障的权利。纵观世界各国社会保障立法，这已经成为各国立法共同奉行的基本原则。1948 年《世界人权宣言》明确规定，所有公民，作为社会成员之一，都享有社会保障权。1952 年国际劳工组织发布的《社会保障公约（最低标准）》，要求各国

政府为国民提供至少达到最低标准的社会保障。同样，我国宪法第四十五条也明确规定：中华人民共和国公民在年老、疾病或者丧失劳动能力的情况下，有从国家和社会获得物质帮助的权利。国家发展为公民享受这些权利所需要的社会保险、社会救济和医疗卫生事业。国家和社会保障残疾军人的生活、抚恤烈士家属、优待军人家属。国家和社会帮助安排盲聋哑和其他有残疾的公民的劳动、生活和教育。然而这种普遍性的实施力度在很大程度上是受到各国具体国情所制约的。一般而言，经济发达国家，尤其是福利国家，往往采取无差别的适用全体公民的社会保障标准，而在发展中国家，通常根据自身的经济水平，采取有区别的保障标准。因而，国家保障公民生存权应在经济发展的前提下，有计划、分阶段地逐步实现普遍的社会保障。

（2）社会共同责任原则。通过强制立法使社会风险由国家、企业及全体社会成员共同承担，建立社会共同责任机制。一方面，国家要承担诸如提高基本保障、监督管理补充保障计划以及鼓励个人自我保障等方面的责任；另一方面，也要注意发挥企业、各类社会组织、社区、家庭及个人在构建社会保障体系中的作用，并以社会保障立法的形式逐步明确各方责任，促进社会保障主体的多元化、筹资渠道的多样化、保障形式的多层次化，为建立多支柱社会保障法律体系奠定基础。

（3）与社会经济发展水平相适应原则。社会保障是人类社会发展到一定时期的产物，换句话说，社会保障是应社会经济发展的客观要求而产生的。这一事实要求社会保障立法在确保保障待遇时，必须考虑两方面的影响因素：其一是社会经济发展不同阶段上保障对象的保障待遇预期；其二是社会经济发展不同阶段上，即便是为满足保障对象的基本生存需求，所要提供的经济物质帮助的标准也大不相同。这一标准与当时当地人们的生活水平有很大关系，基本生活保障应与人们维持起码生活所需的物品的价值数量相关联。低于这一标准，不足以维持保障对象的基本生活所需，起不到保障的作用；高于这一标准，就会导致依赖保障制度人群的出现，就会挫伤纳税人的积极性。当然，社会保障计划、项目确定的给付标准能达到什么样的水平，最主要的还是要看社会经济发展达到了什么样的水平，因为社会保障水平取决于经济发展所创造的可供再分配的社会财富的多寡，高于经济发展水平的社会保障，势必给社会经济的发展带来沉重的负担。所以社会保障立法的一个重要原则是量力而行。

（4）社会公平原则。公平，在经济学上包括机会均等和收入均等。社会保障具有浓厚的公平色彩，其功能是以满足社会公平为目标而提供的一种安全稳定机制，以弥补市场分配的缺陷和按劳分配中事实上的不平等。社会保障制度的首要目标是追求社会公平。社会保障立法应向公平倾斜，既追求“结果上的相对公平”，又追求“机会上的公平”。比如，国家通过失业保险立法，一方面给予竞争的失败者以维持基本生活的费用；另一方面通过职业培训、职业介绍，为其创造重新参与市场竞争的机会。

（5）普遍性与特殊性相结合的原则。普遍性保障是指社会保障覆盖范围包括所有社会成员，强调所有的社会成员享有社会保障权利。特殊性保障是指保障的实施范围是针对社会中的某一部分处于特殊境况、存在特殊需要的群体。对公民实行普遍的社会保障，是各国社会保障立法共同奉行的一条基本原则。公民在因年老、疾病、失业而发生生活困难时，均享有从国家和社会获得物质帮助的权利，这是宪法赋予每一个公民的权利。在实践中，社会保障很多项目都是针对某一特殊群体而制定和实施的，例如社会救助针对贫困者，康复救助针对残疾者，养老保险针对老年人，工伤保险针对因工伤残者，失业保险针对失业者等等，所以说，具体的社会保障项目都有其对象的特殊性。普遍性和特殊性相互兼顾的原则是说，当公民具备了具体的社会保障项目所规定的条件和资格后，都有从国家和社会得到相应保障的无差别的权利；但是普遍性的保障权利不等于所有的人都可以无差别地享受所有的社会保障待遇，当具体的社会保障项目所确定的待遇发放的条件不具备时，任何人都不能享受相应的待遇。

3. 社会保障法的内容

社会保障法的内容包括社会保障法的调整对象、主体和客体三个方面。

（1）社会保障法的调整对象。社会保障法的调整对象是国家或政府、企业或集体和个体社会成员，在保证基本生活以及增进社会福利中所发生的各种社会经济关系。具体来说，它主要包括：第一，政府与国民的关系，即中央政府和地方政府保证所辖区域居民基本生活的职责和居民所享受的社会保障权益等。第二，社会保障职能机构与国民的关系，它们之间既是资金筹集者与供应者的关系，又是社会保障待遇提供者与享受者的关系。第三，企业、社会团体及官方机构与劳动者个人之间的社会保障关系，其实质内容是保证劳动者的社会保障权益，规范企业或用人单位履行对劳动者的社会保障责任等。第四，社会保障运行过程中的监督机构，包括监督机制的建立以及各种监督机构的职责权限划分及其协调性等。

（2）社会保障法的主体。社会保障法的主体是指在社会保障活动中，依法享受权利与承担义务的当事人。从社会保障的运行过程来看，社会保障主体主要包括受益主体、义务主体、行政主体。受益主体即权利主体，是国家实施社会保障的利益归属者、最终受益者公民，尤其是公民中的弱势群体。义务主体是在社会保障关系中，承担缴费、给付义务的个人或组织；分为两大类：一类是缴费主体，在社会保险中，个人和用人单位承担缴纳保险费的义务；一类是给付主体，凡属于现金给付的，均由社会保障行政部门履行，而现物或服务性给付，通常由受托的业务机构履行。行政主体是代表国家组织、施行、管理社会保障事务的行政部门。行政主体为实现公民的生存权利而组织实施公务活动。

（3）社会保障法的客体。社会保障的客体是指社会保障关系主体的权利义务共同指向的目标。从社会保障实践的内容来看，它主要包括两个方面的内容：一是指所保障的财产物质和自然人的身体与生命，比如灾害救助就是以国民所有的财产物质上的利益为具体的保障对象，养老保险就是以保障自然人的生活为目标的；二是指社会保障的主要目的是为社会成员的基本生活提供物质保障，因此人是社会保障法律制度中最重要的客体，而物则是部分社会保障法律制度中的特殊客体。各种社会保障给付包括现金给付、实物给付和社会服务性给付。

4. 社会保障法的形式

社会保障法律体系是从宏观上指导社会保障立法，进而使社会保障法具有最佳的结构和效能。是一个国家全部社会保障法律规范按照一定的标准分类组合所形成的具有一定结构性、功能性联系的有机整体。从法律体系理论的视角来看，社会保障法首先是一个独立的法律部门，是整个国家法律体系的一个组成部分；同时它又具有自身的体系结构，由若干低一层次的法律部门所构成。社会保障法律体系既有一定纵向结构，又有一定横向结构。其纵向结构是由不同效力层次的各种法律规范、按照效力层次的高低顺序所组成的宝塔式结构，即宪法、社会保障基本法、专项社会保障法律以及以下各个层次的社会保障法规的组合。其横向结构是由同一层次的社会保障法律规范按照一定的标准排列而成，如社会保障实体法、社会保障基金法、社会保障组织法、社会保障程序法等。

（五）国内外社会保障立法实践

1. 国外社会保障立法

国外社会保障立法模式有三种：一是“一法为主”型，如美国以综合性法律《社会保障法》为主，其法律数量不多；二是“多法并行”型，如日本即采用由多部平行的社会保障法律共同构成社会保障法系统；三是“混合立法”型，即由国家既颁布有部分社会保障方面的专门法律，又同时将另一些社会保障关系纳入其他部门立法体系中规范，从而形成一种混合性的社会保障立法模式。

2. 中国社会保障立法

（1）中国社会保障立法现状。改革开放以来，特别是从1984年开始，随着社会保险制度改革的推行，社会保险立法工作也紧跟其围绕展开。其中最具代表性的法规是1986年国务院发布的《国营企业实行劳动合同暂行规定》，该法规确立了劳动合同制工人的养老保险制度。与此同时，国务院还发布了《国营企业职工待业保险暂行规定》，初步确立了中国的失业保险制度。另外，1988年国务院颁布的《女职工保护规定》提高了生育保险待遇。1991年国务院发布了《关于企业职工养老保险制度改革的决定》，明确了企业职工养老保险制度改革的基本方向。1993年国务院发布了《国有企业职工待业保险规定》，扩大了失业保险的范围。从1994年开始，国务院组织了“社会统筹与个人账户相结合”的医疗保险试点。1998年出台《国务院关于建立城镇职工基本医疗保险制度的决定》（征求意见稿）。工伤保险和医疗保险也都在相关行政法规指导下启动改革试点工作。1997年国务院还发布了建立城市居民最低生活保障制度的通知。1999年1月22日由国务院颁布的《中华人民共和国失业保险条例》和《社会保险费征缴暂行条例》同时出台。此外，《中华人民共和国劳动法》专章对社会保险和福利作了原则性和纲领性的规定。见表3.1。

表3.1

颁布时间	法律、法规名称	通过或颁布机关
1990.12.28	中华人民共和国残疾人保障法（1991年施行）	七届全国人大常委会第17次会议
1991.09.04	中华人民共和国未成年人保护法	七届全国人大常委会第21次会议
1991.12.29	中华人民共和国收养法	七届全国人大常委会第23次会议
1992.04.03	中华人民共和国妇女权益保障法	七届全国人大常委会第25次会议
1994.07.05	中华人民共和国劳动法	八届全国人大常委会第8次会议
1994.10.27	中华人民共和国母婴保健法	八届全国人大常委会第10次会议
1996.08.29	中华人民共和国老年人权益保障法	八届全国人大常委会第21次会议

续表

颁布时间	法律、法规名称	通过或颁布机关
2006.12.29	中华人民共和国未成年人保护法	十届全国人大常委会第25次会议
2007.06.29	中华人民共和国劳动合同法	十届全国人大常委会第28次会议
2007.08.30	就业促进法	十届全国人大常委会第29次会议
2008.04.24	中华人民共和国残疾人保障法	十一届全国人大常委会第2次会议
2010.10.28	中华人民共和国社会保险法	第十一届全国人民代表大会常务委员会第十七次会议
1986	国营企业职工待业保险暂行规定	国务院
1988	女职工保护规定	国务院
1991.06.26	关于企业职工养老保险制度改革的决定	国务院
1993.04.12	国有企业职工待业保险规定（1999年被失业保险条例取代）	国务院
1994.01.13	农村五保供养工作条例	国务院
1994.08.23	中华人民共和国残疾人教育条例	国务院
1999.01.22	社会保险费征缴暂行条例	国务院
1999.01.22	中华人民共和国失业保险条例	国务院
1999.09.28	城市居民最低生活保障条例	国务院
2003.04.27	工伤保险条例	国务院
2007.02.25	残疾人就业条例	国务院
2014.02.21	社会救助暂行办法	国务院
2015.8	基本养老保险基金投资管理办法	国务院
2016.2.3	全国社会保障基金条例	国务院

（2）中国社会保障立法存在的问题。近年来我国社会保障制度立法出台了一些行政法规，初步形成了国家、企业和个人三方主体共同负担的社会保障新格局。但从整体来看，社会保障立法远远不能满足市场经济和社会保障事业发展的需求，尚未给国家解决社会保障面临的多元的复杂问题提供充分有效的法律依据。主要表现在以下几个方面：

①社会保障立法不健全　国家立法滞后，地方立法分散，目前尚无统一

的、具有普遍约束力的社会保障法。社会保障的运作方面除了社会保险法有全国人大的统一立法，其他的社会保障项目主要是依靠政策规定和行政手段推行，同时社会保险基金的征集、拨付、运营、管理尚未立法。社会保障立法中缺乏明确的法律责任和制裁措施的相关规定。

②社会保障法律法规立法层次低　全国人大立法少，行政法规、部门规章多；地方性法规少，政府规章多；立法层次低，缺乏较高的法律效力。

③相关配套的法制建设滞后　社会保障制度运作会涉及劳动保障、民政、卫生等多个部门。社会保障法律还应该与这些部门的规章及政策协调一致，以提高运作效率。同时在内容上社会保障制度的立法内容应与刑法、劳动法、税法专门立法的内容相互衔接，相互补充和制约，以保证社会保障法规的有效实施。

（3）推进中国社会保障法制建设措施。我国社会保障法律体系以《中华人民共和国宪法》所确定的公民权益和国家提供社会保障的规范为根本立法依据，形成与民法、劳动法等法律部门平行的部门法，提高立法层次，增强社保制度的稳定性，国家立法机关应将主要的注意力集中到基本的社会保障法律制度的制定上，社会保障法的总体系包括专项法（社会保障组织法、社会保障基金法、社会保险程序法）和单项法（社会保险法、社会救济法、社会福利法、社会优抚法），在基本法律体系建立起来后，还要制定《中华人民共和国社会保障法》统领整个社保法制体系。再次注重与其他相关法律（劳动法、财政法、刑法等）协调，形成一个有中国特色的社会保障法律完整的体系。我国宜在单项法方面已经制定《中华人民共和国社会保险法》的基础上，再将《社会救济法》、《社会福利法》、《社会优抚法》等多部平行的社会保障法律加以制定，而每一项专项法又统辖着若干个子法或法规或实施细则。最后建立完善的社会保障权利救济制度，在社会保障关系中，享受社会保障权利的，有相当部分属于社会弱势群体，所制定的程序法中，也应当尽可能地使当事人能够通过最简单快捷、而且收费低廉的程序获得救济。同时建立社会保障法律援助制度也必不可少。

第二节　社会保障管理体制

一、社会保障管理体制概述

社会保障管理体制有广义与狭义之分。广义的社会保障管理体制包括国家管理社会保障事业的法律法规、组织机构、管理制度和管理方法的总称，它涵盖社会保障事业的方方面面。狭义的社会保障管理体制是指社会保障管理机构的设置及其职能权限的划分。

社会保障管理体制包括三方面相互联系的内容：社会保障管理机构、社会保障管理内容和社会保障管理方式。

（一）社会保障管理机构

社会保障管理机构指负责社会保障计划、法律法规的制定、贯彻、执行和监督，保证整个社会保障制度正常运行而设立的各个部门和机构。社会保障管理机构是社会保障制度中的管理主体，它的设置是否得当，运行是否顺利，关系到整个社会保障制度的目标能否顺利完成。

以管理职责和业务范围为标准进行划分，可以把社会保障管理机构分为行政主管机构、具体业务实施机构、基金营运机构和监督机构四类。

1. 行政主管机构

行政主管机构是管理社会保障事务的相关政府部门，主要职责是与相关部门一起编制社会保障的发展计划，制定社会保障有关法律法规，对社会保障管理机构进行监督。

我国的行政主管机构按纵向划分可分为三个层次：第一是高层行政机构，包括人力资源与社会保障部、民政部等中央政府级的行政机构；第二是中层行政机构，包括各省、自治区、直辖市人民政府设立的劳动和社会保障厅、民政厅；第三是基层行政机构，包括省辖地级市、区、县人民政府设立的劳动和社会保障局、民政局。

2. 具体业务实施机构

具体业务实施机构可由政府主管机构的下属事业部门或者独立的法人单位来担任，是公共事业部门的一种，主要职责是落实各项社会保障计划、法律法规，以及具体负责社会保障基金的收缴、核算、支付等工作。

3. 基金营运机构

社会保障的基金营运机构一般是具有独立法人地位的金融部门。在行政层次上，基金营运机构与具体业务实施机构属同一层次，因此在理论和实践中各国政府有的将其合二为一。社会保障基金管理机构一般由国家、单位、受保人三方组成，其主要职能是实现社会保障基金的保值增值。在市场经济条件下，基金营运机构要在政府主管机构和具体业务实施机构的监督下有效运营。一般来说，这一层次的社会保障管理机构既可由社会保障基金理事会担任，也可由私营基金管理公司担任。

4. 监督机构

社会保障监督，是指由国家行政管理部门、独立的公共事业部门和相关利益集团，对社会保障的其他管理机构的相关行为进行评审、鉴定，对违反规定、有损大众利益的行为予以纠正，以保证最多数人的合法利益最大化。这类管理机构一般由政府领导下的社会保障监事会或具有独立法人资格的监督机构担任，主要职责是监督上述三大机构的运行情况，以保证社会保障的计划、法律法规顺利执行，保证社会保障基金正常运行并实现保值增值。

我国的社会保障监督机构分为三类：社会保障行政监督机构、社会保障审计监督机构以及社会保障社会监督机构。社会保障行政监督机构包括政府劳动与社会保障部门、税务部门、财政部门、银行等；社会保障审计监督机构包括国家审计机关、社会保险经办机构的内部审计组织等；社会保障社会监督机构涵盖社会保险基金监督委员会等法人机构。在三类社会保障监督机构中，社会保障行政监督机构、社会保障审计监督机构是政府有关部门代表国家实施监督，社会保障社会监督机构则代表社会保障的参与者和受益者进行监督。

（二）社会保障管理内容

社会保障管理包括三方面相互联系的内容：第一是社会保障的行政管理，包括社会保障发展规划的制订，社会保障法律制度体系的设计；第二是社会保障的基金管理，包括社会保障基金的收缴和支付，社会保障基金的营运；第三是社会保障的对象管理，包括对社会保障对象提供的一系列具体服务的过程。

1. 社会保障的行政管理

社会保障的行政管理主要是指国家和政府部门制定、设计社会保障的法律法规、政策条令，进行相关决策并监督实施的过程。具体的行政管理内容包括：（1）制订社会保障发展计划，统筹协调社会保障政策，统筹处理社会保障进行过程中的利益冲突和相关矛盾；（2）设计并贯彻执行社会保障方面的法律、法规和相关政策；（3）建立并完善社会保障信息化、社会化服务体系。通过行政管理，可以对社会保障的保障对象、资金来源、待遇支付标准与方式，社会保障中国家、单位、个人等相关利益主体的权利、义务等方面作出规定。

2. 社会保障的基金管理

社会保障的基金管理包括基金的筹集、管理运营、支付三个方面的内容。社会保障基金的筹集一般来源于国家财政拨款，少数来源于单位和个人按一定比例缴纳的社会保障费用，另有少部分源于私人和社会团体的捐助。社会保障基金的管理运营，包括基金的日常财务和个人账户管理，以及基金的投资营运，以实现基金的保值增值。社会保障基金的支付就是给受益人各项社会保障待遇，如养老保险金、医疗补助、工伤保险金、失业津贴、救济金等。

社会保障基金管理的原则主要有：（1）依法管理原则。社会保障基金从筹集、运营再到使用，都必须严格依照有关法律法规进行，要建立健全财务管理制度，加强对基金的监督和检查，确保基金的安全。（2）统一管理原则。所有社会保障基金必须由一个社会保障管理机构进行集中统一管理，这样既可以降低管理成本，又可以发挥基金的调剂功能，另外，还可以避免社会保障基金出现流失现象。社会保障基金要设立单独的社会保障基金财政专户，专门用于社会保障各项开支，任何单位和个人都不得挪用社会保障基金。（3）收支分离原则。社会保障经办机构要在银行分别设立社会保障基金收入户和支出户，对社会保障基金收入和支出进行分别管理。（4）分账核算原则。对于社会保障基金要按险种分别建账，分账核算，专款专用，不得相互挤占和调剂。

3. 社会保障的对象管理

对社会保障对象的管理，就是对特殊的社会保障对象，如退休、离职的老年人、鳏寡孤独者、丧失劳动能力者、失业人员、伤残人员等的管理，这种管理不但提供物质保障，而且提供精神和心理方面的慰藉，生活和健康方面的服务，参与社会活动和就业方面的机会等。例如，可以组织残疾人参加福利企业、事业工作，组织贫困户发展生产，对失业人员进行职业培训等。

我国对在职的社会保障对象，过去一般由所在单位进行管理。随着社会进步，必须要在政府的组织和引导下，依靠工会、各种社团、慈善协会、家庭等各种非政府机构来对社会保障对象进行管理，走社区化、社会化的管理路子。

（三）社会保障管理方式

由于政治、经济、文化、地理条件等因素的不同，各国采用的社会保障管理方式有所不同。根据政府在社会保障事务中的作用大小和参与程度，可以将社会保障管理方式分为政府直接管理、半官方自治管理和商业保险管理三种方式。

1. 政府直接管理方式

政府直接管理方式的主要特征是社会保障的行政管理、业务管理、监督管理均由政府负责，政府对社会保障事业实行垂直领导，从上到下设立不同层次的管理机构进行宏观指导和微观运作。

在政府直接管理的社会保障体制下，政府既要负责制定社会保障的政策和法令，还要负责监督这些政策和法令的正确实施，除了这些行政管理职责之外，政府还要负责具体社会保障的业务管理，包括社会保障基金的筹集、给付和运营，以及统筹协调各方力量为社会保障对象提供一切必要的服务。

政府直接管理方式又分为两种具体形式。

（1）集中统一管理方式。集中统一管理方式指中央政府授权一个部或一个委员会，下设各层次机构，实行统一制度、统一政策、统一标准、统一经费收支，通过计算机信息系统实行自上而下的垂直一体化管理。英国、加拿大、波兰、马来西亚等国家都属于这种类型，其中以英国最为典型。英国社会保障本部设了政策规划局、财务管理局、法律事务局三个管理部门，部外设津贴发放机构、交费机构、儿童权益保护机构、信息技术服务机构、安置机构、战争优抚机构六个执行机构。每个机构分两三个层次，层层负责，实行政府集中统一管理。

（2）分权管理方式。分权管理又分为纵向分权和横向分权两种：

第一，纵向分权，即由中央政府制定基本法律法规，地方政府视自身具体情况制定具体的实施细则，有较大的自主权。如美国的失业保险制度，各州政府负责制定本州的失业保险细则，包括保险费率、失业救济给付时间上限等，并负责具体实施。联邦政府则主要按雇员工资的一定比例统一收缴失业保险税。

第二，横向分权，即实行分部门分项目管理，不同的社会保障项目由不同的政府部门管理，各自建立起一套机构系统。如劳动部门负责劳动保险，卫生部门负责医疗保险。日本是实行这一管理方式国家的典型代表。

政府直接管理方式，优点是有利于社会保障政策统一贯彻执行，有助于政府意图准确地得到贯彻。其缺点是政府承受的压力大，管理效率和服务质量可能不尽如人意。

2. 半官方自治管理方式

这种管理方式的特征是，政府负责统一协调、监督全国的社会保障事务运行，社会保障的具体实施则由半官方、半独立的社会保障管理机构来实施。政府部门无权干涉具体业务，但有权检查监督。德国、法国、意大利、瑞士、瑞典、土耳其等国家，都采取这种管理方式。例如德国的社会保险行政机构与社会保险承办机构就完全分开，社会保险承办机构按照社会保险具体项目来设置，社会保险行政机构无权干涉其具体业务。又如在法国，全国养老保险基金会负责全国的养老保险，在社会事务部和就业部的监督下独立进行管理和运作。

半官方自治管理方式的优点是，体现了民主管理思想，管理机制较为灵活，政府处于监督和协调的地位，有利于化解矛盾，同时还减轻了政府的责任和负担。其缺点是外部条件的要求比较苛刻，既要求国家的法制、市场健全，又要求监督机构公正、权威，否则就不能保证国家意志的充分贯彻和整个社会保障体制公平有效地运行。

3. 商业保险管理方式

商业保险管理方式的主要特征是，在强调自我保障的强制储蓄积累制度下，通过基金投资运营实现保值增值。首先按照固定缴费率征收保险基金，然后通过各类专门的公共事业部门，如具有半官方性质的独立的基金会在资本市场上进行运作，实现基金的保值增值后，再按照社会保障对象的待遇标准进行给付。新加坡、智利、印度、印度尼西亚等国就采取这种管理方式。例如新加坡，社会保险由劳工部负责监督，具体实施由中央公积金局负责，中央公积金局实行董事会领导下的经理负责制。智利在 1980 年后，建立了完全个人缴费的、以个人账户为中心的社会保障制度，具体由社会保险总署、“公共养老金”管理公司、“私人养老金”管理公司、基金投资风险管理委员会四机构管理和组织实施。

商业保险管理方式的优点在于，政府的责任较少，管理较为高效，按照“完全积累”的原则筹集社会保险基金符合市场经济的内在要求。其缺点是，要求国家资本市场和法制体系高度健全完善，且由于采取“完全积累”原则而致使参保人承担的市场风险过大。

（四）社会保障管理方式的选择

社会保障管理方式的选择是否合适，主要看其是否符合社会保障的价值目标和有利于整个社会保障体系的有效运行。一般认为，影响社会保障管理方式选择的因素有三个：

（1）国家政治体制。单一制国家多采取集中统一管理方式的社会保障体制，而联邦制国家多采用分权管理方式的社会保障体制。

（2）社会保障历史背景。英国的贝弗里奇计划以消灭贫困、疾病、愚昧、肮脏和懒散五大祸害为目标，建立了全社会的国民保险制度，但英国的社会保障是在《济贫法》的基础上以社会救济为基础建立起来的，这种推行普遍最低生活保障的社会保障制度需要中央政府统一管理，进行全面干预，故而其管理方式为典型的政府集中统一管理方式。同样，德国的社会保障制度建立在原有的社会保险制度基础之上，其全社会共担风险的社会保险观念根深蒂固，故而建立了半官方自治的社会保障管理方式。

（3）国家遵循的社会保障理念。不同国家的社会保障理念的差异，很大程度上导致了不同的社会保障管理方式。英国的社会保障理念强调国家责任，这就决定了它的社会保障管理方式为政府直接管理。德国的社会保障理念强调社会各方共同分担风险，其建立半官方自治的社会保障管理方式也就不足为奇。

（五）社会保障的管理模式

第二次世界大战后，社会保障进入全面发展的阶段。按照不同的分类标准，社会保障模式有不同的类型。

1. 按社会保障的给付标准划分

（1）受益基准制：又称为规定受益制、确定给付制，指的是社会保障管理机构先规定对受益人的给付水平，再依照精算原理确定缴费水平的社会保障模式。这种制度强调了公平原则。在受益基准制下，劳动者的社会保障待遇水平按其收入的一定比率确定而不论其缴费多少，这体现了社会保障的互济作用。社会保障费（税）率可以根据实际情况调整，从而消除了通货膨胀的风险。但是，这种制度要求财政兜底，在社会保障收入不足时，财政的负担加大。另外，受益基准制需要不断地进行精算以保证制度的收支平衡，因此其管理成本很高。

（2）缴款基准制：又称为规定缴费制、确定缴费制，指的是预先确定缴费水平，再根据基金积累额及其投资收益给付受益人的社会保障模式。这种制度强调了效率原则。在缴款基准制下，受益人按缴费金额及其投资收益，在风险发生时可以得到相应的补偿，当社会保障基金投资收益较低时，受益人的所得将会减少。在这种制度下权益与责任相对应，受益者的所得与其缴费直接联系，对个人缴费有激励作用；同时容易形成庞大的社会保障基金，对经济发展及资本市场的完善有一定的促进作用。但是，这种制度的互济性较差，无法体现保障的社会性，如果社会保障基金选择私营化运作，基金无法实行社会统筹，容易出现社会保障的地区性差距，不利于社会的稳定和经济的协调发展。而且，庞大的社会保障基金在积累过程中容易遭受通货膨胀的风险，在运作过程中容易遭受投资风险，影响社会保障待遇水平。

2. 按社会保障的性质划分

（1）普遍保障制度。以全体公民或居民为保障对象，不论收入多少、工作与否，有无财产，按统一的标准为有需要的人提供现金津贴。资金通常由国家财政拨款，也有由雇员和雇主缴纳保险费的。这种制度一般适用于已在该国按规定居住了一定年限的人。

(2) 就业（收入）关联制度。已领取薪金的劳动者为主要保障对象，社会保障的给付与就业或收入状况有关。享受社会保险年金或定期补助的权利，直接或间接取决于受益人工作时间或缴纳保险费时间；是否享受家属津贴及工伤保障的权利取决于是否存在雇用关系；个人领取的养老金、抚恤金等各类年金及失业救济金、残疾补助、生育补助、工伤补助等各类短期补助，往往与其在风险发生前的收入水平有关。

(3) 收入状况调查制度。以贫困者或低收入者为主要保障对象。先由政府依据当时的社会需求水平制定一个贫困线，即最低生活保障线，然后调查个人或家庭的财源，以判断是否符合享受社会保障待遇的条件。

3. 按社会保障资金来源划分

(1) 社会保险型模式：也称俾斯麦型社会保障模式，是最早出现的社会保障模式。其主要特点是实行“自助”原则，社会保障费用由国家、雇主和雇员三方负担，且以个人和雇主投保为主，政府在收支不平衡时给予补助。不同的险种分担的比例不同，一般养老保险由雇主和雇员双方平均分担，这种制度称为双投保；工伤保险完全由雇主负担，称为单投保；疾病保险由雇主负担1/3，雇员负担2/3。实行这一制度的国家包括德国、美国、奥地利、比利时以及日本等国。

(2) 福利国家型模式：也称贝弗里奇型社会保障模式。其目标是实行充分就业和收入均等化，强调了公平。但这种模式以高税收支撑高福利，造成财政负担沉重。它实行按需保障的原则，且社会保障的资金由国家统筹，实行统一规划和组织。实行这一制度的国家包括英国、澳大利亚、瑞典及其他北欧国家。

(3) 国家保障型模式：20世纪50年代开始，社会主义国家效仿苏联的模式建立了这种国家保障型的社会保障制度。其社会保障资金来源于政府的财政收入，受益人不缴纳任何费用。实行这一制度的国家是苏联及变革前的社会主义国家。

(4) 强制储蓄型模式：也称公积金模式、东南亚模式。其目标是自助型为主，促进经济全面发展。这种制度下社会保障由国家立法强制执行，由雇主和雇员双方按规定比例缴纳保险费，政府不提供任何帮助，基金存入雇员账户。随着社会经济的发展，这一制度由单一的养老保险扩充到养老、住房、医疗等方面。雇员除在退休后领取养老金外，在退休前，还可在许可范围内购买住房，支付医疗、教育费用等。这种制度把个人享受的待遇与存款多少联系起来，具有激励作用，也避免了人口老龄化的困扰，同时减轻了国家财政负担。实行这一制度的国家主要是新加坡。

4. 按社会保障的筹资方式划分

（1）现收现付制：是将一定时期所需支付的费用，分配于各参加保险的被保险人，预先不留出储备金，完全靠当年的收入满足当时的需要。因此，其保险费率定于每期期末，并基于以往的实际经验，对近期需支付的保险金额进行预测，在以支定收的原则下，将总支出按一定提取比例，分摊到参加保险的被保险人。受益基准制通常采用这种筹资方式。这种方式一般用于短期风险，如疾病、生育、失业等。

（2）基金制：也称预先积累制，是用预先积累的社会保障基金给付保险金。需积累的基金根据未来支出的需要而确定。其预测未来支出的方法是在对有关人口生命和国家经济发展的各项指标（如人均预测寿命、死亡率、退休率、就业率、工资增长率、通货膨胀率、利息等）进行长期综合预测的基础上，将被保险人在领取保险待遇期间所需要的开支总额，按照一定比率分摊到整个就业期间，并对不断提取和已积累的保险基金进行有计划的投资运营。因此，基金制正常运行的重要条件是要有适当的利率水平、稳定的金融市场和定期的精算调整。缴款基准制通常采用这种筹资方式。这种方式一般用于长期的社会保障项目，如老年、残疾、遗属保险等。

（3）部分基金制：也称混合制，是部分积累与现收现付的结合。在满足一定时期支出需要的前提下，留有一定的储蓄。其收费率分期调整，初期低，以后逐步提高，保持相对稳定性。这种制度既可避免现收现付所面临的提取比例不断上升、纳税者负担重的问题，又可减轻基金制所带来的投资风险和计算困难的问题，受人口结构、通货膨胀和经济状况的影响也相对较小，以保证社会保障基金收支长期平衡问题。

各国根据本国社会经济的特殊性，选择了不同的社会保障模式。但不管选择哪种模式，其社会保障制度的产生都与社会经济发展相适应，是为了解决社会成员的特定社会问题服务的，都需要经济基础。各种模式下的社会保障项目大致相同，社会保障的范围都在不断扩大，待遇水平在不断提高。随着社会保障在社会经济生活中的作用越来越明显，而且原有的社会保障制度难以适应人口老龄化的趋势，现在，各国都不同程度上对原有的社会保障制度进行改革，实行混合式的模式，以不断完善适合本国的社会保障模式。

二、社会保障管理体制的类型

（一）社会保障管理体制的类型

世界各国的社会保障管理体制因各国政治、经济、文化传统、历史背景不同而有较大差异，归纳起来有三种类型。

1. 集中管理式

集中管理式一般指将医疗保险、失业保险、养老保险以及其他社会保障项目全部建立在一个管理体系内，建立一套统一的社会保障管理机构，集中对社会保障各项目的资金进行统一的管理。在实行集中管理模式的国家里，一般从中央到地方都设立专门的社会保障管理机构，配备专职的工作人员，进行纵向垂直一体化管理，其显著特征有：一是社会保障决策权集中统一在中央，地方各级政府社会保障机构统一服从于中央社会保障主管机构；二是社会保障预算编制和执行权集中统一在中央，建立全国范围统一的社会保障预算体制；三是地方政府在纵向上要服从中央政府的指令，由中央政府决定其社会保障收支规模与基本结构。实行这种管理体制最典型的例子就是新加坡的中央公积金制度。新加坡的中央公积金制度是一个综合性的社会保障计划，具有住房保障、医疗保险、退休保险、支付教育费用等多种功能。其中政府通过中央公积金局直接管理和控制中央公积金，规定中央公积金的投资方向和中央公积金存款利率，是一种政府强制性储蓄积累模式。当然，新加坡的中央公积金制度之所以取得成功，其严格的法律规章制度和高效而又廉洁的公务员制度功不可没。

集中管理式的社会保障管理体制的优势有以下几方面：第一，有利于社会保障的统一规划、统一实施；第二，有利于社会保障各项目、社会保障运行各环节之间的协调和社会保障资金的集中管理，并能提高资金的使用效率；第三，有利于社会保障管理机构精兵简政，减少机构的重复设立，降低全社会的管理成本；第四，有利于社会及其他部门对社会保障基金进行管理和监督。

当然，集中管理式的社会保障管理体制也有它的局限性：第一，这种管理体制以国家行政管理为主，行政干预较多，容易引起效率低下和寻租行为；第二，这种管理体制对于人口较多、面积较大的地区，存在各部门之间协调配合不力的问题；第三，决策和管理层次过多，容易出现基层管理人员工作积极性不高的现象。

2. 分散管理式

分散管理式的社会保障管理体制，是指不同的社会保障项目由不同的政府部门管理，各自建立一套社会保障执行机构、资金运营机构以及监督机构，各社会保障项目之间相互独立的管理模式。在这种管理体制下，中央行政主管机构主要进行社会保障方面的宏观调控和规划；地方社会保障机构有一定的自主权，在部分国家里，甚至还拥有社会保障方面的地方立法权。其主要特征为：一是各级政府和社会保障部门职责明确，事权相对独立；二是各级社会保障部门拥有独立的预算；三是地方的社会保障管理机构可以在权限范围内自主决策。这一类型的社会保障管理体制最成功的是德国。德国社会保障机构的设置，实行地区与行业管理相结合的方式，政府不直接管理社会保障，只是设立专门的机构（联邦劳动和社会事务部）对社会保障进行监督。

分散管理式的社会保障管理体制的优势有以下几个方面：一是各管理机构自主活动的空间较大，能因时因地调整社会保障的项目方案，制定出合理的社会保障项目，以更好地适应社会保障发展的需要；二是有利于明确各自的权责，从而提供好的激励约束机制，调动各层次工作管理人员的工作热情，提高工作效率和质量；三是有利于各级社会保障管理机构根据各地区、各项目社会保障的特点，制定相适宜的法规和管理细则，适应社会生活的需要。但是，这种管理模式也有它明显的局限性：一是各地区、各部门的利益和关系较难协调，不利于全国范围的统筹规划；二是各地区、各项目之间的情况较为复杂，容易发生职能重复、机构重置的情况；三是管理机构设置较多，管理成本过高，寻租和地方主义较容易发生。

3. 集散结合式

集散结合式的社会保障管理体制包括两方面的内容：一是指对社会保障事业在宏观上实行统一集中管理，即在社会保障事业发展的规划、立法和监督方面采取集中式管理；对社会保障在微观上实行分散管理，即对有关社会保障事务的经办、基金营运管理等方面的工作采取分散式管理。二是指根据各个社会保障项目的不同，对共性较强的那部分项目实行集中统一管理；对特殊性较强的若干项目实行相关部门分散管理。其主要特征为：根据宏观决策和微观执行的不同，再参考各个社会保障项目的不同，把集中统一管理和分散管理两者有机地联系起来。采取这种管理体制的典型为日本和美国。日本的养老保险和医疗保险由原生省负责，失业保险由劳动局负责。各个部门分别管理各个社会保险项目。美国的失业保险由劳动部门管理，而老年保险、住院保险则由社会保险署实行统一管理。

集散结合式的社会保障管理体制的优势有以下几个方面：一是它既可以体现社会保障社会化、一体化、规模化的发展要求，又能兼顾个别项目的特殊要求；二是有利于调动各方面利益主体的工作积极性，提高工作效率；三是相对于集中管理模式可以节约管理成本。当然，这种模式的实施需要较为苛刻的内部和外部条件，如健全的市场经济体制、健全的资本市场和法制体系。总体看来，这种管理模式兼顾了集中管理式和分散管理式的优点，而在一定程度上避免了两者的缺点。当然，一国采取何种类型的社会保障管理体制，受到多方面因素的制约。但是，无论选取何种社会保障管理体制，都要兼顾公平与效率原则，保证经济有序发展和社会公平稳定。

（二）一国社会保障管理体制类型选择的主要影响因素

一国究竟采取何种类型的社会保障管理体制，不仅与本国的社会保障管理需要相关，还与一国的国家政治体制、经济发展程度等多个因素相关。以下是影响社会保障管理体制类型的主要因素：

1. 国家政治体制

单一制国家多采取集中管理式的社会保障管理体制，而联邦制国家多采取分散管理式的社会保障管理体制。

2. 经济发展水平和市场化程度

一国的经济发展水平越高，其社会保障管理也就越规范，社会保障监督机制也就越完善，这样，采取分散管理式的社会保障管理体制也就更有效率；相反，发展中国家经济发展还处于起步阶段，要避免出现因制度不健全而漏洞百出的现象，就必须采取强有力的集中管理式的社会保障管理体制。同样，经济的市场化程度越高，资本市场和市场法制程度也越高，这样社会保障基金的运行风险较低，故常常采用分散管理式的社会保障管理体制；反之，经济市场化程度不高的国家则往往采用集中管理式的社会保障管理体制。

3. 社会保障的财务制度

社会保障的财务制度安排必须遵循收支平衡的原则，从各国的理论和实践看来，不同的收支平衡理论（横向平衡、纵向平衡）形成了现收现付制和基金积累制两种主要财务制度。现收现付制财务制度的实质，是由在职人员通过各种缴费方式支付退休人员的社会保障待遇。这种情况下财源大多掌握在国家手中，故常常采取集中管理式的社会保障管理体制。完全积累制的社会保障财务制度，实质是强制储蓄，资金主要来自于单位和个人缴费，故往往采取分散管理式的社会保障管理体制。

4. 社会保障的价值目标

如果一国的社会保障价值目标倾向于社会公平，采取集中管理式的社会保障管理体制的可能性就较大一些；如果一国的社会保障价值目标倾向于经济效率和发展速度，大多会采用分散管理式的社会保障管理体制。

第三节　我国社会保障管理体制改革

一、我国社会保障管理体制的演变历程

（一）我国古代社会保障管理机构的设置

我国古代没有直接被称作社会保障的专门管理机构，但是历朝历代都已有主管社会保障事务的职能机构。

追溯我国古代社会保障管理机构的发展历史，我们不难发现，管理社会保障事务的机构经历了由以设官掌事为主到因事设署（衙），以署（衙）定官为主的发展变化过程。隋唐以前中国都是设官掌事的，隋唐以后才变为因事设署，以署定官。唐朝大体上沿袭了隋朝的社会保障机构设置方式，但略有不同。隋代设民部主管度支（财政），也管“民政”等工作。唐初的民部则是主管“民政”工作，兼管度支。唐高宗时改为户部，户部下又分为户部、包部、金部、度支四司，其中户部司“掌户口、土田、赋役、贡献、蠲免、优复、婚姻、继嗣之事……”宋代的社会保障管理机构设置与唐代的建制大体相似，也是户部管理社会保障事务。户部分左右曹。“左曹分案三：曰户口，曰农田，曰检法（评检法律）……右曹分案六：曰常平，曰免役，曰坊场，曰平准，曰检法，曰知杂。”明代同样也是户部管理社会保障事务。户部内设民科、度支、金科、包科四科。“以垦荒业贫民，以占籍附流民，以限田裁异端之民，以图账抑兼并之民，以树艺课农官，以刍地给马牧，以召佃尽地利，以销豁清赔累，以拨给广恩泽，以给除差优复，以纱锭节赏赉，以读法训吏民，以权量和市籴，以时估平物价，以积贮之政恤民困……”（用开垦荒地的办法安置贫民，用建户籍的办法使流民归附，用限制占田、种田的办法制裁不安分者，用建图立账的办法制止大户兼并，用立农艺的办法考核农官，用草地供给牧民放牧，用招佃的办法使土地发挥作用，用削减、豁免的办法清理赔欠债务，用拨给的办法广施恩惠，用供给或免除差役的办法实行优待与赋免，用布帛或纱绸调节奖赏，用宣讲法律的办

法来训练官吏和民众，用标准的器具来收购粮食，用市场需求平定物价，用积贮粮食的政策周济民困……）

（二）中华人民共和国成立后社会保障管理体制的演变历程

1. 工会管理阶段（1951—1969 年）

1949 年 10 月，中华人民共和国成立后，当时的中央人民政府政务院下设劳动部、内务部分管社会保障事业，其中劳动部负责管理企业社会保障工作，内务部负责管理机关事业单位的社会保障工作以及社会优抚、社会救济等方面的工作。

1951 年 2 月 26 日，政务院发布《中华人民共和国劳动保险条例》规定，中华全国总工会为全国企业劳动保险事业的最高领导机关，接替了之前劳动部的企业劳动保障方面的职责，而劳动部则成为全国企业劳动保障事业的最高监督机关。1954 年，中华全国总工会完全接替了劳动部原先的工作，全权负责企业的社会保障事务。这种状况一直持续到 1969 年，我们称之为工会管理阶段。

2. 企业自管阶段（1969—1988 年）

1969 年，内务部被撤销，民政工作移交财政部、国务院政工组、卫生部、公安部四部门联合管理。直到 1978 年，我国才设立民政部，负责原先内务部处理的社会救济、社会福利、社会优抚等方面的民政工作。1982 年，国家组建劳动人事部，重新开始管理企业社会保障工作。1966 年后，我国从总工会往下的各级工会组织已经陷入瘫痪状态，企业社会保障完全处于自管状态。1984 年，中国人民保险公司开始经办集体所有制企业的养老保险。

3. 多部门管理阶段（1988—1997 年）

1988 年，全国七届人大一次会议通过了政府机构改革方案，撤销了原劳动人事部，成立了劳动部和人事部，分别管理企业和机关事业单位的社会保障事务。民政部依然负责管理原来的社会救济、社会优抚、社会福利等民政工作。这样，就形成了一个“三驾马车”的基本格局，也构成了社会保障多部门管理的雏形。之后，卫生部、财政部管理机关事业单位的公费医疗，中国人民保险公司负责管理集体所有制企业的养老保险，铁道、邮电、水利、电力、中建总公司、煤炭、石油、交通、有色金属、民航、金融 11 个行业分别管理本行业的养老保险事务。“多龙治水”、多头管理的社会保险管理体制就此形成（见图 3.1）。

- 国务院
  - 地方统筹
    - 劳动部
      - 社保司
        - 城镇企业职工医疗保险
        - 城镇企业职工基本养老保险
        - 城镇企业职工工伤保险
        - 城镇企业女职工生育保险
      - 就业司　城镇企业职工失业保险
      - 社会局　养老基金经办
    - 人事部社保司　机关事业单位职工养老保险
    - 民政部
      - 农保司　农村养老保险
      - 基金管理中心　基金经办机构
    - 财政部社保司　全国养老保险基金财务监督
    - 体改委　分配和社会保障体制改革
    - 卫生部政策法规司
      - 机关事业单位职工公费医疗
      - 机关事业单位职工医疗保险
  - 行业统筹
    - 中国建筑工程总公司
    - 有色金属工业总公司
    - 铁道部
    - 煤炭部
    - 电力部
    - 邮电部
    - 交通部
    - 水利部
    - 中国人民银行
    - 民航总局
    - 石油天然气总公司

图 3.1　我国 1997 年前的社会保障管理体制

二、1997 年以前中国社会保障管理体制存在的缺陷

（1）政出多门，多头管理，条块分割，相互掣肘，缺乏统一的管理机构。管理机构分散，是造成社会保障管理中许多问题和矛盾的最大根源。例如社会保险的管理，涉及劳动、人事、卫生、民政、财政、计生、银行、商业保险、审计、教育、司法、工会、妇联等许多部门。再例如，养老保险领域搞条块分割，分行业搞养老保险，由铁路、邮电、电力、民航、水利、中建总公司、金融、石油、天然气、煤炭、有色金属、交通 11 个行业单独负责本行业的养老保险。城镇职工养老保险和失业保险由劳动部门负责，而部分集体所有制企业

职工养老保险由人寿保险公司负责，这其中就存在职能交叉的现象。具体到地方，还出现了上海养老保险由社会保险管理局和民政局两家分管的情况（前者管理城镇养老保险，后者管理农村养老保险），致使一些同时雇用了城镇职工和农民工的乡镇企业究竟是由社会保险管理局管理还是由民政局管理变得说不清道不明。

这种多头管理的现象，直接造成了机构重叠，成本过高，效率低下等多种弊端。

（2）政事不分，宏观间接管理与微观直接管理不分，管理机制缺乏有效性和科学性。分管部门按险种实行立法、实行、监督、经办“一条龙”管理，这种“一条龙”管理难以建立有效的监督约束机制，极易造成滥用保险资金、挪用公款等违法乱纪问题，且弱化各自管理责任，什么都管却不对其中任何一个部分负责。这种状况的一大现实危害是难以提高基金营运效率并实现基金的保值增值。政事合一，基金分散管理，各部门没有办法同时在行政管理和事业运营两个方面都有所作为，也没有办法达成统一的社会保障基金运作制度，且各主管营运部门缺乏基金保值增值的长期计划，致使基金的整体运营效率没有办法保证，基金保值增值目标更是无从说起。

（3）政监不分，缺乏有效的监督制衡机制。社会保障的决策、经办、监督由同一部门负责，如主管社会保险的行政部门既负责制定政策和规章制度，又负责操作经办，缺乏有效的监督机制。这样，极易造成社会保险基金被挪用、挤占、多提管理费等各类流失现象，腐败问题大量产生也不足为奇。如送给企业当“启动资金”，或用于当地重点项目建设搞“市政开发”，有的甚至直接借给某些个人办企业、社团，而被借走的资金大多有借无还。

（4）法制建设不完善。立法滞后，立法程序缺乏客观性和公正性。我国虽然曾经制定了不少社会保障方面的单项法规、法条，但社会保障制度建立、发展近50年，连一部完整而统一的《社会保障法》或是《社会保险法》都未出台。在实践中，只能依靠各部门自行制定的法规、条例，致使各地区法规的标准差异极大，很多地区的法律、法规甚至相互矛盾。在各部门的立法过程中，由于受到自身利益的驱动和无统一的全国法令的指导，各部门都拟定有利于本部门、地区利益的法律、条例。另外，在社会保障基金管理方面，坚持“社会统筹”，忽视对个人账户的建设，致使社会统筹和个人账户相结合的养老保险新机制无法建立。总之，由于法制不健全，尤其是立法滞后，严重阻碍了我国社会保障事业的发展。

（5）企业和国家背上了沉重的社会保险费用开支的包袱。我国自20世纪

50 年代初期到 20 世纪 90 年代初期的 40 年间，享受劳动保险制度的人数大约增加了 18 倍，国有企业的劳动保险费用开支以 14.5%的增长率每年递增，而反观同时期的国民经济增长水平，GDP 年均递增 8.8%，国民收入年均增长 6.8%，国民经济的增长速度低于劳动保障费用开支的增长速度。在这种局面之下，老牌的国有大中型企业，由于老职工较多，负担更加沉重。随着经济体制改革的深入发展，当需要国有企业成为独立的生产者和经营者，追求其营利性和竞争性之时，企业难以公平地参与市场竞争。政府不得不利用减税、固定资产加速折旧等各种经济政策和法律手段给予国有大中型企业一些变相补贴，其结果导致国有大中型企业失去了参与竞争的积极性，其他各类所有制企业怨声载道，整个经济运行呈现低效率状态。另外，各个企业社会保障负担轻重不一，致使职工的被保障程度差距明显，社会公平原则被严重违背。如福建省，国有企业养老保险由劳动保险公司负责，商业系统缴费率曾经高达 33%；而集体企业养老保险先后经由人民保险公司、劳动保险公司承办，仍难以保证基本生活需要；相比之下，人事部门制定的机关事业单位职工养老保险待遇明显高于其他部门。

三、1998 年后至今我国的社会保障管理体制简介及评述

（一）20 世纪 90 年代对原有社会保障管理体制的改革与探索

为了克服原有社会保障管理体制的不完善之处，20 世纪 90 年代以来，我国各地在建立统一的社会保障管理体制机构方面，进行了积极而有意义的探索。至 1997 年底，浙江、广东、安徽、海南、吉林、青岛、湖南、甘肃、江西、西藏、四川、黑龙江 12 个省（自治区），上海、天津、重庆 3 个直辖市统一了各自的社会保障管理机构。另外约 100 多个副省级及地、县级城市也统一了社会保障管理机构。探索期间，设立的社会保障管理机构名称叫法不一，有的名为社会保障行政或事业管理局，多数称作社会保障委员会或社会保障监督委员会（基金监事会）。

对于此次的改革与探索，从积极的角度来看，各地结合本地的客观实际和工作需要，在不违背当时的法律、法规的基础上大胆改革，小心求证，积累了宝贵的经验，为全国社会保障管理体制的改革创造了有利的条件。从另一个角度考虑，此次探索也有许多不规范之处，甚至有很多“浑水摸鱼”的投机现象的出现：首先，机构名称五花八门，各地的社会保障管理机构有十几种，委、局、处等名称各式各样；其次，各社会保障机构的职责、职权不统一，

责、权的划分也不很明确，有的是统筹或领导机构，有的是协调机构，有的是执行机构；最后，还有部分地区借此机会“另立山头”，随意扩编机构，或是干预其本不应该涉及的事务，造成了整个体系的混乱，个别集团和个体则从中得利。

（二）1998 年后至今我国的社会保障管理机构简介

对于我国在社会保障管理方面存在的种种弊端，中共中央根据《关于制定国家经济和社会发展第七个五年计划的建议》的指示，在不违背“社会保障工作要坚持社会化管理与单位管理相结合，以社会化管理为主的改革方向。社会保障机构要把社会保险、社会福利、社会救济的工作统一管起来，制订规划，综合协调”这个建设我国社会保障管理体制的根本指导思想的大前提下，于 1998 年 3 月，在九届全国人大一次会议上通过了我国社会保障管理机构改革的新方案。此方案是我国自改革开放以后在社会保障管理体制方面作出的大规模政府机构改革决定。对比图 3.1 和图 3.2 可以看出，1998 年后我国社会保障管理体制作出了重大变革。

- 国务院
  - 劳动与社会保障部
    - 养老保险司
      - 基本养老保险
      - 遗属待遇
      - 机关事业企业补充养老保险
      - 养老保险社会化服务
    - 失业保险司　失业保险
    - 医疗保险司
      - 医疗保险
      - 工伤保险
      - 生育保险
    - 农村社会保险司　农村养老保险
    - 社会保险基金监督司　保险基金管理
  - 民政部
    - 优抚安置局
    - 救灾救济司
    - 社会福利和社会事务司
  - 财政部　社会保障基金预决算
  - 人事部　综合管理公务员

图 3.2　我国 1998 年后的社会保障管理体制

对比图 3.1 和图 3.2 可以看出，此次社会保障管理体制改革较之以前有了重大突破。首先，在原国家劳动部的基础上，组建了国家劳动与社会保障部，建立了统一的社会保障行政机构，将原由劳动部管理的城镇职工社会保险，人事部管理的机关事业单位社会保险，民政部管理的农村社会保险，卫生部管理的公费医疗，相对集中地交由人力资源与社会保障部管理；其次，为了配合相应的职责和管理职能，国家劳动与社会保障部内设了养老保险司、失业保险司、医疗保险司、农村社会保险司和社会保险基金监督司五个相关职能司局，分别负责有关保障项目的工作；最后，社会救济、社会福利、优抚安置等社会保障项目仍由民政部负责管理。

2008 年 3 月，随着大部制改革进程的启动，劳动与社会保障部同原人事部合并为人力资源与社会保障部。图 3.3 为人力资源与社会保障部成立后的管理体制示意图。

- 国务院
  - 人力资源与社会保障部
    - 养老保险司
      - 基本养老保险
      - 遗属待遇
      - 机关事业企业补充养老保险
      - 养老保险社会化服务
    - 失业保险司　失业保险
    - 医疗保险司
      - 医疗保险
      - 工伤保险
      - 生育保险
    - 农村社会保险司　农村养老保险
    - 社会保险基金监督司　保险基金管理
    - 国家公务员局　综合管理公务员
    - 事业单位人力管理司　综合管理事业单位工作人员
  - 民政部
    - 优抚安置局
    - 社会救济司
    - 救灾司
    - 社会福利和慈善事业促进司
  - 财政部　社会保障基金预决算

图 3.3　我国 2008 年大部制改革后的社会保障管理体制

（三）1998 年后至今我国的社会保障管理体制评述

1. 1998 年后至今我国现行的社会保障管理体制取得的成就

（1）我国现行的社会保障管理体制，在我国社会保障管理体制改革中，是渐进式改革中的一个必经阶段，具有承前启后的重要意义。

从理论上讲，集中化、统一化是社会保障管理体制发展的一大趋势，但如果强行执行“全盘统一”，不符合我国各地生产力水平存在巨大差异的基本国情，甚至可能出现俄罗斯“休克疗法”后“崩盘”的不利局面。而且，我国在一些社会保障项目的管理上还是比较成功的，全盘否定也不切实际。

（2）在社会保障管理体制内容的各方面都作出了重大改进。在管理方式上，形成了政府直接管理的管理方式，打破了以往混乱无序的管理体制；在管理机构设置方面，逐步确立了人力资源与社会保障部、民政部两个主要的行政主管部门，打破了以往机构并立、无人统筹的混乱格局；在管理内容方面，虽然在社会保障基金管理和对象管理方面改进不大，但加强了社会保障的行政管理，加强了管理的力度，落实了负责的主体。

2. 1998 年至今我国现行社会保障管理体制存在的问题

（1）政出多门，互相掣肘的情况依然存在。由于没有打破所有制、地区界限，虽然由人力资源与社会保障部、民政部两个主要部门统筹管理社会保障事务，但仍有不同地区和不同部门分管的项目存在交叉统一，相互矛盾的情况出现。例如，人事部门负责机关、事业单位的养老保险，同劳动、民政部门就有交叉矛盾。机关事业单位合同工的养老保险应归劳动部门负责；城镇企业里干部、科技人员的养老保险又归人事部门负责；农村社会养老保险归民政部门管理，而农村的干部养老保险又归人事部门管理。几个部门分管的人员范围交叉矛盾，混乱不堪。

（2）社会化程度低。由于各部门（企业部门与事业部门，各不同企业部门之间）实行社会保障的制度、政策、标准不统一，致使同一级别的工作人员之间待遇差异悬殊，企业间的负担也轻重不一。由于待遇差异迥异，妨碍了人才、劳动力在不同部门、行业间的合理流动，固化了人员的地区、行业和部门所有，不利于产业结构的调整和调动人才的积极性。另外，由于没有能够充分调动社会的参与，致使单个部门完全负担全部风险，大大降低了社会保障作为人民生存的基本保障线的基础功能。

（3）社会保障基金整体使用效益差，整个社会保障体制运作困难。社会保障资金筹集渠道不规范，基金周转又“画地为牢”，难以找到优质的投资项目，基金运营效率较低。近年来失业职工逐步增多，加上人口逐步步入老龄化阶段，社会保障基金更加紧张，整个社会保障基金收支存在较大缺口。

（4）社会保障管理体制法制建设不完善，立法严重滞后。首先，立法方面的起色不大，没有从整体上进行规划。我们缺乏一部社会保障基本法，关于农村社会保障方面的立法几乎是空白，另外，社会救济、社会福利的许多问题无法可依；其次，立法层次过低，通过全国人民代表大会的立法较少，各部门的行政法规较多，迄今为止，经过全国或各级人大通过的与社会保障相关的法律仅有几部；再次，立法的统一性也不够，各地立法差异过大，以城镇职工养老保险为例，国务院给出了两个差异较大的试点方案，一部分地区实施了方案一，一部分地区选择了方案二，大部分地区综合两种方案形成了方案三，方案之间差异很大；最后，社会保障的立法体制不规范，各立法主体之间的立法权限划分不明确，立法主体的权责不清，致使立法主体多元化、层次无序化、部门利益法律化的现象严重。

（5）多家分管，自成系统，造成机构重叠，浪费了大量的人力、物力和财力。分管社会保障的各个部门，都设立了专门的管理机构、专业人员队伍、专门的经办机构和管理人员，这些年民政部在全国各地推行农民养老保险试点时，设立层层机构，扩充编制，意在建立一套自成一体的农民养老保险体系；人事部门也在拟建自己的经办机构体系。多一套机构，多一套人马，就要多一笔经费开支，经济上造成了极大的浪费。另外，由于社会保障管理机构重叠，增加了企业为职工办理社会保险时的工作量和工作难度。为了办好职工社会保险，企业要跑不同的部门，办理不同的手续，向不同的管理部门按照不同的规定、标准缴纳不同的保险费，加大了企业的事务性负担，实践中造成许多企业不愿意参加社会保险统筹，致使保险费大幅度滑坡。

第四节　国外社会保障管理体制及其对我国的启示

一、国外社会保障管理体制简介

（一）国外社会保障管理方式

1. 政府直接管理方式

这种方式的主要特征是政府直接设立专门的管理机构进行具体管理，其中又可以分为两类。

一是集中统一管理方式：英国、加拿大、波兰、马来西亚属于这种类型。如英国，社会保障部是全国社会保障的最高行政主管部门，各地设立社会保障局，县市设立社会保障处。

二是分散管理方式：日本、美国、澳大利亚属于这种类型。如日本，中央政府设立原生省管理全国养老、遗属、残疾、医疗等社会保障项目，劳动部负责失业、工伤等社会保障项目。

政府直接管理方式有利于体现政府的意图和满足社会公平原则，但管理成本过高，不符合经济学的“成本-效益”原则，另外服务质量和工作效率难以保证。

2. 半官方自治管理方式

德国、法国、意大利、瑞士、瑞典、土耳其属于这种管理方式，如在法国，卫生和社会保障部负责社会保障的监督和颁布法律，全国疾病保险基金会、全国养老保险基金会、全国就业组织理事会、全国家庭补贴基金会及其分支机构分别负责全国的疾病保险、养老保险、就业补贴和家庭补贴。

这种管理方式克服了政府直接管理方式中的一些弊端，但对国家的法制要求较为严格，在体现社会公平和政府意图方面也差强人意。

3. 商业保险管理方式

新加坡、印度、印度尼西亚等国家采取这种管理方式。如在新加坡，实行社会保障中央公积金制度，社会保障项目包括养老保险、残疾保险、死亡保险、医疗保险以及住房和教育计划等。

这种管理方式政府的责任最少，管理简便，效率更高，但要求国家高度法制化和市场化，而且，参保人要承担基金运营的巨大风险。

（二）国外社会保障管理机构设置

根据国际劳工局的统计资料，在所统计的115个国家中，89个国家由一个政府部门主管社会保障事务；26个国家由多个政府部门管理社会保障事务，实行多头管理。89个由一个政府部门主管社会保障事务的国家分为五类：第一类是由劳动（劳工、就业）和社会保障部主管，其中包括中国、德国、意大利、西班牙、土耳其等50个国家；第二类是由劳工（劳动）部主管，包括印度、印度尼西亚、新加坡等19个国家；第三类是由社会保障部主管，包括澳大利亚、英国、瑞典等15个国家；第四类是由卫生和社会保障部主管，包括玻利维亚、芬兰、冰岛3个国家；第五类是由财政部主管，包括科威特、瓦努阿图2个国家。26个社会保障事务由多个政府部门管理的国家，包括比利时、巴西、加拿大、丹麦、法国、日本、荷兰、韩国、新西兰、俄罗斯、南非、埃及、美国、泰国等国。

（三）国外社会保障基金营运管理机构简介

据有关资料介绍，对131个国家和地区分类，有92个国家和地区由社会保险基金会、协会、公司或社会保障银行等公共机构管理，有37个国家和地区由政府部门直接管理，有2个国家由工会管理，另有新加坡、马来西亚等国由公积金局集中管理，智利则开创了由私营的养老金管理公司管理的新模式。

上述几种营运管理模式的优劣：第一，政府直接管理模式弊端很多，政府负担沉重，公共积累金没有保障。如美国社会保险基金1993年底账面上有3693亿美元余额，但实际空无一文，全部被用于减少政府的财政赤字和支付国债本息。第二，由经办机构统筹社会保险基金模式虽然充实了民主决策和社会监督机制，但这些公共机构缺少活力，效率低下，官僚和腐败盛行，一些欧洲国家即是如此。第三，公积金局法定机构模式的工作效率和服务质量优于前两者，但基金投资渠道窄，投资回报低，而且不能进入资金市场，大部分只能用于购买国债。20世纪80年代新加坡基金年投资回报率仅为3%。第四，私营金融机构市场化营运管理模式充满活力，资金回报率高。例如智利扣除通货膨胀率后，1981年至1998年社会保障基金的年平均回报率达到14%。

二、国外社会保障管理体制对我国的启示

通过对国外社会保障管理体制的简介，可以得出如下启示：

（一）我国在社会保障管理方式方面，宜长期实行政府直接管理方式

从世界范围来看，具有浓厚集权传统的国家政府大多采取政府直接管理方式；具有民主化传统的成熟市场经济国家多采取半官方自治管理方式；而那些小型的、处于大规模经济体制变革阶段的、正在走向工业化的国家多采取商业保险管理方式。

就我国国情（历史和经济发展阶段）而言，社会保障方面长期采取政府直接管理方式是上上之选。社会保障不同于一般的社会制度安排，它关系到千家万户老百姓的切身利益，也关系到国家稳定和社会的长治久安，一旦“崩盘”，后果将不堪设想。尤其是在我国这种人口多、经济发展程度较低、贫富差距过大的国家里，这种“崩盘”的危害会被无限放大，可能性也会大大提高。因此，需要国家或政府在其中发挥主导作用。

（二）坚持依法管理，建立健全社会保障法律监督系统

现代世界各国的社会保障制度都是以立法为基础建立起来的，都有较完善的社会保障管理法律体系和相关制度，立法、司法、执法制度体系都很完善。

要加快社会保障的法制建设，加快各单位法规的制定和完善，加快社会保障基金管理的立法，为社会保障管理提供法律上的保证。要努力构建社会监督系统，设立由缴费人、工会、受益人和专家学者组成的社会监督机构，监督社会保障服务质量和基金运营状况。

（三）坚持单一政府部门主管社会保障事务，避免出现政出多门的情况

纵观世界社会保障管理机构设置，其实并没有固定的模式。有由一个政府部门主管社会保障事务的“政出一门”的模式，也有分多个政府部门管理的“政出多门”模式。这些都与各国不同的行政“传统”、政治、经济、文化等各方面国情相关，没有统一标准，但是，大多数国家实行“政出一门”的管理模式且效果不错，这也是世界社会保障管理机构设置的总的发展趋势。

我国 1998 年以前的社会保障管理体制是政出多门，造成了管理效率低下、管理成本高昂的问题，因此，实践检验也告诉我们，我国在经济体制转轨的过程中，实行单一型的社会保障行政主管管理模式，是符合我国国情和世界今后发展趋势的首选。

（四）在坚持政府主导的同时，适当地引入市场化、商业化规则

官僚主义和效率低下，是各国社会保障管理中的一个共同的问题。主要表现在机构臃肿、队伍庞大、服务质量不高和存在腐败等方面。这既是社会保障管理体制的问题，又是社会保障制度设计的问题。为了解决这些问题，各国正尝试在社会保障管理中适当引入市场化、商业化机制。如在智利，政府将养老保险交给私人机构管理。我国目前的市场化、法制化程度不高，适当地引入市场化、商业化规则有利于社会保障管理体制健康地发展。

（五）建立相对独立的社会保险基金经办机构

我国政府部门集行政管理、基金经办职能于一身，缺乏科学的职能分工和监督制约机制，管理和经营的效率都很低。应按照政事分开原则，建立相对独立的，非营利性的社会保障基金经办机构，经办社会保障基金的征收、给付，个人账户的登记管理，基金的营运管理和保值增值，各类保险基金要分别建

账，专户专储，专款专用，统一核算。

第五节　我国社会保障管理体制的改革与展望

一、深化我国社会保障管理体制改革的基本原则

（一）统一性原则

国家社会保障管理机构，社会保障政策，社会保障基金的财务会计准则必须统一，杜绝政出多门、多头争办、条块分割的现象。要求建立统一、独立的社会保障管理机构统一领导整个社会保障管理事务，执行社会保障管理职能。

（二）集权与分权相结合的原则

鉴于我国的历史和现实，再加上整个社会保障项目的系统性，要建立统一的社会保障管理机构，进行整体上的统筹规划和协调，这就要求实行集权化管理。但是，各地区具体情况不同，各社会保障项目之间性质、操作方式差异很大，又不能过分集权，要适当地分级、分项目管理。因此，要求我们坚持集权与分权相结合的原则，一方面，管理上具有较多共性的社会保障项目要集中起来统一管理；另一方面，各部门自己的优势要充分发挥，调动其积极性，注意相互协调一致，相互制约，提高整体的管理效率。

（三）管理法制化原则

社会保障管理的法制化，为社会保障方面的具体操作提供了法律依据。社会保障是一个复杂的社会经济系统工程，各种保障项目的性质、范围、标准、费用来源、实施原则、保障对象、管理方式都不尽相同，需要按项目的不同进行分项立法和监督。社会保障管理是法制化的管理，一切要依法办事，社会保障管理机构也必须依法设置、依法行政。

（四）政事分开原则

政事分开，就是将社会保障的行政管理、业务经办、基金营运和社会监督几个环节分开，形成各个环节之间的相互协调，相互约束和监督。政府主管部门主要是管政策、制度、标准、原则、监督，不直接干预管理资金的收缴和运营。社会保障基金由公共机构依法经办，独立进行社会保障基金的营运，受政

府主管部门和社会监督部门监督。为了避免基金被挪用与浪费，社会保障基金应纳入财政预算，社会保障经办机构的管理经费由财政部门逐年核定，并充分发挥审计、监督部门的作用，加强行政监督检查。

（五）效益原则

在坚持政事分开原则的基础上，使社会保障政府主管部门和资金运营部门相分离，充分调动两者的积极性，建立起高效的社会保障管理网络。坚持政事分开，使有关部门实现分工和专业化，各司其职，减少摩擦，提高效益。社会保障基金运营部门在进行基金运营时，要注意充分利用资本市场，实现基金的保值增值，提高基金的运营效益。

（六）社会化管理原则

长期以来，我国企业职工社会保障的实施与管理基本上都是由企业承担的，社会保障的企业化格局，使国有企业承担了比其他企业更大的经济压力。由于国有企业大多建厂时间较长，退休人员较多，故为此支付的社会保障成本也较高，从而使其在竞争中处于不利地位。

社会化管理就是要摆脱企业自我管理社会保障事务的重负，由当地社会保障管理机构进行统一管理，提供统一服务。社会化管理一方面可以减轻企业的社会事务负担，使其在参与市场竞争时可以轻装上阵，建立现代企业制度；另一方面，也可以充分发挥家庭和社区在提供社会保障服务方面的作用，实现由企业保障向社会保障的转化，降低社会保障的管理成本，提高社会保障的服务质量，扩大社会保障的覆盖面，扩充社会保障的资金来源。

二、我国社会保障管理体制的改革思路

（一）加强社会保障管理体制建设，推行一体化的保障体制

加强社会保障管理体制建设，总体上讲，就是要推行一体化的保障体制。一是要统一对象。把国有企事业单位、党政机关、群众团体、集体所有制企业、三资企业、私营企业的职工以及个体工商户、农民工和农民纳入统一社会保障体制，逐步建立起覆盖全社会成员、全体劳动者，体制一体化的社会保障体制。二是要统一标准。统一不同所有制企业的基金征缴基数，统一缴费比例，统一不同所有制企业之间的待遇标准。三是要统一社保资金的筹集和支付。社会保障基金的筹集应面向社会，由国家统一规定缴纳标准、缴纳对象和

缴纳方法，并由国家指定机构统一强制执行，以实行社会保障基金筹措的社会统筹。社会保障的享受对象、支付标准及其登记、给付方式等，也应由国家或政府根据一定时期的社会因素加以确定，并在一定范围内统一实施。四是要统一个人社会保险账户。将养老保险、医疗保险以及住房公积金合并成一个小账户，总账户下面分设三者的户头。条件成熟后，可允许三个户头的资金在一定范围内、一定程度上调剂使用。五是要统一社会保障积累资金的保值增值运作及监督管理。把所有的社会保障积累资金都集中在一起，统一进行保值增值运营。同时，对所有的社保资金使用及保值增值运营实行统一监督。六是要统一社会保障服务。社会保障服务应主要由社会提供，而不是由企业和单位提供。为此，要加快建立和健全退休管理机构和就业服务机构，积极开展多种形式的管理服务活动，逐步形成社会化管理服务网络。要积极推广统筹退休金等形式的社会化发放办法，采取社会保险管理机构直接组织集中发放、直接信汇、委托银行代发等。要积极推广失业保险管理服务，由社会保险业务管理机构把失业保险的生活保险与就业服务密切结合起来，组织多种形式的专业培训，促使失业人员尽快重新就业。要积极推广多种形式的跟踪服务，做好信访工作等。

（二）关于社会保障管理机构

要在坚持政、事分离，社保操作机构和资金运营机构分离的原则下，建立起精干、高效的社会保障管理网络，包括社会保障的立法机构、行政主管机构、业务经办机构、基金营运机构和监督机构等，具体设计如下：

1. 立法机构

主要是全国人民代表大会或其常务委员会。其主要职能为负责制定和颁布社会保障基本法、大法。国务院负责制定和颁布有关社会保障改革与发展的体制性决定。

2. 行政管理机构

社会保障的行政管理机构承担政府对社会保障的行政管理职责。在中央政府的层次上，成立国家人力资源与社会保障部，作为集中、统一管理全国社会保障事业的决策性、权威性机构，其职能范围涉及社会保险、社会救济、社会福利和优抚安置等。国家社会保障部的主要职能是：规划和指导城乡社会保障事业的发展，规划建立多层次的社会保障体系；拟订社会保障年度、中期和长期发展计划；制定社会保障项目的有关政策、法规、条例，起草有关法律；对社会保障进行宏观管理；协调地区之间社会保障利益和矛盾；实施行政执法和监督；负责社会保障的宣传、教育、培训、信息、技术、人事及干部等有关事务。

各级地方政府相应成立统一的社会保障行政主管机构。其职责一是贯彻实施社会保障有关法律法规，执行上级机关的决策和指示；二是负责本级行政区内社会保障的规划、计划、法规、宏观管理、执法、监督等事务。这样，整个社会保障行政管理机构分为国家、省、地（市）、县（市）四个层次。国家为社会保障部，省以下为社会保障局。下级行政机构受同级政府和上级行政机构的双重领导。

3. 业务经办机构

社会保障的业务经办机构负责经办社会保障基金的具体业务。业务经办机构是在行政部门主管下的，与主管部门相对独立的、具有公共事业单位性质的部门，执行社会保障基金的征缴、日常财务管理、拨付及发放、信息咨询等社会化服务功能。社会保障业务经办机构是社会保障经办的负责机构，具体的某些经办工作，可以由业务经办机构通过法律契约委托其他机构或部门办理。例如，委托税务部门代为缴纳社会保障费，委托银行代为发放社会保障待遇等。

业务经办机构设国家和省两级，地（市）级机构为省级机构的分支机构，地（市）级以下为派出机构，根据需要可设到乡（镇）一级的基层。业务经办机构直属同级社会保障行政管理机构，但又保持相对独立。行政上受同级社会保障行政管理机构和上级业务经办机构的双重领导。

按照职能相近原则，分别成立养老保险、医疗保险、住房公积金、生育保险四者统一的业务经办机构以及工伤保险、失业保险两者统一的业务经办机构。前者负责投保人加入养老保险、医疗保险、住房公积金、生育保险的资格认证、注册、档案记录、个人账户管理和咨询、养老金发放标准认定及通知、医疗费用的审查、生育保险费用的审查以及住房公积金购房用款申请等方面的工作；而后者则负责失业保险、工伤保险方面的执行工作。

4. 基金营运机构

设立基金营运机构有两种办法：一是选择已有的金融机构作为社会保障基金营运机构；二是也可以专门成立不隶属政府行政主管部门，并且独立于基金经办机构的基金营运机构。基金营运机构是企业化的金融法人，按照市场化原则投资营运基金。社会保障的基金营运机构负责统一的社会保障资金征集、支付及保值增值。

建立社会保障基金管理中心。社会保障基金管理中心是在社会保障委员会直接领导下负责编制社会保障预算决算及其运营的机构。所有的社会保障资金由统一的资金机构负责征集，统一征集后，再按块分割，按各保险项目分别设置账户，内部实行分别管理。社会保障资金的具体发放可委托银行操作，而发放标准、发放对象则由社会保障操作机构确定。同时，社会保障基金管理中心还要负起社会保障资金保值增值的职责，根据社会保障资金投资政策，具体负责投资运营。无论是社会保障资金的筹集、支付，还是保值增值运作，都要接受社会保障监督机构的监督。

各级社会保障基金管理中心在进行业务操作时，应及时将有关文件和材料送达各个监督部门；要及时发布基金运行公报，将各种征收和发放标准完整地向公众公布，以增加透明度；社会保障基金管理中心及其所有的工作人员应随时接受各类监督部门和公众的监督。

5. 监督机构

社会保障的监督机构负责对社会保障法规、政策的执行情况和保障基金收支、营运和管理情况进行监督。根据我国国情，国家设立社会保障监督委员会，省级社会保障监督委员会是其分支机构，委员由政府代表、参保单位代表、工会代表、参保职工代表、社保专家等组成，办公室设在同级人大。按这种办法设置监督机构，成本最低，也便于实际开展工作。但是，真正完善的监督，绝不是仅仅指望一个监事会就可以完成其使命的，而应该有一整套严密的体系。健全的社会保障监督体系及其运行机制至少包括以下几个环节：

第一，在人民代表大会内部设立专门委员会。具体来讲，可以在人民代表大会内部设立相应的社会保障委员会，与政府内部的社会保障监督委员会相对应，行使立法、监督职能。首先，社会保障委员会要对同级和下级的政府社会保障监督委员会实行监督，制定有关法律政策，审批有关社会保障资金预算决算方案；其次，要与其他相关监督部门一起对社会保障行政管理部门和基金管理中心实行监督。

第二，监察、审计、工会、新闻等部门，应依法行使自己的监督权，加强对社会保障行政管理部门和基金管理中心的监督。对行政管理部门的监督，主要是对这些部门出台的各种法规、政策以及具体的征收发放标准进行监督，对于不合理的决定要提出自己的意见，反馈到人大和政府的社会保障委员会，通过合法程序给予纠正。应集中力量对各级社会保障基金管理中心实行有效监督。监察、审计等部门，有权依法随时检查同级和下级社会保障基金管理中心的基金管理状况，突击核查其中可疑之处，社会保障基金管理中心及其工作人员必须合作。

第三，充分发挥公民、企业等民间组织的社会监督作用。民间组织、社会保障受益人及其他每位公民，都有权监督社会保障基金管理中心准确、及时登记缴纳费税，一旦发现社会保障基金管理中心在征收时少登记少报应及时指出或提出质疑。对社会保障基金管理中心及其工作人员有意弄虚作假、贪污挪用、刁难愚弄受益人的行为，有权向同级或越级向有关部门举报申述。社会保障的受益人，在认为所获的待遇不符合本人应得到的水平时，有权申请复核，有权向有关部门提出申诉，或向法院起诉。受益人原工作单位和受益人所在社区的社区服务站，在认为受益人这些要求是合理时，有责任也有权利支持其申述和起诉。

6. 各个社会保障管理机构之间的分工与协调

新的社会保障管理体系的建立，一定要政事分离，职责分工明确，以便于协作配合。政府主管部门不管经营，只管方针政策和监督检查，同时，各有关部门之间必须有明确的职责分工，职责权限划分得越科学、越清楚，分工越明确，就越能使各级部门各尽所能地发挥作用，减少以至消除相互扯皮现象，加快社会保障体制改革的步伐。在明确分工的同时，还要认真处理好各部门间的协调关系。如果把可在一个部门内解决的问题，分散到好几个部门去处理，势必降低工作效率，引起待遇标准上的相互攀比，所以，在政事分离、合理分工的基础上，加强部门间的协作，将有利于各部门工作的相互支持，协调配合。

要明确部门间的管理职责和管理权限。在部门间的职责划分方面，由社会保障主管部门负责各项政策、标准的制定和监督执行；社会保险经办机构负责个人账户管理、统筹基金的核算调度等事务；财政部门管理社会统筹资金财政专户，筹集并拨付对社会保障的预算补助资金，并对社会保障基金进行财务监督；国家社会保障基金管理中心负责筹集、管理、运营社会保障资金，并根据财政部、人力资源与社会保障部、民政部的要求拨付对困难地区的补助资金。

（三）关于社会保障管理方式

我国未来社会保障的管理方式，正如社会保障行政主管机构设置所表达的，是一种政府直接管理的方式，是以集权为主、集权和分权相结合的管理方式。集权主要体现在社会保障法律、法规、政策、规划、协调和监督等方面，分权主要体现在实施、执行、经办、营运等方面。

实行集权与分权相结合的社会保障管理方式。该管理方式把实行积累筹资的、在管理上具有较多共性的养老保险、医疗保险、住房公积金、生育保险集中起来，实行集中化管理；而把与促进就业、预防工伤密切相关的，不实行积累筹资的失业保险、工伤保险另外集中起来，交由地方劳动与社会保障部门管理。这种管理方式，一方面较好地解决了社会保障管理上统一性与独立性的关系；另一方面可更好地发挥地方劳动与社会保障部门的管理优势，特别是在中国经济增长方式由粗放型向集约型转变的过程中，充分就业将成为政府宏观调控目标的一个重要组成部分，失业保险与就业促进共同交由地方劳动与社会保障部门管理，可更好地为实施政府宏观调控目标服务。同时，这种方式把实行积累式筹资的项目集中在一起，把非积累式的项目集中在一起，也为管理工作操作提供了便利。

（四）关于社会保障管理内容

这包括社会保障的行政管理、基金管理和对保障对象的管理三个方面。关于未来我国社会保障的行政管理，前文社会保障机构部分已作了论述。关于社会保障基金管理，包括基金筹集、基金日常财务管理、基金营运和基金支付等部分。基金的筹集，由社会保障经办机构按照社会保障体制本身所规定的基金筹集渠道、原则和方式，具体负责。为了提高效率、降低管理成本，社会保障经办机构应成立专门的缴费部门（或机构），统一征缴各保障项目的基金；也可委托其他机构（如税务部门）代为征缴。基金的支付，也是由经办机构按社会保障待遇支付范围、标准和时限等规定，具体负责。

基金的日常财务管理，由经办机构按国家社会保障基金管理办法和有关的金融政策和规定，委托金融机构负责。基金的投资和营运，是社会保障基金管理的一个重要环节。特别是随着养老、失业等保障项目引入基金积累机制，以及社会保障基金的市场化趋势的发展，基金的投资营运具有越来越重要的意义。基金投资、营运的根本原则是安全性、收益性和流动性。基金投资的领域有国债、股票、基础设施、房地产、海外投资和其他实业投资等。

关于对社会保障对象的管理，主要由社会保障经办机构负责。对社会保障对象的管理由大量的事务性、社会性和心理性管理活动构成，非常复杂，需要耗费大量的人力、物力和财力。除了经办机构直接管理外，也可以由经办机构委托各级工会、社区、社会公益性机构和家庭进行管理。过去，各级工会在提供社会保障管理和服务方面，发挥了积极作用。在新的社会保障管理体制下，各级工会的社会保障管理职能应交给相应的机构，而服务职能应强化，特别是强化社会保障事务性服务方面的职能。各级工会可以建立职工互助保障基金，但主要不是为了给职工提供经济帮助，而是事务性帮助，如在婚丧嫁娶、求医问药等方面的帮助，以便和政府举办的社会保障形成互补。社会保障社区服务机构是社会保障社会化发展的必然趋势，它是直接与受益人即社会成员发生联系的半官方基层组织，是以社区为依据进行设立的。社会保障社区服务站的主要职责就是服务，它的一切服务业务都可以视为“社区服务”。其服务业务主要包括：一是社会保障费用征缴与发放业务。社区服务站可以代理部分社会保障具体业务。在企业单位就业的人员可以通过单位统一代扣代缴各种社会保障费。独立劳动者和行动不方便的退休人员社会保障金的缴纳与代领，如果全部通过社会保障基金管理中心收缴和发放，有一定困难，因此，社区服务机构可以代收和代领。二是咨询服务。社区服务机构可以代本社区成员查询关于社会保障金的储存和领取情况，提供有关的法律咨询，协助那些受到不公正待遇的社会保障受益人向有关部门申诉或向法院起诉。三是其他服务。可以根据社区和社会保障法律规定，向社区成员提供各种类型的有偿和无偿的便民社会保障服务，具体标准由法律作出统一规定。同时，社区服务机构作为社会保障基金管理中心和受益人的中介，负有上下沟通的责任和义务。一方面它必须接受社会保障基金管理中心和受益人的双重监督，另一方面又与受益人一起共同监督社会保障基金管理中心。它既是执行组织，又是监督机构。

（五）社会保障管理体制的其他配套制度改革

1. 建立健全的社会保障法律监督系统

要加快社会保障的法制建设，尽快改变社会保障立法进展缓慢的局面，把在改革中已经确认的各项社会保障活动的准则用法律形式迅速固定下来，以巩固社会保障管理体制改革的成果。要加快制定和完善养老、工伤、失业和医疗保险等单行法规，在此基础上颁布《社会保险法》。加快社会保障基金管理的立法，以巩固社会保障管理体制的改革成果，为社会保障基金的管理提供法律上的保证。应以法律形式对社会保障机构的设置，社会保障基金的筹集和管理，各部门的职责权限，公民享受社会保障的程序，侵害公民社会保障权利行为的处置等作出具体规定，使社会保障管理的各项事务都有法可依。同时成立相应的监督组织，监督法律的执行。

2. 建立财政社会保障预算管理体系

2015 年 1 月 1 日开始实施的《中华人民共和国预算法》（2014 年修正）规定：政府的全部收入和支出都应当纳入预算，实行全口径预算管理；政府预算包括一般公共预算、政府性基金预算、国有资本经营预算、社会保险基金预算”。这是因为各项社会保障基金是以政府信誉为担保而强制征收的基金，其性质属于工资性的国家预算资金，政府是要承担风险和最终给付责任的，与其他财政收支一样，理应纳入整个政府财政收支管理体系。作为政府理财的职能部门和基金最终责任的承担者，各级财政部门有责任、有义务认真履行政府赋予的职能，将社会保障基金纳入财政进行管理和监督。建立社会保障预算，在国库中单设可计息的社会保障基金专户，对各项社会保障基金进行专项管理，专款专用。

3. 建立统一集中、运转协调的社会保障管理与服务系统

改变传统分割管理的格局，各社会保障主管部门应根据其职责对保障项目进行集中统一管理，使部门间关系协调运转。在社会福利事务方面民政部门应承担主要责任，除教育福利可以由教育部门管理外，其他事务均由民政部门管理承担责任。只有建立统一集中、运转协调的管理体制，才能促进社会保障事业沿着有中国特色的新型道路全面、健康地发展下去。

建立健全社会保障的管理与服务系统，在社会保障工作中增加必要的人力资源，促进社会保障工作专业人才的培养和教育工作。社会保障管理体制的各个层次上，特别是基层社区，要适当地增加专业管理人员；要有专业的人才负责社会保障基金的运作和管理；要从长远考虑，发展社会保障工作专业和社会保障工作教育，培养社会保障工作专业人才，以满足社会保障管理体制发展的需求。

建立完善的社会保障技术支持系统，实现日常业务的网络化、计算机化，完善社会保障数据库，逐步建立全国统一的社会保障管理信息系统，实行现代化管理。

三、社会保障管理体制的发展趋势

根据《中共中央关于建立社会主义市场经济体制若干问题的决定》，按照政事分开，决策、营运、监督相分离的原则，建立机构统一、政策规范、政事分开、法制管理、监督有力的社会保障管理体制，是我国未来社会保障管理体制改革的目标和方向，未来的社会保障管理体制将呈现以下发展趋势。

（一）社会化趋势

社会保障管理体制的社会化趋势的第一层含义，是指社会保障管理方式由政府直接管理方式向半官方自治管理方式转变。鉴于后者模式下的政府管理职责较少，管理较高效，且随着社会经济发展水平的提高，资本市场和法制体系的完善，苛刻的内外条件也能满足，社会自治型管理方式也就成为未来社会保障管理方式的优中之选。

社会保障管理体制的社会化趋势的第二层含义，是指社会保障管理服务社会化。社会保障管理服务社会化是城镇社会保障体系的重要组成部分，社会化

管理服务是相对于原来的企事业单位管理体制而言的。简言之，社会保障管理服务社会化，是指失业人员和退休人员在与原单位、企业脱离关系后，由政府相关机构与社会保障经办机构和社区居委会，依靠社区组织和资源，利用社区优势发动全社会对失业和退休人员进行日常管理和服务。实行社会保障管理服务的社会化，可以更好地调动基层人民群众的力量，充分利用全社会的资源，不仅可以满足社会保障对象物质方面的需求，还可以提供更多的精神和心理方面的慰藉、生活和健康方面的服务，可以多角度、全方位地满足社会保障的需要，是社会保障管理体制发展的一大趋势。

（二）法制化趋势

社会保障管理事业的发展要逐步纳入法制化轨道，社会保障的内容、程序中的每一个环节都要做到有法可依，依法从事。只有真正做到了社会保障管理体制的法制化，才能明确国家、社会保障经办机构和参保人三方的权利和义务，才能更好地保护各方的根本利益。社会保障管理的法制化趋势既包括立法的完善，还包括司法与执法、监督体系的完整。加强立法建设，就要改变目前靠政策文件管理的旧体制；要促成执法与监督体制的完善，就要明确各执法、监察部门的权责范围，全面提高执法人员的素质，大力发展社会仲裁机构，使任何社会保障事务都做到有法可依、违法必究，使当事人在社会保障方面的合法利益能得到有效保护。

（三）信息化趋势

社会保障管理体制的信息化趋势是指信息技术在社会保障领域的大量运用。其中，建立全国统一的社会保障管理信息系统是核心内容。我国的社会保障信息化建设的目标是：开发业务流程，推动计算机管理，以建设中心城市资源数据库和计算机网络为重点，逐步实现社会保障管理信息一体化。根据这一目标，全国统一的社会保障管理信息系统所管理的信息内容应包括：政策法规方面的政策信息；基本单位、基本人员的定点医疗机构的基本信息；个人账户管理、费用支付和征集等方面的业务信息；机构情况、人员情况、经费情况等方面的管理部门信息；人口、就业、经济信息等相关方面的其他信息。

（四）民主化趋势

社会保障管理体制的民主化趋势是指社会保障管理要充分听取广大社会劳动者的意见，利用广大社会劳动者的力量，真正做到为广大社会劳动者的切身利益服务。其中包括两个方面：一是社会保障政策、法律法规的制定要加强人民群众的参与，代表人民群众和广大劳动者的基本意志；二是社会保障的监督管理要实行民主化管理，即要充分发挥社会监督机制的作用，利用广大群众、网络新闻媒体、各种社会团体等多种社会力量，通过多种渠道，加强对社会保障事业的监督，保证社会保障机制的有效运行和社会保障目标的充分实现。

☞ 小结

1. 社会保障的法制建设就是要建立健全社会保障法律、法规体系，把国家的社会保障职能以法律和制度的形式固定下来，从而使得这项职能具有稳定性、连续性和极大的权威性，并在实际执行中做到有法可依、有法必依、执法必严、违法必究。

2. 社会保障法是调整社会保障关系的法律规范的总和，具体是指调整国家、社会和全体社会成员之间，在保障社会成员基本生活需要并不断提高生活水平的过程中，所产生的社会保障关系法律规范的总和。社会保障法的本质是生存和发展权利的保护法，是弱者保护法，是收入分配调节法。

3. 社会保障法的原则主要有权利保障原则、社会共同责任原则、与社会经济发展水平相适应原则、社会公平原则和普遍性与特殊性相结合的原则。

4. 社会保障法的内容包括社会保障法的调整对象、主体和客体三个方面。

社会保障法律体系是从宏观上指导社会保障立法，进而使社会保障法具有最佳的结构和效能。是一个国家全部社会保障法律规范按照一定的标准分类组合所形成的具有一定结构性、功能性联系的有机整体。

5. 我国社会保障立法实践。

6. 社会保障管理体制包括三方面相互联系的内容：社会保障管理机构、社会保障管理内容和社会保障管理方式。以管理职责和业务范围为标准进行划分，社会保障管理机构可以分为行政主管机构、具体业务实施机构、基金营运机构和监督机构四类。社会保障管理内容包括社会保障的行政管理、基金管理和对象管理三方面的内容。社会保障的管理方式则包括政府直接管理、半官方自治管理和商业保险管理三种方式，一国选择何种管理方式，取决于国家政治体制、社会保障历史背景和本国的社会保障理念三方面的因素。社会保障管理模式以社会保障的给付标准划分，可分为受益基准制和缴款基准制；以社会保障的性质划分，可分为普遍保障制度、就业（收入）关联制度和收入状况调查制度；以社会保障资金来源划分，可分为社会保险型模式、福利国家型模式、国家保障型模式和强制储蓄型模式；按社会保障的筹资方式划分，可以分为现收现付制、基金制和部分基金制。

7. 世界各国的社会保障管理体制各有不同，归纳起来分为三种类型：集中管理式、分散管理式、集散结合式。影响一国社会保障管理体制类型的主要因素包括国家政治体制、经济发展水平和市场化程度、社会保障的财务制度、社会保障的价值目标四个方面。

8. 我国古代管理社会保障事务的机构经历了由以设官掌事为主到因事设署、以署定官为主的发展变化过程。1949 年以后我国社会保障管理体制先后经历了工会管理、企业自管、多部门管理三个阶段，直到 1998 年进行了社会保障管理体制方面的重大改革。改革后的社会保障管理体制取得了重大成就，但同其他新生事物一样，也存在很多的不足之处，为此，在借鉴了国外社会保障管理体制的相关经验和教训后，我们提出了进一步改革我国社会保障管理体制的相关思路。

9. 总结各国社会保障管理的经验，可以看出社会保障管理体制将呈现社会化、法制化、信息化、民主化四大趋势。

☞ 重点名词

社会保障法制建设　社会保障管理体制　社会保障管理内容　社会保障管理模式

☞ 复习思考题

1. 社会保障法的历史演进、含义、特征是什么？

2. 社会保障法的内容有哪些？

3. 我国社会保障法制建设的实践如何？

4. 社会保障管理模式类型有哪几种？它们各自的优点和缺点是什么？

5. 社会保障管理体制有哪几种类型？有哪些因素影响一国对社会保障管理体制类型的选择？

6. 国外的社会保障管理体制对我国有哪些启示？

7. 进行社会保障管理体制改革要遵循哪些基本原则？中国应当如何进行社会保障管理体制改革？

8. 当代社会保障管理体制的发展趋势是什么？

第四章

社会保障基金管理

第一节 社会保障基金概述

一、社会保障基金及相关概念

社会保障基金是指根据国家有关法律、法规和政策的规定，为实施社会保障制度而建立的专款专用的资金。社会保障基金既是社会保障制度的物质基础，也是社会保障制度的中心内容。社会保障基金一般按不同的项目分别建立，如社会保险基金、社会救济基金、社会福利基金等。其中，社会保险基金是社会保障基金中最重要的组成部分。对于社会保障基金的概念，可以从以下几个方面把握：（1）社会保障基金是依据国家法律、法规强制设立的，其建立、运营和使用都带有明显的强制性。（2）社会保障基金是有专门用途或特定用途的专项基金，必须专款专用，严禁侵占挪用或违规投资运营行为。（3）社会保障基金必须由政府机构或政府专门授权的机构统一征收和管理，以确保统一有效的使用。

与社会保障基金相关的社会保险基金和全国社会保障基金的概念

社会保险基金是指为了保障保险对象的社会保险待遇，按照国家法律、法规，由缴费单位和缴费个人分别按缴费基数的一定比例缴纳以及通过其他合法方式筹集的专项资金。社会保险基金是国家为举办社会保险事业而筹集的，用于支付劳动者因暂时或永久丧失劳动能力或劳动机会时所享受的保险金和津贴的资金。社会保险基金按照保险类型确定资金来源，逐步实行社会统筹。用人单位和劳动者必须依法参加社会保险，缴纳社会保险费。

2013 年社会保险基金预算首次列入预算报告，接受我国最高权力机关监督。2013 年全国社会保险基金预算按险种分别编制，包括基本养老保险基金、基本医疗保险基金、失业保险基金、工伤保险基金、生育保险基金等社会保险基金。

全国社会保障基金是指全国社会保障基金理事会负责管理的由国有股减持划入资金及股权资产、中央财政拨入资金、经国务院批准以其他方式筹集的资金及其投资收益形成的由中央政府集中的社会保障基金，是国家社会保障储备基金，不是社会保险基金。全国社会保障基金和社会保险基金的区别：

1. 资金来源

全国社会保障基金是国家社会保障储备基金，由中央财政预算拨款、国有资本划转、基金投资收益和国务院批准的其他方式筹集的资金构成；社会保险基金是基本养老保险基金、基本医疗保险基金、工伤保险基金、失业保险基金和生育保险基金的统称，主要依靠用人单位和个人的缴费形成。

2. 性质用途

社会保障基金用于人口老龄化高峰时期的养老保险等社会保障支出的补充、调剂；社会保险基金是为了保障公民在年老、疾病、工伤、失业、生育等情况下获得物质帮助而建立的，用于公民养老、医疗、工伤、失业、生育等各项社会保险待遇的当期发放。

3. 投资运营管理

社会保障基金在投资运营上，坚持安全性、收益性和长期性原则；由于短期内暂不发生支出，更适宜开展中长期投资；社会保险基金用于公民社会保险待遇的当期发放。因此，它对投资风险的控制要求更高，投资范围较窄，投资运营活动限定条件更多。

二、社会保障基金的特点

（一）强制性

社会保障是依国家法律强制建立起来的，社会保障制度的运作需要有大量资金支持，这些资金来源于国家财政支持、用人单位和劳动者的缴费。社会保障基金在三方的承担比例，各国均有所差异，每一个保障项目也有所不同，但是只有通过立法强制义务人缴费，以及规定国家必要的财政支持，才能筹集社会保障制度所必需的资金，维持社会保障制度正常运作。社会保障的强制性是由社会保障作为国家和政府行为的性质决定的，既然社会保障以满足社会公平为主要目标，解决社会成员收入分配不公的矛盾和问题，在某种程度上必然要借助国家权威强制执行，可见强制性是社会保障基金的重要特征，也是社会保障基金分配过程得以顺利实行的重要条件。

（二）无偿性

通常来说社会保障费的缴纳与其受益之间没有直接的关系，资金的筹集与资金使用并不直接对应。尽管社会保障基金是“取之于民、用之于民”的，但它是一种社会再分配，并非要求以直接的、具体到每个人的、等价的报偿为条件。公民依法缴纳的社会保障基金，其享受条件、标准和数量都是由国家法律规定的，不与公民个人缴纳的数量直接相关。社会保障基金的无偿性并不是绝对的，社会保障基金最终会以各种社会保障的形式偿还，这种偿还是从全体社会成员的宏观角度来看的，也包括不同年代成员之间的偿还关系。

（三）储存性

社会保障制度最主要的功能之一就是防范和化解各种劳动风险，由于风险的出现相对于每个人来说都是未来的或未知的，必须未雨绸缪，预先作好必要的准备。这就需要有足够的资金储备，这种资金储备一部分是个人自我储备，通过建立个人账户来预防未来出现的风险，另一部分是社会储备，通过保障基金在全社会范围内统筹使用，达到化解风险的目的。

（四）互济性

由于各个社会成员所遭遇的风险并不完全相同，尤其在疾病、工伤、失业方面，每个人的需求都不相同，社会保障就是通过建立社会保障基金，对于遭遇风险的有特别需要的人群予以救济。从分配的角度来说，第一次分配会造成社会成员间的贫富差别，第二次分配在一定程度上能够对这种差别予以弥补。社会保障作为再分配的一种方式，通过互济作用的发挥，来满足社会成员的特殊需要。

（五）专用性

社会保障基金一般都规定有专门用途，不得随便挪作他用，这就是社会保障基金的专用性特征。社会保障基金的专用性有两个含义，一是社会保障基金是专门为社会保障事业设置的资金，只能用于社会保障方面的开支，不得挪用；二是社会保障分为各种不同的社会保障项目，各种基金一般也有与之对应的社会保障项目，而不能用于其他项目。专用性是由社会保障项目的专门化决定的，由于社会保障项目类别繁多，并且各个项目之间的保障对象、保障目标、适用范围等相对独立，由此决定了社会保障资金的专用性特征。

三、社会保障基金的分类

（一）按用途分类

社会保障基金作为社会保障制度的前提和基础，其构成是与社会保障体系相关的。我国的社会保障体系由社会保险、社会救济、社会福利、优抚安置以及社会互助、个人储蓄积累所构成，因此，社会保障基金也就由社会保险基金、社会救济基金、社会福利基金、优抚安置基金以及社会互助基金、个人储蓄积累保障基金等构成。其中，社会救济基金是专门用于接济因各种原因造成的贫困人口，解决其最低生活需要的资金；社会福利基金是专门用于提高全民福利水平的资金，包括维持和提高社会福利水平方面的日常开支和专项开支；优抚安置资金是专门用于优待抚恤和安置特殊保障对象方面的资金；社会保险基金是社会保障基金的主体，主要用于防范受保者个人遭遇未来风险。

（二）按资金来源分类

社会保障基金体系，按照资金来源还可概括分为两大部分，一部分是由国家公共财政拨款、集体捐助和农村公益金等建立的基金，主要包括社会救济基金、社会福利基金、优抚安置费以及自然灾害救济费等社会保证基金，其保障对象是全体社会公民，主要是针对那些既没有劳动收入、又没有财产收入的社会成员提供必要的物质帮助和救济。另一部分是由国家财政拨款、单位与个人缴纳税费等形成的社会保险基金，主要包括养老保险基金、医疗保险基金、失业保险金和工伤保险基金等。社会保险基金是按照权利与义务对等原则由政府立法形式强制建立起来的。其保障对象是社会成员中的劳动者群体，劳动者在适龄劳动期间按规定依法用劳动报酬缴纳保险金，待劳动者因年老、工伤、疾病、失业等丧失劳动能力或工作机会时，由国家按规定支付保险费，以保障劳动者的基本生活需要。

四、社会保障基金的作用

（一）对社会保障的作用

社会保障制度是社会的稳定器，国家建立社会保障基金可以使得社会更为稳定。其具体作用体现在以下几个方面：

1. 社会稳定器

当前条件下，随着市场经济的逐渐发展，各种风险因素也随之不断增加，特别是不可抗因素不断增加将会使得社会成员的损失呈现扩大化的趋势。由此，在为数众多的社会劳动者因各种不可抗因素面临着人身、收入等的损失但又得不到及时解决的时候，将严重影响到社会的稳定。社会对遇到不可抗因素遭到损失的劳动者及其家庭提供社会保障基金补偿，就可以为该群体提供基本的保障，以达到减少社会动荡，保持社会经济生活稳定的目的。

2. 调节收入差距

在社会主义市场经济条件下，劳动力存在着个体劳动能力的差异性，同时劳动力个体在工作机遇、家庭负担等方面存在着较大的差异。尤其是对劳动能力弱、家庭负担重的劳动力个体来讲，平时的生活条件就比较差，假设当遇到不可抗的风险事故时，其个体及家庭会陷入更大的困境之中，社会收入的差距将会进一步被扩大。面对这样的状态，只有通过社会保障制度实施不同人群间的转移支付制度，即运用法律手段强制征集社会保障基金，然后将社会保障基金转移到个体收入低的劳动者手中，才能使得社会收入差距过大的局面得到有效改善，从而避免社会成员之间的矛盾激化，达到社会发展中公平与效率的协调，最终维护社会的平稳发展。

（二）对经济发展的作用

经济的发展需要稳定的社会大环境作为依托和后盾，社会保障制度通过社会保障基金的筹集和发放，对社会成员的收入实施合理的调节，保障社会成员的基本生活，为其提供社会可承受条件下的社会保障，并且给予多层次的保障，避免了一部分社会成员因经济陷入困境而产生反社会的报复心理，缓解了社会成员之间的矛盾，从而从根本上创造了和平稳定的社会环境，为经济发展作出了更大的贡献。

同时，社会保障制度通过对社会保障参与者的多方面的保障真正促进了经济的发展。筹集的社会保障基金，在剔除了必要的费用以及给付之外，将资金投入到市场将会为社会经济的发展注入强大的资本，给社会经济的发展提供了一台强力的发动机。

第二节　社会保障基金的筹集管理

一、社会保障基金的筹集规模

筹集社会保障基金是社会保障分配的初始环节，也是社会保障制度实施的基础。如果一定时期内社会保障基金的筹集规模过小，将难以满足社会保障的资金需求，社会保障的目标也无法实现；而如果社会保障基金筹集过度，则会影响正常的社会分配，影响资本积累，延缓经济发展。社会保障基金的筹集规模主要受以下几个因素的制约：

（一）社会保障对象的规模

一定时期社会保障的筹资规模首先取决于应该享受社会保障待遇的人群规模，并与之呈正相关关系，在其他因素不变的情况下，受保对象的规模越大、数量越多，社会保障的筹资规模也越大；反之，则越小。通常情况下，社会保障人群的数量和规模要取决于经济发展状况，并与经济增长速度呈反比关系变化，即经济发展速度越快，就业岗位越多，人们收入水平越高，失业人口和低收入、无收入人口相对减少，社会保障人群也自然减少。对于以灾害救济为对象的社会救济基金来讲，其受保对象的规模还取决于自然因素，即在自然灾害发生时期，受保人群自然增加，反之则减少。受保对象规模变化的这种特殊性，使社会保障基金的筹集也体现出特殊性，表现为在经济发展状况良好、自然界风调雨顺、社会对社会保障承受力越强的时期，社会保障基金的需求量却相对较小；而在经济出现萧条、自然灾害频繁，社会对社会保障承受力相对较弱的时期，社会保障基金需求反而较大。为了解决这一问题，社会保障基金必须预先进行储备，这就决定了社会保障基金的储备性特征。

（二）社会保障支付标准

一定时期的社会保障筹资规模还要受社会保障支付标准的制约。其他条件不变，特别是受保对象数量一定的情况下，社会保障基金的筹资规模与社会保障支付标准呈正比关系变化，支付标准越高，社会保障基金的筹资规模越大，反之则越小。通常情况下，社会保障支付标准主要取决于一定时期的经济发展状况及由其决定的社会消费水平，并与之呈正比关系，经济发展速度越快，社会消费水平越高，满足相同人群的社会保障基金需要量越大，需要的社会保障筹资规模也越大；反之，则越小。

（三）国民收入增长速度

上述两个因素是从需求量上制约社会保障的筹资规模，国民收入则从可能量上制约社会保障的筹资规模。一般情况下，经济发展速度越快，国民收入规模越大，国民收入中可以用于社会保障事业的资金越多；可见，国民收入与社会保障基金在数量上是呈正比关系的。国民收入对社会保障基金规模的制约和影响，主要是通过两个方面来表现的：一是影响社会保障的支付标准，即良好的经济发展态势和较快的国民收入增长速度为提高社会保障的待遇标准创造了最可靠的基础和条件；二是影响社会保障的覆盖范围，即在经济发展状况良好，国民收入总量增加的情况下，政府可以增加社会保障特别是社会福利项目，为公民提供良好的社会生活环境，而这些都要表现为一定时期社会保障基金的增加。

（四）政府的宏观经济政策

社会保障是政府调节和控制经济的重要手段，主要是调节社会保障基金的筹资规模。因此，社会保障基金的筹资规模在很大程度上要受一定时期政府宏观调控政策的制约。一般而言，在经济发展过热，社会需求过旺的宏观经济条件下，政府宏观调控的目标是要抑制过旺的社会需求，实现这一目标的社会保障措施是扩大社会保障基金的筹资规模，使更大比例的国民收入以社会保障基金的形式转移到政府手中，形成更多的社会保障储备基金，从而延长这部分社会需求的实现时间，起到抑制社会需求的作用；反之，在经济发展萧条，社会需求不足的情况下，政府将扩大社会需求作为其宏观调控的目标，在这种情况下，减少社会保障税或其他社会保障收入也就成为社会保障筹资政策的主要选择。

二、社会保障基金的筹资准则

社会保障基金的筹资准则是指导社会保障筹资过程的基本原则。社会保障基金就其性质而言是一种特殊的社会消费基金，它的规模和结构会对一定时期的国民收入分配结构产生影响，为了将社会保障基金的筹资规模控制在一个合理的水平上，同时，为了保证社会保障基金的筹集过程顺利，必须确定并遵循社会保障基金的筹资准则，这些准则起码应该包括以下两个方面的内容：

（一）公正准则

公正是筹集社会保障基金时的首要准则。这一准则主要体现在社会保障基金的负担应该是公平的，负担是否公正对不同性质的保障基金又有不同的要求。主要有以下两种情况：

1. 对社会保证基金而言，要体现量能负担的要求

社会保证基金是由政府向社会统一筹集的社会保障基金，其显著特点是受益者与资金负担者相分离，是社会成员之间收入的横向调剂。公平准则在社会

保证基金筹集中必须要求根据缴纳者的能力承担相关的缴纳义务，高收入者多缴纳，低收入者少缴纳，无收入者不缴纳；此外，法定条件相同的缴纳对象，应该承担相同的缴纳义务。

2. 对社会保险基金而言，要体现权利与义务对等的要求

社会保险基金是为防范未来风险设置的基金，其特点是基金主要来自受保者自身的积累，是受保者个人生命周期里的纵向调剂。由于社会保险基金主要来自受保者个人及其单位的缴纳，故日后应该享受的保障权利应该与其所承担的保障义务统一起来，也就是说，受保对象在基金筹集中应该承担的义务要根据其日后的保障标准来确定。这实际上是以当事人的受益情况为依据来确定其应该承担的缴费义务。

（二）效率原则

在社会经济活动中，人们总是力求用有限资源取得最大的效用，即实现资源配置的高效率，因此，效率是资源配置的重要准则。资源配置高效率首先需要一个与社会生产力水平相适应的资源配置机制；其次需要整个资源配置要素及其组合符合效率准则的要求。筹集社会保障基金是调节国民收入分配结构的重要环节，社会保障基金的特殊性质使得其筹集和分配都会对资源配置效率产生重要影响，这就要求在筹集社会保障基金时遵循效率准则。效率准则在社会保障基金筹集过程中有以下要求：

1. 筹集社会保障基金不能妨碍资本的正常积累

保持必要的资本积累是经济发展的必要前提，也是提高资源配置效率的基本条件。由于社会保障基金的筹集可以改变市场对收入分配的结果，因而也可以影响一定时期国民收入向资本转化的份额。也就是说，在一定时期国民收入既定的情况下，社会保障基金的规模过大，势必会减少国民收入向资本转化的份额，延缓经济发展速度，降低资源配置效率。因此，在社会保障基金筹集过程中，必须要准确把握社会保障基金的征集比例和规模，将其建立在经济发展可能的基础之上，不要因过高的社会保障基金标准影响资本的正常积累。

2. 筹集社会保障基金不能妨碍人力资源的正常配置

社会保障基金的筹集可能会对人力资源的配置产生影响，这主要表现在，如果社会保障基金的负担制度是分区域设计的，则不同地区的负担者会因负担份额的差异而采取“以脚投票”的方法，使社会保障费用负担成为影响人力资源转移的一个因素，如果这种转移是有悖于市场效率准则的，则社会保障基金的筹集制度就成为妨碍人力资源正常配置的重要因素，这是在社会保障制度

设计中应该尽量避免的。

3. 筹集社会保障基金要有利于增强人们的社会保障成本意识

缺乏成本意识，会导致人们对社会保障费用的评价过低，进而引起社会成员对社会保障待遇的过分需求，造成社会保障基金在使用中的浪费，因此，在筹集社会保障基金时，要在制度设计上增强人们特别是社会保障受益者的成本意识。增强成本意识的有效手段是对有条件的社会保障项目，如社会保险等可以按照权利与义务对等的原则，将受保者的受保权利与他为这种权利支付的成本联系起来。

4. 提高筹集社会保障基金的行政效率

提高行政效率是效率准则在社会保障基金筹集中的另一体现。行政效率的高低是用筹集的社会保障基金与为筹集社会保障基金所花费的成本之间的比率来衡量的。客观的要求是，用最小的成本筹集到尽可能多的社会保障基金，或者筹集一定量的社会保障基金所花费的成本最少。提高筹集社会保障基金的行政效率关键在于有一个科学合理、行之有效的社会保障制度，这个制度所规定的筹集方式、环节、程序等是适当协调，简便易行，科学规范的，此外，还需要有一支能有效理解和执行这一制度的社会保障基金管理人员队伍。

三、社会保障基金的来源

从世界各国的情况来看，社会保障基金主要有以下来源：

（一）国家财政资助

国家通过税收征集财政资金，将其中一部分投入到社会保障基金中去，当社会保障基金收支不平衡出现赤字时，国家财政给予补贴。国家财政资助可以分为两种形式：直接资助和间接资助。直接资助往往采取财政拨款等形式，间接资助是通过对单位的税收减免给予资助。国家财政资助在社会保障基金的筹集中发挥了重要的作用，这也是政府作为宏观调控者的职责所在。

（二）用人单位缴纳

为消除劳动者的后顾之忧，调动其工作的积极性，用人单位必须依照国家有关规定，向社会保障机构缴纳一定的保险费，这是用人单位对劳动者责任的具体体现。现代社会保障制度大多采取用人单位和个人双方共同承担社会保障费用的方法，由用人单位和个人按比例缴纳。

（三）劳动者个人的缴纳

劳动者个人也承担一部分保险费，这样有利于减轻国家财政负担，提高劳动者的社会保障意识和责任感，加强劳动者对于社会保障基金的管理与监督。国家通常会规定劳动者个人要按其工资收入的比例缴纳保险费，对高收入者来说，缴纳比例相对较高，以体现保障的互济性。同时，也会规定最高限额，高于最高限额的部分不再缴纳，以保护劳动者工作的积极性。

（四）社会捐赠

接受社会捐赠是筹集社会保障基金的主要途径之一。社会保障机构接受的社会捐赠由社会保障机构根据实际需要使用，但必须按规定全部用于相应的社会保障事业。利用社会捐赠筹集的社会保障基金的形式主要有：动员社会力量赞助社会福利项目建设；成立残疾人福利基金会、接受社会各界的募捐和赞助；接受国外友好团体和个人、海外华侨和港、澳、台同胞的捐赠等。

（五）发行社会福利彩票

发行社会福利彩票是经国务院批准的，为兴办残疾人、老年人、孤儿等福利事业而广泛筹集社会保障基金的募捐活动。发行社会福利彩票进行募捐的意义在于：募集到的资金可以减轻国家财政负担，可以更好地实现社会成员间的互助互济，还可以在一定程度上改善困难者的生活。

（六）社会保障基金的投资收益

社会保障基金用于投资，可以使基金保值增值，还可以使国家在一定程度上避免通货膨胀等风险。为了保证社会保障基金的投资安全，国家通过制定法律、法规对社会保障基金的投资渠道进行限制，以确保这部分资金在投资过程中能保值增值。

（七）其他渠道

除上述主要渠道外，还有通过社会福利服务收费、发行特种国债、国际援助等。

四、社会保障基金的筹集形式

（一）以税收的形式筹集

税收是筹集社会保障基金的传统形式，也是社会保障筹资的一种重要形式。税收是政府征集财政收入的最主要形式和手段，是一种以国家强制力为依托的筹资行为，税收具有强制性、无偿性和固定性的特征。税收的“三性”是其作为国家收入手段所固有的特征，它成为纳税过程顺利进行的重要保障，也是税收成为社会保障基金筹集的重要形式的基本依据。

一般情况下，税收在筹集社会保障基金中的应用是以开征社会保障税的形式进行的，社会保障税一般以纳税人的收入所得作为征税对象；其纳税人一般是收入达到一定程度的自然人和法人；采取社会保障税来筹集社会保障基金是世界各国政府，特别是西方各国的普遍做法，它可以使社会保障事业在财政收入中有对应的项目，从而使社会保障基金来源更加稳定。有些国家并没有开征社会保障税，而是将财政收入的一部分用于社会保障开支，这种做法使社会保障事业缺乏稳定的收入来源，因而有较大的缺陷。用税收形式筹集的社会保障基金，一般被用于社会保障中由社会统筹开支的部分，主要是社会保证基金，社会保险基金中进入社会统筹的部分也要依靠税收筹集资金。

（二）以社会保险费的形式筹集

社会保险费是指政府按照法定的项目、比率和程序，以收取社会保险费来筹集社会保险基金的形式，它是筹集社会保障基金的另一种主要形式。社会保险费与税收的共同点在于都是在国家法律、法规的规范下，按照法定的形式、比率面向社会进行的资金收缴活动。两者的区别主要表现在：首先，两者的形式不同，税收是纳税人的收入向国家的单向转移，纳税人与税款的受益者没有直接的联系，具有无偿性的特征；社会保障费则是受保者自己为自己积累的社会保障基金，它的受益者与缴费人有直接联系，甚至就是受益者本人，因此它具有自我保障的特征。其次，税收往往适用于现收现付的社会保障项目，社会保险费则适用于对未来风险进行保障，因而两者在资金使用的时间上有所不同。最后，税收主要被用于社会统筹的社会保障项目，社会保险费则主要用于建立个人账户的社会保障项目，即社会保险项目。税收与社会保险费之间的区别决定了两者具有不同的功能和特点，因而是不能完全互相替代的，社会保险费一般是以受保者个人的工资收入以及职工工资总额为依据计征的，其承担者主要是受保者个人及其所在单位，筹集起来的资金绝大部分进入受保者的个人账户，归受保者个人在需要时支配使用，小部分进入国家统一管理的社会统筹账户，归社会保障管理部门在全社会调剂时使用。

除上述两种形式外，筹集社会保障基金还有很多种如发行福利彩票、收取服务费、社会募捐等形式。

五、社会保障基金筹集的主要模式

（一）现收现付制

现收现付制是指根据一定时期内（通常为一年）的横向收支平衡为原则筹集社会保障基金的模式。具体做法是政府先作出一年内社会保障所需费用的测算，然后，按照一定比例分摊到参加该保障措施的所有单位和个人，本期征收、本期使用，收支当年基本保持平衡，不为以后时期的支付储备资金。

现收现付制具有如下优点：一是不用考虑储备，提取比例可以及时、灵活调整，操作比较简便，预测、计划比较容易；二是开始时缴费率低、收费率逐步提高，初建制度时易于出台；三是没有积累基金，无资金贬值的风险和资金保值增值的压力；四是管理方便，收支关系清楚。现收现付制也存在缺点：第一，缺乏长远规划，预测时间短，稳定性较差，没有必要的储备和积累。随着参与社会保险的成员结构的变化和需求水平的增长，缴费比例也会不断上升，易造成雇主、雇员和政府的负担加重，甚至会出现支付危机。第二，这种方式由于缴费比例、待遇水平基本统一、固定，难以适应地区、雇主间经济条件及享受待遇人数存在较大差异的情况，操作上遇到的阻力较大。第三，代际转移使劳动者的权利与义务关系难以准确体现，容易造成代际矛盾。

（二）完全积累制

这是一种根据远期纵向收支平衡原则筹集社会保障基金的模式，即劳动者享受社会保障待遇所需费用的总和与其投保形成的基金总和一致。采取这种筹资模式时，首先要对全国或本地区社会经济发展状况、有关人口的健康水平、就业率、退休率、工资增长率、利息率、死亡率、预期平均寿命等进行宏观的预测，在此基础上，预测未来时期各项社会保障待遇所需保障基金总量，确定一个可以保证在相当长的时期内收支平衡的总平均收费率，然后按照这个总平均收费率来筹集资金。

完全积累制的优点：第一，可在较长时期内分散风险，提取费率稳定，使社会保障有比较稳定的经济来源。第二，劳动者的权利与义务关系非常清楚，能避免逃费和代际冲突。第三，能形成庞大的基金积累，预防人口老龄化的冲击，使社会保障有一个稳妥的资金保证，并且能够通过储蓄效应、投资效应促进经济发展。其缺点：第一，实施时间跨度长，从开始就业到退休养老长达数十年，面临物价、生活费用指数上升和基金贬值的矛盾，特别是在通货膨胀的条件下社会保障基金难以保值，需要对社会保障费用开支进行准确的预测和管理，涉及的因素较多，在操作上有一定的难度。第二，初期可能产生在职劳动者须同时为自己未来和退休、将退休的劳动者供款的双重压力，负担较重。第三，易产生挪用等问题，对资金的管理要求较高。

（三）部分积累制

部分积累制又称部分基金制，是将近期横向收支平衡原则与远期纵向收支平衡原则结合起来的社会保障基金筹集模式。它是保证满足当年社会保障费用支出需要的前提下留有一定的储备积累金，以满足未来的支出需要。

部分积累制有利于综合现收现付制和完全积累制两种方式的优点，既可满足当年开支的需要，又能适应长期的需要，从而充分发挥社会保险的保障功能，维护社会安定，被许多国家所采用。但采用这种筹资方式，要求在相应的设计上要周密科学，对管理水平的要求也较高，否则，可能会集中两种方式的缺点，同时，必须使积累基金在保值增值的条件下运行，否则会因物价上涨、通货膨胀而使积累基金部分失去应有的作用。

我国社会保障的筹资模式，改革前采用的是现收现付制，随着改革的深入，这一模式的弊端日益暴露，为了解决这一问题，我国采取了部分积累制。部分积累制客观上要求拓宽融资渠道，个人出资成为基金的一个重要来源。我国实行的养老保险社会统筹与个人账户相结合的模式就是采用的部分积累制。基本养老保险体系社会统筹账户上的基金主要来源于单位缴费，资金实行现收现付制，主要用于支付职工当期养老金，一般没有积累。基本养老保险体系个人账户上的基金主要来源于职工个人缴费，资金实行完全积累制，主要用于支付职工本人退休后所需的保障。

六、我国社会保障基金的筹集现状

目前，我国的社会保障基金采取现收现付的社会统筹和个人账户相结合的筹资方式，实行统筹管理，以职工收入为基础，个人和企业按照规定的缴费率计算应缴纳的统筹费，对于个人则由企业代扣代缴。现收现付制，这种传统的筹资方式，要求先作出一定时期（一般为一年）内某项社会保障措施所需支付的费用测算，然后，按一定比例分摊到参加该项保障措施的所有单位和个人，当年提取当年支付，预先不留出结余，完全靠本期的收入来满足本期的支出。这种方式主要依靠企业和个人缴款，国家只是通过成本列支、税收优惠及预算对社会保障经费不足予以弥补和对社会援助、社会优抚进行预算拨款。一方面，政府对社会保障的支付承诺，由于无相应的稳定收入作保证，造成政府隐性负债的社会保障储备；另一方面，对新体制下的职工，政府本应留下储备金作为对未来的支付，但由于过去的欠账，政府只能将其储备金用于支付旧体制下职工的需要，而造成新体制下职工社会保障的“空账”现象。“空账”是指已退休和即将离退休的老职工个人账户是空的或几近是空的。再加上中央与地方的权责划分不清，致使退休人员的养老金完全转移到职工身上，出现统筹缴费过重。随着我国经济的发展和体制的改变，这种筹资方式越来越不适应我国的国情。

鉴于西方国家大多开征社会保障税来解决社会保障基金筹集存在的问题，国内一些学者在分析我国开征社会保障税现实可行性的基础上，提出要尽早开征社会保障税，变目前的收“费”为收“税”，但也有相当的学者认为目前条件尚未成熟，开征社会保障税应该缓行。无论如何，我国社会保障基金筹集模式的目标是开征社会保障税基础上的部分积累制，这一点是毋庸置疑的，目前我们社会保障筹资方式的改革，也正朝着这一目标前进。

第三节　社会保障基金的支付管理

一、社会保障基金的支付标准

社会保障体系是由各种层次不同的保障项目共同组成的，在这个体系中，由于所要保障的需要层次不同，其支付标准也不一样，比如社会救济是最低层次的社会保障项目，其支付标准就会低于其他的社会保障项目。关于各种保障项目的支付标准，我们将在各有关章节详细论述，这里仅对影响社会保障基金支付标准的几个问题作简要阐述。

社会保障基金支付是社会保障基金运行的重要环节，也是实现社会保障目标的重要环节。社会保障支付的关键又在支付标准的确定环节，可以说确定支付标准是社会保障制度的核心环节，为了使社会保障支付标准科学合理，在确定社会保障支付标准时必须坚持以下几个标准：

（一）生产力标准

由于一定时期内社会保障的支付水平取决于该时期社会经济发展水平为社会保障提供的支付能力，因此，在确定社会保障支付标准时必须坚持生产力标准，即依据现实生产力水平来确定保障标准，将社会保障支付标准控制在生产力水平基础上。生产力标准主要包括两层含义和要求：一是社会保障支付标准不能超过生产力发展所能提供的可能，如果超过这种可能，社会保障费用会挤占必要的资本积累，延缓经济发展速度，最终也将使过高的社会保障水平因缺乏必要的经济基础而难以持久。二是要保持社会保障支付标准与一定时期社会生产力发展水平相适应，保障标准不能过低，否则将损害受保者正常的权益，违背社会保障制度目标。

（二）基本生活保障标准

生产力标准是从社会经济发展对社会保障所能提供的经济支持方面对社会保障支付标准提出要求，基本生活保障标准则是从社会保障的需要量上对社会保障的支付标准提出要求。所谓基本生活保障标准，是指确定社会保障支付标准时，应从保障基本生活方面考虑问题，充分体现生活保障这一社会保障的基本功能，要在保障了基本生活的前提下考虑其他问题。

基本生活保障标准主要包括以下三层含义和要求：

一是社会保障支付标准应该能够满足相关保障项目所要保障的生活需求，如果确定的保障标准保障不了基本生活需求，则保障标准被认为过低，不符合保障目标的要求。

二是社会保障标准的确定要围绕基本生活保障来进行，不能超越基本生活的范围和水平随意提高社会保障支付标准和开支范围。当然，基本生活需求并不是满足最低生理需要的要求，而是在一定生产力水平支持下，考虑了伦理道德等社会因素后确定的。

三是由于社会保障体系内各保障项目所要保障的需求具有层次性，故基本生活保障也是一个相对的概念，即相对不同的社会保障项目，基本生活的标准应有所不同，比如社会救济以提供最低生活需要为目标，社会保险的标准则要高于社会救济，社会福利是以提高全民福利为目标，其保障标准又要高于其他的保障项目等。这种保障项目之间在标准上的差别，是由社会保障项目目标的多层次性决定的；这些不同层次的保障项目在社会保障体系中的地位，则是由生产力水平决定的，即在生产力水平较低的条件下，最低层次的社会保障项目——社会救济就是最为主要的社会保障形式，其在社会保障体系中也居于主导地位，与此相适应，社会保障的整体支付标准也只能处于一个相对较低的水平。

（三）法制化标准

法制化标准是从社会保障标准的程序、形式、技术等方面对社会保障支付标准的制定工作提出要求。其含义是：社会保障支付标准的制定过程必须在法律和制度的规范下进行，支付标准按照法定程序确定后要以法律、制度为载体向社会公布，支付过程应该按照法定程序进行。法制化标准是由社会保障的特征所决定的。社会保障是一种强制性、社会性的国民收入分配活动，而且主要是对低收入者提供的保障，它要体现公平、公正的要求，要体现政府的意志，因而需要通过法律和制度来规范和约束。特别是社会保障支付标准的确定，更是一项涉及受保者切身利益，对社会保障效果影响极大的工作，因此必须按照法制化标准来规范和要求。

二、社会保障基金的支付方式

（一）支付现金

现金支付，是向受保对象发放货币资金，如救济金、养老金、保险金等来支付社会保障金的形式，它是社会保障基金支付的基本形式和主要形式。尤其在社会保险、贫困救济等保障项目中被使用得最为普遍。

（二）发放物资

发放物资是以向受保对象发放实物的方式来支付社会保障金，它是社会保障支付的另一重要方式，在社会救济金的发放中被应用得最为普遍。发放物资是一种比较传统的支付方式，它往往在解决某些专门性、应急性的保障活动中应用，比如在灾害救济中发放救灾物资，在贫困救济中发放济贫物资等，目的是比较快捷地解决受保者的生活保障问题。

（三）提供服务

提供服务是通过向受保者提供服务来满足其保障需求、进行保障金支付的方式。这是一种特殊的保障金支付方式，它是以购买服务手段和服务人员的劳动力，并将其转化为社会保障服务，进而实现社会保障金支付的方式。提供服务是社会保障金支付的辅助形式，它经常在社会福利、优抚安置等保障项目中应用。

三、社会保障基金支付的项目

从世界范围来考察，各种社会保障基金依据不同的支付制度产生了各自不同的支付项目。具体来说，各类社会保障基金的具体支付项目如下：

（一）社会保障待遇支出

社会保障待遇支出是社会保障基金的最主要支付部分，也是其法定的职责。社会保障待遇支出按照社会保障体系的项目来设置，主要包括社会保险金的支付、社会福利待遇支付、社会救助项目支付等，其中最核心的是社会保险金的支付。社会保险金的支付主要包括养老保险金、医疗保险金和医疗救助金、失业保险金和失业救助金、工伤保险金和生育保险金。

（二）社会保障管理支出

社会保障基金的运营需要必要的管理资金的投入，这部分管理费有时会从保障基金中扣除，其内容主要包括内部管理服务费用、银行业务服务费用、投资费用等。

第四节　社会保障基金的投资运营管理

一、社会保障基金投资运营的必要性

社会保障基金的投资运营是指社会保障的管理机构或受其委托的机构，在保证当前需要的基础上，将形成结余的资金投入到资本市场中去，以实现社会保障基金的保值增值。社会保障基金的保值增值不仅保证了受保者的利益，同时也增强了社会保障资金的给付能力，提高了社会保障水平，因而社会保障基金的投资运营是十分必要的。

（一）物价水平上涨的要求

社会保障基金是为应付社会保障给付而结存的一笔资金，它以货币形式存在，随着物价水平的上涨会引起货币的贬值，其购买力和价值都会降低。要想保全社会保障基金，并实现其保值增值，只有将闲置的资金投入到资金经营中去。

（二）社会平均生活水平提高的要求

人民生活水平的提高对社会保障的要求也在不断提高，社会保障的支出也就不断增大，这就需要拥有足够稳定的社会保障基金的支持。社会保障基金的投资运营减轻了国家财政负担，保证和增强了其给付能力。

（三）人类平均寿命延长的要求

人类平均寿命的延长意味着社会中老年人口的比重增大。人类老年期的延长，会导致社会保障基金的巨大压力。实现社会保障基金的保值增值，可以缓解人口老龄化对我国社会保障基金造成的支付压力。截至 2015 年 12 月底，全国社会保障基金规模已由设立时的 200 亿元发展到15 085. 92亿元，2015 年的投资收益额2 287. 04亿元，收益率达到 15. 14%。累计投资收益额为7 133. 34亿元，年均投资收益率为 8. 82%，超过同期年均通货膨胀率 6. 47 个百分点。可以预见，随着全国社会保障基金规模的不断扩大，它对我国人口老龄化高峰时期的养老保险等社会保障支出的补充、调剂作用也会不断增强，必将成为我国社会保障制度的一块“压舱石”。

二、社会保障基金投资运营的原则

2016 年公布的《全国社会保障基金条例》（以下简称条例）提出社会保障基金投资运营要坚持“安全性原则、收益性原则、长期性原则”。全国社会保障基金是国家社会保障储备基金，在投资运营上，坚持安全性、收益性和长期性原则。

（一）安全性原则

社会保障基金投资运营的安全性原则，是指社会保障基金投资不能承担过高的风险，必须保证投资的本金能够按期收回，并取得一定的投资收益。这是由社会保障基金的经济属性及其基本职能所决定的。社会保障基金是老百姓的“活命钱”，如果社会保障基金投资运营不讲求安全性，一旦保险事故发生，就无力支付社会保障金，从而影响被保险人的基本生活，甚至影响整个社会的稳定。因此，安全性原则是社会保障基金投资运营的首要原则。

（二）收益性原则

社会保障基金收益性原则是指在符合安全性原则的前提下，尽可能地取得比较高的投资收益率，为了保证收益目标的实现，许多国家都规定了投资的最低收益率，又称安全收益率。基金安全收益率，可以由国家社会保障基金管理机构会同基金管理公司确定一个合适的投资收益率，该投资收益率可以考虑比照所有基金的平均收益率制定，如不能低于所有基金平均收益率的 70%或者硬性规定一个具体的最低收益率指标等。

（三）长期性原则

全国社会保障基金为储备基金，主要用于人口老龄化高峰时期的养老保险等社会保障支出的补充、调剂。在相当长的时期内，不会动用，而基金规模也会不断增大，更适宜开展中长期投资。社会保险基金是为了保障公民在年老、疾病、工伤、失业、生育等情况下获得物质帮助而建立的，主要由用人单位和个人缴费构成用于公民养老、医疗、工伤、失业、生育等各项社会保险待遇的当期发放，注重投资运营的机动性。因此，对社会保险基金来说，对投资风险的控制要求更高，投资范围较窄，投资运营活动限定条件更多。

三、社会保障基金投资运营的主要方式

全国社会保障基金理事会应当审慎、稳健管理运营全国社会保障基金，按照国务院批准的比例在境内外市场投资运营全国社会保障基金。全国社会保障基金理事会投资运营全国社会保障基金，应当坚持安全性、收益性和长期性原则，在国务院批准的固定收益类、股票类和未上市股权类等资产种类及其比例幅度内合理配置资产。从世界范围和我国情况来看，社会保障基金主要投资于以下产品：

（一）银行存款

从广义上理解，银行存款也是一种投资，而且一般认为这种投资是无风险投资。不过也正因为如此，这种投资的收益率比较低。银行活期存款可随时存取，定期存款方式也比较灵活，因此这种投资方式除期限较长的存款外，几乎具有完全的资产流动性。社会保障基金可以灵活地选择实行活期存款和短期定期存款方式。如果银行长期定期存款利率足以抵消通货膨胀对资产贬值的影响，全国社会保障基金的积累金大部分也可进行这种方式的投资。为了体现国家对社会保险事业的支持，许多国家规定对存入银行的社会保障基金给予优惠利率，特别是在通货膨胀水平比较高的时候，对存入银行的社会保障基金给予保值补贴，甚至一定的增值补贴。

（二）国债

国债由国家政府发行，国家财政作担保，因此被认为是一种风险小的投资工具。国债的收益始终高于同期银行存款利率，且免交税。因此，国债的安全感强、信誉度高、流动性好，成为各国社会保障基金投资最安全和最普遍的项目。

国际上，社会保障基金大量投资国债是非常普遍的。尽管国债的收益率比不上股票的收益率，但国债具有安全性和流动性强的特点，吸引了众多的社会保障基金。在美国，特别是1974年股市出现动荡之后，社会保障基金更是看好政府债券。尽管美国的相关法律法规并没有要求社会保障基金必须持有一定比例的政府债券，但是社会保障基金资产中政府债券的比例还是呈现不断增长的趋势。智利政府规定，各家私人社会保障基金管理公司（AFP）只能投资于政府债券、银行存款或以抵押为基础的债券。所以，即使在社会保障基金进入证券市场后，各国在其资产结构中也保持了相当一部分比例的国债资产，以此来保证社会保障基金投资的流动性和安全性。

（三）金融债券和企业债券

债券市场除国债外还有金融债券和企业债券。债券投资的特点是：债券利率事先确定，收益可以很精确地预期，但易受市场利率的影响。因此，投资的安全性比国债差。银行发行金融债券的目的是为效益好的项目融资，因而它的利率较高；企业债券的种类、期限不同，其利率也不一样，但企业债券的利率一般都高于同期银行存款利率。与国债相比，这些债券的安全性稍差。债券的流动性状况与证券市场的发达程度有关，证券市场交易越活跃、市场规模越大、管理越规范，债券的流动性就越好。

目前我国发行过的企业债券有：重点企业债券、地方企业债券、企业内部债券和企业短期融资债券等。债券交易还受到发行债券的企业和银行经营状况以及国债利率过高的影响，市场对企业债券和银行债券的需求和供给都不大，债券的流动性不是很强。因此，在我国社会保障基金的资产中，这两种债券的比例都不宜过高。

（四）股票

一般认为，股票是最能够减小通货膨胀对资产贬值影响的投资方式之一。这是因为，一方面股票代表的是对股票发行单位（股份制公司）资产的所有权，随着公司的经营壮大，股票所代表的资产的实际价值也在增长，这是它之所以能够使资产保值增值的主要原因；另一方面投资股票的定期收入（红利）不像债券利息那样是预先就确定了的，而是随公司经营状况不断变化，以货币表示的公司的名义收入能随通货膨胀率作相应变化，而保持其实际收入不变，这样红利在一定程度上能抵消通货膨胀的影响。从西方各国社会保障基金的运营经验看，各国社会保障基金持有的股票数量及其在所有资产中所占比例有巨大的差异。英、美等国家社会保障基金持有的股票占上市股票市值的比重较高，大大超过欧洲大陆国家及日本。出现这种现象的原因是比较复杂的，一般与社会保障基金的规模、投资重点、社会保障基金投资管理人员的素质以及各国股票市场的发达程度有关。

我国的股票市场已经发展到一定规模，并且随着时间的推移，证券市场也不断趋于成熟；另一方面，经济的高速增长有力地支持了我国的证券市场的发展，因此，允许社会保障基金在控制风险的前提下，有条件、有步骤、有限度地进入证券市场，可以使社会保障基金更好地分享我国国民经济和证券市场的发展所带来的好处，实现社会保障基金保值增值。但是我国上市公司质量、法律秩序以及制度等方面还存在一些不足之处，证券市场仍属于新兴市场，系统和非系统风险仍然非常高，因此，目前要控制好社会保障基金进入股市的规模。

（五）投资基金

投资基金是一种大众化的信托投资工具，它由基金公司或其他发起人向投资者发行受益凭证，将公众手中零散资金集中起来，委托具有专业知识和投资经验的专家进行管理和运作，并选择具有良好信誉的金融机构充当所募集资金的信托人或保管人。基金经理人通过多样化的投资组合，努力降低风险，谋求资金长期、稳定的增值。

投资基金主要有封闭式和开放式两种形态，开放式基金是指基金规模不是固定不变的，而是可以随时根据市场供求情况发行新份额或被投资人赎回的投资基金。封闭式基金，是相对于开放式基金而言的，是指基金规模在发行前已确定，在发行完毕后和规定的期限内，基金规模固定不变的投资基金。

从世界范围来看，社会保障基金更多地投资于开放式基金，因为与封闭式证券投资基金相比，开放式基金在很多方面优势明显：第一，规模不受限制，消除了社会保障基金在投资规模上的障碍。第二，较封闭式基金而言，开放式基金在信息披露方面具有更高的透明度，这也使其管理相应更加透明，从另一方面降低了社会保障基金的投资风险。第三，突破了封闭式基金存续时间上的限制，更符合社会保障基金的投资组合要求。社会保障基金的一大特点就是其持有资金的长期性，这就要求社会保障基金的投资组合必须适应这一特点，而在当前社会保障基金的投资品种中，几乎没有一个投资品种能满足其长期投资的需要。而开放式基金在一定程度上恰好弥补了社会保障基金长期投资安排上的缺陷。第四，更能发挥优胜劣汰的市场机制，提高了社会保障基金投资收益率。由于开放式基金上不封顶，下不保底（低于一定规模就要面临清盘），开放式基金规模发展与其运作水平直接相关，业绩优良者能吸引投资者不断加盟，规模扩大又能有效降低运作成本。基金管理人不再像管理封闭基金那么轻松，一方面不断有资金流入，另一方面又不断面临赎回基金单位的压力，这迫使基金管理人提高自身管理和驾驭资金的能力，从而切实、可行地按照成熟投资基金公司的做法来进行资产配置。我国目前可投资资本市场的社会保障基金还不多，可在合适的时机申购相关开放式基金，也可在有资金需求时赎回基金份额，在控制风险的基础上使社会保障基金的收益最大化。

（六）抵押贷款

将社会保障基金用于发放抵押贷款在有些国家很普遍。因为社会保障基金在贷出的同时，投资人可以取得抵押品，所以这种贷款违约风险较小，同时它还可以按照市场利率取得收益。在实践中，许多国家的社会保障基金发放的抵押贷款属于住房贷款。例如，众多拉美国家就曾把社会保障基金与住房信贷政策结合起来。这样，一方面社会保障基金有了投资对象；另一方面中低收入者通过向社会保障基金借贷也可以取得自己的住房。

（七）实物资本市场的投资及其他投资选择

1. 产业投资

产业投资是指对具有前途的产业部门进行投资，这会带来真实资产存量的增加。采用这种投资方式资本积聚速度较快；投资方向以国家的产业政策为主导，主要投资于技术含量高、产业回报率较好、持续发展和有市场潜力的产业，追逐其中市场潜力大、产业关联度高、经济效益好、有助于形成新的经济增长点的项目；期限上应侧重中长期投资。

2. 营利性基础设施建设

这是发展中国家普遍采用的对社会保障基金的扶持政策。通过政府行政手段让社会保障基金优先进入重大基础设施项目投资，既保障了社会保障基金的本金安全，又可以使社会保障基金获取利益。如 2016 年 9 月 26 日，全国社会保障基金理事会印发了《全国社会保障基金信托贷款投资管理暂行办法(2016 年修订版)》(以下简称《暂行办法》)，明确了社会保障基金信托贷款投资的基本条件、项目选择流程、投资决策程序及风险管控和投后管理。

3. 其他投资方式

除以上诸类外，一些风险小，且收益高于同期银行存款的投资渠道都被不同程度地采用过。诸如一些国家社会保障基金还可以适度参与某些战略物资的储备投资，如石油、棉花、粮食等。

四、我国社会保障基金投资运营目标

根据社会保障基金的特点，借鉴外国社会保障运营的实践、比之中国当前社会投资的环境，为保证基金运营实现低风险、高收益、高流动三大标准，我国社会保障基金投资运营应做到以下三个方面：

（一）实现投资方式多样化

投资方式多样化的正确性，已被世界保险基金多年的投资实践证实了。在市场经济体制下，进行投资运用，必然有一定的风险。风险与安全是相对的。投资国家债券，貌似很安全，但它抵御通货膨胀能力弱，实际结果收益率为负值。如到年金给付期，却给付不出去，那也是一种危险。减少风险的有效办法之一就是分散风险。根据国外的经验，根据基金的性质和收益的需要，预先确定一种适合的风险与收益标准，在选择投资项目时，严格遵照该标准，既不要为追求过高的收益而冒最大的风险，也不能为安全而不敢合理地进行投资。在收益、风险、流动三者的关系中，基金的投资收益与风险呈正相关；投资资产的流动与收益却呈负相关。即越是流动性差的投资资产，其收益率越高；相反，流动性强的投资资产的收益率却较低。社会保险基金的投资组合原理，实际就是分析投资的盈利、风险、流动性三者之间的关系。它也就是根据各类投资方式在一定时期内的收益率及其稳定性，将几种投资方式进行有效的组合，寻找出一组收益率高而且稳定性较好的投资组合来，分类进行分散投资组合，包括投资工具的组合、投资期限的组合、投资项目的组合。只有这样，才能贯彻“一低二高”的原则。

（二）实现投资组合效益化

社会保障基金投资组合的方式可分为：

（1）纯粹存款式，即基金全部存入银行。

（2）纯粹国债式，即基金全部用于购买国债。

（3）国债和存款结合式，即基金以上述两种形式持有。

（4）证券投资组合，即基金按不同比例投资于存款、国库券、股票、企业债券和基金权证等。

前三种可以视为第四种形式的特例。为了投资组合取得较好效益，在以上四种投资组合比例中，按照现代投资组合理论及其实践，有效的投资组合为：债券投资占投资总资本的40%~60%；不动产（含股票）投资占30%左右，其他投资占10%~30%。国际投资则分散于这三大类之中，占5%~10%。中国社会保障基金的重点应投资于一带一路等国家重点项目的债券，并且应随我国资本市场尤其是股票市场的完善而适当加大股票投资，同时国际投资总量也可适当增加（可避免因本国或某一国经济的波动带来的影响）。

（三）对具体投资项目实施有效的风险控制

我们实现投资方式多样化、投资组合效益化，其目的之一就是分散风险，实现整体较低的风险，然而仅通过以上方法并不能完全达到目的，只有使每项具体投资的风险达到最低，再加上有效的投资组合才行，而此处的风险控制是指具体每一项投资的风险控制，要做到这一点，必须要实现完全的专业队伍运作，要设立董事会、专家理财队伍、建立基金托管人和充分的监督控制体系，建立基金机构完善稳妥的进入与退出机制，明确安全性要求、最低回报率要求，并在政府的监督下形成竞争格局，实现社会保障基金增值保值的同时，国家还应提取风险准备金以防止出现因遭遇大的风险而造成的支付困难问题。

根据2016年《全国社会保障基金条例》，全国社会保障基金理事会制定全国社会保障基金的资产配置计划、确定重大投资项目，应当进行风险评估，并集体讨论决定。全国社会保障基金理事会应当制定风险管理和内部控制办法，在管理运营的各个环节对风险进行识别、衡量、评估、监测和应对，有效防范和控制风险。风险管理和内部控制办法应当报国务院财政部门、国务院社会保险行政部门备案。全国社会保障基金理事会应当依法制定会计核算办法，并报国务院财政部门审核批准。

总之，由于现实情况的差异，采取的方式也不尽相同。有些还超出了上述范围，但只要能结合实际情况，投资富有成效，都应视为较佳的投资方式。

五、社会保障基金投资运营的管理模式

社会保障基金投资运营的管理是社保基金投资运营的核心，从而也是整个社会保障制度运行的关键。目前，从世界范围看，社保基金投资运营的管理大体可划分为三种：政府集中型投资管理模式、适当集中型投资管理模式和分散型投资管理模式。

（一）政府集中型投资管理模式

这种模式是指中央政府通过强制手段，将参保人的部分收入以费或税的方式集中到一家公共管理的中央基金，政府社会保障部门直接负责这部分资金的投资运营，从而实现对社保基金的投资管理。政府采取将社保基金投入资本市场（多投入银行、政府债券）方式，实现其保值增值，参保人无权自由选择投资方式。同时，政府单方面制定社会保障基金的收益率，以此支付参保人。采用这种模式的国家和地区有新加坡、马来西亚等。可以说，政府集中型投资管理模式利弊共存。从有利方面看，政府通过集中筹集资金，在投资管理中形成规模经济效应，降低投资管理成本。由于参保者无须个人对投资方式进行选择，必然节省其为获取投资信息而支付的搜寻成本或信息成本，这也会相对增加参保人，尤其是低收入者的收入。另外，在这种模式中，由于中央基金预先制定了收益率或给付标准，由资金价值波动和价格波动而造成的收益风险，被全部参保人员甚至几代人分担，这就不会侵蚀社会保障规制收益结构。但是，由于这种投资管理类型强调行政干预，在具体业务管理中，极易受制于政治压力，甚至产生渎职和低效率的后果。另外，社会对政府集中管理的社保基金的稳定性要求较高，导致投资限定于银行储蓄、购买政府债券等领域，投资风险降低了，但投资收益也随之降低，如果遇到通货膨胀，则实际投资收益率会更低。为避免危机，通常要通过提高缴费率或减少给付来解决，这在实质上还会影响参保人利益。

（二）分散型投资管理模式

这种模式是指社会保障计划的参保人根据国家的法令建立个人账户，每个参保人可以从国家核准的基金管理公司中，自由选择基金公司，委托其管理自己的个人账户。政府核准的基金公司可以自由进入该市场，吸收社会保障资金加入。以智利为代表的拉美国家大多采取这种模式。分散型投资管理较少受政治因素影响，依据经济原则进行投资，往往会采取最优投资组合，获取最佳收

益。由于投资分散，资金规模相对较小（如智利，由政府指定20家基金公司对全国养老金进行管理），灵活性强，能根据市场的变化，及时调整投资策略，这对于保持金融市场的活力，促进其发展都有益处。另外，多家机构参与营运，相互竞争，会使服务不断改进。同时也正是由于这种投资运营过于分散，导致投资的规模效应消失。且各基金为了吸收客户，占领市场份额，推销费用较大，又采用多元投资组合，管理复杂，内部成本也增高。保障计划的参加者要从多家基金组织挑选最优者，增加了搜寻成本，从而也就增加了社会成本，不利于中低收入者。

（三）适度集中型投资管理模式

这种模式仍然采取政府公共机构统一征收投保人的社会保障款项，政府公共机构公开选择若干家经营良好的基金公司等金融机构，由其管理运作社会保障基金；或者，基金集中起来后再按照投保人个人的选择，在几家基金公司之间进行分配。由于政府在选择基金公司时通常采取公开招标或拍卖等方式，避免了由政府垄断投资运营所容易导致的行政性弊端。同时，这种模式适度集中社保基金，然后"分配"给指定的基金公司管理，仍然可以克服资金过于分散的弱点，发挥规模经济效益。另外，在实行这种模式的一些国家，尽管参保人不直接与基金公司打交道，但可选择基金公司，中央政府把社保基金分配给这些公司运营，也体现了参保人员较大程度的自主权。当然，在这种模式中，政府把社保基金委托给基金公司经营，产生委托代理关系，使基金投资管理更加复杂化，需要不断改进约束和激励机制，提高运营效率。尽管如此，由于其本身的优点，世界上绝大多数国家的社保基金投资管理都采取这种模式。

六、社会保障基金投资运营的监管机制

（一）监管的内容

社会保障基金是广大投保人的"养命钱"，其安全运行事关社会的稳定大局。因此，必须加强对社会保障基金运营的监督管理。具体内容如下：《条例》在立法目的中明确提出全国社会保障基金要"在保证安全的前提下实现保值增值"。《条例》规定了多项措施：一是明确基金的投资范围、种类和比例，规定全国社会保障基金理事会应当按照国务院批准的比例在境内外市场投资运营基金，合理配置经国务院批准的固定收益类、股票类和未上市股权类等资产。二是完善基金的风险管理和内部控制制度，规定全国社会保障基金理事

会制定基金的资产配置计划、确定重大投资项目，应当进行风险评估，并集体讨论决定；制定风险管理和内部控制办法；定期向国务院财政部门、国务院社会保险行政部门报告基金管理运营情况，提交财务会计报告；从符合法定条件的专业投资管理机构、专业托管机构中选聘基金的投资管理人、托管人；风险管理和内部控制办法、有关合同报国务院财政部门等备案。三是强化对投资管理人、托管人的管理，规定全国社会保障基金理事会应当按照公开、公平、公正的原则选聘投资管理人、托管人，并对其进行考评，同时明确了投资管理人审慎投资、托管人安全保管基金的法定职责和禁止行为。四是强化对基金的审计，规定审计署每年对基金进行审计，审计结果向社会公布，并完善基金公开制度，规定全国社会保障基金理事会应当通过其官方网站、全国范围内发行的报纸每年向社会公布基金的收支、管理和投资运营情况，接受社会监督。目前这个管理运营框架已初步成功地经受了经济周期和金融起伏的挑战，继续为全国社会保障基金的投资运营保驾护航。

（二）监管的机构

为了对以上监督内容实施多层次、全方位的有效监督，以确保社会保险基金按照既定的目标运行，我们必须建立相应的社会保障基金运营的监督体系，一般来说该监督体系如图 4.1 所示。

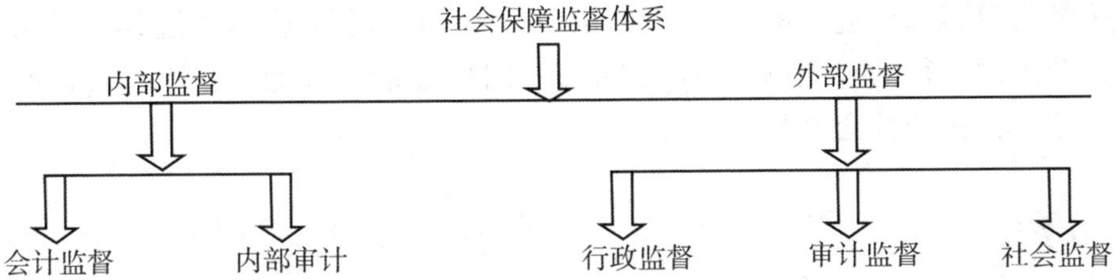

图 4.1　社会保障监督体系

由图 4.1 可以看出，社会保障监督体系应由内部监督和外部监督两部分组成。其中内部监督是指社会保障基金的经办机构通过一系列管理活动，对基金的运营进行监督。外部监督是指社会保险经办机构外部对该机构的管理和运行结果进行监督。其中行政监督是指政府有关行政管理部门根据各自的管理职能，代表国家对社会保障基金的运作实施监督。其主要指社会保障部、财政部等有关部门对社会保险政策的执行情况、劳动者权益以及社会保险基金合法、合理运行等情况进行监督。审计监督是指专门从事审计业务的部门对社会保障基金的财务收支及违反财经纪律的行为进行监督。社会监督由社会保险的有关利益代表人组成监督委员会来实施监督，该委员会一般由国家代表、用人单位代表和劳动者代表组成。

2016 年《全国社会保障基金条例》对全国社会保障基金的监督的规定：

国务院财政部门、国务院社会保险行政部门按照各自职责对全国社会保障基金的收支、管理和投资运营情况实施监督；发现存在问题的，应当依法处理；不属于本部门职责范围的，应当依法移送国务院外汇管理部门、国务院证券监督管理机构、国务院银行业监督管理机构等有关部门处理。

国务院外汇管理部门、国务院证券监督管理机构、国务院银行业监督管理机构按照各自职责对投资管理人投资、托管人保管全国社会保障基金情况实施监督；发现违法违规行为的，应当依法处理，并及时通知国务院财政部门、国务院社会保险行政部门。

对全国社会保障基金境外投资管理人、托管人的监督，由国务院证券监督管理机构、国务院银行业监督管理机构按照与投资管理人、托管人所在国家或者地区有关监督管理机构签署的合作文件的规定执行。

审计署应当对全国社会保障基金每年至少进行一次审计。审计结果应当向社会公布。

全国社会保障基金理事会应当通过公开招标的方式选聘会计师事务所，对全国社会保障基金进行审计。全国社会保障基金理事会应当通过其官方网站、全国范围内发行的报纸每年向社会公布全国社会保障基金的收支、管理和投资运营情况，接受社会监督。

☞ 小结

1. 社会保障基金是指通过国家立法强制征缴，用于社会保障待遇开支的专项资金。社会保障基金既是社会保障制度的物质基础，也是社会保障制度的中心内容。社会保障基金的概念，可以从以下几个方面把握：（1）社会保障基金是依据国家法律、法规强制设立的，其建立、运营和使用都带有明显的强制性。（2）社会保障基金是有专门用途或特定用途的专项基金，必须专款专用，任何机构和个人都不得挤占、挪用。（3）社会保障基金必须由政府机构或政府专门授权的机构统一征收和管理，以确保统一有效的使用。

2. 社会保障基金的特点有：强制性、无偿性、储存性、互济性、专用性。

社会保障基金的分类：（1）按用途分类：我国的社会保障体系由社会保险、社会救济、社会福利、优抚安置以及社会互助、个人储蓄积累所构成，因此，社会保障基金也就由社会保险基金、社会救济基金、社会福利基金、优抚安置基金以及社会互助基金、个人储蓄积累保障基金等构成。（2）按资金来源分类：社会保障基金体系可分为两大部分，一部分是由国家公共财政拨款、集体捐助和农村公益金等建立的社会保证基金；另一部分是由国家财政拨款、单位与个人缴纳税费等形成的社会保险基金。

3. 社会保障基金的作用主要表现在：（1）对社会保障的作用：①社会稳定器；②调节收入差距。（2）对经济发展的作用：①经济的发展需要稳定的社会大环境作为依托和后盾，社会保障制度通过社会保障基金的筹集和发放，对社会成员的收入实施合理的调节，保障社会成员的基本生活，缓解了社会成员之间的矛盾，从根本上创造了和平稳定的社会环境，为经济发展作出了较大的贡献；②社会保障制度通过对社会保障参与者的多方面的保障真正促进了经济的发展。

4. 社会保障基金的筹集规模主要受以下几个因素的制约：社会保障对象的规模；社会保障支付标准；国民收入增长速度；政府的宏观经济政策。社会保障基金的筹资准则是：公正准则；效率原则。社会保障基金的来源主要有：国家财政资助；用人单位缴纳；劳动者个人的缴纳；社会捐赠；发行社会福利彩票；社会保障基金的投资收益。社会保障基金的筹集形式有：以税收的形式筹集；以社会保险费的形式筹集；社会捐款和社会保障基金投资收益等形式。社会保障基金筹集的主要模式有：现收现付制；完全积累制；部分积累制。社会保障基金的支付标准是：生产力标准；基本生活保障标准；法制化标准。社会保障基金的支付方式有：支付现金；发放物资；提供服务。社会保障基金支付的项目主要有社会保障待遇支付和社会保障管理支出。社会保障基金投资运营的必要性在于：物价水平上涨的要求；社会平均生活水平提高的要求；人类平均寿命延长的要求。社会保障基金投资运营的原则有：安全性原则、收益性原则、长期性原则。社会保障基金投资运营的主要方式有：银行存款；国债；金融债券和企业债券；股票；投资基金；抵押贷款；实物资本市场的投资及其他投资选择等。我国社会保障基金投资运营目标有：实现投资方式多样化；实现投资组合效益化；对具体投资项目实施有效的风险控制。社会保障基金投资运营的管理模式有：政府集中型投资管理模式；分散型投资管理模式；适度集中型投资管理模式。社会保障基金的监管体系包括宏观监督和微观监督。社会保障基金运营的监督体系包括内部监督和外部监督两部分。其中内部监督是指社会保障基金的经办机构通过一系列管理活动，对基金的运营进行监督；外部监督是指社会保险经办机构外部对该机构的管理和运营结果进行监督。

☞ 重点名词

社会保障基金 现收现付制 完全积累制

☞ 复习思考题

1. 简述社会保障基金的特点和作用。
2. 社会保证基金与社会保险基金的区别主要有哪些？
3. 社会保障基金的筹集规模主要受哪些因素的制约？
4. 社会保障基金的筹资准则和来源有哪些？
5. 社会保障基金的筹集形式和主要模式有哪几种？
6. 社会保障基金的支付标准和支付方式及支付的具体方法是什么？
7. 社会保障基金投资运营的必要性是什么？
8. 社会保障基金投资运营的原则和主要方式是什么？
9. 我国社会保障基金投资运营目标是什么？
10. 社会保障基金投资运营有哪些管理模式？
11. 简述社会保障基金的监管体系的构成。

第五章
失业社会保险

第一节　失业社会保险概述

失业保险是社会保障的重要组成部分，是伴随着工业化和劳动力市场的不断发展而产生的。自诞生起，失业保险在世界范围内经历了近一百年的发展和一个不断完善的过程。

一、失业与失业类型

（一）失业

失业有广义和狭义之分。广义的失业是指有劳动能力的人找不到合适的工作岗位；狭义的失业是指达到法定年龄并有就业愿望和就业能力的人得不到适当的就业机会，包括已经就业而被解雇、且正在等待或寻求新的就业机会的一种社会现象。一般而言，很多国家和地区都是使用狭义的失业概念，我国亦是如此。

国际劳工组织对失业下的定义为：凡在特定的年龄以上，在规定的时间里属于下列情况的，称为失业。①无工作，即不在有报酬的职业或自营职业中。②本人当前可提供工作，即具有劳动能力。③正在寻找工作，即正在采取各种方式寻找工作。

（二）充分就业

20 世纪 30 年代以来，不少资本主义国家把实现充分就业列为国家经济政策的主要内容，国际劳工组织在其宪章和宣言中也把促进充分就业作为奋斗目标。目前，国际上较通用的标准认为失业率保持在 4%～5%，即为充分就业。其理论依据主要是凯恩斯的观点，即充分就业不包括摩擦性失业和自愿失业。

充分就业可从两个角度观察。从劳动力供求的相互关系看，所谓充分就业是指劳动力供给和劳动力需求处于均衡，国民经济的发展充分地满足劳动者对就业岗位需求的状态。若从总供给与总需求的相互关系看，充分就业是指总需求增加时，总就业量不再增加的状态。换言之，即凡是接受市场工资率愿意就业的人均能实现就业的状态。

充分就业是一个相对的概念。在动态的市场经济中，在连续的基础上保持总供给与总需求、劳动力供给与劳动力需求在总量及其结构上持续均衡是极其困难的事情。充分就业一般来说是一种理想状态，当充分就业实现时，并不意味着失业现象的消失，摩擦性失业及其他类型的自然失业与充分就业并行不悖。

（三）失业类型

在国际上，依据造成失业现象的原因，将具有共同性质、特点的失业现象进行分类，主要有：摩擦性失业、季节性失业、结构性失业和技术性失业。

1. 摩擦性失业

劳动者进入劳动力市场寻找工作到获得就业岗位之间所产生的时间滞差，以及劳动者在就业岗位之间的变换所形成的失业被称为摩擦性失业。它反映了劳动力市场经常的动态性变化，表明劳动力经常处于流动过程之中。通过这种形式的失业，使劳动者从对个人和社会较少收益的工作、就业岗位变换到对个人和社会收益较大的工作、就业岗位上。

摩擦性失业是一种正常性失业，即使劳动力市场处于劳动力供求均衡状态时也会存在这种类型的失业。它是动态性市场经济的一个自然特征，是高效率利用自然资源的需要。工作岗位之间之所以存在时间滞差，其主要原因是：①失业者缺乏有关的就业岗位完整的准确的信息，企业缺乏求职者完整的准确的信息。②失业者缺乏迅速流动的条件。③不能迅速地找到适合本人的职业。④信息成本和流动成本障碍等。由于摩擦性失业不是由经济的周期性波动所造成的，故增加劳动力的流动性，完善劳动力市场的信息情报工作，提高劳动力市场效率，降低信息和流动成本，缩短寻找工作所花费的时间等，就可使此类失业得到缓和。

2. 技术性失业

在生产过程中由引进先进技术代替人力，以及改善生产方法和管理而造成的失业为技术性失业。

从长期和短期两个视角观察，技术进步对就业的影响有着显著的差异。从长期看，劳动力需求的总水平并不会因技术进步而受到影响。当代的技术水平及技术进步的速度超过以往任何时代，可是当代的就业规模也达到了前所未有的高水平。技术进步对就业的影响主要表现在劳动时间的缩短方面。18、19世纪劳动时间通常在每个工作日10小时以上。而目前则为7~8小时。从短期看，先进技术、先进的生产方法和完善的经营理念必会取代一部分劳动力，从而造成失业。这类失业是效率提高的必然结果。

一般来说，技术性失业有以下几个特点：①产品的需求弹性越大，对失业的影响越小。②工资的弹性越大，对失业的影响越小。③以新方法生产现有产品与生产新产品的技术比较，前者对失业的影响程度大。④技术进步对非熟练工人和半熟练工人的影响大。⑤技术进步所替代的工人的平均年龄越高，对失业的影响越严重。解决技术性失业最有效的办法是推行积极的劳动力市场政策，强化职业培训，普遍地实施职业技能开发。

3. 结构性失业

由于经济结构如产业结构、产品结构、地区结构发生变动，造成劳动力供求结构失衡，从而导致失业，这种失业称为结构性失业。科学技术的发展、收入水平的提高和消费偏好的变化对劳动力的需求结构产生着全面系统的影响，如果劳动力供给结构不能适应需求的变化，且劳动力不能完全替代，就会造成失业与职业空位并存的局面。结构性失业在全部正常失业中占有很大比重。

失业工人在市场货币工资率给定的情况下没有具备重新就业所需要的知识与技能，工人之间不能相互替代，造成缓解结构性失业程度的困难。产业需求与劳动力需求结构性调整，在国民经济各产业部门重新配置劳动力所需要的时间越长，总需求构成的变化造成的劳动力在产业间的转移所需要的人力资本投资越多，结构性失业的持续时间就相应地越长。

在形成失业的直接原因方面，结构性失业与技术性失业有一部分是重叠的。技术性失业程度与产品需求的价格弹性、劳动力需求的工资弹性有较大关系。例如，引进新技术可降低单位产品的生产成本，从而可使产品价格下降，若此类产品的需求弹性较大，产品需求因价格下降而增加。被新技术替代的工人会因为生产规模扩大而重新就业。但当此类产品需求弹性小或无弹性时，即使产品价格下降，需求亦不增加，消费函数不变，消费者多余的购买力用于其他方面，产品需求结构的变化，导致技术性失业转化为结构性失业。此外，技术进步造成某些行业的衰落，并且这种失业是永久的，即使工资下降也无法维持就业时，技术性失业等同于结构性失业。例如，汽车的出现、普及，以及汽车出租行业的迅速发展，造成以人力、畜力为动力的运输行业的持久性衰落，人力车夫、马车夫等职业的工资率即使降低，也无法维持就业就是这类失业的典型表现。

缓解结构性失业的最有效的对策是推行积极的劳动力市场政策，包括超前的职业指导和职业预测、广泛的职业技术培训以及低费用的人力资本投资计划等。

4. 季节性失业

气候状况有规律的变化所引致的失业为季节性失业。气候有规律的变化对就业的影响主要表现为两方面：一方面，气候状况对某些行业的生产产生影响，进而影响劳动力供求，如农业、林业、农副产品加工业等；另一方面，气候状况对某些消费需求产生影响，进而影响劳动力需求，如某些食品行业、社会服务业等。

季节性失业与摩擦性失业类似，在劳动力市场处于劳动力供求均衡状态时也存在这种类型的失业，它是一种正常性失业。季节性失业具有以下特点：①地理区域性。具有鲜明季节变动的地区与季节变化不显著的地区，这种类型的失业程度有较大的差异。②行业性。一些行业是明显的“季节性行业”，这种行业因季节影响导致就业波动较大。③规律性。这种类型的失业有明显的高峰和低谷之间的差异，且并不是均匀地分布在全年。④失业持续期的有限性。完全由季节变换而失业的劳动者，一般情况下不仅知道何时失业，而且知道失业期限有多长。例如建筑业，以前受季节变换影响较大，某些建筑项目露天作业冬季不能进行，但现在，由于技术工艺方法上有了改进，季节性影响程度大为降低。

气候状况对生产、消费的影响很复杂。古典学派经济学家认为，此类失业大体被较高的工资所补偿，但现代的研究表明并非如此。在其他方面具有可比性的条件下，季节性极强的行业的平均工资率低于或等于不受季节影响的行业的平均工资率。这就表明就业的季节性一般不是由高工资来补偿，意味着季节性失业的代价依然很大，而且主要由工人自己承担，所以在政策上依然要正视这类失业的影响和危害。但是由于季节性失业具有前述特征，而这些特征有助于相应政策的制定，工资制度、劳动用工制度以及完善的社会保险，有利于缓和这种失业所造成的影响。

上述四类失业是动态的市场经济中经常存在的正常失业，之所以为正常失业，是因为这些失业在劳动力市场供给与需求在总量均衡时也会出现。通过上述失业实现生产要素的优化配置，使工人从对个人和社会收益较少的就业岗位配置到对个人和社会收益较大的就业岗位，反映了劳动的发展和要素调整配置的结果最终增进了社会福利。

二、失业保险

（一）失业保险的概念

失业保险原是指西方国家政府和社会团体对失业工人在一定期限内支付一定的生活保障费的一种社会保险制度。其目的是为维持劳动者因失业而中断收入来源时的最低生活水平。这也是收入分配的一种调节手段。在经济繁荣时期，政府大量收取并积累失业保险金，此间人们的收入大于支出，起到抑制生产和消费的作用；在经济危机时期，失业者增多，政府大量发放失业保险金，这时，人们的支出大于收入，可维持失业者一定的购买力，以稳定社会和保护劳动力再生产。从这个意义上说，失业保险是现代社会一项重要的安全制度。

失业保险是指国家通过立法强制执行，由政府负责建立基金，对非因本人意愿中断就业而失去工资收入的劳动者提供一定时期的物质帮助及再就业服务的一项社会保险制度。

（二）失业的特征

失业保险作为社会保险的子系统，既具有社会保险各子系统的共性，又具有各子系统不具备的特殊性。主要不同之处在于失业保险具有保障生活和促进再就业的双重功能。其特征如下：

1. 普遍性

失业保险主要是为了保障有工资收入的劳动者失业后的基本生活而建立的，其覆盖范围包括劳动队伍中的大部分成员。因此，在确定范围时，参保单位应不分部门和行业，不分所有制性质，其职工应不分用工形式，不分家居城市、农村，解除或终止劳动合同后，只要本人符合条件，都有享受失业保险待遇的权利。分析我国失业保险适用范围的变化情况，呈逐步扩大趋势，从国有企业扩大到城镇各类非国有企业以及事业单位及其职工，充分体现了普遍性原则。

2. 强制性

失业保险是国家通过制定的法律、法规来强制实施的，这是社会保险和商业保险的最大区别。对单位和个人而言，按照规定，在失业保险制度覆盖范围内的单位及其职工必须参加失业保险并履行义务。国家为实行失业保险制度，以法律规定的形式，向企业、事业单位收缴社会保险费。凡属城镇企业、事业单位，无论大小，生产经营状况如何，作为社会独立的经济成员，都必须承担保证社会生存和发展的共同责任和义务，都必须按照国家规定及时足额地缴纳社会保险费。

3. 共济性

失业保险基金主要来源于社会筹集，由单位、个人、国家三方共同负担，缴费比例、方式相对稳定，筹集的失业保险费，不分来源渠道，不分缴费单位的性质，全部并入失业保险基金，在统筹地区内统一调度使用。共济性是社会保险的共有属性，缴纳失业保险金的人数远远大于享受失业保险待遇的人数，缴费而未失业者的基金可以用来救济失业者，于是失业保险发挥了互助共济的功能。

4. 适度性

所谓适度性，是指有关失业保险的法律、法规在征缴对象及征缴比例的确定、失业保险金的发放、当地政府部门的权限设定等方面作了弹性规定，力求做到适度、适用。我国的《社会保险费征缴暂行条例》在规定了失业保险费的征缴范围后，又赋予省、自治区、直辖市人民政府一项职权，即根据当地实际情况，可以规定将社会团体及其专职人员、民办非企业单位及其职工以及有雇工的城镇个体工商户及其雇工纳入社会失业保险的范围。《失业保险条例》针对我国企事业单位的经济状况及工资水平较低的实际，适度规定了缴费比例和缴费办法。

由于失业保险具有上述特征，在具体实施过程中应该考虑和其他社会保险项目的不同之处，以利于更好地发挥其作用。

三、失业保险的地位与功能

失业保险的地位与功能是不可分割的，一定的地位决定了一定的功能，失业保险的地位与功能可从两个方面来论述：一是失业保险在整个社会保险体系中的地位与功能；二是失业保险在整个社会结构中的地位与功能。

（一）失业保险在社会保险体系中的地位与功能

失业保险是整个社会保险体系的重要组成部分，是完备的社会保障体系必须具备的不可分割的内容。“社会保障”一词最早出自美国 1935 年颁布的《社会保障法》，随后被国际劳工组织接受，也被许多国家广泛使用至今。社会保障是一个极为复杂而又不断发展的概念。一般认为，社会保障包括社会救济、社会保险、社会福利等内容。社会救济制度是指国家以及社会团体运用掌握的资金、实物、服务手段，向无收入、无生活来源、也无家庭依靠并失去工作能力者，向生活在“贫困线”或最低生活标准以下的个人和家庭，向一时遭受自然灾害和不幸事故者，实施的一种社会保障措施，使被救济者继续生活下去。它保障“最低生活水平”，社会救济金的发放需对申请人家庭收入和财产状况进行审查。社会福利则是国家保障公民“较高生活水平”的一项事业，包括医疗卫生、教育、社会公益事业等。

社会福利往往面向社会全体公民，不需特殊条件。社会保险是国家通过征收社会保险费向经受各种风险而暂时或永久性丧失劳动能力、或有劳动能力却无工可做的劳动者给予收入损失补偿，以保证其享有“基本生活水平”。保险金的发放需以缴纳社会保险费为前提，社会保险是社会保障的基本的、核心的内容。主要体现在两个方面：一是其对象为广大劳动者，广大劳动者在社会人口中占有很大比重，是社会经济活动的主体，也是社会财富的主要创造者；二是社会保险的种类很广泛，它对劳动者在其全部生命周期遇到的各类风险进行一定程度的收入损失补偿。劳动者可能遭受的风险分为七类：失业、疾病、工伤、老年、残障、生育、死亡。通过以上风险损失的补偿，劳动者得以维持基本生活，从而起到维护社会稳定的作用。尤其是失业保险，其对象为具有劳动能力的失去劳动机会的劳动者，通过失业保险的保护作用，劳动者得以维持劳动力再生产，为重新进入社会生产准备条件，从而促进整个社会经济的发展。

总之，失业保险作为社会保险的重要组成部分，是社会保障体系的不可或缺的内容，在社会保障体系中占有十分重要的地位。

（二）失业保险在社会结构中的地位和功能

失业保险的基本功能是保障失业者的基本生活。这一保险功能使失业保险成为社会的“安全网”和“稳压器”。在市场经济条件下，失业成为必然。在没有任何保护措施的情况下，失业对于劳动者个人而言，意味着生活来源的中断。基本生活失去保障，身心健康必将受到影响，其自身素质的提高也将中断，原有的技能将因失业而退化。对于整个社会而言，失业率的提高必将成为社会稳定的消极因素，偷盗、抢劫、谋财害命等犯罪活动也会增加。失业保险为失业者按月发放失业保险金，使劳动者的基本生活得到保障，有利于劳动者的身心健康，为劳动力素质提高和劳动力再生产的顺利进行提供基本保障，对社会也将起到稳定作用，成为社会的“安全网”和“稳压器”。

失业保险在其保障功能之外，还有促进就业的功能，即还能增加就业机会，促进失业者再就业。首先，失业保险制度的建立需要相应的社会管理和社会服务机构，这些机构的设立，增加了社会的就业机会。其次，失业保险制度的一系列规定还十分重视促进失业者再就业。国家通过职业咨询、职业培训、生产自救和以工代赈等方式，为失业者提供工作机会，培训提高其工作技能，通过举办一些公共事业，为失业者提供就业机会。第三产业也会因此不断发展。

总之，从保险的角度出发，失业保险的意义在于：一是从宏观经济运行角度来讲，宏观经济运行具有很大的不确定性，谁也无法保证经济永远处于繁荣时期。当经济处于繁荣或高涨时期，就业率较高，失业率较低，因此每一个就业者应该缴纳一部分失业保险金。当宏观经济处于萧条时期，失业率大幅度上升，失业人员增加时，这笔在经济繁荣时期积累起来的失业保险金，就应该支付给失业者，使他们能维持基本的生计。二是从每一个就业者来说，失业风险是不确定的，失业会降临到谁的头上，事先是无法预计的。因此为了避免在失业降临时收入来源枯竭的危险，每个就业者就应该缴纳失业保险金。从失业保险的逻辑来推理，失业保险金的领取期限及其领取的数额应该与该失业者原先就业时所交纳的失业保险金多寡相联系。失业保险金另一个逻辑是失业救济，该逻辑认为被动的失业治理的核心内容是处理社会公平问题，即在保证市场经济配置资源效率的同时，兼顾公平，使失业者对社会的这种不公平现象能够容忍。因此，从这个角度来看，只要是失业者，不管其过去交纳的失业保险金的数额多少，他都应该有权利领取失业救济金。

第二节　失业社会保险制度的内容

一、我国的失业保险制度现状

我国的失业保险制度是在1986年正式建立的。1986年，国务院颁布了《国营企业职工待业保险暂行规定》，明确规定对国营企业职工实行职工待业保险制度。建立失业保险制度的主要目的之一是配合国有企业改革和劳动制度改革。1986—1993年是我国失业保险制度的形成和初步运行时期。1993年4月，国务院发布了《国有企业职工待业保险规定》，这一规定的发布和实施标志着我国失业保险制度进入了正常运行时期。

1999年1月22日，朱镕基总理发布了国务院第11次常务会议通过的《失业保险条例》（以下简称《条例》）。《条例》吸取了我国失业保险制度建立和发展的实践经验，借鉴了国外有益做法，在许多方面作了重大调整，体现了社会主义市场经济对失业保险制度的要求，体现了失业保险制度服务改革和稳定大局的精神，为形成具有中国特色的、基本完善的失业保险制度打下了坚实基础。

1999 年，各级劳动保障部门围绕贯彻落实《条例》，做了大量艰苦细致的工作。在制度建设上，为配合《失业保险条例》和《社会保险费征缴暂行条例》的贯彻实施，人力资源与社会保障部于 3 月 20 日下发了《关于贯彻两个条例扩大社会保险覆盖范围加强基金征缴工作的通知》（劳社部发［1999］10 号）。为推动事业单位参加失业保险工作，人力资源与社会保障部、财政部和人事部于 8 月 31 日联合下发了《关于事业单位参加失业保险有关问题的通知》（劳社部发［1999］29 号），就缴费所需资金的列支渠道和管理体制等问题作出了规定。为落实《条例》有关基金支出项目的规定，人力资源与社会保障部和财政部于 8 月 31 日联合下发了《关于调整失业保险基金支出项目有关问题的通知》（劳社部发［1999］28 号）。各省、自治区、直辖市在制定地方性法规、规章和规范性文件方面也取得了明显进展。

2000 年 10 月 10 日《失业保险金申领发放办法》，保证失业人员及时获得失业保险金及其他失业保险待遇。鉴于各地失业保险基金结余不断增加，在 2006 年，国家出台了扩大东南沿海七省市失业保险基金支出范围的规定，即《关于适当扩大事业保险基金支出范围试点有关问题的通知》，以充分发挥失业保险制度促进再就业的功能。2011 年 7 月《中华人民共和国社会保险法》颁布实施，新增加了领取失业金人员缴纳医疗保险的新规定。我国从“十一五”中期开始了启动修订《失业保险条例》的前期工作。在 2013 年把修订条例列入当年的人社部（即人力资源和社会保障部，后同）重点工作，并多次派调研组赴各省市调研。2015 年初，李克强总理提出降低失业保险费率，由原来的 3%降至 2%，这些失业保险制度的部分完善都使现行《失业保险条例》的修订迫在眉睫。根据《国务院办公厅关于印发国务院 2017 年立法工作计划的通知》，为贯彻落实“十三五”规划、推进供给侧结构性改革等方面的重大决策部署，对党中央、国务院确定的立法项目，要根据改革进程和改革方案，抓紧办理，尽快完成起草和审查任务。这类项目中包括由人力资源社会保障部起草的《失业保险条例（修订）》。

近年来，我国经济发展中的一个重要特点是，在经济增速换挡的同时，就业保持总体稳定。2012—2016 年，我国国内生产总值增速分别为 7.9%、7.8%、7.3%、6.9%、6.7%，31 个大城市城镇调查失业率基本稳定在 5.1% 左右；城镇新增就业连续 4 年保持在1 300万人以上，城镇登记失业率稳定在

4.0%~4.1%的区间。2016年4月13日，国务院总理李克强主持召开国务院常务会议，将失业保险总费率由现行的2%阶段性降至1%~1.5%，其中个人费率不超过0.5%。2017年3月，经国务院同意，人力资源社会保障部、财政部联合印发《关于阶段性降低失业保险费率有关问题的通知》。通知要求，自2017年1月1日起，失业保险总费率为1.5%的省（区、市），可以将总费率降至1%，降低费率的期限执行至2018年4月30日。总体看，这次降低费率是在确保基金运行平稳的基础上作出的决策，能够平衡好降成本与保发放之间的关系，不会影响到失业保险金的发放和逐步提高。

二、失业保险基金的构成

依据相关法律规定，失业保险基金由下列各项构成：城镇企业事业单位、城镇企业事业单位职工缴纳的失业保险费；失业保险基金的利息；财政补贴；依法纳入失业保险基金的其他资金。

失业保险基金是社会保险基金中的一种专项基金。其特点有：一是强制性。即国家以法律规定的形式，向规定范围内的用人单位、个人征缴社会保险费。缴费义务人必须履行缴费义务，否则构成违法行为，承担相应的法律责任。也就是说，哪些单位、哪些人员要缴费，如何缴费都是由国家规定的，单位或个人没有选择的自由。二是无偿性。即国家征收社会保险费后，不需要偿还，也不需要向缴费义务人支付任何代价。三是固定性。即国家根据社会保险事业的需要，事先规定社会保险费的缴费对象、缴费基数和缴费比例。固定性还体现在社会保险基金的使用上，实行专款专用。

失业保险费是失业保险基金的主要来源。因此，城镇企事业单位及其职工应当按照规定，及时、足额缴纳失业保险费，以保证基金的支付能力，切实保障失业人员基本生活和促进再就业所需资金支出。发展失业保险事业是国家的一项重要职责，一方面政府要组织好失业保险费的征缴和管理工作，另一方面在失业保险费不能满足需要时，也有责任通过财政补贴的形式保证基金支出的需要。征缴的失业保险费按规定存入银行或购买国债，取得的利息收入并入基金，这是保证基金不贬值的重要措施。其他资金是指按规定加收的滞纳金及应当纳入失业保险基金的其他资金。罚款不在此列。

三、失业保险的给付条件

能享受失业保险待遇的，必须是我国《失业保险条例》适用的人员。在用人单位及劳动者已按规定缴纳了保险费之后，如果劳动者失业就可以享受规定的待遇。

（一）《失业保险条例》的适用范围

我国目前失业保险包括城镇企业事业失业人员，其中城镇企业失业人员包括国有企业、城镇企业、外商投资企业、城镇私营企业以及其他城镇企业的失业人员，以及省级人民政府规定的享受失业保险待遇的其他职工。

（二）保险费的缴纳

根据《失业保险条例》的规定，城镇企业事业单位按照本单位工资总额的2%缴纳失业保险费；城镇企业事业单位的职工按照本人工资的1%缴纳失业保险费。2015 年初，李克强总理提出降低失业保险费率，由原来的3%降至2%。2016 年 4 月 13 日，国务院总理李克强 4 月 13 日主持召开国务院常务会议，将失业保险总费率由现行的2%阶段性降至1%~1. 5%，其中个人费率不超过0. 5%。2017 年 3 月，经国务院同意，人力资源社会保障部、财政部联合印发《关于阶段性降低失业保险费率有关问题的通知》。通知要求，自 2017 年 1 月 1 日起，失业保险总费率为 1. 5%的省（区、市），可以将总费率降至1%，降低费率的期限执行至2018 年 4 月 30 日。在省（区、市）行政区域内，单位及个人的费率应当统一，个人费率不得超过单位费率。

（三）失业人员的范围

“失业人员”依我国《失业保险条例》规定只限定为，在法定劳动年龄内有劳动能力的就业转失业的人员。

根据有关规定，我国目前的法定劳动年龄是 16~60 岁，体育、文艺和特种工艺单位按照国家规定履行审批程序后可以招用未满 16 周岁的未成年人。对企业中男性年满 60 周岁、女性年满 50 周岁的职工和机关事业单位中男性年满 60 周岁、女性年满 55 周岁的职工实行退休制度，对从事有毒、有害工作和符合条件的患病、因工致残职工可以降低退休年龄。

所谓有劳动能力，是指失业人员具有从事正常社会劳动的行为能力。在法定劳动年龄内的人员，若不具备相应的劳动能力，也不能视为失业人员，如精神病人、完全伤残不能从事任何社会性劳动的人员等。

目前无工作并以某种方式寻找工作，是指失业人员有工作要求，但受客观因素的制约尚未实现就业。对那些目前虽无工作，但没有工作要求的人不能视为失业人员。这部分人自愿放弃就业权利，已经退出了劳动力的队伍，不属于劳动力，也就不存在失业问题。

四、失业保险待遇

在我国，失业人员在满足非因本人意愿中断就业；已办理失业登记，并有求职要求；按照规定参加失业保险，所在单位和本人已按照规定履行缴费义务满1年等三个条件后，方可享受失业保险待遇，待遇内容主要包括失业保险金、患病就医的医疗补助金，死亡的一次性丧葬补助金，抚恤金，职业培训、指导及就业服务减免费用等。

（一）失业保险金

失业保险金由失业保险经办机构按月发放，即：失业保险经办机构按照规定支付给符合条件的失业人员的基本生活费用。失业保险金的标准，按照低于当地最低工资标准、高于城市居民最低生活保障标准的原则，由省、自治区、直辖市人民政府确定。失业职工领取失业救济金的期限，根据失业职工失业前在企业连续工作的时间确定：失业人员失业前所在单位和本人按照规定累计缴费时间满1年不足5年的，领取期限最长为12个月；累计缴费时间满5年不足10年的，领取期限最长为18个月；累计缴费时间10年以上的，领取期限最长为24个月。重新就业后，再次失业的缴费时间重新计算。再次失业领取失业保险金的期限可以与前次失业应领取而尚未领取的失业保险金的期限合并计算，但是最长不得超过24个月。

（二）医疗补助金

失业人员在领取失业保险金期间患病就医的，可以按照规定向经办机构申请领取医疗补助金。

（三）一次性丧葬补助及抚恤金

失业人员在领取失业保险金期间死亡的，其家属可持失业人员死亡证明、领取人身份证明、与失业人员的关系证明，按规定向经办机构领取一次性丧葬补助金和其供养配偶、直系亲属的抚恤金。失业人员当月尚未领取的失业保险金可由其家属一并领取。

（四）职业培训指导及就业服务减免费用

失业人员在领取失业保险金期间，应积极求职，接受职业指导和职业培训。

失业人员在领取失业保险金期间求职时，可以按规定享受就业服务减免费用等优惠政策。失业人员在领取失业保险金期间或期满后，符合享受当地城市居民最低生活保障条件的，可以按照规定申请享受城市居民最低生活保障待遇。

失业保险金以及医疗补助金、丧葬补助金、抚恤金、职业培训和职业介绍补贴等失业保险待遇的标准按照各省、自治区、直辖市人民政府的有关规定执行。

（五）不得享有失业保险待遇的情况

失业保险待遇在失业人员有下列情况之一时丧失：

（1）重新就业的；

（2）应征服兵役的；

（3）移居境外的；

（4）享受基本养老保险待遇的；

（5）被判刑或者被劳动教养的；

（6）无正当理由，拒不接受当地人民政府指定的部门或者机构介绍的工作的；

（7）有法律、行政法规规定的其他情形的。

五、失业登记与再就业

（一）失业登记

用人单位应自与职工终止或解除劳动关系之日起7个有效工作日之内，将职工本人的档案、终止或解除劳动关系的证明、失业登记表等有关材料连同失业保险费缴纳证送至受理本单位失业保险业务的经办机构。逾期未送造成的损失由单位承担。属于已婚育龄妇女，所在单位还应在转移档案之前将其计划生育管理关系转移到本人所在居委会，并将居委会出具的接收管理证明装入本人档案。

经办机构要依法对用人单位和职工缴纳失业保险费、失业原因、档案材料、育龄妇女计划生育管理关系转移等情况进行审核认定，对符合失业条件的，初步核定领取失业保险金的期限，签发失业证，并开具失业人员参加职业指导通知书。失业证和通知书由单位在职业指导日之前发到职工本人手中，并由本人在通知书回执上签字，然后由单位将回执退回经办机构。

农村转移劳动者在城镇常住并处于无业状态的，可在城镇常住地进行失业登记。公共就业服务机构要为其提供均等化公共就业服务和普惠性就业政策，并逐步使外来劳动者与当地户籍人口享有同等的就业扶持政策。对在农村常住并处于无地无业状态的劳动者，有条件的地区可探索为其在农村常住地进行失业登记，并提供相应的就业服务和政策扶持。

（二）职业指导

失业人员按照规定的时间持失业证和通知书参加由经办机构统一组织的职业指导。通知书由工作人员加盖“已参加职业指导”印记后由本人保存，作为领取失业保险金存折的凭证之一。

职业指导每期半天。主要内容是：介绍就业政策、就业形势以及用人信息；宣传失业保险的有关政策；宣讲职业培训的有关规定及定点培训基地与专业。职业指导期间，失业人员填写失业人员再就业意向登记表。职业指导结束后，经办机构为填报了失业人员再就业意向登记表且符合领取失业保险金条件的人员落实首次领取的失业保险金，并办理银行发放存折。失业人员应于失业保险金发放日持失业证、通知书、本人身份证和印章到指定地点领取失业保险金银行发放存折。

（三）落实再就业意向

职业指导结束一周内，失业人员应当按照填报的再就业意向办理相关手续。一周结束后，经办机构为落实了再就业意向的失业人员落实第二次领取的失业保险金。因单位未通知到或因特殊情况不能按期参加职业指导的，失业人员必须向经办机构说明情况，并提供有效证明，经办机构认可后参加下一期就业指导。凡接到通知书但无故不参加职业指导的，或虽参加职业指导但不按规定填报再就业意向的，或已填报了再就业意向但尚未在规定期限予以落实的，视为放弃失业保险待遇。

六、失业保险制度的功能

一项制度的功能指的是该制度对整个社会经济运行和发展所起的作用。失业保险制度主要有以下功能：

（一）维持劳动力资源的生产和再生产

根据失业保险制度的具体规定，各种类型的失业者都可以在或长或短的时间内领取一定量的失业保险金，从而使失业者及其供养的人口的生活得到保障，并为解决就业问题提供一定的缓冲时间。这样就可以使暂时处于闲置状态的劳动力及其供养的人口不会因为家庭主要劳动力的失业而停止其自身能力的生产和再生产。

（二）为劳动者既有能力的充分发挥提供条件

因为有了失业保险制度，劳动者在寻找新的就业岗位时就有了经济保障，免除了后顾之忧，使其可以尽可能地寻找与自己的能力、兴趣相符合的劳动岗位。这将有助于充分发挥劳动者的能力和潜能，也有助于从整体上提高经济效率。

（三）为提高劳动力素质提供必要条件

在科技迅速发展的时代，劳动者失业的一个重要原因就是劳动者的素质、能力不符合经济发展的客观要求，跟不上经济结构的发展变化。失业保险金的提供，使失业者在失业期间有机会提高自己的能力、素质和技术水平。如果再有其他的就业促进措施相配合，将更加有助于劳动力素质的提高。

（四）有助于提高经济活动效率

失业保险制度能够维持劳动力资源的生产和再生产，有助于劳动者既有能力的充分发挥和劳动力素质的提高，在宏观层次上有助于提高经济活动效率。此外，由于有了失业保险制度，减轻了企业向外排放冗员的社会经济压力，也有助于提高经济资源配置的合理性，有助于提高经济活动效率。

（五）有利于社会经济的稳定运行和发展

由于失业保险金的筹集和发放具有逆经济循环的作用，因而减轻了经济波动的剧烈程度。失业保险制度为失业者提供了必要的经济保障，一方面避免了失业者因完全失去经济收入铤而走险，成为犯罪分子，有助于社会稳定；另一方面，由于失业保险金的发放，在经济衰退时期维持了一定量的消费需求，因而也有助于经济的恢复和发展，又有助于社会的稳定。

（六）避免了社会排斥

就业不仅是现代社会大多数人获得经济收入的主要手段，也是人们参与社会经济生活的主要途径。如果没有失业保险制度，仅仅靠失业者个人在失业期间维持自己和家人的生活，同时寻找新的工作，特别是在结构性失业严重，需要通过行业或地区间的流动重新就业的情况下，仅仅靠失业者个人是非常困难的。如果这样，失业者就很难重新就业，并且会因为长期失业而被迫退出社会经济生活的主流。失业保险制度的存在，可以避免此类现象的发生，从而也就避免了社会排斥。2016 年共为 76 万名劳动合同期满未续订或提前解除劳动合同的农民合同制工人支付了一次性生活补助。

（七）预防失业、促进就业

党中央、国务院对发挥失业保险功能和作用高度重视。党的十八大报告提出增强失业保险促进就业的作用。党的十八届三中全会提出增强失业保险制度预防失业、促进就业功能。2014 年，人力资源社会保障部、财政部、发展和改革委员会、工业和信息化部联合印发了《关于失业保险支持企业稳定岗位有关问题的通知》，允许对采取有效措施不裁员、少裁员，稳定就业岗位实施兼并重组企业、化解产能严重过剩企业和淘汰落后产能企业，由失业保险基金给予稳岗补贴。2015 年国务院印发了《关于进一步做好新形势下就业创业工作的意见》，将稳岗政策实施范围由钢铁煤炭煤电企业扩大为所有依法参保缴费的企业。为使更多的企业能够享受稳岗补贴政策，进一步激励企业承担稳定就业的社会责任，此次中央进一步降低了稳岗补贴门槛，提高了稳岗补贴标准.2016 年共向 46 万户企业发放稳岗补贴 259 亿元，惠及职工4 833万人。2016 年政府工作报告明确要求“用好失业保险基金结余，增加稳就业资金规模”。为进一步发挥失业保险基金促就业的功能，激励参保职工提升技能水平，从根本上增强其稳定就业能力，中央此次明确了可以从失业保险基金中列支参保职工技能提升补贴。2017 年下发的《国务院关于做好当前和今后一段时期就业创业工作的意见》规定：依法参加失业保险 3 年以上、当年取得职业资格证书或职业技能等级证书的企业职工，可申请参保职工技能提升补贴，所需资金按规定从失业保险基金中列支。为贯彻落实党中央、国务院要求，人力资源与社会保障部会同财政部共同制定了《关于失业保险支持参保职工提升职业技能有关问题的通知》，明确了申领条件、审核程序、补贴标准、资金使用以及监督管理等内容。这项政策是增强失业保险促进就业作用的重要举措，在失业保险功能完善上迈出了扎实一步。实施这项政策，有利于激励职工提升技能，提高就业竞争力，增强就业稳定性，缓解就业结构性矛盾，降低失业风险；有利于更加有效地发挥失业保险促就业和防失业的功能作用。2016年城镇新增就业人数1 314万人，城镇失业人员再就业人数 554 万人，就业困难人员就业人数 169 万人。年末城镇登记失业人数为 982 万人，城镇登记失业率为 4.02%。

第三节　我国失业社会保险制度的改革

一、失业保险制度的国际经验及发展趋势

失业保险制度分为强制失业保险制度、补贴性自愿失业保险制度、混合型制度以及失业救助制度四种类型（其中强制保险制度运用最普遍），国际上的失业保险制度大体特点如下：（1）在基金来源及征收比率上，一般与社会保险其他险种相同，通常由雇员和雇主平均分担，也有些国家规定全部保险费由雇主缴纳。对失业保险基金的征收比率，一些国家实行的是差别费率制度，将失业保险费（税）率与各行业失业的风险程度挂起钩来。（2）在享受待遇的人员上，一般都规定为：必须是劳动者，并且收入中止；必须达到规定的资格期限（包括就业期和受保期）；必须是非自愿性失业；必须有劳动能力又有主观就业愿望。（3）在失业补助金上，通常以周为单位支付，标准为其最近一段时期平均工资的一定百分比（40%~75%）。若失业人员已成家，除发给基本补助金外，还要对其配偶及子女加发一定的补助金。（4）在连续领取失业补助金时间上，大多数国家对此有一定限制，一般情况下为 8~36 周，在某些情况下可适当延长。有些国家根据缴费期限或参保时间决定享受期限。（5）在其他补充性津贴上，有些国家除专门规定的失业保险外，还提供失业援助或提供以失业人员家庭经济状况为条件的其他待遇作为补充。（6）在管理体制上，大多由政府部门管理。同时，失业保险与就业服务之间经常保持紧密的行政联系。有些国家已将失业保险和就业服务合并管理，目的是为促进失业人员尽快实现再就业。

但面对失业率长期居高不下的严峻形势，发达国家在过去二三十年中一直在对失业保险制度的改革问题进行探索，改革主要有两个方面：（1）调整失业保险制度，改变长期以来以提高待遇为目标的做法，缩短失业者享受失业保险的期限、降低失业救济标准，压缩失业保险基金中用于失业救济的开支，通

过降低保护水平使失业者减少依赖心理，促使他们再就业。（2）实行积极的失业保护政策，即将失业保险的工作重点转向促进充分就业，包括向失业者提供就业培训服务，对招用失业人员的企业给予财政补贴，以及实施鼓励失业人员自谋职业的创业计划等。如德国劳工局将职业介绍所、职业培训和失业保险紧密结合起来，形成配套服务体系，积极解决工人的就业问题；英国对失业保险制度进行了重大改革，将原先消极的单纯保障基本生活的失业保险制度改成旨在促使失业者积极主动找工作的求职津贴制度。

二、现行失业保险制度的主要问题

随着改革开放以来特别是近几年来国民经济的发展，我国经济结构逐步发生了较大变化。经济结构变化的直接影响之一就是就业结构的变化，这表现在就业的产业结构、所有制结构、地区结构、行业结构等方面都与以前有显著的区别；随之而来的失业结构也相应地发生了重大变化。我国加入 WTO 以后，这些变化不仅仍将存在甚至更加迅速，而且还会出现新的变化趋势，这些变化使得现行的失业保险制度显得更加不完善。因此，有必要根据我国就业结构的变化对失业保险制度进行创新。

（一）覆盖面过窄并且难以扩大

2003 年，全国参加失业保险人员大约占非农就业人员的 27.4%和城镇就业人员的 40.5%，接近 75%的非农就业人员和 60%的城镇就业人员没有参加失业保险。2004 年以后，失业保险覆盖面加快扩大，2015 年全国参加失业保险人员大约占就业人员的 22.4%和城镇就业人员的 42.8%，农民工参保率为 15.2%。2016 年全国就业人员 77 603 万人，其中城镇就业人员 41 428 万人，2016 年全国农民工总量 28 171 万人；2016年年末全国参加失业保险人数为 18 089万人，参加失业保险的农民工人数为 4 659万人，参加失业保险人数占就业人员的 23.3%，农民工参保率为 16.5%。但仍没有改变失业保险制度覆盖面过小的基本格局。另一方面，扩大失业保险覆盖面的难度相当大。目前，在正规部门就业的城镇职工除公务员外，基本上已经纳入到失业保险范围之内，扩展覆盖面的空间已经很小。就非正规就业部门的灵活就业人员来说，纳入失业保险的难度相当大，其主要原因是：灵活就业人员缺乏稳定的就业岗位和劳动关系，现行的失业保险制度难以适应其收入低、就业关系不稳定的特点。

（二）失业保险的受益率和替代率比较低

目前，我国失业保险制度的实际受益人口远远低于登记失业人员的总人口。2016 年年末全国领取失业保险金人数为 230 万人，比上年末增加 4 万人，2016 年全年共为 484 万名失业人员发放了不同期限的失业保险金，比上年增加 27 万人，而当年城镇登记失业人数为 982 万人。按照官方的 4%失业率计算，我国城镇失业人数也在1 000万人左右，但据测算，全国每年只有 200 万左右的失业人群领取到了失业保险金，相当部分失业人群并未享受到这项制度的照顾。另一方面，受失业保险基金数量限制和失业人员规模的影响，我国失业保险金和失业补偿的总体水平不高。2015 年，我国人均领取失业保险金占平均货币工资的比例为 2%。在很多城市，失业保险水平只略高于城镇居民最低生活保障线。

（三）失业保险统筹水平低，影响了全国统一劳动力市场的发展

1999 年开始实施的《失业保险条例》规定，在直辖市和设区的市实行全市统筹，其他地区的统筹层次由省、自治区人民政府规定，大部分地区实际上是地级市层次的失业保险统筹。由于统筹层次较低，基金的整体承受能力较弱，从而造成了一些地区失业保险基金严重不足，而另一些地区则存在大量结余。以城市为单元各自为政的失业保险制度，在某种程度上形成了地区之间劳动力自由流动的“社会保障壁垒”，不利于促进劳动力流动和缩小地区差距。

（四）失业保险基金规模小和结构不合理

我国按照岗位档案工资而非实际工资性收入作为缴费基数，导致相当数额的失业保险费流失。据初步估算，2003 年全国失业保险基金实际到位率不足 60%。目前的突出问题是一些国有企业欠费严重，非国有企业参保不足。截至 2003 年上半年，全国历年累计欠费达 102. 2 亿元。2016 年失业保险基金收入 1 229亿元，比上年下降 10. 2%，支出 976 亿元，比上年增长 32. 6%。另一方面，现行体制下还积累了过多的失业保险基金节余，截至 2016 年年末失业保险基金累计结余5 333亿元。也就是说，企业欠费和参保不足使相关企业员工享受不到足额的失业保险待遇，而失业保险金的过多节余却造成体系内资金闲置，这无疑限制了失业保险制度作用的发挥。失业保险金制度对于保障失业职工的基本生活发挥了重要作用。近两年，为化解产能过剩而必须对部分企业关停并转，难免使部分职工失去工作岗位，失业保险金能起到缓解失业职工生活

困难、减少社会矛盾的积极作用。但是，相比其他几项保险基金，失业保险金的总收入和总支出之间的差距较大。失业保险金收多支少，结余越来越庞大。

（五）现行失业保险制度难以适应新失业群体挑战

我国以国有、集体单位职工为主体、以户籍制度为边界、以正规就业岗位和稳定劳动关系为基础建立起来的失业保险制度，已难以适应灵活就业人员急剧增多、城市化迅速扩大、流动就业居高不下和青年人失业日益严重的现实。目前，灵活就业人员参加的主要是基本养老保险（大约为1 400多万人）和基本医疗保险（大约为 400 多万人）等险种，对参加失业保险不积极；而农民工和被征地农民难以参加失业保险制度。另外，青年失业现象也对以补助生活费为主的失业保险制度形成了挑战。现行的失业保险制度过于偏重对失业人员的生活救济，促进再就业的功能有待进一步加强，对青年人失业问题的考虑不足。

现行的失业社会保险制度存在着诸多不尽如人意的地方，本应为经济体制改革特别是搞活大中型企业充当开路先锋的失业社会保险却成为经济体制改革的瓶颈，影响了社会主义市场经济体制的建立和完善，具体表现在以下几个方面：

第一，影响了企业劳动人事制度的改革。企业劳动人事制度的改革是经济体制改革和国有企业转变经营机制的一项重要内容，无论是全员劳动合同制还是干部的聘任制都存在一个现有企业职工被辞退和推向社会的问题，只有这样，才能改变现有的机构臃肿、人浮于事、效率低下的状况。我国国有大中型企业的劳动人事制度的改革之所以未能顺利进行，其主要原因是没有建立完善的失业社会保障体系。所以，企业不敢把冗员推向社会，致使其滞留在企业中，严重地影响了企业转换经营机制的进程，影响了企业的经济效益。

第二，影响了社会的安定团结。失业社会保险制度是影响社会安定的重要因素。工人失业意味着他们将失去生计，或者说享受不到基本生活水平，这样势必影响职工的情绪。近年来职工和企业在劳动合同、辞退和开除等方面的摩擦升级。究其原因是失业保险制度不完善，如果处理不当，将会影响社会的安定和经济增长的速度。

第三，它使《企业破产法》（试行）的推行难以为继。现代社会企业破产将成为经济发展过程中不可回避的问题。1986 年，我国颁布了《企业破产法》（试行），但推行的效果不太理想。企业破产自然要造成职工失业，由于社会保障制度不健全，失业者得不到完善的保障服务，所以各级政府、各个企业对此都采取了谨慎的态度，这也是《企业破产法》（试行）至今无法全面铺开实施的直接原因。

第四，它使干部人事制度改革失去有力保障。我国干部人事制度改革的重要内容是，破除干部实际存在的职务终身制和只能升不能降，更不能辞退的现象；在干部人事制度上引进竞争机制，以增强干部的责任感和危机感；克服干部队伍中推诿扯皮，责任心不强，形式主义和官僚主义的不良作风。对于那些不能胜任工作且没有达到退休年龄者，单位应有辞退和解聘的权力。这一切也仰仗失业社会保险制度的完善，以便给那些被辞退人员以基本生活保障。这样，干部队伍庞大、机构臃肿、效率低下的现象才能得到有效的缓解。

第五，它使劳动力难以进行合理的流动。市场经济体制下的劳动就业是双向选择，这允许而且促进劳动力的流动。劳动力流动是现代经济发展的必然结果，而要进行劳动力流动，就有可能出现劳动者一段时间不能就业的现象。许多人在计划经济体制下用非所学，不能发挥专业特长但又不能流动，除了体制方面的因素外，还有一个重要的原因是由于失业社会保险制度不健全。这就要求建立完善合理的失业社会保险制度，解除劳动者流动过程中可能会出现的工作已辞，而一时又找不到合适工作的后顾之忧。

上述问题既有失业保险事业初创时期不完善之处，又有该制度内在的缺陷。因此，大力推进改革，建立完善的、有中国特色的失业保险制度，就成为我们下一步的基本任务。应从改革和完善失业保险制度和解决下岗职工的再就业两方面入手，从我国实际出发，使新建立的失业保险制度具有中国自己的特点。

三、深化我国失业保险制度的改革

（一）完善基础管理是改革失业保险制度的前提

失业保险制度改革深入进行的前提是基础管理的完善。失业保险管理的基础管理主要包括：

1. 失业保险管理体制的统一与健全

改革目前我国失业保险金的县级统筹和市级统筹分散管理的状态，建立中央、省、市、县基金管理体制，既可以加强失业保险金的统一管理，使失业保险金在各省、市、县之间的调剂和稳定职能得以有效行使，又有利于探索失业保险金保值增值的可靠途径，提高失业保险机制抵御失业风险的能力。

2. 失业保险会计制度的统一与完善

目前，失业保险会计制度处于混乱和不统一的局面，收支活动得不到真实反映和统一管理。为此，尽快按照“社会统筹与个人账户相结合”原则，制定统一的失业保险会计制度，是规范和监督失业保险收支活动的基础。

3. 建立科学、完整的失业保险统计指标体系

没有相关信息的收集，就没有科学的分析与预测。建立以失业人数、失业结构、失业再就业比例与结构、失业保险基金收支数量与结构、失业保险金的增值与保值比例等指标为主的统计指标体系，有利于失业保险基金现状的真实反映。

4. 建立失业保险信息监控网络系统

监督无力，将导致失业保险基金收支结构不合理、收支失控及腐败。为了使基金真正体现社会保障功能，应尽快建立信息监控网络，实现失业保险的全方位监控。

5. 完善失业保险管理的法律法规体系

当前不缴、少缴、拖欠失业保险金的现象屡屡发生，社会统筹部门往往无有效措施执行收缴职能。因此，应尽快出台相关法律法规，在《中华人民共和国社会保险法》的基础上尽快出台《再就业培训管理规定》等，为失业保险管理提供强有力的法律支持。

（二）健全失业保险管理法律法规体系是改革失业保险制度的保证

要使失业保险基金制度的建设有法可依地进行，亟待规范的失业保险的各种问题，诸如享受条件、监管机制、基金增值、支付比例和标准等问题，非人大常委会立法不可。当前应尽快出台《社会福利法》、《社会救济法》、《再就业管理规定》等法律法规，为失业保险基金的创新提供一个良好的法律环境。

（三）加强失业保险基金管理，是改革失业保险制度的核心

改革失业保险基金管理，应从以下几个方面着手：

1. 科学合理地确定失业保险目标

我们必须明确失业保险的首要目的是为了保证失业者的基本生活。鉴于国力有限，保险目标不宜定得过高。因此，可将失业保险金分成失业金和失业救济金两部分。并且具体实施不同的保险功能。

2. 适当降低保险缴费率

庞大的失业保险金不应该沉淀在银行账户里，失业保险金收得上来还应该用得出去。改变这种情况可以从多方面入手，降低费率，减轻企业和职工的负

担是一种办法，如 2015 年 3 月和 10 月，国务院先后决定适当降低失业、工伤和生育三项保险的费率。2016 年 4 月，国务院决定阶段性降低企业职工基本养老保险和失业保险费率。从目前执行情况看，降费总体效果较好。截至 2016 年底，为企业降低成本约1 350亿元，其中，企业职工基本养老保险基金减收约 200 亿元、失业保险基金减收约 900 亿元、工伤保险基金减收约 150 亿元、生育保险基金减收约 100 亿元，有效地降低了企业成本，促进了实体经济发展。2017 年 3 月，人社部、财政部联合印发《关于阶段性降低失业保险费率有关问题的通知》，决定失业保险总费率为 1.5%的省（区、市），可以将总费率降至 1%。截至 2016 年底，失业保险基金累计结余达5 235亿元，全国共有 22 个省份符合降费条件，如果全部实现降费，预计可再为企业降低成本约 234 亿。

3. 扩大失业保险的覆盖面

应尽快立法，使集体企业、股份制企业、三资企业中方职工、个体和私营企业职工也能享受失业保险，特别是灵活就业人员及在城镇务工的农民工。

4. 严格规定失业保险的享受条件，并合理确定失业保险金的待遇标准

其目的是为了控制失业保险金的支出。一般来讲，须符合以下两个条件，即以前有工作后又失去工作、以前曾交纳过一定数量的失业保险费、具有劳动能力并愿意从事劳动，这样的失业者可领取失业保险金。领取的标准可以结合劳动者年龄及工作时间的长短、社会平均储蓄水平、失业者失业前所从事行业的平均收入水平、劳动者交纳社会保障金的数量等指标，并依据保障基本生活但又不损伤在职职工生产积极性为原则综合确定，一些地方适当提高失业者的保障待遇。政府相关部门要改变工作作风，完善失业保险金的发放制度，特别是在职工失业时要及时将有关材料转至相关机构，让职工能够及时领到失业保险金，度过困难时期。当然待遇标准应与当地经济发展水平相关，对领取比率实施动态管理。

5. 规范失业保险基金会的收支结构

首先，应核算各种费用在失业保险基金中所占的比例并随实际情况变动；其次，提高中央掌握失业保险基金的比例，以加大失业保险收支的可控性；最后，设立就业和中介的专门基金，以增强失业保险基金的再就业功能。

6. 加强失业保险基金的社会化管理与监督

首先，应统一缴费比例，从而实现失业保险基金的社会化管理；其次，基金管理应采取“账现分离”管理法，即基金由财政部门管理，而账务由社会保障部门管理，财政部门在同级专业银行设立“失业保险基金财政专用账

户”，社会保障部门按月申请并领取失业保险基金，其审批和监督职能由财政部门执行。

（四）重构失业保险基金运行机制，是失业保险制度合理、规范运作的关键

当前我国失业保险基金的运作机制为：（1）收缴。由企业代理、按照职工标准工资的1%收缴失业保险基金（其中企业和个人各分担0.5%）后，一部分上缴社会统筹部门，一部分进入个人账户。（2）使用。失业保险基金主要用于：①支付各项费用，如待业保险救济金、医疗补助费、生产自救费、转业训练费、管理服务费等；②购买特种国债。

这种机制的缺陷在于：（1）各地方、各部门的收缴比率、费用组成所占比例不统一，使基金运作不规范。（2）缺乏监督机制，约束力不强。国家曾三令五申：社会保险结余资金除留足一个月支付费用外80%应用于购买国债。但实际上不仅大多数失业保险基金没有用来购买国债，而且有大量的结余资金被挪用于基建投资和证券投资，其中相当一部分难以收回。（3）缺少经营机制，绝大多数结余资金增值缓慢。失业保险金被规定仅用于购买特种国债，这种保证资金保值与增值的形式，与失业保险基金的大用量、多用途的要求不相适应。为此，应引进市场经营机制，拿出适当规模的资金，在安全原则下，加快失业保险基金的增值速度，以应对严峻的就业形势。（4）缺乏信息反馈机制，基金监控无力。目前尚未建立一套完整的失业保险基金管理信息监控系统，造成基金监控无力，例如，一方面有些失业或下岗职工在已重新就业的情况下，仍能继续领取失业救济金；另一方面，下岗职工因得不到更多的再就业培训费用的支持，使再就业道路更趋艰难。

（五）创新相关制度，优化失业保险制度改革的宏观环境

失业保险基金在深化改革过程中，与就业制度、社会保障制度、产业制度等密不可分，因此，失业保险基金制度的改革离不开相关制度的改革与完善。

1. 社会保障制度创新

我国的社会保障包括社会保险、社会救济、社会福利、优抚安置、社会互助和个人储蓄积累六大项。其中社会保险包括失业保险、医疗保险、养老保险。目前社会保障中亟待解决的问题有：（1）管理体制分散及由此引起的各地、各部门在制定社会保障政策和基金管理方面的矛盾。（2）制度不健全。如转移支付制度的缺失。因此近期有必要成立社会保障管理协调委员会，负责制定有关社会保障各项方针政策，按照“行政管理、基金运营、基金监督”

的原则，重建社会保障管理体制，尽快建立转移支付制度，促进社会分配的公平。目前，我国社会保障面临较大的资金缺口，在去产能深入推进的条件下，部分行业下岗转岗职工增加，政策托底保障的压力进一步加大。对此，要进一步加大财政投入，大力创新金融支持手段，为社会保障提供有力资金支持。

2. 就业制度创新

促进再就业是失业保险基金制度的主要功能之一，因此就业制度改革和完善与就业制度创新紧密相关。在改革过程中，我们已基本走出了“单一所有制就业”和“计划分配就业”的旧格局，形成了“用工市场化、失业显性化、就业靠法制、失业有保险”的用工制度，使劳动力资源在生产中的配置得以初步优化。但是，这对于我国当前的就业压力来讲还远远不够。如何调整社会经济关系，建立市场化的竞争择业制度，发展非歧视性劳动力市场，制定对特定地区及行业的就业扶助政策，增强劳动力的市场竞争能力，并由此探索中国应对就业压力的战略措施，是就业制度创新的基本依据和根本目的。

3. 产业制度创新

产业制度创新的根本目的是为了实现资源的再配置，从而使资源得到有效和充分的利用。劳动力作为主要的生产要素在社会经济发展中作用巨大，劳动者的失业，实质上是这种稀缺资源的闲置和浪费。为此应创新产业制度，以兼并、合并、破产等形式，优化产业结构和行业结构，并弃除老化产业，发展新兴产业，创造新的有效的就业岗位。

总之，改革失业保险制度，既是我国深化经济体制改革的要求，又是关系中国国民切身利益的大事，意义深远。因此，只有按照依法实施，失业救济与扩大就业相结合，失业救济低标准与广覆盖，国家、企业、个人共同承担失业风险，合理分摊负担等原则，深化失业制度改革，才能充分实现失业制度的保障功能、收入分配功能以及再就业功能，以保证我国市场经济体制特别是国有经济改革的顺利进行。

☞ 小结

1. 本章主要阐述了失业保险的相关问题。与就业概念相联系，失业的本质是指在一定的社会经济条件下，在劳动年龄之内，有劳动能力和劳动愿望的人没有得到以特定方式参与社会劳动从而使自己的物质需求和精神需求获得满足的最主要的社会机会。解决失业问题的主要对策之一就是失业保险。失业保险伴随着各个国家的工业化、城市化的社会发展进程，经历了一个从萌芽到制度化的制度创新和不断完善的发展过程。

2. 失业保险制度的基本要素包括：制度覆盖范围、失业保险金的筹集、领取失业保险金的条件、失业保险金的给付水平、失业保险金的给付时间等。失业保险制度具有多种目标和多项经济功能。现行失业保险制度存在一定问题，完善失业保险制度，是一项艰难而又无法推迟的改革任务，这项改革的目标与企业改革相关联，无论有多大障碍，也不得不深入推进。从这个意义上说，尽管当前阶段中国失业保险制度的改革与完善举步维艰，但因为它是中国社会经济全面改革这一宏伟系统工程中不可分割的子系统，因而必须坚决深入地进行下去。

☞重点名词

失业　充分就业　摩擦性失业　结构性失业　失业保险　失业保险制度　给付水平再就业

☞复习思考题

1. 失业的本质是什么？
2. 失业保险制度的基本要素有哪些？
3. 失业保险制度的目标和经济功能是什么？
4. 简述我国现行失业保险制度存在的问题及改革思路。

第六章

医疗社会保障

第一节　医疗社会保险概述

一、医疗社会保险的概念与特点

（一）医疗社会保险的概念

在现实社会中，人们会面临诸多风险，其中疾病风险是涉及面广、危害严重、与每个人的基本生存利益密切相关的特殊风险。因此，医疗社会保险是社会保障体系中重要的组成部分，是社会发展的需要，将在保障社会稳定和提高人类生活质量等方面发挥越来越重要的作用。

医疗社会保险，是指由国家立法，向法定范围内的人群分担由疾病危险造成的经济损失的一项社会保险制度。具体地说，就是根据国家的法律法规，以一定的方式将具有不同医疗需求的资金集中起来即建立医疗保险基金，进行再分配的一项保险制度。职工应当参加职工基本医疗保险，由用人单位和职工按照国家规定共同缴纳基本医疗保险费。无雇工的个体工商户、未在用人单位参加职工基本医疗保险的非全日制从业人员以及其他灵活就业人员可以参加职工基本医疗保险，由个人按照国家规定缴纳基本医疗保险费。

医疗社会保险是医疗社会保障的基本形式，它是医疗社会保障体系中最为重要的组成部分，是医疗社会保障体系的基石。

（二）医疗社会保险的特点

1. 互济性

医疗社会保险是通过在较大的社会范围内，广泛筹集医疗保障基金，由医疗保险经办机构统筹，以互助互济的方式向患病的被保险者提供医疗费用补偿，从而达到保护被保险者身体健康，促进社会和谐发展的目的。

2. 广泛性

由于疾病风险不仅可能来自自然因素、意外事故，生理、心理、社会、环境、生活方式等诸多因素都可导致疾病的发生，疾病是每个社会成员都难以回避的风险。因此，医疗社会保险的对象原则上应是全体公民。

3. 平等性

由于医疗社会保险服务只与被保险者的病情有关，而与其社会地位、经济收入、职业等其他因素无关。所以，对于被保险者来说，他们享受医疗保险的机会和待遇应是平等的。

4. 复杂性

与其他社会保险形式，诸如养老保险、失业保险、工伤保险、生育保险等往往仅涉及保险方与被保险方之间的关系不同，医疗社会保险涉及医、患、保三方关系，即医疗社会保险不仅涉及保险方与被保险方之间的关系，而且涉及医疗保险方与医疗服务提供者之间的关系。因此，医疗社会保险具有明显的复杂性。由于医疗社会保险制度的复杂性，国家必须为之设置相应的管理机制，建立配套的医疗机构或医药供应点。并且由于各种疾病的治疗费用可能相差极大，每一例医疗社会保险支付的金额不能确定。支出的不确定性也增大了医疗社会保险的复杂性。

5. 强制性

这是指按照法律规定，全部城镇用人单位和职工都必须参加基本医险，因此它不同于任何商业保险的自愿参加行为。医疗保险制度通常由国家立法，强制实施，建立基金制度，费用由用人单位和个人共同缴纳，医疗保险金由医疗保险机构支付，以解决劳动者因患病或受伤害带来的医疗风险。

二、医疗社会保险的发展和作用

（一）医疗社会保险的发展

医疗社会保险的产生和发展经历了较长的历史阶段。在自然经济形态下，家庭是一个生活单位，当人们遭遇到如疾病、老年、残疾、受伤等造成的经济支出时，其费用完全由家庭或家族成员来承担。进入工业化社会以后，在社会化的大机器生产的背景下，产业工人在工厂里做工，恶劣的工作条件使工人很容易感染疾病，同时工伤事故也不断发生，工人需要更多的医疗照顾。但工人的收入根本无法支付高额的医疗费用，于是一种社会化的保护体系便产生了。

从17世纪开始，逐渐产生了医疗福利的萌芽，在西欧首先出现了健康保险。18世纪末19世纪初民间保险逐渐在欧洲许多国家兴起。产业工人自发地成立一些互助组织来减轻医疗负担。“友谊社”是较典型的一种，它是由工人们自愿建立起来的，由其成员缴纳一定数额的互助金，在遇到疾病风险时就可以得到补助。但是这些保险的基金主要是由工人本人支付，而国家和企业并不参与。

到了19世纪末20世纪初，自愿的民间保险逐渐向社会保险转型。1883年，德国政府颁布了《疾病保险法》，这是世界上第一部社会保险法，标志着现代社会保险制度的诞生。该法以强制性的方式要求工资收入低于一定数额的工人必须参加医疗保险。规定对全体工业劳动者实行统一疾病保险制度，医疗保险费按工资的一定比例，由劳动者缴纳2/3，雇主缴纳1/3。对于参加保险的劳动者，患病时医疗费和药费实行免费制。从此，医疗社会保险的思想广泛传播，被许多国家采用。奥地利、捷克于1888年，比利时于1894年，挪威于1909年，英国、瑞士、爱尔兰于1911年，意大利、俄罗斯等于1912年都相继实施了医疗保险制度。1922年，日本通过了《健康保险法案》，在亚洲首先建立了医疗保险制度。

与此同时，国家医疗保险的模式也相继建立起来。由政府负责向公民提供医疗服务，并主要由国家财政负担医疗费用。1920年匈牙利首先建立了这种医疗保险体制，苏联于1935年、新西兰于1938年也分别建立了这种体制。此后，这种制度在东欧各国逐渐推广开来。

第二次世界大战之后，亚、非、拉等发展中国家也纷纷建立了医疗社会保险制度。如印度于1948年、韩国于1963年、古巴于1979年先后颁布法律，建立了医疗社会保险制度。到20世纪80年代，医疗社会保险已经发展到85个国家。

（二）医疗社会保险的作用

1. 有利于提高劳动生产率，促进生产的发展

医疗社会保险是社会进步、生产发展的必然结果。反过来，医疗社会保险制度的建立和完善又会进一步促进社会的进步和生产的发展。一方面医疗社会保险解除了劳动者的后顾之忧，使其安心工作，可以提高劳动生产率，促进生产的发展；另一方面也保证了劳动者的身心健康，保证了劳动力正常再生产。

2. 调节收入差别，体现社会公平性

医疗社会保险通过征收医疗保险费和偿付医疗保险服务费用来调节收入差

别，是政府进行收入再分配的一种重要手段。

3. 维护社会安定，促进社会文明和进步

医疗社会保险对患病的参保者给予经济上的帮助，有助于消除因疾病带来的社会不安定因素，是调整社会关系和社会矛盾的重要社会机制。同时医疗保险和社会互助共济的社会制度，通过在参保人之间分摊疾病费用风险，体现出了“一方有难，八方支援”的新型社会关系，有利于促进社会文明和进步。

三、医疗社会保险的范围

医疗社会保险的范围很广泛，包括不同地区、不同行业、不同年龄的所有的法定人员。绝大多数国家规定只要是受雇人员都可以享受医疗社会保险。但是，由于各国的经济实力和具体国情不同，其医疗社会保险所覆盖的对象也各不相同。例如，瑞典、日本、意大利、丹麦、加拿大等国，医疗社会保险的覆盖面已经达到100%；而荷兰的医疗社会保险的覆盖面仅为70%，30%的人要依靠民间医疗保险。在我国，与传统的公费医疗制度、劳保制度相比，现行的城镇职工医疗社会保险制度扩大了医疗保险的覆盖面，城镇所有用人单位及其职工，包括企业（国有企业、集体企业、外商投资企业、私营企业等）、机关、事业单位、社会团体、民办非企业单位及其职工，都成为保险的对象。但对乡镇企业及其职工，城镇个体组织业主及其从业人员是否参加基本医疗社会保险未作要求，由各省、自治区、直辖市人民政府决定。《中华人民共和国社会保险法》规定，职工应当参加职工基本医疗保险，由用人单位和职工按照国家规定共同缴纳基本医疗保险费。无雇工的个体工商户、未在用人单位参加职工基本医疗保险的非全日制从业人员以及其他灵活就业人员可以参加职工基本医疗保险，由个人按照国家规定缴纳基本医疗保险费。

四、医疗社会保险的种类

医疗社会保险制度在各国经历了百余年的发展和改革之后，形成了与各自经济形势和国情相适应的制度模式，经过总结，大致有四种类型。

（一）国家医疗保险

国家医疗保险是一种全民参与的保险，由政府直接管理医疗保险事务，国家向人民征税，将税款集中起来，统一预算，划拨给医疗卫生机构。公立医院直接向居民提供免费的医疗服务。公立医院的医务人员的工资由国家财政负担。如英国于 1946 年制定《国民健康保险法》，建立国民卫生保健制度

（NHS），对全体国民提供免费医疗服务。国民保健服务的对象为全体公民，医疗服务由与国民健康服务局签订合同的医生提供，其经费95%来源于政府拨款，5%来自服务收费等。我国在20世纪50年代初建立的公费医疗制度也属于此类型。但有所不同的是，我国的公费医疗和劳动保险制度只包括了城镇职工，而英国、加拿大、瑞典、爱尔兰等国实行的资本主义福利型全民医疗保险制度则包括了全体公民。国家医疗保险的特点是可以最大限度地满足社会成员的医疗需求。

（二）社会医疗保险

社会医疗保险是由国家立法，根据强制性的原则，由国家、企业（雇主）、个人的几方或三方共同缴纳保险费的保险模式。其医疗保险基金用于参保人员及其家庭成员的医疗保障。目前德国、法国、日本等大多数国家都采用的是这种类型的医疗社会保险类型。德国约90%的人口属于法定医疗保险范围。保险费由雇主和雇员来承担，医疗保险的费用占雇员工资的比例大约是13.5%，由雇主和雇员各自承担50%。缴费的多少与被保险人的年龄、性别和健康状况无关，享受的医疗待遇也不受缴费多少的限制。社会医疗保险的特点是，由于社会医疗保险涉及国家、企业（雇主）、个人三方面的利益，其内在的监督机制在一定程度上避免了医疗费用的虚增和医疗资源的浪费。

（三）社区合作医疗保险

社区合作医疗保险制度是在社区范围内，按照自愿的原则，广泛筹集医疗保险资金，对参保人的医疗费用提供补偿的一种保险制度，因此又称为集资医疗保险制度。我国的农村合作医疗制度就属于社区合作医疗保险的类型。它是以农民自愿参加为原则，个人、集体和政府多方筹资，以大病统筹为主的农民医疗互助互济制度。但是，社区合作医疗保险制度筹集的资金有限，覆盖的人群少，抵抗风险的能力较差。一些专家认为，社区合作医疗是解决发展中国家，尤其是发展中国家农村地区医疗服务的有效办法。

（四）个人储蓄医疗保险

个人储蓄医疗保险制度是政府强制国民在指定的金融机构建立一个个人保健储蓄账户，强制劳方或劳资双方缴费，用于支付个人及其家庭成员的医疗费用的医疗保险制度。新加坡、马来西亚、印度尼西亚等国家就是实行个人储蓄医疗保险制度的代表。新加坡于1955年开始实施中央公积金计划，其中就包括医疗保险。该制度完全实行个人储蓄的模式，由雇主和雇员每月按工资的一定比例缴纳公积金，并存入不同的账户。公积金账户由普通账户、医疗储蓄账户和特别账户三个账户组成。医疗储蓄账户的存款最高限额为 19000 新加坡元，超出限额的缴费自动转入普通账户。医疗储蓄主要用于支付雇员及其家属的医疗费用。由于基金储蓄在个人的账户上，一方面人们会有意识地减少医疗开支，从而有利于控制医疗费用的增长；但是，另一方面却无法体现互助互济的特点，收入低的人或者没有收入的人遭遇疾病风险时就可能出现没有钱治病的局面。

第二节　医疗社会保险基金的筹集和支付

一、医疗社会保险基金的筹集

医疗社会保险基金是根据国家的法律、法规，向法定或合同范围内的人群收取规定数额的保险费，用于支付参保人群按照参保条件下的全部或部分医疗费用的一种货币资金。

从各国实行医疗社会保险的历史经验来看，基金的筹集渠道往往不是单一的，而是多元化的。因为各国为了尽量扩大医疗社会保险的覆盖面，及时地支付医疗费用，保障医疗社会保险基金的正常运行，会采取各种方式筹集资金，主要有政府补贴、企业（雇主）出资、个人缴款等。同时，政府还可以通过税收减免，特别消费税、滞纳金、罚款以及医疗社会保险基金的保值、增值收入及区域调剂等其他各种收入来筹集医疗社会保险基金。下面主要介绍缴款筹集方式和政府补贴方式。

（一）医疗社会保险基金筹集的缴款方式

这是一种由国家、企业（雇主）和个人中的一方或几方缴款来负担医疗社会保险基金的方式。主要由政府全额负担或基本负担基本医疗保险费用；政府和个人共同负担医疗保险费用；政府、企业和个人三方共同负担医疗保险费用三种模式。现在世界上绝大多数国家采用的是三方共同负担医疗保险费用的方式，其具体的缴款方式，归纳起来有以下几种：

1. 按固定金额缴纳医疗社会保险

这种方式规定不论参保人的年龄、性别、收入等各方面的差异，法定范围内的参保人都必须缴纳相同金额的医疗保险费。这一方式非常简便易行，但是，由于缴款金额相同，会出现收入越高的人缴款的比例越低，收入越低的人缴款的比例越高，收入极少或没有收入的人无法缴款的现象，医疗社会保险的公平性和福利性原则便没有得到体现。

2. 按工资的一定比例缴纳医疗社会保险

这种方式又可分为按照工资以统一的比例缴款的方式和以不同的工资水平确定不同比例的累进缴款的方式。其优点在于它充分考虑到每个参保人的支付能力；其缺点是会出现工资越高的人缴纳的医疗社会保险费越高，工资越低的人缴纳的医疗社会保险费越低的现象。由于参保人享受社会医疗保险的权利是平等的，这就出现了权利和义务的不对等性。正因为如此，一些国家规定了医疗社会保险缴款额的最高限额，保证高收入者的缴款额不会超过其预期的医疗社会保险的收益额，从而保证其权利和义务的对等，但是这在公平性方面又存在问题。

3. 按收入的一定比例缴纳医疗社会保险

在很多国家，人们不仅有工资收入，还有其他很多收入，如灰色收入和黑色收入等。以收入为基础的缴款方式和以工资为基础的缴款方式，有类似的优缺点。但是，这种方式操作起来更为困难，因为许多工资以外的收入根本就无法获知和计算。

4. 按不同区域差别缴纳医疗社会保险

绝大多数国家在实行以上三种筹集医疗保险基金方式中的任何一种时，都会同时考虑到区域的问题，即同时使用按不同区域差别缴纳医疗社会保险的方式。由于各个区域的收入水平、医疗条件各有差异，按地区制定不同的征收比例，可以阻止医疗卫生资源从贫困地区向富裕地区的转移。但是这种方式不便于国家统一管理，并且要具体确定各个地区的缴款比例也是比较困难的。

（二）政府补贴

为了扩大医疗社会保险的覆盖面，实现其公平性，世界上绝大多数国家都会对其医疗保险给予补贴。补贴的形式又可以分为直接补贴和间接补贴。直接补贴的方式有弥补医疗保险基金赤字、投资医疗项目、调节医疗配置结构、对某些特殊人群（如老人和穷人等）进行医疗费用的补贴等。间接补贴主要是指税收减免，如个人的医疗社会保险缴款可以在计算个人所得税前扣除，企业为职工缴纳的医疗社会保险费可以在公司所得额中扣除等，这些保险缴款在税前所得扣除，便减少了政府的税收收入，就相当于政府拿出了同等金额的税收收入来补贴医疗社会保险基金。在认识到政府补贴能够弥补医疗社会保险基金不足，扩大人口覆盖面等优点的同时，我们还应该注意到，政府补贴也会增加政府的财政负担，一旦政府补贴成为长期性的措施，以社会筹资为主的社会医疗保险方式就会逐渐转变成为以政府补贴为主，使社会医疗保险名存实亡。《人力资源社会保障部财政部关于做好2017年城镇居民基本医疗保险工作的通知》：2017年居民医保各级财政人均补助标准在2016年基础上新增30元，平均每人每年达到450元。其中，中央财政对西部、中部地区分别按照80%、60%的比例进行补助，对东部地区各省分别按一定比例进行补助。省级财政加大对困难地区倾斜力度，进一步完善省级及以下财政分担办法。按照《国务院关于实施支持农业转移人口市民化若干财政政策的通知》要求，对持居住证参保并按相同标准缴费的按当地居民相同标准给予补助。

二、医疗社会保险费的支付

医疗社会保险费的支付，是指参保人感染疾病后，医疗社会保险机构在符合相关规章制度和给付条件的前提下，为其提供医疗服务或报销社会医疗保险费用的行为。各个国家的医疗社会保险费的支付方式都不尽相同，有多种方式，主要有以下几种：

（1）按照支付费用发生的时间先后，可分为预先支付和事后支付。

（2）按照支付费用的主体，可分为一体化支付和分离化支付。

一体化支付是指医疗社会保险机构和医疗机构合为一体，既为参保人提供医疗服务，又负责管理医疗社会保险基金的筹集和支付。

分离化支付是指医疗机构只负责为参保人提供医疗服务，社会保险机构只负责基金的筹集与支付，二者是各自独立的系统，如我国的城镇职工医疗保险制度就是分离式的。

（3）按照支付费用的依据，可分为：

①按照服务项目支付费用。它是由医疗保险机构根据医院提供的病人接受医疗服务的记录，直接向医疗机构支付费用的方式。这是运用最广泛的一种传统的支付方式。其优点是操作简便，便于管理。其缺点是这种方式可能会诱导医疗机构以过度提供医疗服务、增加服务项目、延长住院时间等方法来获取更多的费用补偿，造成卫生资源的严重浪费。

②按照住院日定额支付费用。它是以病人的住院日数与平均住院日费用的乘积来确定支付给医疗机构的费用总额。这种方式简便易行，但是医疗机构同样可以以延长病人的住院天数来获取更多的费用补偿。

③按照人头支付费用。它是以医疗机构提供服务对象的人数和规定的收费

标准，来确定总的费用额的包干方式。医疗机构提供规定范围内的医疗服务，此外医疗保险机构将不会支付其他任何费用。这种方式的优点是医疗机构的费用意识强烈，将会很好地控制医疗成本，防止医疗资源的浪费。其缺点是医疗机构可能为了降低成本而减少医疗服务，降低服务质量。

④按照病种分类支付费用。疾病国际分类法将住院病人按诊断、年龄、性别分为若干组，每组又以疾病轻重及有无并发症分为几级，对每一组不同级别分别制定相应的价格标准，医疗保险机构将按此标准来支付费用。这种方式可以促进医疗机构节约成本，缩短住院时间，减少诱导性消费。但是，由于病种的诊断存在着一定的难度，医疗机构往往会用高昂的医疗诊断手段，造成医疗资源的浪费，医疗机构还可能夸大疾病的严重性，以获取更多的收入。

⑤按照医务人员工资标准支付费用。在这种方式下，医疗服务来源于财政支持。无论医疗机构提供多少服务，产生多少成本，政府部门都将以其确定的工资标准给付医务人员报酬。其缺点是医务人员工作的积极性不高，医疗服务质量较差。

第三节　我国传统医疗社会保障制度及其弊端

医疗社会保障是解除社会成员身患疾病的后顾之忧，提高社会成员身体素质的重要社会制度，在整个社会保障体系中居于非常重要的地位。以20世纪50年代开始创立的城镇职工医疗保障制度为标志，新中国医疗社会保障制度逐步建立起来。然而，数十年来，中国医疗社会保障制度的建设走过的是一条崎岖不平之路，在取得了巨大成就的同时也面临着许多方面的问题。这一现状表明，中国的医疗社会保障制度还需要进行不断的改革。

一、我国传统的医疗社会保障制度概述

我国传统的医疗保障体系是与计划经济体制相适应的，在其发展过程中逐步形成了城乡分割、三元并立、封闭运行的基本特点。所谓城乡分割，指我国传统医疗社会保障体系由与我国城乡二元经济社会结构相适应的城乡两套医疗社会保障系统构成。所谓三元并立，指在城乡医疗社会保障两大系统内部又包含了企业职工劳保医疗、机关事业单位公费医疗以及农村合作医疗三个子系统。封闭运行是指，城乡两大系统及其三个子系统互不相关，各自独立运行。

（一）传统的公费医疗制度

我国的公费医疗始于20世纪50年代初。由于当时各方面条件的限制，公费医疗制度仅仅在部分地区和某些流行疾病的范围内重点实行。1952年，中央人民政府政务院正式颁布了《关于全国各级人民政府、党派、团体及所属事业单位的国家工作人员实施公费医疗预防的指示》，随后又批转了卫生部制定的《国家工作人员公费医疗预防实施办法》，从而确立了我国的公费医疗制度。当时国民经济已有所发展，卫生服务能力已有所提高，采取先门诊后住院，并补充以发给医药费的办法逐步实行公费医疗制度。由于实行公费医疗的单位是国家机关和事业单位，它们自身大多没有业务收入，或业务收入不能抵偿支出。所以公费医疗的经费都是由国家财政负担，由各级卫生行政部门设立的公费医疗管理机构进行管理。1964年，国务院批转卫生部、财政部文件，明确了享受公费医疗的国家工作人员，经批准到外地就医，路费可参照差旅费的规定报销，未经批准，不准报销。由于享受公费医疗的人数逐渐增加，公费医疗费用支出逐渐上升。为此政府采取了一系列的手段加以控制，1965年卫生部和财政部联合下发了《关于改进公费医疗管理问题的通知》，其中规定："享受公费医疗待遇的人员治病的门诊挂号费和出诊费改由个人缴纳，不得在公费医疗经费中报销"；1974年重新明确了享受公费医疗人员的范围；1982年规定，凡标有"健"字的药品不予报销。这些限制手段曾一度起到降低医疗费用支出的作用，但由于公费医疗制度本身的弊端及某些情况的变化，却不能完全控制医疗经费的增长过快的问题。1984年，卫生部和财政部联合发出《关于进一步加强公费医疗管理的通知》，提出要加强领导，建立健全公费医疗管理机构；建立健全各项规章制度；严格执行国家规定的公费医疗享受范围、医药费报销范围的有关规定；坚持分级分管医疗的原则，要积极慎重地改革公费医疗制度。

公费医疗的享受对象主要是各级政府、党派、人民团体及文化、教育、科研、卫生等事业单位的工作人员；国家教委核准的高等院校的在校学生（包括研究生）；二等乙级以上的残疾人；国家机关和事业单位的离退休人员。其享受的待遇是除挂号费、营养滋补药品以及整容、矫形等少数项目由个人支付费用外，其他医药费全部或大部分由公费医疗经费开支。费用支付方式是按服务项目支付门诊、住院的检查费、药品费、医疗费、手术费、床位费、计划生育手术的医药费及因工负伤、致残的医药费用等。公费医疗经费全部由国家预算拨款，由各级政府卫生行政部门设立公费医疗管理机构统筹，或由单位自行管理，个人实报实销。

总之，我国的公费医疗制度是社会主义的公益性福利制度。每个职工不论职位高低、收入多少，凡是患有疾病均能享受免费医疗。公费医疗制度虽然减轻了职工看病的经济负担，但是公费医疗经费却难以满足广大职工日益增长的医疗保健的需要。

（二）传统的劳保医疗制度

劳保医疗制度是根据1951年2月公布试行、1953年1月修订公布的《中华人民共和国劳动保险条例》建立起来的针对企业职工实施的一项医疗社会保险制度。

劳动医疗保险制度是国家以法律形式对暂时或永久丧失劳动能力的劳动者给予物质帮助的制度，是我国传统的医疗社会保险制度的一个组成部分。其享受的对象包括全民所有制的工厂、矿场、铁路、航运、基地、地质、商业、外贸、粮食、供销合作、金融、民航、石油、水利、国营农、林、牧等部门职工。此外，区、县以上的集体企业职工也可享受劳动医疗保险。其享受的待遇是企业职工患病时除非工伤患病的挂号费、出诊费等费用由个人负担外，其他项目可享受免费医疗，此外企业职工所供养的直系亲属在指定的医疗单位就诊也可享受部分免费医疗待遇。

劳动医疗保险和公费医疗的保险项目和待遇标准基本相同，但在管理体制、经费来源和开支范围上有所不同。由于实行劳保医疗制度的企业，自身都有业务收入，所以其劳保医疗经费直接来源于该企业的职工福利基金，并列入成本，由企业行政自行管理。在1953年以前，劳保医疗费用全部由企业行政负担，1953年改革为根据行业性质分别按工资总额的5%~7%提取。1969年2月财政部发文，为了便于企业统筹运用基金，要求国营企业停止提取劳动保险金，改由企业营业外列支。1969年11月，又决定中央国营企业将原来按工资总额的2.5%提取的福利费、按3%提取的奖励基金和按5.5%提取的医疗卫生费合并改为按工资总额的11%提取职工福利费。职工福利基金主要用于医疗卫生费和福利费的开支。1992年底和1993年初，财政部发布了《企业财务通则》和分行业理财的企业财务制度，规定企业按工资总额（包括副食品价格补贴和全部奖金）的14%提取职工福利费，并且规定福利费主要用于企业的卫生支出和职工的其他福利支出，企业职工福利设施费用从税后利润提取的公益金中开支，提取的职工福利费分别记入企业的成本。

值得注意的是，劳动医疗保险，名为医疗保险，但却与真正意义上的医疗社会保险有着较大差别。医疗社会保险强调被保险人的权利与义务平等关系，换言之，是要求被保险人以投保为前提享受保险待遇的。而我国传统的劳动医疗保险的经费来源是企业的职工福利基金，是具有明显福利性质的。因此，劳动医疗保险并不是医疗社会保险的一种形式，从医疗社会保障制度建设和改革的进程来看，它成为我国医疗社会保险制度建立的“前史”。

（三）农村合作医疗制度

我国的农村合作医疗制度的产生和发展有着悠久的历史。我国采用“合作制”的办法举办医药卫生事业最早可追溯到抗日战争时期。面对恶劣的战争环境，为了战胜敌人，毛泽东明确指示：“目前我们在经济上组织群众的最重要形式，就是合作社。”在党中央毛主席的倡导下，各种形式的合作社应运而生，医药合作社也正是在这种背景下诞生的。据史料记载：卫生合作社（1944 年因伤寒、回归热等传染病流行，政府应群众要求委托大众合作社管理）总社设在延安，资金由大众合作社和保健药社投资，并吸纳团体和私人股金，政府赠送药材等，是一种民办公助的医疗机构。①

20 世纪 50 年代初，中国城镇建立起以企业职工为对象的“劳保”医疗制度和以机关事业单位工作人员为对象的公费医疗制度，而广袤的农村地区并没有建立相应的医疗社会保障制度。

20 世纪 50 年代中期，我国农村出现了由集体举办的集体医疗制度，群众自发集资创办了具有公益性质的保健站和医疗站，实行互助互济。1956 年第一届全国人民代表大会第三次会议通过的《高级农业生产合作社示范章程》规定了合作社对因公负伤或因公致病的社员应负责医治，并酌量给予劳动日作为补助，这是国家首次赋予集体承担农民疾病医疗的职责。1958 年人民公社运动开始，全国农村掀起了合作医疗的第一次高潮，农村保健所、联合诊所、卫生所、公社医院、农村产院、妇幼保健站等纷纷建立起来，形成了农村合作医疗制度的雏形。

1960 年，中共中央转发卫生部的《关于农村卫生工作现场会议的报告》中指出“根据目前情况，以实行人民公社社员集体保健制度为宜”。1962 年，农村合作医疗覆盖率超过 50%。1968 年，毛主席批发了湖北长阳县乐园公社办合作医疗的经验，盛赞“合作医疗好”。同年卫生部、财政部和农业部联合

① 陕西医史博物馆．陕甘宁边区保健药社与卫生合作社研究概况．现代中医药，2007，27（5）．

下发了《农村合作医疗章程试行草案》，由此农村合作医疗得以大面积推广和普及。1975 年，中国农村合作医疗覆盖率达到 84.6%，到 20 世纪 70 年代末，农村合作医疗覆盖率达到 90%以上。

这一时期建立起来的农村合作医疗制度相对于我们当前正在逐步推进的新型农村合作医疗制度而言为旧式农村合作医疗制度，因此也被称之为传统农村合作医疗制度。

传统农村合作医疗制度是在农村社会通过集体和个人集资，向参加合作医疗的农民及其家属提供低费用的医疗保健服务的一种互助互济制度。其中医生和卫生人员的劳动报酬由合作医疗基金支付。由此可见，农村合作医疗具有医疗社会保险的性质，是医疗社会保险的初级形式。

1979 年 12 月，卫生部、农业部、财政部、国家医药管理总局、全国合作供销总社发布了《农村合作医疗章程（试行草案）》，坚持农民自愿参加、退出自由的原则，规范了各地农村基层卫生组织和合作医疗制度，改进了资金筹集办法。

20 世纪 80 年代以来，随着农村土地承包责任制的推行，加之财税体制的变迁，我国农村合作医疗制度迅速解体。农村实行土地联产承包责任制后，集体经济明显削弱，乡村公共积累下降，管理不得力，合作医疗基金筹集困难，全国大多数农村地区原有的合作医疗站成了乡村医生的私人诊所。干部重视发展农村经济，而对农民医疗保健重视不够，少数基层干部的不正之风，也影响了合作医疗的声誉，使农民对合作医疗的信任度有所下降。据统计，1985 年，在全国 10 省 45 个县，仅有 9.6%的农民参加了农村合作医疗，而自费的农民竟占到了 81%。1989 年，实行农村合作医疗的行政村占全国行政村总数的 4.8%，一些地区又出现了农民看病难、看病贵、“因病返贫”的现象。

二、传统医疗社会保障制度的弊端

传统农村合作医疗、传统的公费医疗和劳保医疗制度三元并立构成了我国传统医疗社会保障制度的基石，几十年来，对于保障城镇职工和农村居民的身体健康，减轻城镇职工和农村居民的个人和家庭负担，提高全民族的健康水平，起到了积极作用，促进了经济发展，维护了社会的稳定，在我国政治、经济和社会生活中发挥了重要作用。随着改革开放和市场经济的发展，到 20 世纪 90 年代初，由于其得以建立和发展的社会、经济前提发生了重大变化，传统医疗社会保障制度已经越来越不能适应社会发展的要求了。主要表现在以下几个方面：

（一）医疗费用增长过快

医疗费用的增长，在世界各国医疗社会保障建设过程中是一个普遍现象。如果医疗费用能够保持温和增长态势，医疗社会保障体系就可以比较从容地应对。但医疗费用增长速度过快，则会给医疗社会保障体系带来巨大的压力和强烈的改革需求。

在我国城镇医疗中，全国城镇职工医疗费用仅从1978—1997年，就增长了28倍，由27亿元增长到774亿元，年递增约19%；而同期财政收入只增长了6.6倍，年递增约11%。城镇职工医疗费用的增长速度大大超过了同期财政的增长速度，财政和企业已不堪重负。显然，医疗费用增长过快比较严重地伤害了城镇职工医疗社会保障体系，使得传统的劳保医疗和公费医疗制度难以为继。①

医疗费用增长过快同样也伤害着农村合作医疗。20世纪80年代后，农民的医疗费用不断增加。医疗费用的攀升超过了农民实际收入水平的增长幅度。1990年到2001年，农民人均纯收入由686.31元增加到2 210.34元，扣除物价因素增长了3.2倍；同期卫生部门统计的人均门诊费用和住院费用分别由10.9元和43.7元增加到79元和289元，分别增长了6.2倍和5.1倍。医疗费用的增幅是农民收入增幅的2.5倍左右。分析农村居民医疗费用上涨过快的原因我们发现，改革开放以前，农村合作医疗的优势不仅体现在农民缴费和集体补贴的费用筹集机制上，而且还反映在当时农村特殊的医疗服务提供系统方面。当时农村所谓的“三级医疗卫生网络”，即县级卫生机构、乡卫生院和村卫生室的卫生服务网络遍及全国各地农村，其中县乡两级卫生系统都能够获得国家给予的财政资助和补贴。应该说，中国的“三级医疗卫生网络”的建立和发展，曾经为中国医疗卫生事业的进步作出过巨大贡献，并曾经被世界卫生组织树立为医疗卫生服务的典型范例。可是改革开放以后，不堪重负的国家财政对“三级医疗卫生网络”的资助和补贴日益减少。于是，过去由国家提供的相当一部分医疗服务的费用不得不由农村合作医疗系统承担，这是我国医疗费用增长过快的重要原因之一，恰恰也是由于这个原因，农村合作医疗受到了非常沉重的一击，此后便迅速退出了历史舞台。

我国基本医疗保险制度自建立以来，覆盖范围不断扩大，保障水平逐步提高，在保障参保人员基本医疗需求、提高群众健康水平等方面发挥了重要作

① 吴邦国．在全国城镇职工医疗保险制度改革会议上的工作报告．1998-11-26.

用，但也面临医疗费用不合理增长、基金运行压力增大等问题，存在中长期不可持续的风险。不合理增长的医疗费用部分抵消了政府投入的效果，加重了社会和个人负担。为加强基本医疗保险基金收支预算管理，控制医疗费用不合理增长，减轻个人负担，确保基本医疗保险制度和基金可持续运行，根据《中华人民共和国预算法》、《中华人民共和国社会保险法》和国务院有关规定，2016年，我国财政部、人力资源社会保障部、国家卫生计生委提出了《关于加强基本医疗保险基金预算管理发挥医疗保险基金控费作用的意见》。

（二）社会覆盖面窄，管理和服务的社会化程度低

就城镇而言，公费医疗和劳保医疗制度仅覆盖机关事业单位、全民所有制企业及部分集体所有制企业职工，而外商投资企业、股份制企业、私营企业职工和个体工商户，基本没有被纳入公费医疗和劳保医疗的范围内。据统计，城镇非公有制单位的从业人员已从改革开放以前的15万人增加到1997年的3 754万人，相当于国有企业职工总数的1/3。非公有制的企业职工得不到应有的医疗保障，国有企业的职工也基本上是以企业保障为主，这样既不利于企业公平竞争，也不利于保护这些劳动者的合法权益和劳动力的合理流动。另一方面，公费、劳保医疗制度以单位自我保障为主，职工医疗费用由企业独自承担，独自管理，“企业办社会”、“单位办社会”的现象严重。在这种分散的企业自我保险体制下，缺乏社会保险的互助互济的功能，社会化程度低。同时，不同企业、行业之间职工医疗费缺乏统筹互济，职工医疗待遇苦乐不均，许多经济不发达地区和效益差的企业职工基本医疗待遇得不到保障，引发了大量的社会矛盾。

就广大农村来说，农村合作医疗制度覆盖面很广，覆盖面还曾经一度超过了90%，但这一覆盖面的物质基础是非常脆弱的。农村合作医疗制度的兴衰给我们带来的最深刻的教训是：在农村居民收入水平不高，农村集体经济实力不强的情况下，如果国家财政不能强力介入，这是农村合作医疗制度难以承受的。同时，由于各地农村合作医疗的兴办仅停留在县级统筹层次，因此各地在兴办农村合作医疗的过程中苦乐不均，社会化程度低下，使得农村合作医疗制度难以适应互助共济的特点。

传统医疗社会保障体系中，劳保医疗、公费医疗和农村合作医疗三个子系统之间的封闭运行，人为地将社会成员区分为界限分明的三大群体，违背了社会群体不断融合的社会发展趋势，同时也给医疗社会保障制度建设造成了巨大的障碍。当前医疗社会保障制度改革中，这种分明的界限仍然存在并难以去

除，其最严重的后果之一是阻碍了人员、人才流动，非常不利于经济发展。

（三）医疗保障待遇难以得到保障

在城镇，很多国有企业职工，以及部分事业单位的职工医疗费用报销越来越困难，职工基本医疗保障问题日益突出。绝大多数企业已经采取定额包干或按比例报销的办法，一些企业一年也就报销几十元钱，一些困难企业则长年无力报销职工的医疗费。

在农村，农村合作医疗待遇水平低是一个长期存在的问题。改革开放前农村合作医疗体系内的农村居民享受的名义待遇很低，但农村患者却能够实际上享受到基本医疗待遇，但改革开放以后国家逐步减少了对“三级医疗卫生网络”的财政资助和补贴，农村合作医疗待遇水平真正地变得低下起来，使得农村居民只能在名义上享受合作医疗待遇却实际上出现了“因病返贫”、“因病致贫”的现象。

（四）医疗服务的供方（医院）、需方（患者）、第三者（国家、集体或企业）之间缺乏有效的制约机制

在传统医疗社会保障体系内，病人看病，医生开药，国家、集体或企业出钱的运作机制，使得供方（医院）和需方（患者）均无费用意识，也不考虑国家、集体和企业的负担和承受能力，只强调享受权利。患者医疗消费“搭便车”“小病大养”“一人看病，全家吃药”“公费吃补药”的现象无论是在城镇还是在农村都比较严重。改革开放后，医院“以药养医”的现象严重，药费支出占医药费支出的60%左右，大大超过欧美国家15%左右的水平。有些医院为了追求自身的经济利益，有意乱用高价药，增加复诊次数，延长住院天数以增加收入，某些医院的药房中甚至出现了生活用品。

第四节　我国的医疗社会保障制度的改革

承前所述，我国传统医疗社会保障制度曾经取得过辉煌的成就，也存在着诸多问题，已经不能适应有中国特色的社会主义市场经济改革的需要。因此，从20世纪80年代开始，我国医疗社会保障制度进行了长达二十多年的改革。目前，这一改革仍在进行中。

从逻辑上说，城镇居民医疗社会保险制度改革和农村医疗保障制度改革都属于本节涉及的领域，但由于中国农村问题的特殊性，本书有意将中国农

村社会保障问题集中于第十一章，因此有关我国农村医疗社会保障制度改革的相关问题将在第十一章中论及，本节仅涉及城镇居民医疗社会保险制度改革。

一、我国医疗社会保险制度的改革历程

我国医疗保障制度自 1951 年创建以来，逐渐朝制度化、规范化的方向发展，在抵御疾病风险、救助疾病人群、促进经济发展、稳定社会心理等方面发挥了巨大的作用。但是，由于传统的公费医疗制度和劳保医疗制度的弊端逐渐暴露出来，从 20 世纪 80 年代开始，中国陆续采取了医疗社会保险制度改革的系列举措。

第一阶段（1981—1988 年）：这一时期，主要是费用控制改革。部分企业和单位为了摆脱难以承受的医疗费用，开始将医疗费用发给职工个人，节约归己，超支自理。1982 年 3 月，全国总工会、国家劳动人事部共同发出通知，制止了这种把医疗费用全部发给个人包干的做法。随后出现了将医疗费用与职工利益挂钩的办法，如超支的费用全部予以报销或按照不同的比例报销，以及把医药经费拨付给企业医院承包使用等。1983 年 9 月，劳动人事部召开部分省市医疗制度改革座谈会，进一步推动了各地医疗制度的改革。此后，医疗费用的支付与个人利益挂钩的办法得到了比较广泛的推行。1984 年 4 月，卫生部和财政部联合发文，专门针对实际存在的问题，提出了改革和加强公费医疗管理的意见，要求积极谨慎地改革公费医疗制度。全保、职工全保家属半自费、半保半自费、全自费的医疗保障权益的格局逐渐形成。可以说，1985 年以前，主要是针对需方实行医疗费用分担措施，职工需要负担少量医疗费用，增强职工个人的费用意识。1985 年以后，改革的重点转向对医院的控制，加强了对医疗服务供方的约束。如改革支付方式，将经费按享受人数和定额标准包给医院，节支留用，超支分担。制定了基本药品目录和公费医疗用药报销目录，控制药品支出，加强公费医疗和劳保医疗管理。1986 年，地方政府开始直接介入医疗制度的改革，通过社会统筹这种方式，提高医疗基金的使用效率。

第二阶段（1988—1998 年）：1988 年经有关领导批准，由卫生部牵头，有关部门参加，成立了国家医疗制度改革研讨小组，在广泛调查研究和论证的基础上起草了《职工医疗保险制度改革设想（草案）》，提出改革方向是：逐步建立适合我国国情，费用由国家、单位和个人合理负担，社会化程度较高的多形式、多层次的职工医疗保险制度。1989 年 3 月，国务院发文转批了《国

家体改委1989年经济体制改革要点》，正式确定在吉林省四平市、辽宁省丹东市、湖北省黄石市、湖南省株洲市实行医疗保险改革，在海南省和深圳市实行社会保障制度综合改革。1992年5月1日，深圳市颁布了《深圳市社会保险暂行规定》和《深圳市社会保险暂行规定医疗保险实施细则》，在全国率先对公费医疗、劳保医疗进行了全面改革，实行了全市统一的医疗社会保险。1993年11月，中共十四届三中全会通过了《中共中央关于建立社会主义市场经济体制若干问题的决定》，指出："城镇职工养老和医疗保险金由单位和个人共同负担，实行社会统筹和个人账户相结合。"国务院成立了职工医疗保障制度改革领导小组。1994年4月，国家体改委、财政部、劳动部、卫生部联合颁布了《关于职工医疗制度改革的试点意见》，确定了江西省九江市和江苏省镇江市作为职工医疗保险制度改革的试点，改革的内容主要是建立社会统筹医疗基金与个人医疗账户相结合的社会医疗保险制度。1995年海南省以地方立法的形式通过了《海南经济特区城镇从业人员医疗保险条例》，也开始进行改革探索。1996年，在总结九江和镇江改革的基础上，国务院决定扩大试点的范围，医疗保险制度改革在57个市（地区、县）实行。

第三阶段（1998—2010年）：国务院在认真总结各地医疗社会保险制度探索性改革经验的基础上，于1998年12月发布了《关于建立城镇职工基本医疗保险制度的决定》，决定在全国范围内实行城镇职工医疗社会保险制度改革，力图建立以城镇从业人员为对象的医疗社会保险制度。2007年7月，国务院发布了《国务院关于开展城镇基本医疗保险试点的指导意见》力图将基本医疗保险对象扩展到包括城镇非从业居民在内的所有城镇居民。城镇居民基本医疗保险自2007年试点2010年在全国铺开以来，取得了明显成效，制度的覆盖面逐步扩大，参保人数也稳步增长。据卫生部2010年统计年鉴和2011年中国卫生统计提要显示，城镇居民基本医疗保险制度已覆盖31个省、市、自治区，参保人数从2007年的4 291万人增加到2010年的19 472万人，参保率平均达到90%左右。2009年城乡医疗救助纳入国家基本医疗保障体系。出台城乡医疗救助四部门文件，城乡医疗救助已纳入国家基本医疗保障体系。推行"一站式"服务和医疗费即时结算的医疗救助模式。

第四阶段（2011年以来）：在《中华人民共和国社会保险法》颁布之前，尽管各种社会保险制度已实施多年，却没有一部专门的综合性法律对其加以规范。2011年7月1日正式实施的《中华人民共和国社会保险法》明确将基本医疗保险规定为五大社会保险之一；从法律制度上明确了基本医疗保险的性质和地位，统一了全国范围内五大险种的登记、缴费、享受待遇等程序和标准，对基本医疗保险制度乃至整个社会保险制度的发展具有里程碑式的作用。

近年来，我国以更加公平、更可持续为目标，深入推进社会保障制度改革，加快实施全民参保计划，社会保险覆盖范围持续扩大，其中养老保险参保人数达到8.9亿人，医疗保险参保人数超过13亿人，基本实现了全民覆盖。

2016年元月，国务院发布《关于整合城乡居民基本医疗保险制度的意见》。意见要求，落实党中央、国务院关于深化医药卫生体制改革的要求，按照全覆盖、保基本、多层次、可持续的方针，加强统筹协调与顶层设计，遵循先易后难、循序渐进的原则，从完善政策入手，推进城镇居民医保和新农合制度整合，逐步在全国范围内建立起统一的城乡居民医保制度，推动保障更加公平、管理服务更加规范、医疗资源利用更加有效，促进全民医保体系持续健康发展。2016年7月14日，人社部公布《人力资源和社会保障事业“十三五”规划纲要》，其中提出，建立统一的城乡居民基本医疗保险制度和经办运行机制，同时，将职工和城乡居民基本医疗保险政策范围内住院费用支付比例稳定在75%左右。到2017年5月底，全国24个省份对建立统一的城乡居民医保制度进行了总体规划部署或已全面实现整合，并将管理部门统一划归至人社部门，农村居民医疗服务利用水平与保障水平普遍提高。

二、城镇基本医疗保险制度的基本内容

基本医疗保障制度是社会保障体系的重要组成部分，主要包括城镇职工医疗保险制度和城镇居民医疗保险制度。城镇职工医疗保险制度是由用人单位和职工共同参加的一种社会保险。按照用人单位和职工的承受能力来确定参保人员的基本医疗保障水平。基本医疗保险实行个人账户与统筹基金相结合，保障广大参保人的基本医疗需求。城镇居民医疗保险制度（简称居民医保）是面向不属于城镇职工基本医疗保险制度覆盖范围的中小学阶段的学生（包括职业高中、中专、技校学生）、少年儿童和其他非从业城镇居民的一项保险制度。它坚持低水平起步，重点保障城镇非从业居民的大病医疗需求，其基金筹集是以家庭缴费为主，政府给予适当补助。参保居民按规定缴纳基本医疗保险费，享受相应的医疗保险待遇。

（一）基本任务和原则

医疗保险制度改革的主要任务是建立城镇基本医疗保险制度，即适应社会主义市场经济体制，根据财政、企业和个人的承受能力，建立保障职工基本医疗需求的社会医疗保险制度。基本医疗保险的水平要与社会主义初级阶段生产

力发展水平相适应；所有城镇居民都应被纳入基本医疗保险，实行属地管理；基本医疗保险费由用人单位和职工双方共同负担，城镇非从业居民以家庭为单位负担基本医疗保险费，无力负担者由国家给予适当补助；基本医疗保险基金实行社会统筹和个人账户相结合。

（二）覆盖范围和缴费办法

1. 城镇职工基本医疗保险

根据 1998 年《关于建立城镇职工基本医疗保险制度的决定》的规定，城镇所有用人单位，包括企业（国有企业、集体企业、外商投资企业、私营企业等）、机关、事业单位、社会团体、民办非企业单位及其职工，都要参加基本医疗保险。这一决定还规定，乡镇企业及其职工、城镇个体经济组织业主及其从业人员是否参加基本医疗保险，由各省、自治区、直辖市人民政府决定。从实际执行情况看，上述从业人员在全国均被纳入了各地区基本医疗保险制度发展计划，截至 2004 年，基本医疗保险覆盖范围开始延伸到城镇所有从业人员。

城镇职工基本医疗保险原则上以地级以上行政区（包括地、市、州、盟）为统筹单位，也可以县（市）为统筹单位。所有用人单位及其职工都要按照属地管理原则参加所在统筹地区的基本医疗保险，执行统一政策，实行基本医疗保险基金的统一筹集、使用和管理。铁路、电力、远洋运输等跨地区、生产流动性较大的企业及其职工，可以相对集中的方式异地参加统筹地区的基本医疗保险。基本医疗保险费由用人单位和职工共同缴纳。用人单位缴费率应控制在职工工资总额的 6%左右，职工缴费率一般为本人工资收入的 2%。随着经济发展，用人单位和职工缴费率可作相应调整。

2. 城镇居民医疗保险

2007 年《国务院关于开展城镇基本医疗保险试点的指导意见》发布后，城镇非从业人员也被纳入了基本医疗保险的发展规划，基本医疗保险的缴费方法也需要针对这部分人群进行必要的调整。在这一意见中，城镇非从业人员加入基本医疗保险体系的缴费原则被确定为以家庭为单位缴费，国家给予适当补助。它坚持低水平起步，重点保障城镇非从业居民的大病医疗需求。

（三）基本医疗保险基金筹集制度

城镇职工基本医疗保险基金由统筹基金和个人账户构成。所谓社会统筹，就是医疗社会保险基金实行统一筹集、统一管理、统一调剂、统一使用。职工基本医疗社会保险统筹基金的建立，可以实现医疗保险基金的互助互济、统筹调剂，较好地分散风险、均衡负担，有助于实现社会公平。个人账户是参保人用于储蓄个人医疗资金以支付一定范围的医疗保险费用的专门账户。职工个人缴纳的基本医疗保险费，全部记入个人账户。用人单位缴纳的基本医疗保险费分为两部分，一部分用于建立统筹基金，一部分划入个人账户。划入个人账户的比例一般为用人单位缴费的30%左右，具体比例由统筹地区根据个人账户的支付范围和职工年龄等因素确定。

统筹基金和个人账户要划定各自的支付范围，分别核算，不得互相挤占。要确定统筹基金的起付标准和最高支付限额，起付标准原则上控制在当地职工年平均工资的10%左右，最高支付限额原则上控制在当地职工年平均工资的4倍左右。起付标准以下的医疗费用，从个人账户中支付或由个人自付。起付标准以上、最高支付限额以下的医疗费用，主要从统筹基金中支付，个人也要负担一定比例。超过最高支付限额的医疗费用，可以通过商业医疗保险等途径解决。统筹基金的具体起付标准、最高支付限额以及在起付标准以上和最高支付限额以下医疗费用的个人负担比例，由统筹地区根据以收定支、收支平衡的原则确定。

城镇居民基本医疗保险以家庭缴费为主，政府给予适当补助。参保居民按规定缴纳基本医疗保险费，享受相应的医疗保险待遇，有条件的用人单位可以对职工家属参保缴费给予补助。国家对个人缴费和单位补助资金制定税收鼓励政策。

对参保居民，政府每年按不低于人均40元给予补助，其中，中央财政从2007年起每年通过专项转移支付，对中西部地区按人均20元给予补助。在此基础上，对属于低保对象的或重度残疾的学生和儿童参保所需的家庭缴费部分，政府原则上每年再按不低于人均10元给予补助，其中，中央财政对中西部地区按人均5元给予补助；对其他低保对象、丧失劳动能力的重度残疾人、低收入家庭60周岁以上的老年人等困难居民参保所需家庭缴费部分，政府每年再按不低于人均60元给予补助，其中，中央财政对中西部地区按人均30元给予补助。中央财政对东部地区参照新型农村合作医疗的补助办法给予适当补助。财政补助的具体方案由财政部门商劳动保障、民政等部门研究确定，补助经费要纳入各级政府的财政预算。

（四）基本医疗保险基金的管理和监督机制

城镇职工基本医疗保险基金纳入财政专户管理，专款专用，不得挤占挪用。社会保险经办机构负责基本医疗保险基金的筹集、管理和支付，并建立健全预决算制度、财务会计制度和内部审计制度。社会保险经办机构的事业经费不得从基金中提取，由各级财政预算解决。各级劳动保障和财政部门，要加强对基本医疗保险基金的监督管理。审计部门要定期对社会保险经办机构的基金收支情况和管理情况进行审计。统筹地区应设立由政府有关部门代表、用人单位代表、医疗机构代表、工会代表和有关专家参加的医疗保险基金监督组织，加强对基本医疗保险基金的社会监督。

城镇居民基本医疗保险基金重点用于参保居民的住院和门诊大病医疗支出，有条件的地区可以逐步试行门诊医疗费用统筹。城镇居民基本医疗保险基金的使用要坚持以收定支、收支平衡、略有结余的原则。要合理制定城镇居民基本医疗保险基金起付标准、支付比例和最高支付限额，完善支付办法，合理控制医疗费用。探索适合困难城镇非从业居民经济承受能力的医疗服务和费用支付办法，减轻他们的医疗费用负担。城镇居民基本医疗保险基金用于支付规定范围内的医疗费用，其他费用可以通过补充医疗保险、商业健康保险、医疗救助和社会慈善捐助等方式解决。

城镇居民基本医疗保险基金纳入社会保障基金财政专户统一管理，单独列账。试点城市要按照社会保险基金管理等有关规定，严格执行财务制度，加强对基本医疗保险基金的管理和监督，探索建立健全基金的风险防范和调剂机制，确保基金安全。探索建立健全由政府机构、参保居民、社会团体、医药服务机构等方面代表参加的医疗保险社会监督组织，加强对城镇居民基本医疗保险基金管理、服务、运行的监督。

（五）医疗服务体系

严格而言，医疗服务体系并不是医疗社会保险体系的一部分，而是医疗社会保险体系必不可少的配套系统。之所以将这一体系作为医疗社会保险制度的内容之一进行阐述，是因为医疗社会保险制度无法从根本上解决医疗服务水平以及医疗服务费用控制问题。因此，还需要不断建设和完善医疗服务体系，加强管理才能实现。

正是基于上述思路，人力资源与社会保障部会同卫生部、财政部等有关部门制定基本医疗服务的范围、标准和医药费用结算办法，制定国家基本医疗保险药品目录、诊疗项目、医疗服务设施标准及相应的管理办法。各省、自治区、直辖市劳动保障行政管理部门根据国家规定，会同有关部门制定本地区相应的实施标准和办法。

基本医疗保险实行定点医疗机构（包括中医医院）和定点药店管理。建立医药分开核算、分别管理的制度，形成医疗服务和药品流通的竞争机制，合理控制医药费用水平；加强医疗机构和药店的内部管理，规范医药服务行为，减员增效，降低医药成本；要规范医疗服务价格，在实行医药分开核算、分别管理，降低药品收入占医疗总收入比重的基础上，合理提高医疗技术劳务价格；要加强业务技术培训和职业道德教育，提高医药服务人员的素质和服务质量；要合理调整医疗机构布局，优化医疗卫生资源配置，积极发展社区卫生服务，将社区卫生服务中的基本医疗服务项目纳入基本医疗保险范围。

2009 年 4 月颁布的《中共中央国务院关于深化医药卫生体制改革的意见》为我国建立覆盖全民的医疗保障制度以及比较完善的医疗服务体系指出了明确的方向。该意见指出：2009—2011 年重点抓好五项改革：一是加快推进基本医疗保障制度建设；二是初步建立国家基本药物制度；三是健全基层医疗卫生服务体系；四是促进基本公共卫生服务逐步均等化；五是推进公立医院改革试点。

城镇居民基本医疗保险探索建立医疗保险专业技术标准组织和专家咨询组织，完善医疗保险服务管理专业技术标准和业务规范。根据医疗保险事业发展的需要，切实加强医疗保险管理服务机构和队伍建设。建立健全管理制度，完善运行机制，加强医疗保险信息系统建设。鼓励有条件的地区结合城镇职工基本医疗保险和新型农村合作医疗管理的实际，进一步整合基本医疗保障管理资源。

2017 年颁布的《人力资源社会保障部财政部关于做好 2017 年城镇居民基本医疗保险工作的通知》指出：根据党中央、国务院关于推进整合城乡居民基本医疗保险制度、巩固完善城乡居民大病保险、有效发挥全民医保在深化医改和建设健康中国中作用等部署要求，做好 2017 年城镇居民基本医疗保险（含人力资源社会保障部门管理的城乡居民基本医疗保险）应做到：一是提高筹资标准，增强保障能力；二是加快推进整合，促进公平可持续；三是完善大病保险，助力脱贫攻坚；四是强化管理监控，防范运行风险；五是加强宣传引导，稳定社会预期。

（六）特殊人员的医疗待遇

妥善解决特殊人员的医疗待遇：

（1）离休人员、老红军的医疗待遇不变，医疗费用按原资金渠道解决，支付确有困难的，由同级人民政府帮助解决。离休人员、老红军的医疗管理办法由省、自治区、直辖市人民政府制定。

(2) 二等乙级以上革命伤残军人的医疗待遇不变，医疗费用按原资金渠道解决，由社会保险经办机构单独列账管理。医疗费支付不足部分，由当地人民政府帮助解决。

(3) 退休人员参加基本医疗保险，个人不缴纳基本医疗保险费。对退休人员个人账户的记入金额和个人负担医疗费的比例给予适当照顾。

(4) 国家公务员在参加基本医疗保险的基础上，享受医疗补助政策。

(5) 允许特定行业的企业建立职工补充医疗保险。企业补充医疗保险费在工资总额4%以内的部分，从职工福利费中列支，福利费不足列支的部分，经同级财政部门核准后列入成本。

(6) 国有企业下岗职工的基本医疗保险费，包括单位缴费和个人缴费，均由再就业服务中心按照当地上年度职工平均工资的60%为基数缴纳。

(七) 城镇职工医疗保险跨省转移的新政策

为保证城镇职工基本医疗保险、城镇居民基本医疗保险和新型农村合作医疗参保（合）人员流动就业时能够连续参保，基本医疗保障关系能够顺畅接续，保障参保（合）人员的合法权益，根据《中共中央国务院关于深化医药卫生体制改革的意见》的要求，制定了《流动就业人员基本医疗保障关系转移接续暂行办法》（以下简称《暂行办法》），该办法于2010年7月1日实施。该办法适用于职工基本医疗保险和城镇居民基本医疗保险参保人员流动就业时跨制度、跨统筹地区转移接续基本医疗保险关系的业务经办。

基本医疗保险分为个人账户和社会统筹，用人单位和个人分别按照职工个人缴费基数的一定比例交纳医疗保险基金，交纳比例全国各地有所不同，单位缴费一般在7%~9%之间，个人缴费全国大部分地区为2%左右。《暂行办法》规定，转移个人账户资金，不转移社会统筹资金。

其中，单位缴费的绝大部分进入统筹账户，主要用于住院费用的报销；单位缴费的剩余部分和个人缴费一起构成个人账户。目前除北京等极个别省市的医保个人账户可以自由取现外，全国绝大部分地区个人账户资金实行专款专用，主要用于门诊和定点药店买药。

参保者在流动就业时，医保关系也可以附在养老保险关系上一起进行转移，根据《暂行办法》的规定，当劳动者离职之后到新城市就业，即可加入当地的城镇职工基本医疗保险。医疗保险关系的转移主要就是要将缴费年限累加起来，为退休之后享受医疗待遇作准备。

三、城镇基本医疗保险制度改革中出现的问题和不足

与传统的公费、劳保医疗制度相比，新型的城镇职工基本医疗保险制度实现了以下四个方面的转变：保障方式从单位保障向社会保险转变；保障范围从国有单位职工逐步向城镇劳动者和非从业人员转变；费用负担从单位负担向单位和个人双方负担、国家适当补助相结合的模式转变；保障责任从无限责任向基本保障转变。新的医疗保险制度是符合我国社会主义初级阶段基本国情的，它建立了合理的医疗保险基金筹措机制，实行社会统筹和个人账户相结合的制度，初步建立了医疗费用控制机制，在一定程度上抑制了医疗费用的过度增长，减轻了国家财政负担，对医疗体制改革也起到了一定的促进作用。但是，城镇基本医疗保险制度还存在以下问题：

（一）覆盖面仍然较窄

根据《关于建立城镇职工基本医疗保险制度的决定》的要求，参保人群的覆盖范围为城镇所有用人单位，包括企业、机关、事业单位、社会团体、民办非企业单位及其职工，至于乡镇企业及其职工、城镇个体经济组织业主及其从业人员是否参加，则由各省、自治区、直辖市自行决定。事实上，各省市在实施中原则上将后者均列入了医疗保险计划。人力资源和社会保障部《2016年度人力资源和社会保障事业发展统计公报》显示，截至2016年年底，年末全国参加城镇基本医疗保险人数为74 392万人，比上 年末增加7 810万人。其中，参加职工基本医疗保险人数29 532万人，比上年末增加 638 万人；参加城镇居民基本医疗保险人 数为44 860万人，比上年末增加7 171万人。在参加职工基本 医疗保险人数中，参保职工21 720万人，参保退休人员7 812万人，分别比上年末增加 358 万人和 280 万人。年末参加城镇基本医疗保险的农民工人数为4 825万人，比上年末减少 340 万人。但是由于受企业、个人的支付意愿和支付能力所限，实际参保人群覆盖面有很大的局限性，从而导致一部分人群的医疗需求毫无保障。愿意参保而且有支付能力者主要是政府机关、科研院所等事业单位的职工和效益较好的国有企业、集体企业的在职职工；而民营、三资企业的职工、个体工商户和城镇居民、城镇弱势群体（包括下岗失业人员、低收入职工、大病、重病和特殊病患者、体弱多病的退休人员）参保率很低。城镇居民基本医疗保险实施以来覆盖面有所扩大，参保率也显著提高，但实际受益率一般在 20%左右。比如山东济南市受惠率仅为 15.56%，80%以上的参保人员无法享受保障待遇。福建省有 21.83%的居民享受过医保待遇，而

78.17%的居民基本没有享受过待遇。城镇居民基本医疗保险制度重点用于参保居民的住院和门诊大病医疗支出，大部分地区未实现门诊医疗费用统筹，但生病住院的人毕竟是少数，只有少数人受益影响到制度的参保率和覆盖面。另外非从业城镇居民没有统一的界定，尤其对灵活就业人员和城市农民工及其子女这类较为特殊的群体是否纳入城镇居民基本医疗保险没有明确界定。

（二）统筹基金征缴和保持收支平衡难度很大

从近几年基本医疗保险运行情况看，由于缺少制约机制，征收措施不力，造成拖欠严重，统筹基金出现赤字现象，一些效益好的单位或者年轻人居多的企业不愿参保。在已参保的单位与企业中，存在着瞒报工资收入、拖欠缴费的问题。“统账结合”的城镇职工医疗保险制度和城镇居民的家庭账户制度在多数地区已开始实施，2016 年全年城镇基本医疗保险基金总收入13 084亿元，支出10 767亿元，分别比上年增长 16.9%和 15.6%。城镇基本 医疗保险统筹基金累计结存9 765亿元（含城镇居民基本医疗 保险基金累计结存1 993亿元），个人账户积累5 200亿元。迄今为止，多数地区尚能实现统筹基金收支平衡，但潜在问题仍然很大。

（三）制度漏洞依然存在

新制度规定中本身仍旧不能完全杜绝“搭便车”现象。依据新的医保制度，持卡人只要付相当少的一部分费用，在医生的通融下，便可在不超过统筹基金最高支付额内随意使用医药费。而医院和医生为了将更多的医保资金划进本院账户，也乐于采取这种行为。同时，由于医院没有相应的身份验证制度，一人持卡全家刷卡、一人参保全家受益、小病大医、医生给患者开大处方等现象屡屡发生。

医疗保险管理因其覆盖面广、目标人群构成复杂、管理繁杂等原因，运行中的问题也比较突出，远远不能实现对个人和机构的有效约束。为了对此进行控制，不少地方对医疗服务机构开始采取了保险费总额控制方式，虽然降低了费用超支风险，却带来了医患矛盾加剧等其他问题。

（四）控制医疗费用的难度大

医疗保险改革的总体思路是“用较少的费用为老百姓提供比较优质的服务，满足他们的基本医疗需求”。控制费用是医疗保险的根本问题，这是单纯“医保”本身无法解决的，必须依靠医疗服务提供者的努力。但是现阶段，由于国内的医疗资源配置欠合理，缺乏发达的社区医院医疗网络，在多数大城市，大医院多，建设成本高，收回成本的愿望就更强烈，造成个人疾病医疗的代价更高，医疗保险的代价也会更高。

（五）缺乏衔接措施

城镇居民基本医疗保险、城镇职工基本医疗保险、新型农村合作医疗三项医疗保险制度共同构成了覆盖我国全民的社会医疗保障制度，但各项制度分块运行，制度之间不能有效衔接，三项医保制度的职能又分别由社保、卫生、民政等部门分管，造成了参保人员无法进行正常的区域间的流动，参保人因身份变动而继续用同一账户参加其他医疗保险项目是不现实的。

☞ 小结

1. 本章阐述了医疗社会保险的概念和特点，简单介绍了医疗社会保险的起源和发展历程、医疗社会保险的作用，以及国际上的几种医疗社会保险模式。医疗社会保险基金的筹集渠道多种多样，本章重点介绍了缴费筹集和政府补贴两种方式。同时本章以不同的标准为划分依据，全面地介绍了医疗保障基金的支付方式。

2. 本章还介绍了我国传统的公费医疗、劳保医疗制度和传统的农村合作医疗制度，并对新型的城镇职工医疗保险制度和传统的农村合作医疗制度进行了全面介绍和分析。通过对本章的学习，读者可以对医疗社会保险的基本原理和实践有一个全面而系统的认识。

☞ 重点名词

医疗社会保险　医疗社会保险基金　城镇职工医疗保险　社会统筹　城镇居民医疗保险制度　农村合作医疗

☞ 复习思考题

1. 简述医疗社会保险的性质、特点与作用。
2. 国外医疗社会保险制度主要有哪几种模式？
3. 医疗社会保险基金的筹集和支付方式有哪些？

4. 与传统的公费医疗、劳保医疗相比，我国城镇职工医疗社会保险有哪些新特点？

5. 我国城镇基本医疗保险制度的内容有哪些？

第七章
养老社会保险

第一节　养老社会保险概述

一、养老社会保险的概念和特点

如何养老是人类的一个基本问题。从人类产生起，就面临着养老制度的安排问题。人类生存的自然规律表明，在不发生意外的情况下，一个人必然经过出生、成长、衰老、死亡的过程。当一个人具有劳动能力从事生产劳动的时候，不仅可以保证自身的生活需要，而且还可能为社会提供剩余产品。但是，当一个人步入老年后，就可能部分丧失劳动能力，需要他人的供养。社会养老是人类社会发展和进步的重要标志。

养老社会保险是社会保障制度的重要组成部分，是社会保险五大险种中最重要的险种之一。所谓养老社会保险（或养老保险制度）是国家和社会根据一定的法律和法规，为解决劳动者在达到国家规定的解除劳动义务的劳动年龄界限，或因年老丧失劳动能力退出劳动岗位后的基本生活而建立的一种社会保险制度。这一概念主要包含以下三层含义：

（1）养老社会保险是在法定范围内的老年人完全或基本退出社会劳动生活后才自动发生作用的。这里所说的“完全”，是以劳动者与生产资料的脱离为特征的；所谓“基本”，指的是参加生产活动已不成为其主要社会生活内容。需强调说明的是，法定的年龄界限（各国有不同的标准）才是切实可行的衡量标准。

（2）养老社会保险的目的是为保障老年人的基本生活需求，为其提供稳定可靠的生活来源。

（3）养老社会保险以社会保险为手段来达到保障的目的。养老社会保险是世界各国较普遍实行的一种社会保障制度。一般具有以下几个特点：①由国家立法，强制实行，企业单位和个人都必须参加，符合养老条件的人，可向社会保险部门领取养老金；②养老社会保险费用来源，一般由国家、单位和个人三方或单位和个人双方共同负担，并实现广泛的社会互济；③养老保险具有社会性，影响很大，享受人多且时间较长，费用支出庞大，因此，必须设置专门机构，实行现代化、专业化、社会化的统一规划和管理。

养老社会保险就其保险范围、保险水平、保险方式的不同，又可分为基本养老保险、补充养老保险和个人储蓄性养老保险。国际社会通常称之为养老保险的第一支柱 、第二支柱和第三支柱。基本养老保险是由国家立法强制实行的政府行为，全体劳动者必须参加。养老保险事务由政府设立的社会保险机构负责经办，为劳动者年老丧失劳动能力后提供基本的生活保障。补充养老保险是在国家法律、法规和政策的指导下，在企业和职工已经参加基本养老保险的前提下，由企业或单位与职工视企业经营状况，通过民主协商，自主确定保险水平，自行选择经办机构。它是一种企业行为，是基本养老保险的必要补充。个人储蓄性养老保险完全是一种个人行为，公民和劳动者均可按照自己的意愿确定是否投保以及投保的水平和选择经办的机构。

基本养老保险是社会保险的重要组成部分，属于社会保障体系的范畴。在任何国家，基本养老保险都是依法规范并以社会保险形式所体现的一种政府行为。

商业养老保险是以获得养老金为主要目的的长期人身险，它是年金保险的一种特殊形式，又称为退休金养老保险，是社会养老保险的补充。商业养老保险的被保险人，在交纳了一定的保险费以后，就可以从一定的年龄开始领取养老金。这样，尽管被保险人在退休之后收入下降，但由于有养老金的帮助，他仍然能保持退休前的生活水平。商业养老保险，如无特殊条款规定，则投保人缴纳保险费的时间间隔相等、保险费的金额相等、整个缴费期间内的利率不变且计息频率与付款频率相等。

养老保险的产生与发展，是与国家的政治、经济和社会文化紧密结合在一起的，它是社会化大生产的产物，也是社会进步的标志。目前，世界上实行养老保险制度的国家可分为三种类型，即投保资助型（也叫传统型）养老社会保险、强制储蓄型养老社会保险（也称公积金模式）和国家统筹型养老社会保险。另外，我国根据自身的具体国情，创造性地实施了“社会统筹与个人账户相结合”的基本社会养老保险改革模式，经过 5 年的探索与完善，已逐步走向成熟。随着时间的推移，这一模式必将成为在世界养老保险发展史上越来越具影响力的基本类型。

养老社会保险的特点：(1) 由国家建立或实施并由国家制定有关的规定，其中基本养老具有法律的强制性。(2) 享受对象必须是因年老而丧失劳动能力的劳动者。(3) 在养老风险发生之前，社会保险机构必须预先储存一部分基金，这笔基金及其增值部分必须用于支付退休金。(4) 为老年人提供稳定的基本生活保障，使其不受物价波动的影响并分享社会经济发展带来的成果。

二、建立养老社会保险的意义

(1) 满足退休老人的基本生活需要。劳动者进入老年阶段后，即自然丧失了劳动能力，脱离了劳动过程，因而无法通过自己的劳动获得报酬和收入，失去了生活来源，生活将发生困难。因此，需要通过建立养老保险，向退休老人提供收入保障，使他们的基本生活得到保证，使他们老有所养。

(2) 有利于改善劳动者队伍的年龄和知识结构，补充新鲜血液。人老是新陈代谢自然规律的必然结果，劳动者队伍的知识化、年轻化、专业化，是社会发展的根本保证。通过建立养老保险的制度，有利于劳动力群体的正常代际更替，老年人年老退休，新成长劳动力顺利就业，保证就业结构的合理化。只有建立了退休制度，才能明显改善劳动者队伍的年龄和知识结构，推动社会政治经济的迅速发展。

(3) 有利于解除劳动者的后顾之忧，调动劳动者的生产积极性。养老社会保险制度是在劳动者达到法定退休年龄时由社会提供生活保障的制度。而且养老保险的支付全部或部分与劳动者的收入水平相关联，往往是劳动报酬越高，养老保险金越多。养老社会保险成为调动劳动者积极性的重要手段。主要表现在两个方面：一方面，劳动者预先知道自己在年老时可以享受必需的生活保障，不会因年老不能劳动、生活无来源而陷入无法生存的困境，这就解除了劳动者的后顾之忧，可以使劳动者集中精力投入到劳动生产中去；另一方面，与劳动报酬水平相关联的养老保险金支付办法，有利于促进劳动者不断提高劳动技能及水平，争取获得较高收入，既为社会同时也为自己的老年生活积累更多的财富。

(4) 养老社会保险是实现社会安定的重要保证。任何社会的稳定发展，都需要有一个安定团结的社会环境，而社会问题的出现总是起源于经济问题，并反过来对经济产生影响。随着人口老龄化的到来，老年人口的比例越来越大，人数也越来越多，养老保险为老年人提供了必要的生活保障，这不但可以稳定老年人的生活状况和情绪，而且对在职劳动者，对其家庭以至整个社会起到稳定的作用，从而有助于创造一个安定的社会环境。养老社会保险是稳定社会秩序、巩固社会安定的重要机制。

(5) 促进社会全面发展。建立和发展养老保险事业，是衡量一个国家物质文明和精神文明进步的重要标志。一个国家的物质文明越发达，养老保险事业发展水平就越高。养老保险事业要靠一个国家雄厚的物质基础作保证，没有发达的物质文明，养老社会保险事业就很难获得发展；而养老社会保险事业的发展，体现了国家和社会对老年人的关心和照顾，是社会精神文明的重要内容，因此，养老社会保险事业高速发展，为树立良好的社会风气，促进精神文明创造了条件，从而有利于社会全面发展。此外，由于养老保险涉及面广，参与人数众多，其运作中能够筹集大量的养老保险金，能为资本市场提供巨大的资金来源，尤其是实行基金制的养老保险模式，个人账户中的资金积累以数十年计算，使得养老保险基金规模更大，为市场提供更多的资金，通过对规模资金的运营和利用，有利于国家对国民经济的宏观调控。

三、养老社会保险的原则和范围

(一) 养老社会保险的原则

1. 保障原则

养老社会保险不同于救济，而是对劳动者退休后的基本生活予以切实保障。其基本要求是使劳动者在退出劳动岗位后，生活水平不降低或不过分降低。这一原则更多地强调社会公平，应当有利于低收入人群。反映在基本养老金的替代率方面，低收入人群养老金替代率和高收入人群养老金替代率水平相等。对于高收入人群而言，要保证退休后生活水平不下降，可以依靠补充养老保险和个人储蓄性养老保险，他们一般具有参加补充养老保险和个人储蓄性养老保险的条件。

2. 保障水平要与社会生产力发展水平相适应的原则

基本养老保险应该也只能保障退休人员的基本生活。如果保障水平过低，则无法发挥保障功能；如果保障水平超过社会生产力发展水平，则在客观上造成“养懒汉”的社会效应，并诱发提前退休的内在冲动，浪费有效的劳动力资源。其结果不仅会制约生产力的发展，而且也会危及养老保险制度的正常运行。各国均需根据本国实际情况确定适当的保障水平。

3. 公平与效率相结合的原则

被保险人的待遇水平，既要体现社会公平的因素，又要体现不同人群之间的差别。养老保险制度的设计必须将这两方面的因素有机地结合起来。在实行

“普惠制”（指基本养老保险体系普遍适用全体国民）的制度中，体现公平；而在非“普惠制”的制度下，体现差别。完善的养老保险制度应该在体现社会公平的同时，强调养老保险对于促进效率的作用，以达到公平与效率兼顾、统一与差别并重的目的。

4. 权利与义务相对应的原则

这一原则是商业保险的普遍原则，目前大多数国家在养老社会保险制度中引进了这一原则。即：要求被保险人必须履行规定的义务后，才能具备享受养老社会保险待遇的权利。这些义务主要包括：其一，必须依法参加基本养老保险制度；其二，必须依法缴纳基本养老保险费（或税），并达到规定的最低缴费（或税）年限。这一原则广泛适用于保险与工资收入相关的养老保险体系，即：被保险人的缴费年限和缴费水平与其享受的养老保险待遇水平存在某种直接或间接的联系。

5. 广覆盖原则

社会保险的基本特征是运用“大数法则”，在某一社会范围内分散劳动者或社会成员的风险，从而构建一个“社会安全网”。从国际社会来看，养老社会保险的覆盖范围呈逐步扩大的趋势。社会保险的特征也决定了养老保险必须逐步覆盖社会成员的一定范围，这是社会成员应享有的权利。

6. 管理服务社会化原则

这一原则的基本要求是：其一，政府制定养老保险政策并进行监管，但不直接经办养老保险事务，而是按照政事分开的原则，委托或设立一个社会机构管理养老保险事务和基金；其二，建立独立于企业事业单位之外的基本养老保险体系，基本养老金实行社会化发放；其三，依托社区开展退休人员的管理工作。

7. 分享社会经济发展成果原则

退休人员的基本养老金必须是相对稳定的，不受原企业单位经济效益的影响。但在社会消费水平普遍提高的情况下，退休人员的实际生活水平就有可能出现相对下降。因此，应通过建立基本养老金调整机制，保证退休人员的收入水平随着社会经济的发展而不断提高，分享社会经济发展的成果。

8. 法制化原则

养老保险行为必须在法律法规的范围内进行。养老保险范围、主体、筹资方式、基金模式、待遇水平和管理方式等，必须按照法律法规加以界定。世界各国均颁布了相关法律，以规范养老保险行为。

（二）养老保险的范围

中华人民共和国成立后，当时的政务院在1951年颁布了《中华人民共和国劳动保险暂行条例》，建立了企业职工养老保险制度。1955年，国务院颁布了《国家工作人员退休处理暂行规定》，对国家机关、民主党派、人民团体和事业单位的工作人员的退休制度予以明确规定，在机关和事业单位中实行退休养老制度，其退休条件和待遇标准与企业大致相同。1956年，我国的养老社会保险扩大到商业、外贸、粮食、供销合作、金融、民航、石油、地质、水产、国营农场、造林等产业和部门，全国实行养老社会保险的职工达到2 300万人，相当于各类职工总数的94%。1958年国务院公布实施《国务院关于工人、职员退休处理的暂行规定》，适当放宽了退休条件，提高了待遇标准，我国从此建立了统一的退休制度。但我国退休制度是在100人以上的国营、公私合营和集体经济组织经营的厂矿、铁路、航运、邮电及其附属单位中实行。

1958年，国务院进一步统一了工人、职员的退休处理办法，使退休保险制度得以统一。

1978年，《国务院关于安置老弱病残干部的暂行办法》和《国务院关于工人退休、退职的暂行办法》将工人和干部区别对待，扩大了离职休养范围。随着我国改革开放政策的贯彻，“三资”企业大量涌现，为了保护这些企业中职工的利益，国务院规定，“三资”企业的中方职工应按照国家社会保险条例，享受与国营职工相同的养老社会保险待遇；城镇集体职工根据各自企业的情况，实行不同程度的保险待遇；农村地区，在有条件的地方实行由集体经济提供的养老社会保障。因此，直到20世纪90年代中期以前，我国养老社会保险制度，主要仍是在国有企业、国家机关和事业单位中实行，城镇、县以上集体企业和外商投资企业参照执行，区县以下集体企业、私营企业、城镇个体劳动者基本上还没有法定的养老保险制度。国有和集体企业中的劳动合同制工人、临时工，以及区县以下集体与私营企业和个体劳动者，没有纳入统一的基本养老保险范围。

进入20世纪90年代，国务院在总结部分省市基本养老保险制度改革的基础上，于1991年颁发了《国务院关于企业职工养老保险制度改革的决定》，提出了建立多层次的养老保险制度，基本养老保险费用由国家、企业、个人三方共同负担，基本养老保险基金实行社会统筹和部分积累的筹资模式，为扩大基本养老保险范围奠定了基础。

在对我国部分省市所进行的基本养老保险制度改革试点积累了一定经验的

基础上，1997 年 7 月 16 日国务院发布《国务院关于建立统一的企业职工基本养老保险制度的决定》，强调：基本养老保险制度要逐步扩大到城镇所有企业及其职工，城镇个体劳动者也要逐步实行基本养老保险制度，其缴费比例和待遇水平由省、自治区、直辖市人民政府参照《国务院关于建立统一的企业职工基本养老保险制度的决定》精神确定。

因此，现行城镇养老社会保险制度的覆盖范围主要是：国有企业、城镇集体企业、外商投资企业、城镇私营企业和其他城镇企业及其职工，实行企业化管理的事业单位及其职工，国家机关公务员、参照公务员制度的事业单位及其职工、不实行企业化管理的其他事业单位及其职工。此外，1998 年以后全国各省市自治区都在不断加强扩大城镇养老社会保险覆盖面的工作，这使得城镇灵活就业人员、自由职业者以及就业于城市的农民工也逐步被吸纳到城镇养老社会保险体系中来，目前这一工作仍在进行中。

在城镇养老社会保险覆盖范围不断扩大的同时，农村养老保险体系建设也日益被提上议事日程。2009 年 9 月《国务院关于开展新型农村社会养老保险试点的指导意见》决定从 2009 年起开展新型农村社会养老保险（以下简称新农保）试点工作。该指导意见力图探索建立个人缴费、集体补助、政府补贴相结合的新农保制度，实行社会统筹与个人账户相结合，与家庭养老、土地保障、社会救助等其他社会保障政策措施相配套，保障农村居民老年基本生活。2009 年试点覆盖面为全国 10%的县（市、区、旗），以后逐步扩大试点，在全国普遍实施，2020 年之前基本实现对农村适龄居民的全覆盖。这个指导意见是具有里程碑意义的纲领性文件，其重要意义在于为建立覆盖全国城乡的养老社会保险体系指明了方向。

第二节　基本养老社会保险金的筹集与支付

一、基本养老社会保险金的筹集

基本养老保险需要通过一定的渠道筹集基金，然后按照一定的原则，发放给享有养老保险权利的劳动者。养老保险必须实行基金制，在基金的分配过程中，既要使其互济程度保持在适当的范围内，又要使其所提供的保障水平维持在提供基本生活水平的程度。

基本养老保险基金的来源，涉及筹资渠道和负担主体。从目前世界上实行养老社会保险的 160 多个国家的情况看，多数国家实行国家、雇主、劳动者三方共同出资，并以企业和个人缴纳为主的原则。

我国原有的养老社会保险制度规定，养老保险金由企业和国家两方承担，个人不缴费。国务院于 1996 年 6 月 26 日颁发的《关于企业职工养老保险制度改革的决定》指出，要改变养老保险完全由国家、企业包下来的办法，实行国家、企业、个人三方共同承担，职工个人也要缴纳一定的费用的方式。各地均根据国务院的决定进行了改革，实行三方负担的办法，并按照“以收定支、略有节余，留有部分积累”的原则征集，并实行市、县或省级统筹。

当前我国养老保险基金运行总体平稳，2016 年职工基本养老保险基金总收入 3. 51 万亿元，同比增长 19. 5%，总支出 3. 19 万亿元，同比增长 23. 4%，当期结余约3 200亿元，累计结余 3. 86 万亿元。从全国总体来看，养老保险基金仍保持收大于支，基金累计结余持续增加，确保了全国职工养老保险待遇按时足额发放。

2017 年一季度，基金运行开局平稳，总体向好，一季度基金总收入9 708亿元，同比增长 25. 4%，基金支出8 085亿元，同比增长 22. 9%，基金总体继续收大于支，当期结余超过1 600亿元，累计结余突破 4 万亿元。

（一）企业缴费

按照国家现行养老保险制度规定，企业为职工缴纳的养老保险费，按本企业职工工资总额和当地政府规定的比例在税前提取。各地企业为职工缴纳的基本养老保险费率没有统一标准。如上海市按职工工资总额的 25. 5%缴纳，大连市按职工工资总额的 19%缴纳，温州市按职工工资总额的 15%缴纳。1997 年 7 月 16 日发布的《国务院关于建立统一的企业职工基本养老保险制度的决定》规定：企业缴纳基本养老保险费的比例，一般不得超过企业职工工资总额的 20%，其中一部分记入职工个人账户，归个人所有。少数地区因离退休人员较多，养老保险负担过重，确需超过 20%的应报劳动部、财政部审批。企业为职工缴纳的基本养老保险费，由企业开户银行按月代为扣缴。《中华人民共和国社会保险法》第十二条规定：用人单位应当按照国家规定的本单位职工工资总额的比例缴纳基本养老保险费，记入基本养老保险统筹基金。职工基本养老保险费不得减免。企业应按规定日期缴纳基本养老保险费，逾期未缴纳或欠缴的，除责令补缴外，按日征收应缴额 1%的滞纳金；拒不缴纳的，社会保险机构有权通过银行划拨或申请人民法院强制执行。滞纳金并入基本养老保险基金。经济困难确无缴纳基本养老保险费能力的企业，在规定的缴费期间，可申请办理基本养老保险的缓缴手续，经批准后执行。企业因破产或关停等原因无法继续履行缴纳基本养老保险义务时应按国家有关规定，在破产企业财产中，优先向社会保险机构结清欠缴的基本养老保险费和一次性拨付该企业离退休人员的离退休费用。

从2016年5月1日起，企业职工基本养老保险单位缴费比例超过20%的省（区、市），将单位缴费比例降至20%；单位缴费比例为20%且2015年底企业职工基本养老保险基金累计结余可支付月数高于9个月的省（区、市），可以阶段性将单位缴费比例降低至19%，降低费率的期限暂按两年执行。具体方案由各省（区、市）确定。

（二）职工个人缴费

个人适当缴纳基本养老保险费，有利于增强个人的保障意识。国际惯例为雇主、雇员各缴一半。按国家养老社会保险制度规定，职工个人缴纳基本养老保险费，在调整工资的基础上逐步实行，缴费标准开始时可不超过本人标准工资的3%，以后随着经济的发展和职工工资的调整再逐步提高，最终达到本人缴费工资的8%。职工个人缴纳的基本养老保险费，由企业在发放工资时代为收缴。职工工资收入超过当地职工平均工资300%的，按职工平均工资的300%作为个人缴费的基数；职工工资收入低于当地职工平均工资60%的，可按职工平均工资的60%作为个人缴费的基数。职工个人缴费的比率逐步提高，企业为职工缴纳的记入个人账户的比率要相应地逐步下降。《中国人民共和国社会保险法》规定，职工应当按照国家规定的本人工资的比例缴纳基本养老保险费，记入个人账户。无雇工的个体工商户、未在用人单位参加基本养老保险的非全日制从业人员以及其他灵活就业人员参加基本养老保险的，应当按照国家规定缴纳基本养老保险费，分别记入基本养老保险统筹基金和个人账户。

（三）国家对养老社会保险事业的支持

国家对养老社会保险事业的支持表现在：允许企业为职工缴纳的基本养老保险费在税前列支，列入成本。企业为职工缴纳的基本养老保险费在税前列支，就意味着国家减少了这部分费用的33%的所得税。国家以减税的形式对养老保险承担了一定数额的费用。同时，在基本养老保险基金不敷使用时，国家给予补助。

《中华人民共和国社会保险法》规定：国家建立基本养老金正常调整机制。根据职工平均工资增长、物价上涨情况，适时提高基本养老保险待遇水平。

国家建立和完善新型农村社会养老保险制度。新型农村社会养老保险实行个人缴费、集体补助和政府补贴相结合。

国家建立和完善城镇居民社会养老保险制度。省、自治区、直辖市人民政府根据实际情况，可以将城镇居民社会养老保险和新型农村社会养老保险合并实施。

二、养老社会保险费的征收与管理

（一）养老社会保险费的征收

我国基本养老保险费的征收方式有两种：一是由社会保险经办机构负责征收。具体程序是：银行根据社会保险经办机构开出的托收凭证将企业和职工个人缴纳的基本养老保险费从企业基本账户中划入基本养老保险基金收入户；社会保险经办机构按月将基本养老保险基金收入户资金全部划入社会保险基金财政专户。二是税务部门代征。具体程序是：社会保险经办机构向税务部门提供有关企业和职工个人缴费的基本数据；税务部门根据社会保险经办机构提供的数据，向企业开出基本养老保险费征收凭证；银行根据税务部门开出的凭证将企业和个人缴纳的基本养老保险费从企业基本账户中划入基本养老保险基金收入户；社会保险经办机构按月将基本养老保险基金收入户资金全部划入社会保障基金财政账户。

（二）养老社会保险费的管理

养老保险基金是老年人的生活来源，是社会稳定的物质保障，必须依法加强对养老保险基金的管理。养老社会保险基金实行收支两条线管理。具体做法是：社会保险经办机构在银行开设基本养老保险基金收入户，企业和职工缴纳的养老保险费由银行根据社会保险经办机构开出的托收凭证按月扣缴；划入基金收入户，只收不支，实行税务代征的地区不设基金收入户；财政部门在银行设立社会保障基金账户财政专户，接受基金收入户划入的养老基金和利息收入；并根据社会保险经办机构提出的计划向基金支出户划拨基金；社会保险经办机构在银行设立养老保险基金支出户接受财政专户划入的基金，只支不收，除留存两个月的周转金外，主要任务是支付离退休人员的基本养老金。

对基金节余的管理，除留足两个月的支付费用外，80%左右应用于购买国家发行的社会保险特种定向债券或其他种类的国家债券，任何单位和个人不得自行决定基金的其他用途。养老保险基金收益全部并入基金并免征税费。不准进行任何形式的直接和间接投资或经营活动，不准投入其他金融和经营性事业，不准从中提取任何管理费用；不准用于平衡财政预算。基本养老保险基金全部用于职工养老保险，社会保险经办机构开展业务工作所需经费，由财政部门在预算中安排。基金的征收由社会保险经办机构转由税务部门代征的，相关征收费用由省级人民政府研究确定。

企业职工基本养老保险基金实行收支两条线管理以后，社会保险主管部门、社会保险经办机构和财政部门等有关部门按照各自的职责分工，对基本养老保险基金实施管理和监督。社会保险经办机构负责编制基本养老保险基金的收支计划和决算；负责基本养老保险基金的筹集和发放工作；负责基本养老保险基金的收支会计核算工作；负责基本养老保险基金收支计划和决算草案，加强对基本养老保险基金管理情况的监督检查。财政部门负责有关财务会计制度的制定、贯彻落实及监督检查；负责社会保险基金财政账户核算工作；负责拨付社会保险经办机构经费。银行负责按照审核保险经办机构或税务部门开出的托收凭证以及财政部门审核同意的社会保险经办机构的用款计划及时划款，并加强对基本养老保险基金收支的监督。审计部门依法对企业职工养老保险基金的收入户、支出户和社会保险基金财政专户的收支结余情况进行审计，行使审计监督的职责。

三、基本养老保险待遇

养老保险待遇又可分为离休养老保险和退休养老保险两类。

1. 离休养老保险

离休又称离职休养，适用于1949年9月30日以前参加革命工作享受薪金制待遇的干部。离休年龄为：中央、国家机关的部长、副部长及相当职务的干部，正职年满65周岁，副职年满60周岁；司局级干部年满60周岁；其他干部男年满60周岁，女年满55周岁。老干部离休后基本政治待遇不变，生活待遇略为从优。老干部离休后，原工资照发，1945年9月2日以前参加革命工作的老干部，每年增发一定的生活补贴。行政8级以上的老干部离休后，不增发生活补贴。老干部离休可取得《老干部离休荣誉证》。

2. 退休养老保险

我国正在进行劳动制度改革，固定职工逐步向劳动合同制过渡，因此，固定职工退休养老保险与劳动合同制退休养老保险同时并存。

（1）固定职工的退休养老待遇。凡符合退休条件的固定职工，享受退休养老保险待遇，按照其工作年限或连续工龄领取相当于原标准工资一定比例的退休费，并继续享受公费医疗待遇。

(2) 劳动合同制工人的退休养老保险待遇。劳动合同制工人退休养老待遇包括退休费（含国家规定加发的其他补贴、补助）、医疗费和丧葬补助费、供养直系亲属抚恤费、救济费。劳动合同制工人退休后，按月发退休费，直至死亡。退休费标准根据缴纳退休养老基金年限、金额和本人工作期间平均工资收入的不同比例确定，其他费用参照国家有关规定执行。劳动合同制工人退休养老基金由劳动行政主管部门所属的社会保险专门机构管理。

（一）退休年龄

退休是一个特定的经济概念，它是指在既定的社会保障制度下，劳动者达到法定退休年龄时，国家依法解除其劳动义务，赋予其休息的权利以及领取养老保险津贴的权利。领取基本养老金的年龄条件即退休年龄。目前我国法定退休年龄为：一般劳动者男性年满 60 周岁，女性年满 55 周岁；特殊工种劳动者如：从事井下、高空、高温、特别繁重体力劳动或其他有害身体健康工作达到一定年限的，退休年龄为男性年满 55 周岁，女性年满 50 周岁；对于因病或非因工致残，由医院证明并经劳动鉴定委员会确定完全丧失劳动能力的，退休年龄为男性年满 50 周岁，女性年满 45 周岁。

（二）享受条件

我国养老保险制度规定：劳动者个人缴费年限累计满 15 年的，退休后按月发放基本养老金；参加基本养老保险的个人，达到法定退休年龄时累计缴费不足 15 年的，可以缴费至满 15 年，按月领取基本养老金；也可以转入新型农村社会养老保险或者城镇居民社会养老保险，按照国务院规定享受相应的养老保险待遇。

也就是说，享受基本养老金需要具备三个条件：一是在基本养老金覆盖范围内并且参保；二是达到了国家法定退休年龄；三是个人缴费满 15 年。只有具备以上三个条件，职工方可按月享受基本养老金。

（三）要确保退休人员的基本生活需求

老年人丧失了劳动能力，就不能通过劳动获得收入以满足自己的生活需求。这就需要通过基本养老保险金满足其基本的生活需要，并且随着社会经济的发展和人民生活水平的提高，相应地调整和提高待遇标准。基本养老保险的职能保证老年人的基本生活需要，其待遇标准要低于劳动时的收入，但又不能使其原有的生活水平下降过多。由于养老保险是终身享受的保障，因此必须保证退休者在长时间内基本生活水平不降低。

所谓基本生活需要是指平均每人每日满足基本生活需要的收入水平或满足基本生活需要的生活费用标准。老年人的生活需要应包括生存资料、生活必需品和一定的享受需要和发展需要。基本生活需要在性质上和数量上应该有两个层次：一是最低层次，即确定最低基本养老标准，满足退休人员生存的基本需要，当养老金相对低于此标准时，要将其退休金提高到此标准；二是对原有工资收入水平的替代层次，即退休后领取的退休金只相当于原工资收入的一部分，如60%，以满足原有生活需要的基本部分。对收入较高者来说，由于原工资基数较大，养老金也会较高，其中就包含了一定的个人发展需要。退休人员的基本生活需要可以通过对退休人员的实际支出的调查来确定，找到其中的规律性，或者从生理学、营养学的角度，计算和确定退休人员基本生活的项目，再根据各种项目的物价水平确定。

确定基本养老保险的待遇水平，国际上还实行工资替代率的办法。国际社会保障协会关于最低社会保障标准的公约指出：一个人缴费30年，退休后领取的养老金相当于缴费工资的40%。而国外许多国家把养老保险整体替代率确定为60%~70%，我国基本养老保险的替代率为50%，补充养老保险的替代率为20%~30%。由于在职人员退休后不再有缴纳税费的义务，且一般不再赡养其他人口，因而领取替代原工资收入70%的退休金，大体上可以保证退休后的生活水平不降低或降低幅度不大。我国原有的养老保险的替代率在80%以上，处于偏高水平。但由于过去没有补充养老保险，只依靠基本养老保险单一层次，因此基本养老保险的替代率高一些比较合理。但今后随着多层次养老保险制度的建立，应该将基本养老保险的替代率降至50%~60%。

四、养老社会保险金的支付

（一）基本养老保险金的支付标准

我国基本养老金由基本养老金和个人账户养老金两部分组成。退休时基本养老金月标准为省、自治区、直辖市上年度职工月平均工资的20%，个人账户养老金为个人账户储存额除以139。《国务院关于建立统一的企业职工养老保险制度的决定》实施前已经退休的人员，仍根据国家原来的规定发给养老金，同时执行养老金调整办法。国务院实施统一制度前参加工作，实施后退休且个人缴费和视同缴费年限满15年的人员，按照新老办法平稳衔接、待遇水平基本平衡等原则，在发给基本养老金和个人账户养老金的基础上再确定过渡性养老金。过渡性养老金从养老保险基金中解决。即：实行统一制度后，已经离退休人员仍执行原待遇标准，新参加工作的人员直接进入新制度，即“老人老办法，新人新制度”。对于“中人”，即统一制度之前参加工作、之后退休的职工，由于统一制度前工作年限没有缴费，按照新的计发办法就缺一块个人账户养老金，因此在基本养老金和个人账户养老金的基础上再加一块过渡性养老金，即对“中人”实行过渡办法。

在实际工作中，“中人”养老金的计发可采取两种方法：

方法一：设立过渡性养老金方式。即“中人”养老金的结构除基本养老金、个人账户养老金外，另设一块过渡性养老金。用公式表示：

“中人”养老金=基本养老金+个人账户养老金+过渡性养老金

其中过渡性养老金是职工未建立个人账户的年份所确定的养老金，这部分养老金是对“中人”统一制度之前的工作年限没有实行个人账户，其退休时个人账户全部储存额中没有体现这段劳动年限劳动贡献的补偿。

方法二：个人账户放大方式。即“中人”养老金由基础养老金和放大后的个人账户养老金两部分组成。用公式表示：

“中人”养老金=基本养老金+个人账户储存额×系数÷139

其中个人账户储存额的含义同前所述，系数可以是一个系数，也可以是多个系数，一般由基本系数和过渡性系数组成。基本系数是将建立账户后的储存额放大为全部工作年限，等于全部缴费年限除以建账年限；过渡系数依据工作年限长短和工资水平高低，参考本地现时水平确定，以便按统一制度计发的养老金与现行办法相衔接。

（二）养老保险金的支付方式

养老金的支付方式是指养老金通过何种途径发放到职工手中。在我国养老保险制度建立伊始，养老金是由企业负责发放，离退休人员能不能按时足额得到养老金，与所在企业有直接关系。随着企业职工养老保险制度的逐步统一和覆盖范围的扩大，养老金由企业负责发放的弊端日益暴露，实行养老金社会化发放已经成为我国养老保险制度改革的重要内容之一。

目前，养老金社会化发放主要有以下几种形式：

(1) 委托银行发放。这是各地较为普遍的一种发放方式。这种形式可以充分利用银行网点多的优势，方便广大离退休人员领取养老金。根据有关规定，现行银行代发养老金免收手续费。

（2）通过邮局寄发。各地对异地安置和居住在偏远农村的离退休人员多采用这种方式。

（3）社会保险机构直接发放。这种形式又包括两种情况：一种是只对少数高龄孤老、行动不便以及有特殊困难的离退休人员上门直接发放；另一种是采取与银行联办储蓄所等形式发放。

（4）依托社区发放。即由社会保险经办机构发放。在离退休人员居住较集中，并设有相应的管理机构和具备办公、活动场所的大中型企业，社会保险经办机构可在不增加人员编制、经费开支的情况下，与企业协商设立社会保险经办派出机构发放养老金。

（三）基本养老保险金调节机制

基本养老保险金的正常调节机制，其基本含义是每年（或定期）根据职工平均工资增长的一定比例对基本养老保险金进行调整，以使退休人员的实际生活水平不降低，并适当分享社会经济发展成果。在深化企业职工养老保险制度改革之前，退休时基本养老保险金一经确定就不再变动，受物价的影响很大，退休人员生活水平有所下降。为解决这一问题。以往国家采取定额物价生活补贴办法。从实行的结果看，虽然在一定程度上保障了退休人员的生活，稳定了社会秩序，但利少弊多：一是物价生活补贴不规范，补贴制度随意性大，而且往往滞后；二是各种补贴名目繁多，执行困难，退休人员也难以分清楚；三是平均主义倾向严重。由于各种补贴都按人头平均发放，表面上很公平，其实隐藏着很多不合理因素，最为突出的是离退休人员的养老金差距进一步缩小，一些退休时待遇较高的人员反应强烈。

从1995年开始，我国建立了基本养老金正常调整机制。基本养老金可按当地职工上一年度平均工资增长率进行调整，具体办法在国家政策指导下由省、自治区、直辖市人民政府确定。目前，基本养老金正常调整机制由各省根据本省经济发展水平、物价、职工工资增长率等因素执行。

虽然我国人口老龄化问题日益突出，未来养老基金支出压力较大，但通过中长期和当前的一系列措施，能够提升养老保险保障能力，有效化解局部风险，实现基金长期平稳运行。一是研究建立基金运行风险应对机制，积极拓展筹资渠道，强化各级政府主体责任，确保养老金按时足额发放；二是加大省内资金调剂力度，完善省级统筹制度，加强基金收支管理；三是扩大养老保险覆盖面，继续全面推进全民参保登记计划；四是提高基金保值增值能力，实施基金投资运营；五是进一步发挥养老保险“互助共济”的作用，研究提高养老保险基金统筹层次的具体措施，促进制度可持续发展。

第三节　多层次的养老保险体系

一、建立多层次养老保险体系

完善我国城镇多层次养老保险体系的具体内容包括：建立企业年金，进行补充养老，鼓励个人进行储蓄养老保障，发展商业性养老保险等，旨在重新定位国家、企业、个人在养老保障方面的责任结构。我国人口老龄化的快速发展已是不可逆转的历史趋势，计划经济体制下养老保险具有的“风险、责任过度集中和制度单一化”的制度特点导致了较高的工资替代率，前几年已经达到85%左右。据有关资料测算，20世纪80年代以来，全国退休人员保险福利费用的增长速度大大超过国民生产总值的增长速度，约为后者的3倍。在中国比较低的经济发展水平下，如果按照这种增长速度发展下去，退休费用的巨额开支将会给企业和国家财政造成不堪承受的负担。

1997年7月，国务院发布了《关于建立统一的企业职工基本养老保险办法的决定》。企业职工基本养老保险制度统一后，补充养老保险制度和个人储蓄养老制度的建立和实施就显得特别重要和迫切。因为制度统一后基本养老保险的替代率是逐渐递增上去，以分散基本养老保险责任，增强制度的灵活性和支撑强度。

我国实行基本养老保险、企业年金、个人储蓄性养老及商业人寿保险相结合的多层次的养老保障体系。多层次养老保障体系的总体目标替代水平应定位在80%左右，其中基本保险占50%~60%，补充性保险占15%~20%，个人储蓄和商业人寿保险占10%左右。

二、补充养老社会保险

补充养老保险是多层次养老保险制度中一个重要组成部分。多层次养老保险制度在20世纪初首先出现于西欧的一些工业化国家，它是国家根据不同的经济保障目标，通过各种经济保障方式的有机结合和相互补充，形成的老年经济保障制度。

各国对多层次养老保险制度在理论和实践上的界定各有不同，就其职能划分而言，绝大多数国家可以用三个层次加以描述：第一层次，是指国家举办的以收入分配为特征的养老保险计划，由国家立法强制实施，它强调社会公平为主的原则。第二层次，是指由单位建立、国家通过税收优惠等措施以鼓励支持的补充养老保险计划，强调与就业相关联的补充退休收入保障。在多层次养老保险制度中，补充养老保险作为国家基本养老保险计划的补充，发挥着重要的作用。第三层次，是指由劳动者个人或家庭，以自愿储蓄或其他方式建立的补充性退休收入保障的计划。

（一）我国建立补充养老保险的必要性

1. 合理确定养老保险水平的需要

我国目前的养老保险制度，来源和费用支出的供需矛盾非常突出。资金来源问题表现为职工和离退休人员养老保险费用供给不足；费用支出问题则表现为长期以来离退休的养老保险替代率水平居高不下。要使我国的社会保障水平逐步趋于适度，必须探索多种形式、多个层次的养老模式。建立补充养老制度，是我国养老社会保险制度面临的现实选择。

2. 分散保险责任，适应人口老龄化快速发展的需要

在长期的计划经济前提下，我国一直实行“责任过度集中和制度单一化”的养老保险制度，即：养老保险的责任过分集中于政府，企业和职工个人没有直接责任，也没有经济能力；待遇标准完全由政府直接规定，并且全国统一。这种制度的特点是：既无任何伸缩性，又要包含所有企业。由于基本养老保险替代率高，过度保障使国家的养老保险负担沉重；而效益差的企业的离退休人员，连最低生活保障都没有。造成过度保障与保障不足并存的情况，使国家经办的社会保险失去了保险的功能。

我国现阶段已经进入老龄化社会，而且是世界上老龄人口的绝对数量最大的国家。在我国的经济发展规模相对较小，水平较低的情况下为缓解退休费用的巨额开支将会给国家财政造成的沉重负担，企业补充养老保险作为解决对策应运而生，它作为多层次养老保险体系的重要组成部分将发挥重要作用。

3. 养老保险水平适应社会生产力发展水平和各方面的承受能力的需要

我国 2005 年人均 GDP 仅 1 700 美元，而发达国家平均人均 GDP 已达 20 000 美元以上。进入 20 世纪 90 年代以来，全国离退休人员保险费用的增长速度大大超过国内生产总值增长速度，势必使国家的养老保险费用负担越来越重，与社会生产力发展水平越来越不协调，以致超过国家和企业的经济负担能力。

养老社会保险制度的完善与各方面承受能力相适应。主要表现在三个方面：一是企业承受能力。养老保险基金主要来源于企业缴费，如果基本养老保

险水平确定过高，势必加大企业成本，目前我国企业的养老缴费水平已经超过国际上通常认为的占工资总额20%的预警线，一些地区甚至超过30%的极限，严重制约了企业现实的和长远的发展。二是职工个人的承受能力。按现行制度个人也要缴纳养老保险费，提高一个退休人员的待遇，意味着供养他的在职职工都要相应多拿出一些钱。如果基本养老保险水平过高，职工缴费过多，其实际工资收入将受影响。三是财政的承受能力。国家财政对企业职工的养老保险不直接供款，但规定企业和个人缴费的资金可以在税前列支。过高的保障水平造成成本加大，将导致税收减少；而且一旦社会保障基金入不敷出，国家财政还要承担最后的责任。

基于人口多、底子薄两大基本国情的制约，我国的基本养老保险水平不能攀比发达国家，甚至不能攀比一些发展中国家，只能从现阶段生产力水平的实际出发，并随着生产力的发展而逐步提高。

4. 增强企业凝聚力和吸引力，适应市场竞争的需要

在现代企业制度下，企业之间的竞争，其实质是人才的竞争。由于竞争规律优胜劣汰的作用，一部分企业会兴旺发达，一部分企业衰落甚至破产，此起彼伏，波浪式发展。对于效益好的企业，为了吸引优秀人才，增强自身的凝聚力和创造力，除了对职工在职期间给予优厚的报酬外，必然还会着眼于靠长远的吸引力来稳定所需人员，方式之一就是职工建立企业补充养老保险。我国目前已经有一些大中型企业为职工办理了补充养老保险，使得待遇的高低与企业经营状况、职工的表现及工作年限密切联系起来。这样做，有利于密切企业和职工的关系，增强企业的凝聚力，稳定职工队伍，使他们更加关心企业的命运，进而激励职工为企业多作贡献，进一步增强企业的市场竞争能力。随着我国社会主义市场经济体制的逐步完善，企业之间的竞争越来越激烈，经济效益的差距及承受力区别也会越来越大。尽管不是所有职工都能同时获得基本加补充的养老待遇，有的暂时只能获得基本生活保障，但从长远看，在企业波浪式发展过程中，通过“经济效益好时多补充，经济效益不好时少补充或暂时不补充”的运行机制，职工最终都能程度不同地获得“基本加补充”的养老待遇，从而为在市场竞争条件下长期确保离退休人员的生活水平提供物质基础。

（二）补充养老保险的形式

1. 企业补充养老保险

企业补充养老保险是指由企业根据自身经济实力，在国家规定的实施政策和实施条件下为本企业职工所建立的一种辅助性的养老保险。它居于多层次的

养老保险体系中的第二层次，由国家宏观指导、企业内部决策执行。企业补充养老保险与基本养老保险既有区别又有联系。其区别主要体现在两种养老保险的层次和功能上，其联系主要体现在两种养老保险的政策和水平相互联系、密不可分。企业补充养老保险由劳动保障部门管理，单位实行补充养老保险，应选择经劳动保障行政部门认定的机构经办。企业补充养老保险的资金筹集方式有现收现付制、部分积累制和完全积累制三种。企业补充养老保险费可由企业完全承担，或由企业和员工双方共同承担，承担比例由劳资双方协议确定。企业内部一般都设有由劳、资双方组成的董事会，负责企业补充养老保险事宜。

企业补充养老保险费用是在企业经济效益比较好的时期，从工资储备、奖励和福利基金中提取，是将激励机制注入养老保险领域，使其同其他激励方式一样起到激励本企业职工的作用。企业根据经济能力为职工建立补充养老保险并在一定程度上根据效率原则分配给职工，把企业经济效益与职工个人补充养老保险的利益紧密地联系起来，势必增强企业的吸引力和凝聚力，调动职工关心企业劳动生产率和经济效益的积极性。

企业补充养老保险，具有立法的半强制性。国家将企业补充养老保险作为养老保险制度的一个层次，既具有一定的强制性，又有一定的自主性和灵活性。国家提倡和鼓励补充养老保险，在政策办法上给予指导。企业在不具备条件时可不建立补充保险，补充保险的标准和采取什么方式建立亦不强调统一，可随企业的发展而建立、变化，也可连续或中断，不强调始终统一。企业补充养老保险的分配方案、分配水平，经办机构的选择，均由企业自主确定。

2. 职工个人储蓄性养老保险

职工个人储蓄性养老保险是我国多层次养老保险体系的一个组成部分，是由职工自愿参加、自愿选择经办机构的一种补充保险形式。由社会保险机构经办的职工个人储蓄性养老保险，由社会保险主管部门制定具体办法，职工个人根据自己的工资收入情况，按规定缴纳个人储蓄性养老保险费，记入当地社会保险机构在有关银行开设的养老保险个人账户，并应按不低于同期城乡居民储蓄存款利率计息，以提倡和鼓励职工个人参加储蓄性养老保险，所得利息记入个人账户，本息一并归职工个人所有。职工达到法定退休年龄经批准退休后，凭个人账户将储蓄性养老保险金一次总付或分次支付给本人。职工跨地区流动，个人账户的储蓄性养老保险金应随之转移。职工未到退休年龄而死亡，记入个人账户的储蓄性养老保险金应由其指定人或法定继承人继承。实行职工个人储蓄性养老保险的目的，在于扩大养老保险经费来源，多渠道筹集养老保险基金，减轻国家和企业的负担；有利于消除长期形成的保险费用完全由国家

“包下来”的观念，增强职工的自我保障意识和参与社会保险的主动性；同时也能够促进对社会保险工作实行广泛的群众监督。

（三）补充养老保险资金的来源

1995年12月29日，劳动部发布《关于建立企业补充养老保险制度的意见》(以下简称《意见》)。《意见》规定，在国家政策指导下，规模较大的企业可以单独实施，中小企业可以联合实施，也可以由行业实施。企业补充养老保险所需资金主要由企业负担，也可以由企业和个人共同负担。企业供款，可以将超过本企业工资总额的一定比例计入企业相关费用，其余部分可在企业工资储备金中列支；也可以将企业基本养老保险缴费中超过职工平均工资300%以上的部分，由社会保险经办机构返还企业作为补充养老保险供款。企业为职工提供补充养老保险供款，对有特殊重大贡献的人员，可规定较高的供款水平，还可以依据职工距离退休年龄的长短，确定不同的供款水平。补充养老保险费计入职工个人账户，退休后一次或分次领取。企业补充养老保险中的个人缴费，从个人工资收入中按一定比例的绝对额缴纳。企业补充养老保险一般采用个人账户方式。企业供款和职工个人缴费均计入职工个人账户。补充养老保险待遇按个人账户养老金储存额的多少计发。

国务院新闻办公室《关于加快发展商业养老保险的若干意见》中明确了商业养老保险在完善养老保障体系、促进养老服务业发展、服务经济提质增效升级中的作用和任务，提出了加快发展商业养老保险的支持政策及地方保障措施。要加快个人税收递延型商业养老保险产品试点的落地，商业养老保险资金运用的支持政策落地，商业养老保险如何促进养老产业发展的政策落地等。要抓好保险行业的能力建设，既要对现有精算技术进行完善，又要不断发展新的商业养老保险的精算技术。同时，要加大引进商业养老保险的专业人才，抓好商业养老保险监管的规章制度建设。《财政部 国家税务总局 保监会关于开展商业健康保险个人所得税政策试点工作的通知》中明确指出对试点地区（北京、上海、天津和重庆）个人购买符合规定的商业健康保险产品的支出，允许在当年（月）计算应纳税所得额时予以税前扣除，扣除限额为2 400元/年(200元/月)。试点地区企事业单位统一组织并为员工购买符合规定的商业健康保险产品的支出，应分别计入员工个人工资薪金，视同个人购买，按上述限额予以扣除。

2 400元/年（200元/月）的限额扣除为个人所得税法规定减除费用标准

之外的扣除。

2017 年 4 月 28 日《财政部 税务总局 保监会关于将商业健康保险个人所得税试点政策推广到全国范围实施的通知》中指出自 2017 年 7 月 1 日起，将商业健康保险个人所得税试点政策推广到全国范围实施。对象适用于适用商业健康保险税收优惠政策的纳税人，是指取得工资薪金所得、连续性劳务报酬所得的个人，以及取得个体工商户生产经营所得、对企事业单位的承包承租经营所得的个体工商户业主、个人独资企业投资者、合伙企业合伙人和承包承租经营者。

关于商业健康保险产品的规范和条件

符合规定的商业健康保险产品，是指保险公司参照个人税收优惠型健康保险产品指引框架及示范条款（见附件）开发的、符合下列条件的健康保险产品：

（1）健康保险产品采取具有保障功能并设立有最低保证收益账户的万能险方式，包含医疗保险和个人账户积累两项责任。被保险人个人账户由其所投保的保险公司负责管理维护。

（2）被保险人为 16 周岁以上、未满法定退休年龄的纳税人群。保险公司不得因被保险人既往病史拒保，并保证续保。

（3）医疗保险保障责任范围包括被保险人医保所在地基本医疗保险基金支付范围内的自付费用及部分基本医疗保险基金支付范围外的费用，费用的报销范围、比例和额度由各保险公司根据具体产品特点自行确定。

（4）同一款健康保险产品，可依据被保险人的不同情况，设置不同的保险金额，具体保险金额下限由保监会规定。

（5）健康保险产品坚持“保本微利”原则，对医疗保险部分的简单赔付率低于规定比例的，保险公司要将实际赔付率与规定比例之间的差额部分返还到被保险人的个人账户。

根据目标人群已有保障项目和保障需求的不同，符合规定的健康保险产品共有三类，分别适用于：①对公费医疗或基本医疗保险报销后个人负担的医疗费用有报销意愿的人群；②对公费医疗或基本医疗保险报销后个人负担的特定大额医疗费用有报销意愿的人群；③未参加公费医疗或基本医疗保险，对个人负担的医疗费用有报销意愿的人群。

符合上述条件的个人税收优惠型健康保险产品，保险公司应按《中华人民共和国保险法》规定程序上报保监会审批。

（四）补充养老保险的管理

1. 补充养老保险的管理监督

补充养老保险的管理监督分为两个层面。一是按照国务院规定，劳动保障部门代表政府行使对补充养老保险的管理监督职责：制定补充养老保险的规则和基本政策；制定补充养老保险经办机构资格认定标准和基金监督管理办法，认定有关机构承办补充养老保险业务的资格，并对其实施监督等。二是实行补充养老保险制度的单位，其实施方案应提交职工大会或职工代表大会讨论通过，使实施方案能够覆盖本单位绝大多数职工，使广大职工能够从补充养老保险中受益。并成立由职工代表和单位代表组成的补充养老保险理事会或监事会，其中职工代表人数不应少于半数，其职责为选择经办机构、提出调整或修改实施方案的意见、审核职工领取补充养老保险待遇的资格、监督补充养老保险方案实施情况等。

2. 补充养老保险的社会经办机构

人力资源与社会保障部应负责制定承办补充养老保险机构的资格认定标准，并负责认定承办补充养老保险机构资格的条件。为促使补充养老保险事业的健康发展，用人单位实行补充养老保险必须选择经劳动和保障部认定的机构经办。

补充养老保险经办机构可选择的主要组织形式为：行业主管部门的经办机构、大型企业的经办机构、人寿保险公司和社会保险经办机构等。

关于税收征管

（1）单位统一组织为员工购买或者单位和个人共同负担购买符合规定的商业健康保险产品，单位负担部分应当实名计入个人工资薪金明细清单，视同个人购买，并自购买产品次月起，在不超过 200 元/月的标准内按月扣除。一年内保费金额超过2 400元的部分，不得税前扣除。以后年度续保时，按上述规定执行。个人自行退保时，应及时告知扣缴单位。个人相关退保信息保险公司应及时传递给税务机关。

（2）取得工资薪金所得或连续性劳务报酬所得的个人，自行购买符合规定的商业健康保险产品的，应当及时向代扣代缴单位提供保单凭证。扣缴单位自个人提交保单凭证的次月起，在不超过 200 元/月的标准内按月扣除。一年内保费金额超过2 400元的部分，不得税前扣除。以后年度续保时，按上述规定执行。个人自行退保时，应及时告知扣缴义务人。

（3）个体工商户业主、企事业单位承包承租经营者、个人独资和合伙企业投资者自行购买符合条件的商业健康保险产品的，在不超过2 400元/年的标准内据实扣除。一年内保费金额超过2 400元的部分，不得税前扣除。以后年度续保时，按上述规定执行。

补充养老保险社会经办机构申请业务经办时，至少具备的条件：必须有补充养老保险方案、补充养老保险基金管理办法、补充养老保险基金财务制度和会计核算办法、补充养老保险管理组织及其管理制度、任职资格和管理人员，并证明近三年经营或资金管理状况良好。

3. 劳动保障部门的管理职责

劳动保障部门的职责是：政策制定、组织推动、统一指导、监督检查。所谓政策制定是要求各地劳动保障部门结合当地实际情况制定补充养老保险政策，并不是要代替企业制定具体实施方案，也不是要对企业的补充养老保险方案逐一审批，只是要求备案；组织推动和统一指导，是要求对具体的行业、企业，进行宣传、动员，推动、指导他们按照国家政策实行补充养老保险；监督检查，既包括对符合条件的单位补充养老保险进行正常监督检查，也包括对不符合条件的单位进行监督和查处。

劳动保障部门在补充养老保险工作开展中的职责包括以下几个方面：一是制定补充养老保险基本规则和基本政策；二是制定补充养老保险经办机构的资格认定标准；三是认定补充养老保险经办机构资格；四是从政策和基金两方面对补充养老保险进行监督。

4. 部门协作

商业健康保险个人所得税税前扣除政策涉及环节和部门多，各相关部门应密切配合，切实落实好商业健康保险个人所得税政策。

（1）财政、税务、保监部门要做好商业健康保险个人所得税优惠政策宣传解释，优化服务。税务、保监部门应建立信息共享机制，及时共享商业健康保险涉税信息。

（2）保险公司在销售商业健康保险产品时，要为购买健康保险的个人开具发票和保单凭证，载明产品名称及缴费金额等信息，作为个人税前扣除的凭据。保险公司要与商业健康保险信息平台保持实时对接，保证信息真实准确。

（3）扣缴单位应按照本通知及税务机关有关要求，认真落实商业健康保险个人所得税前扣除政策。

（4）保险公司或商业健康保险信息平台应向税务机关提供个人购买商业健康保险的相关信息，并配合税务机关做好相关税收征管工作。

5. 对补充养老保险基金结余的管理

对补充养老保险基金结余的管理要遵循安全、保值、增值原则，并由专门补充养老保险机构进行管理。由于企业补充养老保险基金储存的时间长，积累数额庞大，为保证其安全和增值，比较稳妥的办法是购买政府债券或存入国家开办的银行。另外，补充养老保险基金结余的投资收益应享受国家减免有关税费的政策优惠。

第四节　养老保险跨省转移

我国是一个劳动力流动较快的国家，这就涉及许多职工的养老保险转移问题。2009 年 12 月 22 日国务院常务会议上决定，2010 年 1 月 1 日起施行的《城镇企业职工基本养老保险关系转移接续暂行办法》（以下简称《办法》），该《办法》旨在保障参加城镇企业职工基本养老保险人员的合法权益，促进人力资源合理配置和有序流动，实现参保人员跨省、自治区、直辖市流动并在城镇就业时基本养老保险关系的顺畅转移接续。《办法》的制定颁布是一项利国利民之举。

一、主要内容

城市务工人员在内的参加城镇企业职工基本养老保险的所有人员，其基本养老保险关系可在跨省就业时随同转移；在转移个人账户储存额的同时，还转移部分单位缴费；参保人员在各地的缴费年限合并计算，个人账户储存额累计计算。

二、跨省转移条件

（1）男性年满 50 周岁和女性年满 40 周岁不接受转移；在新参保地建立临时基本养老保险缴费账户，记录单位和个人全部缴费。

（2）缴费满 10 年才可在参保地领取养老保险待遇。

养老保险关系转接将采取“双转移”模式，其中个人部分全额转移，统筹部分转移缴费基数的 12%，相当于统筹部分的 60%。

其中，个人账户存储额的转移分为两段，1998 年 1 月 1 日之前按个人缴费累计本息计算转移，1998 年 1 月 1 日后按计入个人账户的全部储存额计算转移。

统筹账户即单位缴费则以本人 1998 年 1 月 1 日后各年度实际缴费工资为基数，按 12%的总和转移，参保缴费不足 1 年的，按实际缴费月数计算转移。

三、养老保险跨省转移办理流程

（1）新参保地审核转移接续申请并向原参保地发出同意接受函；

（2）原参保地办理转移手续；

（3）新参保地接受转移手续和资金。

《办法》规定每个流程的办理时间最多为 15 日，即养老保险跨省转移可在 45 日内完成。见图 7.1。

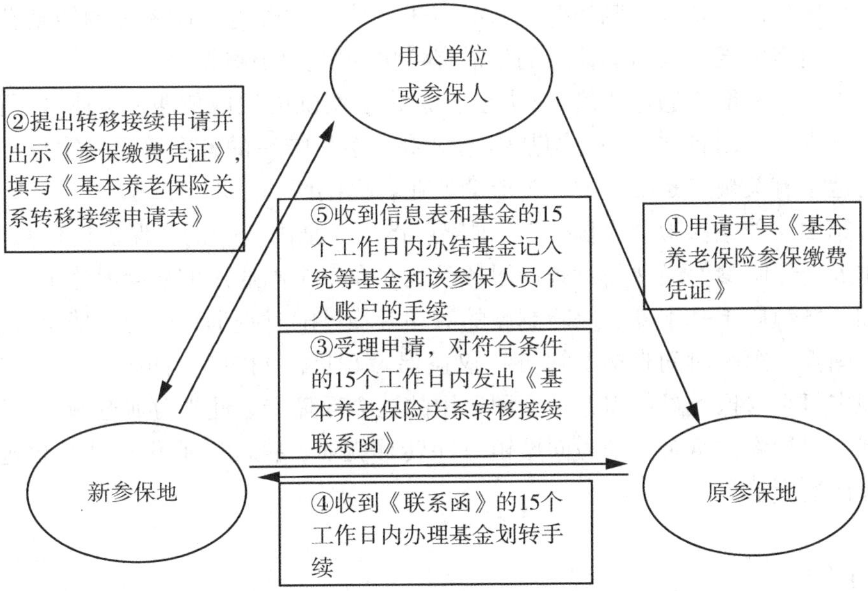

图 7.1　转移流程图

我国城镇职工基本养老保险制度实行“多工作，多缴费，多得养老金”的机制，即劳动者在何地就业就在该地参保缴费，缴费年限（相当于工作时间）的长短和缴费金额的多少直接决定了退休后享受的基本养老金金额。这种相对比较公平的城镇职工基本养老保险制度经过 20 多年的实践证明，对于在同一地区稳定就业的劳动者来说是适用的。但对跨地区流动就业的劳动者来说，在不同地区参保，基本养老保险关系还不能顺畅地转移接续。这种传统的养老保险转移制度严重损害了流动劳动者的保障权益，也造成了各利益方的资金压力和利益损失，而《办法》的优越性正是弥补了原有政策的不足，并加以完善，主要有以下几点：

第一，涉及人员广泛。《办法》适用于所有参加了城镇企业职工基本养老保险制度的劳动者，包括广大的农民工团体，并且只要符合国家规定的条件，不论是何种户籍，不论曾经在几个地方流动就业参保或间断性就业参保，都保障其拥有同样的领取基本养老保险待遇的权利，有利于维护流动就业者的养老保险权益。

第二，计算方法统一。《办法》规定，参保人员跨省就业，除转移个人账户储存额外，还转移 12%的单位缴费，实现了省内省外无限制转移，解决了百姓的困惑问题，也为政府部门相关人员减轻了大量的工作量。此举进一步打破了地区分割、城乡分割的壁垒，必将进一步扩大养老保险制度的覆盖范围，从而为更多的老龄人口退休后的生活提供更为坚实的保障。

第三，领取待遇地明确。《办法》规定了明确的领取待遇地，体现了支付地唯一性。劳动者在同一时期其养老保险关系是唯一的，在符合领取标准后，支付地按有关规定是唯一的，为流动就业者提供便利。

第四，养老保险“全国通”。国家还将建立全国统一的社保机构信息库和基本养老保险参保缴费信息查询服务系统，发行全国通用的社会保障卡，所有参加了城镇职工基本养老保险制度的劳动者均可随时查询自己的缴费余额、缴费时间等，第一时间直接了解自身权益保障程度。同时出台的“一卡通”政策规定每个参保人员都需办理全国通用的社会保障卡。此举对促进城乡和区域发展，引导农村富余劳动力向城镇有序转移就业，推动工业化和城镇化进程，具有深远影响。

☞ 小结

1. 养老社会保险是社会保障制度的重要组成部分，是社会保险五大险种中最重要的险种之一。所谓养老社会保险（或养老保险制度）是国家和社会根据一定的法律和法规，为解决劳动者在达到国家规定的解除劳动义务的年龄界限，或因年老丧失劳动能力退出劳动岗位后的基本生活而建立的一种社会保险制度。

2. 养老社会保险的特点：由国家建立、实施并由国家制定有关的规定，其中基本养老保险具有法律的强制性；享受对象必须是因年老而丧失劳动能力的劳动者；在养老风险发生之前，社会保险机构必须预先储存一部分基金，这笔基金及其增值部分必须用于支付退休金；为老年人提供稳定的基本生活保障，使其不受物价波动的影响并分享社会经济发展带来的成果。

3. 建立养老社会保险的意义是：满足退休老人的基本生活需要；有利于改善劳动者队伍的年龄和知识结构，补充新鲜血液；有利于解除劳动者的后顾之忧，调动劳动者的生产积极性；养老社会保险是实现社会安定的重要保证；能够促进社会全面发展。

4. 养老社会保险的原则是：保障原则；保障水平要与社会生产力发展水平相适应的原则；公平与效率相结合的原则；权利与义务相对应的原则；广覆盖原则；管理服务社会化原则；分享社会经济发展成果原则；法制化原则。

5. 基本养老社会保险金的筹集途径：企业缴费；职工个人缴费；国家对养老社会保险事业的支持。

6. 养老社会保险费的征收、支付、管理，基本养老保险待遇和补充养老社会保险。

☞ 重点名词

养老社会保险　企业补充养老保险

☞ 复习思考题

1. 简述养老保险的基本类型。
2. 享受养老保险应具备哪些资格和条件？
3. 我国养老保险制度还需要在哪些方面进行完善？

第八章
工伤、疾病、遗属、生育社会保险

第一节 工伤社会保险

一、工伤和工伤社会保险的概念及特征

（一）工伤的概念

“工伤”一词较为规范的界定出现在1921年的《国际劳工公约》中。当时的《国际劳工公约》将工伤定义为“由于工作直接或间接引起的事故”。最初这一定义不包括职业病，后来各国逐渐将职业病纳入此范畴，并以国际公约的形式确定了现在的概念。1964年第48届国际劳工大会通过的《工伤事业津贴》指出：“实施工伤保险的目的，是为受雇人员发生不测事故时，提供医疗护理及现金津贴，进行职业康复，为残疾者安排适当职业，采取措施防止工伤事故和职业病。”

《中国职业安全卫生百科全书》将工伤定义为：企业职工在生产岗位上，从事与生产劳动有关的工作中，发生的人身伤害事故、急性中毒事故。但是职工即使不是在生产劳动岗位上，而是由于企业设施不安全或劳动条件、作业环境不良而引起的人身伤害事故，也属工伤。从此定义我们可以看出，职业病也包括在工伤范围内。

（二）职业病的概念

所谓职业病是指因职业性毒害而引发的疾病。它通常表现为劳动者长期工作在有工业毒害的环境中，从而使身体器官长期受有害因素的侵蚀，引起生理疾病。职业病的范围是由国家有关部门明文规定的，即工伤保险范围内的职业病是国家认定的法定职业病。因此在实施工伤保险制度时，要区分职业病伤害

同一般因工意外伤害。职业病伤残虽列入因工伤残的范围内，但它有自身的特征：

（1）在较长的时间内形成，属于缓发性伤残；

（2）表现为体内器官生理功能的损伤（如硅肺、放射性白血病等）；

（3）很少有痊愈的可能，属于不可逆性损伤。

（三）工伤社会保险的概念

工伤社会保险也称职业社会保险，是指劳动者在生产劳动和其他工作过程中遭受意外伤害或因长期接触有毒有害因素引起的职业病伤害后，由国家和社会为负伤、致残和死亡者生前供养亲属提供必要的物质保障的制度。

从工伤社会保险的实施对象来看，工伤社会保险实施的初期，只适用于危险企业、采矿现场、重工企业的体力劳动者。随着社会的发展，该险种的保障范围不断扩大。目前，发展中国家已将实施范围扩大到所有劳动者，发达国家更突破传统，将家庭工人、家庭佣人也纳入工伤保险的范围。还有一些工业化国家将一些非雇佣劳动者也纳入保障对象中。

工伤保险是社会保险制度的一个重要组成部分，是世界上最早产生的一项社会保险制度，从 1884 年德国制定《劳工伤害保险法》至今有 100 多年的历史。

（四）工伤社会保险的特点

工伤社会保险是世界上实施最早的一项社会保险项目，也是世界各国立法较为普遍、发展最为完善的一项制度。其特点是：

（1）工伤社会保险强制性最强、实施得最普遍。工伤社会保险的前身是雇主责任制，即国家以法律形式，将工伤社会保险作为责任制强加于雇主。而且，工伤社会保险的实施也最为广泛，差不多凡是实行社会保险的国家，都有工伤社会保险项目。到 20 世纪 90 年代初期，全世界已有 155 个国家和地区实行工伤保险制度，占 163 个有社会保险制度的国家和地区的 95%，其普及率比养老保险还高。

（2）工伤社会保险具有赔偿性，实行“无过失赔偿”、“无责任赔偿制”，即在发生工伤事故后，无论属于谁的责任，企业（雇主）均应依法给予劳动者经济赔偿。

（3）工伤社会保险，经费由雇主承担，劳动者个人不缴费。

（4）工伤社会保险待遇丰厚，保障项目完备。工伤社会保险比其他各项社会保险的待遇标准高，享受条件宽，服务项目多。通过这些待遇可以使劳动者在失去劳动能力时，基本生活得到保障，有利于劳动力的恢复和社会再生产的顺利进行，有利于社会的稳定。

二、工伤社会保险的主要内容

（一）工伤社会保险的原则

目前各国实行的工伤保险制度，归纳起来，大致遵循以下原则：

1. 无过失原则

所谓无过失原则是指劳动者在各种伤害事故中只要不是受害者本人故意行为所致，就应该按照规定标准对其进行伤害赔偿。只要发生事故，无论雇主或雇员是否存在过错，无论责任在谁，原则上，受害者都可以得到赔偿，即无过错赔偿。一旦发生意外，实行补偿不追究过错，无条件地进行经济补偿。但不追究个人的责任，并不意味着不追究事故责任，相反，对于发生的事故必须认真调查，分析事故原因，查明事故责任，吸取教训。雇主不承担直接补偿责任，而是由工伤社会保险机构统一组织工伤补偿，一般不需要通过法律程序或经法院裁决。这样做可以及时、公正地保障受害者得到工伤补偿，简化了法律程序，提高了效率，使雇主摆脱了工伤赔偿纠纷，有利于正常的生产经营。按这一原则建立的工伤社会保险制度，基本上消除了雇主责任保险的弊端。

2. 风险分担、互助互济原则

实施工伤保险，以建立工伤保险基金并集中调剂使用为主要标志。后通过法律强制征收保险费，以建立工伤保险基金，运用“大数法则”进行测算，确定各个企业的缴纳义务，并形成一笔基金，发挥互助互济、分担风险的功能。社会保险机构对费用集中调剂，实行再分配，可以缓解部分企业、行业因伤亡事故、职业病形成的沉重负担，从而减少了社会矛盾。

3. 补偿与预防、康复相结合原则

工伤事故一旦发生，补偿是理所应当的，但工伤保险最重要的工作还包括预防和康复工作。加强安全生产、减少事故发生和一旦发生事故及时治疗，促进职工早日康复并使之重新走上工作岗位，与补偿是同等重要的工作。这也是工伤社会保险与雇主责任制的根本区别。

4. 个人不缴费原则

工伤保险费是由企业或雇主按照国家规定的费率缴纳的，劳动者个人不缴纳任何费用，这是工伤保险与养老保险、失业保险、医疗保险、生育保险等其他社会保险项目的不同之处。个人不缴纳工伤保险费的原因是：世界各国已达成共识，认为劳动者在为企业创造财产、为社会作出贡献的同时，还冒着付出健康、鲜血甚至生命的代价。因此，由企业或雇主缴纳保险费是完全必要和合理的。

5. 严格区分因工和非因工原则

实行无过失责任原则并不意味着取消因工和非因工的界限，否则工伤保险毫无意义。劳动者受伤害一般来说分为因工和非因工两类，前者是由执行公务或在工作生产过程中为社会或为集体奉献而受到的职业伤害所致，与工作和职业有直接关系；后者则与职业无关，完全是个人行为所致。应严格区分因工和非因工的界限，因工伤事故发生的费用应由工伤保险基金来承担，而且医疗康复待遇、伤残待遇和死亡抚恤待遇均比因疾病和非因工伤亡社会保险待遇优厚。这样做有利于对那些为国家或集体奉献者进行褒扬抚恤，也有利于生产发展和社会财富的积累。

6. 一次性补偿和长期补偿相结合原则

对因工丧失部分或全部劳动力或因工死亡的职工，职工本人或遗属在得到补偿时，除领取一次性补偿金作为安慰外，对其供养的遗属，根据人数要支付长期抚恤金，直至其失去供养条件为止。

7. 直接经济损失和间接经济损失相区别的原则

工伤保险的经济补偿只是补偿劳动者的直接经济损失，间接损失不是工伤保险的经济补偿范畴。因此有必要将两者严格区分开来。直接经济损失是指劳动者发生工伤事故后，个人所受的经济损失，是与劳动者的直接经济收入紧密相关的损失，也就是劳动者的工资收入的损失。间接经济损失是劳动者除了直接经济损失以外的其他经济收入的损失，包括劳动收入、兼职收入等损失。

（二）工伤社会保险的范围

工伤社会保险的范围是随着时间的推移而逐步扩大的。其建立初期仅包括工业上的意外事故，后来才把职业病包括进去。1921 年的国际劳动公约称“由于工作直接或间接引起的事故为工伤事故”。国际劳工大会 1952 年通过的《社会保障（最低标准）公约（102 号）》规定享受待遇的条件是：（1）因工伤身体成疾病状态者；（2）因工伤丧失劳动能力，因此中断工资收入者；（3）由于永久或暂时丧失劳动能力而完全丧失或部分丧失工资收入者；（4）由于供养者死亡而失去生活费来源者。1964 年的《工伤补偿公约》将工伤补偿的范围扩大到不仅包括工作意外事故和职业病，而且还提倡将职工上下班的交通意外事故包括在内。

我国工伤保险范围包括两个方面：工伤事故伤亡和职业病。1953 年公布的《中华人民共和国劳动保险条例实施细则》，对工伤事故伤亡的基本规定是：(1) 由于执行日常工作和行政方面或资方临时指定或同意的工作而发生的伤亡事故；(2) 在紧急情况下未经企业行政方面或资方指定而从事于企业有利的工作而发生的伤亡事故；(3) 由于从事发明或技术改进工作而发生的伤亡事故。在实际执行中，把职工参加有组织的社会政治活动、支农劳动、民兵训练、民兵救灾、与坏人坏事作斗争以及乘坐单位班车上下班而发生的伤亡事故等，也按工伤处理。1996 年劳动部颁布的《企业职工工伤保险试行办法》将工伤范围扩大到以下情形：(1) 在生产工作的时间和区域内，由于不安全因素造成意外伤害的；(2) 因公外出期间，由于工作原因，遭受交通事故或其他意外事故造成伤害或失踪的，或因突发疾病造成死亡或经第一次抢救治疗后全部丧失劳动能力的；(3) 在上下班的规定时间和必经路线上，发生无本人责任或者非本人主要责任的道路交通机动车事故的。

1994 年《中华人民共和国劳动法》规定我国一切企业以及与之形成劳动关系的一切劳动者，还有机关事业单位的劳动者和个体经济组织的劳动者，都要实行统一的工伤社会保险制度。

为了保障因工作遭受事故伤害或者患职业病的职工获得医疗救治和经济补偿，促进工伤预防和职业康复，分散用人单位的工伤风险，2004 年 1 月 1 日起施行的《工伤保险条例》规定：

应当认定为工伤的情形：

(1) 在工作时间和工作场所内，因工作原因受到事故伤害的；

(2) 工作时间前后在工作场所内，从事与工作有关的预备性或者收尾性工作受到事故伤害的；

(3) 在工作时间和工作场所内，因履行工作职责受到暴力等意外伤害的；

(4) 患职业病的；

(5) 因工外出期间，由于工作原因受到伤害或者发生事故下落不明的；

(6) 在上下班途中，受到非本人主要责任的交通事故或者城市轨道交通、客运轮渡、火车事故伤害的；

(7) 法律、行政法规规定应当认定为工伤的其他情形。

职工有下列情形之一的，视同工伤：

(1) 在工作时间和工作岗位，突发疾病死亡或者在 48 小时之内经抢救无效死亡的；

（2）在抢险救灾等维护国家利益、公共利益活动中受到伤害的；

（3）职工原在军队服役，因战、因公负伤致残，已取得革命伤残军人证，到用人单位后旧伤复发的。

职工有前款第（1）项、第（2）项情形的，按照本条例的有关规定享受工伤保险待遇；职工有前款第（3）项情形的，按照本条例的有关规定享受除一次性伤残补助金以外的工伤保险待遇。

2011 年 1 月 1 日起施行的《国务院关于修改〈工伤保险条例〉的决定》规定“中华人民共和国境内的企业、事业单位、社会团体、民办非企业单位、基金会、律师事务所、会计师事务所等组织和有雇工的个体工商户（以下称用人单位）应当依照本条例规定参加工伤保险，为本单位全部职工或者雇工（以下称职工）缴纳工伤保险费。

2015 年 7 月 22 日，人力资源社会保障部、财政部发布了《关于调整工伤保险费率政策的通知》（人社部发〔2015〕71 号），按照《国民经济行业分类》（GB/T4754—2011）对行业的划分，根据不同行业的工伤风险程度，由低到高，依次将行业工伤风险类别划分为一类至八类，关于行业差别费率及其档次确定，不同工伤风险类别的行业执行不同的工伤保险行业基准费率。各行业工伤风险类别对应的全国工伤保险行业基准费率为，一类至八类分别控制在该行业用人单位职工工资总额的 0.2%、0.4%、0.7%、0.9%、1.1%、1.3%、1.6%、1.9%左右。通过费率浮动的办法确定每个行业内的费率档次。一类行业分为 3 个档次，即在基准费率的基础上，可向上浮动至 120%、150%，二类至八类行业分为 5 个档次，即在基准费率的基础上，可分别向上浮动至 120%、150%或向下浮动至 80%、50%。规定自 2015 年 10 月 1 日起开始实行。

（三）工伤社会保险的待遇给付

1. 工伤社会保险待遇给付的一般规定

工伤保险基金存入社会保障基金财政专户，用于工伤保险条例规定的工伤保险待遇，劳动能力鉴定，工伤预防的宣传、培训等费用，以及法律、法规规定的用于工伤保险的其他费用的支付。劳动者在发生工伤社会保险事故或职业病后，首先应获得充分的医药治疗，其中包括临时急救、内外科治疗及必要的药品和设备，使受伤者能够早日恢复工作能力。其次，如果劳动者因工伤致死，其家属还可以获得丧葬费用与遗属给付。因此，工伤社会保险的待遇给付包括医疗给付和现金给付两大类。

（1）工伤社会保险的医疗给付是一种服务性给付，它是指劳动者因公受伤或患职业病时，由医疗机构提供医疗服务或住院服务。世界各国的工伤保险制度所采用的医疗给付方式主要有三种：①直接给付，它是由保险人自设医疗机构，直接为被保险人提供医疗服务；②间接给付，由社会保险机构事先约定医疗保险机构为工伤受害者提供医疗服务后，直接向社会保险机构申请支付医疗费用；③医疗费用偿还，即先由被保险人自付医疗费用，再凭单据向保险人申请偿还（报销）。

（2）工伤社会保险的现金给付主要用于补偿劳动者及其家属因劳动者工伤或职业病所造成的收入减少或中断的损失。现金给付包括暂时伤残给付、永久性残废年金和死亡给付三项。

暂时伤残给付是指劳动者因受伤而损失的工资收入，由社会保险经办机构给予相当的补偿以维持基本生活。在确定给付标准时，一般要考虑劳动者原有的工资标准和有关各方的承担能力两方面的情况。

永久性残废给付又可分为永久性局部残废和永久性全身残废两种。在确立给付标准时，永久性局部残废以残废部分的轻重为依据，给付是长期或一次性的；永久性全身残废给付一般采用年金制，国际公约规定为原工资的60%。

死亡给付包括死亡者丧葬费和遗属给付。丧葬费通常是一次性给付。遗属给付，理论上能够维持至子女成年，其配偶死亡或改嫁为止。国际劳工大会规定：死者配偶给付为死者工资的30%～50%，子女给付为死者工资的15%～20%，总的限额不超过工资的75%。

2. 我国工伤社会保险待遇具体项目

（1）职工工伤治疗和护理待遇。职工因工作遭受事故伤害或者患职业病进行治疗，享受工伤医疗待遇。治疗工伤或职业病所需的挂号费、住院费、医疗费、药费、就医路费全额报销；职工住院治疗工伤的伙食补助费，以及经医疗机构出具证明，报经办机构同意，工伤职工到统筹地区以外就医所需的交通、食宿费用从工伤保险基金支付，基金支付的具体标准由统筹地区人民政府规定。工伤职工到签订服务协议的医疗机构进行工伤康复的费用，符合规定的，从工伤保险基金支付。

职工因工作遭受事故伤害或者患职业病需要暂停工作接受工伤医疗的，在停工留薪期内，原工资福利待遇不变，由所在单位按月支付。停工留薪期一般不超过12个月。伤情严重或者情况特殊，经设区的市级劳动能力鉴定委员会确认，可以适当延长，但延长不得超过12个月。工伤职工评定伤残等级后，停发原待遇，按照本章的有关规定享受伤残待遇。工伤职工在停工留薪期满后仍需治疗的，继续享受工伤医疗待遇。生活不能自理的工伤职工在停工留薪期需要护理的，由所在单位负责。

工伤职工已经评定伤残等级并经劳动能力鉴定委员会确认需要生活护理的，从工伤保险基金按月支付生活护理费。

生活护理费按照生活完全不能自理、生活大部分不能自理或者生活部分不能自理3个不同等级支付，其标准分别为统筹地区上年度职工月平均工资的50%、40%或者30%。

（2）职工因工致残的保险待遇。工伤职工医疗期满或者评定伤残等级后，享受伤残待遇。

职工因工致残被鉴定为一级至四级伤残的，保留劳动关系，退出工作岗位，享受以下待遇：

（一）从工伤保险基金按伤残等级支付一次性伤残补助金，标准为：一级伤残为27个月的本人工资，二级伤残为25个月的本人工资，三级伤残为23个月的本人工资，四级伤残为21个月的本人工资。

（二）从工伤保险基金按月支付伤残津贴，标准为：一级伤残为本人工资的90%，二级伤残为本人工资的85%，三级伤残为本人工资的80%，四级伤残为本人工资的75%。伤残津贴实际金额低于当地最低工资标准的，由工伤保险基金补足差额。

（三）工伤职工达到退休年龄并办理退休手续后，停发伤残津贴，按照国家规定享受基本养老保险待遇，基本养老保险待遇低于伤残津贴的由工伤保险基金补足差额。

职工因工致残被鉴定为一级至四级伤残的，由用人单位和职工个人以伤残津贴为基数，缴纳基本医疗保险费。

职工因工致残被鉴定为五级、六级伤残的，享受以下待遇：

（一）从工伤保险基金按伤残等级支付一次性伤残补助金，标准为：五级伤残为18个月的本人工资，六级伤残为16个月的本人工资；

（二）保留与用人单位的劳动关系，由用人单位安排适当工作。难以安排工作的，由用人单位按月发给伤残津贴，标准为：五级伤残为本人工资的70%，六级伤残为本人工资的60%，并由用人单位按照规定为其缴纳应缴纳的各项社会保险费。伤残津贴实际金额低于当地最低工资标准的，由用人单位补足差额。

经工伤职工本人提出，该职工可以与用人单位解除或者终止劳动关系，由工伤保险基金支付一次性工伤医疗补助金，由用人单位支付一次性伤残就业补助金。一次性工伤医疗补助金和一次性伤残就业补助金的具体标准由省、自治区、直辖市人民政府规定。

职工因工致残被鉴定为七级至十级伤残的，享受以下待遇：

（一）从工伤保险基金按伤残等级支付一次性伤残补助金，标准为：七级伤残为13个月的本人工资，八级伤残为11个月的本人工资，九级伤残为9个月的本人工资，十级伤残为7个月的本人工资；

（二）劳动、聘用合同期满终止，或者职工本人提出解除劳动、聘用合同的，由工伤保险基金支付一次性工伤医疗补助金，由用人单位支付一次性伤残就业补助金。一次性工伤医疗补助金和一次性伤残就业补助金的具体标准由省、自治区、直辖市人民政府规定。

工伤职工工伤复发，确认需要治疗的，享受本条例第三十条、第三十二条和第三十三条规定的工伤待遇。

职工因工死亡，其近亲属按照下列规定从工伤保险基金领取丧葬补助金、供养亲属抚恤金和一次性工亡补助金：

（一）丧葬补助金为6个月的统筹地区上年度职工月平均工资

（二）供养亲属抚恤金按照职工本人工资的一定比例发给由因工死亡职工生前提供主要生活来源、无劳动能力的亲属。标准为：配偶每月40%，其他亲属每人每月30%，孤寡老人或者孤儿每人每月在上述标准的基础上增加10%。核定的各供养亲属的抚恤金之和不应高于因工死亡职工生前的工资。供养亲属的具体范围由国务院社会保险行政部门规定

（三）一次性工亡补助金标准为上一年度全国城镇居民人均可支配收入的20倍。

伤残职工在停工留薪期内因工伤导致死亡的，其近亲属享受本条第一款规定的待遇。

一级至四级伤残职工在停工留薪期满后死亡的，其近亲属可以享受本条第一款第（一）项、第（二）项规定的待遇。伤残津贴、供养亲属抚恤金、生活护理费由统筹地区社会保险行政部门根据职工平均工资和生活费用变化等情况适时调整。调整办法由省、自治区、直辖市人民政府规定。职工因工外出期间发生事故或者在抢险救灾中下落不明的，从事故发生当月起3个月内照发工资，从第4个月起停发工资，由工伤保险基金向其供养亲属按月支付供养亲属抚恤金。生活有困难的，可以预支一次性工亡补助金的50%。职工被人民法院宣告死亡的，按照本条例第三十九条职工因工死亡的规定处理。

①被鉴定为全部丧失劳动能力的1~4级伤残的，应当退出工作岗位，按月发给工资的75%~90%的伤残抚恤金，并发给相当于21~27个月工资的一次

性伤残补助金。

②被鉴定为5~10级伤残的，属于大部分和部分丧失劳动能力，原则上由企业适当安排工作，同时按照伤残等级发给相当于6~16个月本人工资的一次性伤残补助金。从工伤保险基金按伤残等级支付一次性伤残补助金，标准为：五级伤残为18个月的本人工资，六级伤残为16个月的本人工资。

③被鉴定为5~6级伤残且企业难以安排工作的，按月发给相当于本人工资70%的伤残抚恤金。被鉴定为7~10级伤残，职工本人愿意自谋职业并经企业同意的，或劳动合同期满终止合同后本人另行择业的，可以发给一次性伤残补助金，具体标准由省、自治区、直辖市劳动行政部门根据实际情况确定。

④因伤残造成本人工资降低，由所在单位发给在职伤残补助金，标准为工资降低部分的90%，本人技能提高晋升工资时，在职伤残补助金予以保留。

⑤旧伤复发经确认需要治疗和休息的，按照《企业职工工伤保险试行办法》规定享受工伤医疗待遇和工伤医疗津贴。

⑥异地安家的，发给相当于本省、自治区、直辖市上年度职工平均工资6个月的补助费。

（3）因工死亡职工的保险待遇。职工因工死亡的，按照以下标准发给丧葬补助费、供养亲属补助金、一次性补助金：

①丧葬补助金按省、自治区、直辖市上年度职工平均工资6个月的标准发给。

②供养亲属补助金发给由死者生前提供主要生活来源的死者亲属。其标准为：配偶每月按本省、自治区、直辖市上年度职工月平均工资的40%发给，其他亲属每人每月按30%发给，孤寡老人或者孤儿每人每月在上述标准的基础上加发10%，抚恤金总额不得超过死者生前工资。

③同时发给一次性伤残补助金，标准为本省、自治区、直辖市上年度职工平均工资48~60个月的金额，具体标准由省、自治区、直辖市确定且根据上年度职工平均工资增长的一定比例每年调整一次。

（4）交通事故引起的工伤保险待遇。首先按照《道路交通事故处理办法》及有关规定处理，工伤保险待遇按以下规定执行：交通事故引起的医疗费、丧葬费、护理费、残疾用具费、误工工资、死亡补助费和残疾生活补助费先由交通事故赔偿支付，其次再由企业或工伤保险经办机构支付。

（5）因公出差职工因意外事故失踪的保险待遇。职工因公出差期间因意外事故失踪的，从事故发生的下月起3个月内，工资照发，第四个月起停发工资，对供养亲属发给供养亲属抚恤金。生活有困难的，可以预支一次性工亡补助金的50%，人民法院宣告死亡的，发给丧葬补助金和其余待遇。当失踪人口重新出现并经法院撤销死亡结论的，已领取的工伤待遇应退回。

（6）出国、出境人员的工伤保险待遇。出国、出境人员的劳动关系在国内并参加工伤保险的，在境外负伤、致残或死亡时，应由境外有关方面承担伤害赔偿责任的，我国有关单位应向外方索取赔偿。如获得境外伤害赔偿，国内工伤保险的一次性工亡补助金或一次性伤残补助金不再发给；境外赔偿金低于国内工伤保险一次性工亡补助金的，由有关单位或国内工伤保险经办机构补足差额部分。

（7）职工康复待遇。工伤职工因日常生活或辅助生产需要，必须安装假肢、义眼、假牙或配置代步车等辅助工具的，按国内普及型标准报销费用。有条件的地区应通过工伤保险基金提留、民间赞助等方式筹集资金，逐步兴办工伤职工康复事业，帮工伤残疾人恢复或提高补偿功能。

（四）工伤社会保险基金的筹集

1. 工伤社会保险基金筹集的原则

（1）以支定收、收支基本平衡、留有适当储备的原则。工伤事故有突发性、偶然性，因此工伤社会保险基金应当留有一定的余地，以防突发事故对资金的需要。

（2）按风险程度征收的原则。其具体做法就是根据不同行业、产业的事故风险和职业危害程度的类别以及发生工伤事故和职业病的频率确定不同比例的工伤保险费率。这种方法体现了公平性，同时也有利于调动企业交费积极性，并促进安全生产。

（3）用人单位缴费原则，即工伤保险基金全部由雇主缴纳，劳动者个人不承担缴费义务。

2. 我国工伤社会保险基金主要来源

工伤保险基金由用人单位缴纳的工伤保险费、工伤保险基金的利息和依法纳入工伤保险基金的其他资金构成。工伤保险费根据以支定收、收支平衡的原则，确定费率。用人单位应当按时缴纳工伤保险费。职工个人不缴纳工伤保险费。

用人单位缴纳工伤保险费的数额为本单位职工工资总额乘以单位缴费费率之积。

对难以按照工资总额缴纳工伤保险费的行业，其缴纳工伤保险费的具体方式，由国务院社会保险行政部门规定。

工伤保险费根据各行业的伤亡事故风险和职业危害程度的类别实行差别费率。2003 年依据当时国民经济行业数量和分类，按照工伤风险程度的高低，将各行业划分为三类：一类为风险较小行业，二类为中等风险行业，三类为风险较大行业，并分别执行 0.5%、1%、2%左右的行业差别基准费率。这一费率政策实施以来，基本保证了工伤保险基金的平稳运行，一定程度上促进了工伤预防，较好发挥了工伤保险的社会共济作用。但总体看，我国原工伤保险费率政策按 3 档风险类别划分比较粗且不够科学，难以全面如实地反映我国行业中的真实风险差别，需要进一步研究细化。2015 年 7 月底，人社部和财政部联合印发《关于调整工伤保险费率的通知》，经国务院批准，自 2015 年 10 月 1 日起，调整现行工伤保险费率政策，将工伤保险平均费率由 1%降至 0.75%，明确了单位费率确定与浮动办法。明确将行业工伤风险类别划分为 8 类。各行业一类至八类工伤风险类别对应的全国工伤保险行业基准费率分别控制在该行业用人单位职工工资总额的 0.2%、0.4%、0.7%、0.9%、1.1%、1.3%、1.6%、1.9%左右。一类行业分为 3 个档次，即在基准费率的基础上，可向上浮动至 120%、150%；二类至八类行业分为 5 个档次，即在基准费率的基础上，可分别向上浮动至 120%、150%或向下浮动至 80%、50%。工伤保险费率下调具体表现在：一是最低行业基准费率由 0.5%降至 0.2%，最高行业基准费率由 2%降至 1.9%；二是政策平均费率由 1%左右降至 0.75%左右，降低 0.25 个百分点，实际平均费率从目前的 0.9%左右降至 0.7%左右，降低 0.2 个百分点，初步测算，全国一年可减轻企业负担 150 亿元；三是具体到不同的行业，由于行业标准采用了新的标准，与原费率政策的基准费率相比，在可比的 86 个行业中，有 74 个行业的基准费率标准降低，占到了 86%。调整费率后，工伤职工的工伤待遇水平不会受到任何影响。

我国工伤保险制度建立以来，工伤保险基金的结存规模不断扩大，近几年每年都以上百亿的速度递增。截至 2015 年底，累计结存（含储备金）规模已达1 129亿元，平均可支付月数已超过了 24 个月。这在一定程度上与工伤保险基金“以支定收，收支平衡”的筹资原则不符。随着安全生产形势向好，近 3 年享受工伤保险待遇人数稳定在 190 多万人，风险基本可控。

（五）争议处理

（1）工伤职工及其家属，在申报工伤和处理工伤保险待遇时与用人单位发生争议的，按照劳动争议处理的有关规定办理。

（2）工伤职工及其亲属或者企业，对劳动行政部门作出的工伤认定和工伤保险经办机构的待遇支付决定不服的，按照行政复议和行政诉讼的有关法律、法规办理。

（3）职工对劳动鉴定委员会作出的伤残鉴定结论不服的，可以向当地劳动鉴定委员会办公室申请复查；对复查鉴定结论不服的，可以向上一级劳动鉴定委员会申请重新鉴定。

（4）复查鉴定最终结论由省级劳动鉴定机构作出，复查鉴定程序由各省、自治区、直辖市劳动鉴定委员会规定。

三、我国工伤保险制度存在的问题及改革思路

（一）我国工伤保险制度存在的问题

1. 工伤保险的覆盖面还不广

目前我国工伤保险的覆盖率还不足 40%，而且主要集中在国有和集体企业。我国许多三资、私营企业和乡镇企业及其职工都未包括在内。而恰恰是这些企业中，劳动保护较差，事故发生频繁，签订“生死合同”的现象相当普遍。因此，非国有企业的职工急需保护。

2. 工伤保险费率机制不甚合理

差别费率和浮动费率机制还没有完全形成。有些地区仅简单按照国有、集体、其他类型的企业或工业、商业等类型确定，达不到费率与风险相关联的目的。甚至差别费率和浮动费率在有些地区迟迟未建立，影响到了工伤保险促进工伤预防、降低工伤事故职能的发挥，不利于企业降低风险，无法保护工人合法权利。并且各地工伤保险基金的提取比例相差较大，低的为 0.5%，高的为 2%。我国原工伤保险费率政策按 3 档风险类别划分比较粗且不够科学，难以全面如实地反映我国行业中的真实风险差别，需要进一步研究细化。从国际上看，各国工伤保险制度越成熟，基础数据越完备，行业风险类别的划分就越细致。

3. 工伤保险的管理成本过高并缺乏有效的监督机制

各地工伤保险的管理费，超过 3%~4%的并不在少数，有的地方管理部门浪费严重，造成不必要的和非管理性支出有增无减，致使工伤保险管理费用居高不下。

4. 评残制度不完善，立法工作存在严重的滞后

我国至今尚未有一部综合性的劳动安全、卫生法律及综合性的职业病防治

法律，从而使得评残工作带有很大的随意性，并由于伤残分级不明确，导致某些伤残分级不合理。

（二）我国工伤保险改革的思路

1. 继续扩大工伤保险的覆盖面

建立广泛的工伤保险覆盖面，将工伤保险的覆盖面扩大到所有的企业和职工，有条件的地区要开拓城镇企业工伤保险，促进不发达地区的工伤保险制度改革。2017 年，国务院办公厅日前印发《国家职业病防治规划（2016—2020 年）》，要求依法参加工伤保险覆盖率达到 80%以上，逐步实现工伤保险与基本医疗保险、大病保险、医疗救助、社会慈善、商业保险等有效衔接，切实减轻职业病病人负担。

2. 加快法制建设的步伐，加强工伤保险的管理和监督

目前的《企业职工工伤保险试行办法》只是暂行规章而不是立法，应加快《安全生产法》及《工伤保险条例》的制定，使工伤保险有法可依，从而具有更强的权威性和强制力。在法规、政策的执行中，要做到执法必严、违法必究。促进社会保险行政机构、安全监察机构和工伤保险经办机构协同和配合，共同寻求安全生产与工伤保险的结合，将工伤事故的降低率作为测定这一活动的重要指标。

3. 完善“预防—保险—康复”相结合的工伤保险体系

工伤保险机构要提取一定的基金用于工伤保险的宣传和科研工作，以提高广大职工的安全生产意识；要采取宣传、教育、检查和奖惩等措施，促进企业安全生产；还要支持工伤和职业病预防的研究工作，使科研成果转化为保护劳动者的生产力，减少伤亡事故和职业病的发生。积极扶持工伤保险事业，国家应逐步完善工伤保险及相关的法律，完善工伤保险机构，建立工伤医院，建立工伤康复中心，完善评残标准与评残鉴定程序，健全工伤保险争议处理机构，加快工伤保险及相关专业的人才培养，加大工伤保险及相关领域的科研力度，动员全社会的力量，促进安全生产。启动工伤职业康复工程，对因职业伤害所致伤残人员、家属及社会都非常重要。要动员全社会的力量，综合协调地运用医学的、教育的、职业的、社会的措施，对伤残者进行治疗、训练，采用有效的辅助手段，促使其重新适应社会生活，使其感到社会主义制度的优越性。

第二节　疾病社会保险

一、疾病社会保险的概念及特点

（一）疾病社会保险的概念

疾病社会保险是社会成员或劳动者在疾病、非因公致残等情况下，从社会和企业获得物质帮助的一种社会保险制度，包括因自然原因而致的疾病和非因公伤残两类事故。对于非因公伤残丧失劳动能力，世界各国均未单独立法建立社会保险而视同疾病，并与疾病社会保险合并立法。疾病社会保险最早起源于1883年德国的《疾病社会保险法》，截至1995年，世界上共有85个国家建立和实施了这项保险制度。疾病保险针对一般性疾病，其发病、致残的原因与劳动无直接关系，因此该保险具有福利性质和救济性质。实行疾病保险的目的是弥补病伤职工的收入损失并促使其恢复劳动能力，尽快重返劳动岗位。这项保险有利于保障个人生活和企业生产，也有利于国民健康水平的维护，它是维持劳动力再生产的必要手段。

疾病社会保险在性质上属于"收入补偿"类的社会保险。这就是说，当劳动者因患病或非因公致残而造成收入中断时，由国家及企业给予一定的补偿，以保障其基本生活需要。这是区别疾病保险与属于支出补偿类项目的医疗保险的标志。

（二）疾病社会保险的特征

（1）疾病社会保险待遇的享受，必须以丧失劳动能力为条件。

（2）劳动者的患病必须是因细菌或病毒的侵袭，人体抵抗力减弱或因人体内部生理发生异常变化，以致造成劳动能力丧失。

（3）疾病保险针对一般疾病，它是接近于福利性质和救济性质的社会保险。

二、疾病社会保险的主要内容

（一）疾病社会保险的项目结构

疾病社会保险的项目结构，一般分为两类：

（1）疾病津贴，即被保险人因病或非因公负伤进行治疗期间暂时丧失劳动能力，在规定的期限内停止工作时，能获取法定的基本生活保障待遇。计发的依据是被保险人患病前工资水平的一定比例。目前，我国将其称为“病假工资”。

（2）伤残津贴，即被保险人非因公伤残，经鉴定确认为丧失劳动能力，退出劳动岗位，并与用人单位终止劳动关系后，按照有关社会保险法规的规定应享受的待遇。按照国际惯例，非因公致残人员超过领取疾病津贴期限后，退出劳动岗位，改发伤残津贴，待符合养老保险的资格条件后，改发养老金。伤残津贴是领取疾病津贴和养老金的中间阶段。

（二）疾病社会保险的给付

1. 疾病社会保险的给付条件

享受疾病社会保险待遇必须符合一定的条件。各国的规定不尽相同，归纳起来有以下几点：

（1）被保险人必须因患病丧失劳动能力，并出具医生证明后方可停止工作进行治疗。

（2）受保人患病前已经从事有收入的工作，并且是因为患病而不能获得正常工资。

（3）受保人必须缴足规定的最低期限的保险费。如英国规定，受保人享受疾病补助，必须在生病的前一年交足50周的保险费，或在本年内交足26个月保险费。

（4）受保人必须达到规定的最低工作期限。如法国规定，受保人在受益前3个月之内，必须工作满200小时；如果享受领取延续的疾病补助金，则应具有12个月的保险期限，并在此之前工作满800小时或在病前12个月内非自愿失业。

2. 疾病社会保险的给付标准

（1）现金给付。①疾病现金给付。给付标准一般为被保险人平均工资的50%~75%。国际劳工大会1952年通过的《社会保障（最低标准）公约（102号）》规定，疾病津贴不低于正式工人工作的工资收入加上家庭津贴之和的45%。1969年又要求达到60%。②残疾给付。因疾病所致残疾或死亡，给付标准与因工伤所致的残疾和死亡给付相比一般略低一些。大多数国家规定，如果被保险人领取现金给付已达到最高期限而疾病尚未痊愈时，现金给付改为伤残年金。

（2）医疗给付。世界各国提供的医疗服务的种类及水平是由各国的经济发展和医疗发展状况决定的。一般说来，医疗服务包括各科的治疗、住院治疗及必要的药物。也有一些国家提供专门人员服务（包括家中护理服务）和病人使用的辅助器具。

3. 疾病保险的等待期和支付期限

享受疾病保险待遇，一般规定有2~7天的等待期。等待期内不发给疾病津贴。但有的国家也规定，因病暂时丧失劳动能力持续两周或3周以上者可以补发。等待期的目的在于，职工短期患病，收入并不减少，生活不会有太大的困难，不给予补助可以节省开支，又可以减少社会保险机构的工作量。

疾病保险待遇的支付期限，按照1952年国际劳工大会通过的《社会保障(最低标准）公约（102号）》规定，最低为26周，1969年又规定为52周。目前，多数国家规定为39~52周，少数是26周，也有2~3年，也有不规定年限的。

4. 疾病社会保险的管理

有的国家对疾病社会保险实行单独管理，有的国家将其与其他的社会保险合并管理。在合并管理的国家中，多与医疗保险或老年、伤残保险合并管理。有的国家，如加拿大规定疾病保险与失业保险一起管理。

三、我国现行医疗社会保险制度存在的问题及改革思路

（一）我国医疗保险制度存在的问题

我国目前的医疗保险制度存在着短期病假待遇偏高，长期病假待遇偏低的现象，具体讲就是：由于短期病假工资偏高，企业负担过重。同时因为规定连续停止工作6个月以内的均为短期病假，某些人小病大养，出现“529”现象(即连续休病假5个月29天后，带病上班，到第6个月零1天时，再休病假，仍拿100%的工资)，使得是否工作的工资水平没有分别，严重挫伤劳动者的积极性；长期病休的职工，需要加强营养，支出较多，但待遇相反偏低，不利于职工的康复。

（二）我国医疗改革的思路

（1）病假待遇标准要改革，适当降低短期病假工资待遇标准，同时，调高长期病假工资待遇标准。

（2）将病假的计算办法，由连续病休6个月计算，改为1年或一定时期内多次病休的累计天数计算，以消除“529”的不正常现象。

（3）改革疾病保险管理体制。国家对疾病保险只管方针政策、基本原则，如规定最低标准等，具体享受条件和支付标准，可由地方政府自行规定。日常管理工作由企业自行负责。

第三节　生育社会保险

一、生育社会保险的概念及特点

（一）生育社会保险的概念

生育社会保险是指国家和企业为怀孕和分娩的妇女提供医疗服务、生育津贴和产假，以保证那些因生育而造成收入中断的妇女和家庭的基本生活的一种社会保险制度。

女职工在怀孕期间以及生育时，体力的消耗很大，需要一段时间的休养和足够的营养；且女职工在产前产后的一段时间内，暂时丧失了劳动能力，不能通过劳动取得报酬以维持基本生活。建立生育医疗保险，就能够保证女职工在生育期间得到及时治疗和保健，使生育的女职工获得基本生活的保障，促进劳动力再生产的正常进行；保证女职工身体健康，减轻由于生育所产生的生活困难，保护女职工的劳动力。建立生育保险不仅是为了保证女职工的身体健康，而且也是为了保护下一代，使其得到正常的孕育、出生和哺育。一般地说，母亲在怀孕及哺乳期，保证有一定的营养，新生的婴儿就能有健康的体魄、正常的智力，这就为提高劳动力素质奠定了基础。建立生育保险，是保证劳动力再生产的一个重要环节。同时，还可以促进计划生育的贯彻执行，更好地贯彻计划生育的国策。利用生育保险这个保障机制，对实行计划生育的女职工在假期、医疗保险方面给予优待，对不实行计划生育的女职工适当降低生育保险待遇，以充分发挥生育保险对计划生育的促进作用。

（二）生育保险的特点

（1）生育保险的覆盖面目前只限于女性。在我国，还只是在达到法定结婚年龄、正式登记结婚并符合国家计划生育规定的女职工生育时，才能享受生育保险待遇。男士可以享受 7~15 天的陪护假。

（2）给付项目多。在国外，生育保险的给付项目包括生育假期、生育收入补偿、生育医疗保健和子女补助金等项目。在我国，生育保险还配合国家的人口控制政策。

(3) 福利性。由于妇女生育是履行繁衍人类的重要天职，为了保证新一代劳动力有较高的先天素质，同时又要保护妇女的身体健康，生育保险待遇的给付标准，大多数国家都制定得比较高，妇女生育补偿一般相当于被保险人生育前基本工资的100%。不仅保障妇女的健康和基本生活，也为孩子的健康成长创造了条件，保障劳动力再生产的顺利进行，因此带有明显的福利性。

(4) 生育保险实行“产前与产后都应享受的原则”。在临产分娩前一段时间，由于行动不便，女职工已经不能工作或不宜工作；分娩以后，需要一段时间休假、恢复健康和照顾婴儿，这是生育保险不同于其他险种的又一特点。其他险种都带有“事后”的特点。

(5) 生育保险的风险是一种特定的风险活动。生育风险的形成完全起因于正常的生理因素。它既不同于由社会的外在因素引起的失业社会保险，也不同于由非正常因素引起的疾病社会保险。在这点上生育保险与养老社会保险有相似之处，但生育社会保险的风险又有间隙性或暂时性，丧失的劳动力是可以恢复的；而养老社会保险的风险一旦形成有永久性，丧失的劳动力不能恢复。生育后劳动力的恢复无需特殊治疗而重在休养和补充营养。

(6) 生育社会保险和医疗保险、疾病社会保险密切相关。因为生育过程本身要涉及检查、手术、住院等医疗服务，与医疗保险相关；同时还涉及生育津贴、产假等，与疾病社会保险类似。有些国家将生育社会保险、医疗保险和疾病社会保险合称为健康保险。

二、生育社会保险的主要内容

1. 生育社会保险的给付条件

生育社会保险的给付条件是指享受社会保险应该具备的条件，它反映生育社会保险的覆盖范围和对象。

一般来说只有无限制条件和有限制条件两种情况。无限制条件是指只要在本国居住达到规定年限或者是本国公民就可以享受生育社会保险待遇，如苏联、罗马尼亚、芬兰、伊拉克等。另一种是有限制条件，这些限制条件是由一定时期不同的社会经济条件决定的。一般涉及生育社会保险费的年限或期限、就业年限或居住最低合格期，或以上三个方面的组合。

2. 生育保险待遇

职工所在用人单位依法为其缴纳生育保险费的，职工可以按照国家规定享受生育保险待遇。

生育保险待遇包括生育医疗费用和生育津贴。

生育津贴是女职工按照国家规定享受产假或者计划生育手术休假期间获得的工资性补偿，按照职工所在用人单位上年度职工月平均工资的标准计发。

按照国家规定由公共卫生服务项目或者基本医疗保险基金等支付的生育医疗费用，生育保险基金不再支付。

（1）生育社会保险中的产假。产假是国家给予受保妇女劳动者在正常分娩时所需休息和恢复健康的时间，包括产前、产后的生育产假，还要包括怀孕期和产后照料婴儿的抚育期。为了保护母婴的身体健康，生育保险制度对女职工产前产后规定了休假天数。国际劳工公约规定，女职工生育，产前产后的休假不应少于 12 周（84 天）。我国妇女产假，中华人民共和国成立初期为 56 天，持续了近 30 年。国务院于 1988 年颁布了《女职工劳动保护规定》，对此作了变动，其中第 8 条规定：中华人民共和国境内的一切国家机关、人民团体、企业、事业单位的女职工，产假为 90 天，其中产前休假 15 天，难产的增加产假 15 天；多胞胎生育的，每多生一个婴儿，增加产假 15 天；女职工怀孕不满 4 个月流产的，根据医务部门的证明，给予 15～30 天的产假，怀孕满 4 个月以上流产的，给予 45 天产假。对 24 周岁以上的晚育者，规定女方增加 15 天，在规定的产假后连续使用；对初婚或未生育过孩子的再婚男方，给假 3 天。同时，对婴儿的哺乳时间也作了规定，即对女职工生育后的困难，经本人申请、单位批准，可请哺乳假 6 个半月，对不享受哺乳假期或哺乳假期满后，婴儿在一周岁以内的，规定每班两次哺乳，每次为 30 分钟。多胞胎生育者，每多生一胎，每次哺乳时间增加 30 分钟（在本单位内哺乳往返时间算作劳动时间）。女职工产假和哺乳假期满后，因身体健康原因，不能如期上班的，由医务部门证明，可酌情按病假规定延长不超过一年的假期。2012 年 4 月 18 日通过的《女职工劳动保护特别规定》中明确女职工生育享受 98 天产假，其中产前可以休假 15 天；难产的，增加产假 15 天；生育多胞胎的，每多生育 1 个婴儿，增加产假 15 天。

女职工怀孕未满 4 个月流产的，享受 15 天产假；怀孕满 4 个月流产的，享受 42 天产假。

对哺乳未满 1 周岁婴儿的女职工，用人单位不得延长劳动时间或者安排夜班劳动。

用人单位应当在每天的劳动时间内为哺乳期女职工安排 1 小时哺乳时间；女职工生育多胞胎的，每多哺乳 1 个婴儿每天增加 1 小时哺乳时间。此外，对采取计划生育措施的女劳动者的假期，各地方根据本地的实际情况，作了不同的具体规定。

（2）生育保险的医疗费用。生育医疗费用包括生育的医疗费用、计划生育的医疗费用和法律、法规规定的应当由生育保险基金支付的其他项目费用。

生育的医疗费用指女职工在孕产期内因怀孕、分娩发生的医疗费用，包括诊治妊娠合并症、并发症的医疗费用。

计划生育的医疗费用指职工放置或者取出宫内节育器、施行输卵管或者输精管结扎及复通手术、实施人工流产术或者引产术等发生的医疗费用。参加生育保险的人员在协议医疗服务机构发生的生育医疗费用，符合生育保险药品目录、诊疗项目及医疗服务设施标准的，由生育保险基金支付。需急诊、抢救的，可在非协议医疗服务机构就医。女职工生育或者流产的医疗费用，按照生育保险规定的项目和标准，对已经参加生育保险的，由生育保险基金支付；对未参加生育保险的，由用人单位支付。

（3）生育津贴。生育津贴是为了补助由于生育带来的额外开支，如接生费、护理费及其他支出等，其津贴一般采用绝对额支付。生育津贴标准，国际劳工组织《保护生育建议书》（第 95 号）提议，“生育津贴应等于该妇女生育之前的收入”。我国现行办法规定，女职工产假期间的生育津贴，对已经参加生育保险的，按照用人单位上年度职工月平均工资的标准由生育保险基金支付；对未参加生育保险的，按照女职工产假前工资的标准由用人单位支付。

3. 生育保险基金的筹集

承认女职工担负人类自身再生产的社会价值，并将女职工的基本生活保障，包括医疗保障，由企业保险改为社会保险，即由社会建立职工生育社会保险基金。国家按企业人数（不分性别）和工资总额向企业征收生育保险基金，作为社会保险金提供给生育的女职工。这是因为女职工生育是保证人类繁衍、保证劳动力再生产的光荣义务和社会天职，理应由社会组织负责女职工的生育保险。

2012 年施行的《生育保险条例》规定：生育保险基金由用人单位缴纳的生育保险费、生育保险基金的利息收入和依法纳入生育保险基金的其他资金构成。按照“以支定收、收支平衡”的原则筹集和使用。用人单位按照本单位职工工资总额的一定比例缴纳生育保险费，缴费比例一般不超过 1%，具体缴费比例由各统筹地区根据当地实际情况测算后提出，报省、自治区、直辖市批准后实施。超过工资总额 1%的，应当报人力资源社会保障部备案。生育保险基金存入财政专户并实行预算管理，执行国家社会保险基金管理办法。生育保险基金实行地（市）级统筹，逐步实行省级统筹。国务院常务会议决定，生育保险基金累计结余超过9个月的统筹地区，从2015年10月1日起将生育保险费率从不超过1%降到不超过0.5%。具体费率应按照“以支定收、收支平衡”的原则，根据近年来生育保险基金的收支和结余情况确定。2016年各地要继续贯彻落实国务院2015年关于降低工伤保险平均费率0.25个百分点和生育保险费率0.5个百分点的决定和有关政策规定，确保政策实施到位。2017年2月24日，人力资源和社会保障部举行生育保险和基本医疗保险合并实施试点工作会议，计划于2017年6月底前在12个试点地区启动两险合并工作。人社部强调，两险合并并不是简单地将生育保险并入医保，而是要保留各自功能，实现一体化运行管理。

三、我国生育保险制度存在的问题及其完善

（一）我国生育保险存在的问题

（1）生育保险覆盖面窄，发展不平衡。我国生育保险的实施范围限于中华人民共和国境内的国家机关、企业、事业单位、有雇工的个体经济组织以及其他社会组织（以下称用人单位）及其职工或者雇工（以下称职工）。乡镇企业、城镇无工作女性及灵活就业人员没有生育保险，同时占生育妇女大多数的的农村妇女也未能享受生育保险的待遇。这不利于全社会人口素质的提高。同时发达地区覆盖面较广，欠发达地区覆盖面较低。

（2）生育保险企业化，难以保障企业平等竞争和妇女的平等就业权利。这是因为生育保险费全部由企业承担，企业为了增强竞争力，就会减少对女职工的雇佣，造成女大学生分配难和女职工的调动难等现象发生。影响妇女的就业，使妇女的合法待遇无法得到保障。

（3）我国目前的生育社会保险难以实现职工利益、企业利益与国家利益的均衡。国家和职工不缴纳生育保险费，导致企业负担重和职工费用意识淡薄，难以实现三者利益的协调统一。由于我国现行的生育保险存在制度漏洞，在个人的机会主义行为盛行的情况下，就会使企业利益和国家利益受到损害。

2012年，人力资源和社会保障部研究起草了《生育保险办法（征求意见稿）》，向社会公开征求意见。征求意见稿规定，用人单位按照本单位职工工资总额的一定比例缴纳生育保险费，职工不缴纳生育保险费。

人社部作出说明，以单位工资总额作为缴费基数，表明单位无论招用男、女职工，都要依法参加生育保险，体现了生育不单是女职工个人的事情，而是一个家庭乃至社会的责任，特别是在女性就业比男性更困难的背景下，通过建

立生育保险制度实现风险共担，有利于均衡用人单位之间的生育成本负担，有利于消除就业性别歧视，保障妇女平等就业的权利。

（4）生育保险法制建设滞后。在生育保险制度改革的实践中，需要通过法律进一步规范生育保险社会统筹机构、职工、企业和国家的利益关系和行为。

（二）完善我国生育保险制度的思路

1. 坚持社会统筹方向，逐步扩大生育保险覆盖面，提高其统筹层次

从全面建设小康社会的目标看，我国生育保险的实施范围应包括全体妇女劳动者。在我国劳动者之间，只存在着社会保险缴费数额和享受水平的不同，而不应在享受生育保险和不享受生育保险待遇等方面存在差别。当然，在我国经济发展水平相对较低的情况下，我国要在短时间内建立覆盖所有劳动者的生育保险制度明显是不现实也是不可能的，因此，我国只能逐步扩大生育保险的覆盖范围，在保证现有生育保险对象范围不缩小、保险水平不断提高的情况下，将非工资劳动妇女、私营企业或个体经营者等非正规部门就业的妇女以及广大农村的女性劳动者逐步纳入生育保险的享受范围，从而起到扩大覆盖面、提高我国人口整体素质的目的。

这就需要在经济发展的同时通过市场化运作，广开门路，积极筹措生育保险资金。其主要措施是通过法律手段消除少数行业和企业的系统内自我统筹系统，使其参与基本保险，努力变行业保险为社会保险。当然，由于各地生产力发展的水平和社会文明程度不同，也应允许少数企业和行业在基本保险外根据其需要和实际依照国家法律法规建立补充保险。最终，要将生育保险资金的统筹层次由目前的县级水平提高到省、自治区、直辖市的层次和水平，要让所有的育龄妇女及其相关人员都能享受到该保险。

2. 改变筹资模式，建立生育社会保险基金，由个人、企业及政府三方筹资

生育保险资金由个人、企业（用人单位）及政府三方筹资及费用分担的机制是国际生育保险的基本特征。我国的生育保险资金筹措从形式上看实现了社会统筹，但实际上生育保险的基本费用还是由企业（用人单位）一家负担。市场经济发展到了今天，我国仍未摆脱企业主要是国有企业办生育保险的传统模式。在我国国有企业经营效益没有明显好转的情况下，国有企业办生育保险就进一步加重了企业的资金负担，使国有企业的经营进入一种恶性循环，生育资金的筹集难度进一步加大。而非国有企业和个人随着市场经济体制的建立和

我国的对外对内开放获得了很大收益，这通过非国有企业良好的发展势头和居民内外币存款的不断增加就可清楚地看出来。在这样的时代背景下，建立政府、企业、个人共担费用的生育保险资金筹措和分担机制，强化个人和企业的出资责任与义务就十分重要。因为在西方生育保险制度发达的国家或地区，生育保险资金主要是由个人和企业负担的，政府只是进行必要的补贴和支付，并对保险资金的筹措和运用进行监督和管理。

3. 使生育社会保险制度规范化，加快生育保险立法

现阶段我国生育保险的法律制度还不健全，现行的生育社会保险还只是通过试行办法的形式加以规定，而且仍然处于改革试点过程中。政策本身的这种临时性特征给具体的执行者带来很大的随意性。这种临时性将使生育社会保险制度的改革付出高昂的成本。随着生育社会保险制度改革的不断深入，应在不断总结经验的基础上，使生育社会保险制度尽快加以完善，并用法律形式将其规范化。

4. 加强对生育保险基金的管理，实现生育保险基金的安全有效运行

加强科学化管理，是建立一个高效的生育保险基金管理体制的必然选择。生育保险本身的特点决定了生育保险资金在略有结余的前提下实行现收现付制是理想的选择；根据本地区的经济发展和生育费用的支付情况，确定好本地区生育保险基金的征集比例（1%以下），对已有大量结余的地区可以在一定时期少征或不征生育基金，切实减轻企业负担；重视积累基金的保值增值，稳定生育保险的财源；建立和健全财务管理制度及相关监督机制，严格财务纪律和手续；提高基金管理人员素质，以确保基金的正常运转和使用效果。

加强社会化管理。社会化管理是社会生产力发展的客观要求，也是生育保险深入改革的主要目标之一。社会化管理应贯穿生育保险的收缴、给付、筹办等环节之中，它有利于扩大生育保险的社会影响，对生育女职工有直观的宣传效果，同时也有利于落实生育保险待遇，切实保障女职工的合法权益。

加强基金的监督管理。鉴于我国社保机构行为的不规范，有必要形成企业、个人以及国家相关监督部门共同监督社保机构的监督行为，提高社保机构行为的透明度，保证基金的安全有效运行。

加强属地管理。社会保险的最重要原则之一就是普遍性，属地管理就是这种普遍性原则的具体体现。由于属地管理使许多地区的社会保险基金实力明显增长，非常有利于社会保险事业的发展。这种属地管理原则也应落实到生育保险之中，中央、外地、部属、军队的企业，都应由所属地区统一筹资、统一管理、统一给付，这将大大提高生育保险的社会化程度。

☞ 小结

1. 工伤社会保险是指劳动者在生产劳动和其他工作过程中遭受意外伤害或因长期接触有毒有害因素引起职业病伤害后，由国家和社会为负伤、致残和死亡者生前供养亲属提供必要的物质保障的制度。它是工业文明的产物，对妥善处理职业伤害事故的善后工作，维护社会公平和社会稳定有重要作用。但我国的工伤保险目前存在着覆盖面还不广、保险费率机制不甚合理、管理成本过高、缺乏有效的监督机制、评残制度不完善、立法工作存在严重的滞后性等问题。因此，我国要继续扩大工伤保险的覆盖面、加快法制建设的步伐，加强工伤保险的管理和监督、完善“预防—保险—康复”相结合的工伤保险体系。

2. 疾病社会保险是社会成员或劳动者在疾病、非因工致残等情况下，从社会和企业获得物质帮助的一种社会保险制度，包括因自然原因导致的疾病和非因工伤残两类事故。它有利于保障个人生活和企业生产，也有利于国民健康水平的维护。它是维持劳动力再生产的必要手段。

3. 生育社会保险是指国家和企业为怀孕和分娩的妇女提供医疗服务、生育津贴和产假，以保证那些因生育而造成收入中断的妇女和家庭的基本生活的一种社会保险制度。生育保险不仅使女职工本人的健康得到保障，而且保障了劳动力的再生产。我国目前的生育保险大部分由企业承担，它并不适应市场经济的发展。因此，近年来我国采取了一系列的改革措施，并取得了较大成效。

☞ 重点名词

社会保险　工伤社会保险　生育社会保险

☞ 复习思考题

1. 工伤社会保险、生育社会保险的特点是什么？
2. 工伤社会保险资金筹集的原则是什么？
3. 如何看待和评价招工中的性别歧视现象？你认为应如何避免？

第九章

社会福利、社会救助与社会优抚

第一节 社 会 福 利

一、什么是社会福利

（一）社会福利的概念

社会福利是一个不断受到各种历史和现实社会的政治和道德意识形态的审查和拷问的领域。其内涵和外延很难确定，使用范围也相当地广泛。社会福利随着使用者或使用地点的不同，往往具有不同的含义。但是，如果要对“社会福利”一词作出抽象统一的概括的话，可以认为，社会福利是泛指解决一切有关“福利”问题的各种社会措施、政策和事业的总和。社会福利所关注的是帮助人们在一定的生活水平上，尽可能提高他们的生活质量。

然而，这样的概括未免过于抽象而有失具体，所以有必要对其内涵作出进一步的界定。首先对于社会福利的理解取决于对于“福利”概念的了解。福利一词在英文里是welfare，而“welfare”又是“well”和“fare”意义的综合。“well”的意思是好，“fare”的意思是生活。二者结合起来，就是“安乐的人生之路”、“快乐的生活”、“追求快乐的人生”等。德国经济学家、统计学家恩格尔将福利解释为“达到了满足日常生活欲望的状况”。此外，福利经济学创始人庇古认为，福利应该具体为一个人获得的效用或感受到的满足，包括对于财产、知识、感情、自由等的获取而产生的满足，这些往往是无法用货币进行计量的。这是一种比较科学而具体的解释。

可以这么认为，社会成员所有的这些福利的总和以及由此而生的来自社会福利计划对一国的社区或者社会满意状况作出的贡献便构成了社会福利。社会福利有着丰富的内涵和广阔的外延，人们可以从三个层面上理解它：从最宽广的意义的层面上，它是指所有能够改善和增进民众生活和精神需求水平的社会措施；从第二个意义层面上，它在西方保障学研究中作为社会保障的同义词而广泛地使用，其本身便作为社会保障制度的代名词；在第三个层面上，作为社会保障制度的一部分，我们使用狭义的社会福利的概念。

在狭义的社会福利概念的定义上，各国的学者也有着不同的见解或定义的重点。国内学者强调社会福利提供的主体和个体以及出资方式。我国学者郭士征等认为，社会福利作为社会保障的一部分，从广义上来讲是指由国家或社会举办的各类公共事业，包括文化、教育、医疗、城镇和农村社区或企事业单位等举办的公益事业。狭义的理解仅指由国家出资兴办，以低费或免费的形式向一部分需要特殊照顾的社会成员提供物质帮助或服务的一种社会保障制度。李珍等认为社会福利是国家或者政府为立法或政策范围内所有对象普遍提供在一定生活水平上尽可能提高生活质量的资金或服务的社会保障制度①。

国外有些学者从社会福利提供的作用及目的入手进行定义。比如瓦尔特·弗里德兰达认为，社会福利是为了保障个人及集团的小康生活和身心健康所制定的各项社会服务及其制度的组织体系。约翰·克拉克认为社会福利是为了确保全体人民大众物质的、精神的、社会的最基本生活而确立的官办及民办的所有服务项目。另一些学者则强调社会福利的结构层次。巴克认为，社会福利是指一种由社会福利计划、社会福利津贴和社会服务构成的，帮助人们满足对维持其社会运作必不可少的社会需要、教育需要和健康需要的国民制度②。

我国作为一个发展中国家，更是一个社会主义国家，因此在对社会福利的理解上，更强调其社会性、发展性。综上所述，我们认为，社会福利是指国家、社会、社区或者企事业单位等通过立法并依法组织、出资举办的，目的在于确保全体民众物质的、精神的、社会的最基本生活的所有非营利性或者营利性的事业的总和。社会福利是社会保障体系中的最高纲领。

（二）社会福利制度的特点

社会福利制度作为保障并帮助民众在一定生活水平尽可能提高其物质或精神福利的制度，具有与社会保障体系中其他项目不同的特点：

1. 福利性

① 丁建定．社会福利思想．武汉：华中科技大学出版社，2005.

② 丁建定．社会福利思想．武汉：华中科技大学出版社，2005.

即非营利性，社会福利是确保并帮助民众取得物质的、精神的、社会的福利的制度。一方面，在法律层面上制定并依法实施保障公民福利；另一方面在经济层面上，政府、社会、社区或企事业单位负责组织和出资举办福利事业，修建福利设施。

2. 规范性

社会福利是政府依据宪法和法律的规定，旨在保障公民基本生活水平、依法保证民众的合法权益而举办的福利事业，具有规范性。

3. 社会保障起点高

社会福利是在一定生活水平上尽可能提高或改善民众生活状态，是在一个较高层次上的社会保障，处于社会保障金字塔的最高点。因此应该根据国家经济能力设定和实施，但往往容易偏离既定的目标，造成福利陷阱。20 世纪六七十年代，以英国、瑞典为代表的“福利国家”的社会福利内容几乎覆盖了所有个人和家庭所不能解决的问题，但是，自 20 世纪 70 年代后期以来，“福利国家”的社会保障制度由于人口老龄化和失业人员的数量激增逐渐显示出其局限性和弊端。

4. 公平性

不同社会福利思想流派对于社会福利公平的理解不一样，在本书中，我们比较倾向于第三条道路倡导者的定义，他们把平等界定为“包容性”，这种平等既针对穷人，也针对富人。每个人不论地位如何都享有平等的人权，不论经济上是否成功都能获得有尊严的物质保障。为此应该允许一定程度上的不平等。

5. 普遍性

社会福利是政府、社会等单位组织在法律的监督下增进全体公民的福利和幸福感的制度，全体公民只要在法定政策范围内，就具有享有社会福利制度带来的利益的权利，无论原来收入的多寡，也不需要对享受者的家庭情况进行调查。

6. 综合性

社会福利不仅仅对人们的物质生活给予保障，还要满足人们的精神、社会生活的需求；它不仅满足人们目前生活的需要，还要保障其家庭、后代的需要；它不仅通过收入维持计划给人们提供一定程度的经济补偿，更多的是通过建立公共设施和提供公共服务满足人们的需要。

二、社会福利制度

（一）社会福利制度的历史沿革

历史上人们对于社会福利的理解经过了一段很长的时间，社会福利事业随着时间的推移所涉及的范围也越来越广，社会福利制度的历史沿革大致经历了三个阶段：

1. 慈善事业

针对生活需要帮助的穷人，社会福利最初是由教会或教区提供有限的慈善性质的物质帮助。此时，社会福利几乎与慈善同义。它是由富有责任感的社会个人出于自身的善意或者信仰，试图缓解贫穷所带来的福利缺乏的状况，或者是由社会中个人或组织采取的有计划的慈善事业。由于它是出于主观情感的因素，带有极大的偶发性和任意性，因此并不利于社会福利事业有秩序地、健康地发展。

正是由于慈善事业的偶发性和随意性，贫困者所能得到的救济资源十分有限。这些通常只是出于人们的施舍意识，贫困者在当时往往被认为是具有劳动能力并且能够自食其力，缺乏的只是劳动意识。他们往往被鼓励或要求参与工作改善自己的贫困状态。

2. 社会事业相关学者观点①。

随着贫困问题的日益严重和对于贫困问题认识的提高，并在对产生贫困的原因进行系统性分析之后有组织地采取相应对策的基础上，逐渐形成了对于社会福利新的理解。于是政府把济贫转变为正式经常性的社会项目。对于“社会事业”的定义，目前大致有以下几种意见。

阿里切·萨洛蒙认为：社会事业是指国家以及社会对民众追求理想的文明的生活方式予以保护所作努力的总和。这种努力的具体内容，是指对那些落后于时代的文化或者受到种种妨碍的社会层面加以改进，使其在健康、道德以及经济关系等诸方面得到提高的行为和活动。

爱德华·迪拜因认为，社会福利存在的意义仅仅在于弥补社会制度经济发展自身所无法满足的需要。其所起的作用是要有所限制的，不能无限制地扩张而破坏社会经济自由化的要求。社会事业是指在既存的社会制度不能发挥作用的时候，为保护个人生活，补充和修正既存制度中的缺陷，改良不适应社会要

① 丁建定．社会福利思想．武汉：华中科技大学出版社，2005.

求的弊病，社会对自身弊端进行补救所作的种种社会性努力的总和。

1928 年第一届国际社会事业会议上作出暂行规定：“社会事业是解救因贫困引起的生活窘困，使这些人或者家庭的生活恢复到正常的状况。与此同时排除社会上的种种弊端，改善和提高社会环境和生活状况的事业。”这应该是最基本的要求，更多的情况是针对贫困的状况而实施的一种济贫政策。19 世纪中期，商品经济在资本主义世界日益发展，贫困化问题越来越严重，人们逐渐认识到不幸可能并不是由于自身的原因产生，而是社会发展造成的，无论是富人还是穷人都有可能由于自身无法控制的因素而成为贫困大军中的一员，救贫政策作为社会事业得以产生。

3. 社会福利制度

20 世纪 30 年代，世界范围内的资本主义经济危机的发生，进一步动摇了资本主义市场经济的根基，跟资本主义相对立的社会主义苏联登上世界舞台，并且成功地实现五年经济计划的目标。在这种情况下，制度型社会福利思想逐渐占了上风。第二次世界大战结束后，英国率先按照《贝弗里奇报告》建成“福利国家”。随后西欧、北欧的国家纷纷以建立“福利国家”为努力方向。此后，社会福利作为现实社会中的一项制度得以推行，并且成为历史性、社会性的进步事物得以公认。英国、美国等一些国家最早使用“社会福利”这一概念。

社会福利有了很大的发展，其内容涉及社会生活的各个方面，实施范围惠及社会各个阶层的人员，老人、儿童、富人、穷人和妇女问题受到重视，社会福利成为国民社会权利的重要组成部分；福利标准得到进一步的提高，大大增进了民众社会生活的质量。此后，民众对于社会福利有了进一步的要求。而在国家政权方面，社会福利也以一种作为保障人民生活的基本政策得到实施。

我国制定社会福利政策的原则是：从国家的国情、国力出发，按照有利生产、保障生活的原则，有步骤地完善和发展。现阶段中国社会福利工作的内容包括：（1）公共福利和集体福利事业。主要有劳动保险、医疗保健、妇幼保护和文化、教育、娱乐等公共福利设施。（2）优抚对象的福利。指对荣誉军人、退伍军人、残废军人提供医疗、休养、康复、安置等项社会服务和福利服务。（3）儿童福利事业。主要有儿童保护，孤儿照料，残疾儿童的收养、医疗、康复、教育，失足青少年教育。（4）老年人福利事业。通过兴办社会福利院、敬老院、老年公寓、老年活动中心、老年康复中心等福利设施，为老年人（包括孤寡老人）提供免费或低收费的福利服务。（5）残疾人福利事业。为残疾人提供就业、教育、康复、文化娱乐的条件和设施，生产残疾人使用的各种假肢和特殊用具，以及提高残疾人的社会地位等。现阶段我们国家正在积极推进适度普惠型社会福利制度建设。

（二）社会福利的分类

社会福利制度的内容极为宽泛，层次结构因此也比较繁杂。社会福利的内容主要包括为全体民众提供的公共福利、为弱势群体提供的各种物质帮助和社会服务以及为职工提供的各种福利待遇。由此社会福利可以划分为公共福利、特殊福利和职工福利等三个组成部分。公共福利又称为国家福利、财政福利或一般福利。它是国家通过直接投资、财政补贴、税收减免等手段，对全体社会成员举办的各种旨在提高其物质生活、精神生活、社会生活水平和质量的社会福利项目，但不排除对某些弱势群体或者有特殊需要的地区提供的特殊帮助。其突出的特点是国家直接以财政手段针对社会福利项目的实行和社会福利项目水平的提高。特殊福利，也称专门福利，是以无劳动能力或者具备劳动能力但无经济收入的老人、孤儿、残疾人、妇女等弱势社会群体为对象，旨在提高他们在生活供养、疾病康复、文化教育等方面的生活水平。职工福利是指企事业单位、国家机关等通过举办集体生活福利事业，建立各种补贴制度，在劳动者工资收入之外，增加补充性的收入，向职工提供物质帮助和服务等活动的总称。

此外，对社会福利还有其他类型的划分，按照社会福利的保障对象分类，可以将社会福利分为未成年人福利、老年人福利、残疾人福利、劳动者福利等；按照社会福利实施的内容来分，可以分为生活福利、教育福利、医疗卫生福利、文体娱乐福利、住房福利等；按照社会福利的实施范围进行分类，可以分为社会津贴、行业补助和社会服务。社会津贴又称为社会补贴，是国家实行某项经济政策或者采取某项政治政策的时候，为了使民众享受到国家经济社会发展的物质成果，或者是为了保证不至因为这项经济政策的实施而导致某部分群体生活水平的下降，而采取的一种物质帮助，目的在于增强民众对于经济政治政策的承受力。行业补助是一个行业或者一个企业为了谋求自身健康稳定的发展，为其所属职工普遍提供的物质帮助，目的在于保证职工一定的生活水平，提高行业或者企业的向心力，免除职工的后顾之忧，吸引新的高质量的劳动力加入。社会服务是国家或者社会通过社区组织或者慈善机构为解决人们的实际困难、提高民众的生活质量而针对社会各个层次提供服务与设施的社会福利项目。

三、当今世界的社会福利制度

（一）老年人社会福利制度

随着社会的发展，人均寿命一直在持续地延长，同时世界也跨入了高龄化的社会。老龄人口的普遍增长，给世界各国都带来十分严峻的挑战，老年人社会福利制度也越来越受到重视，它也成为各国政府实施社会福利计划的重要方面。

现今，世界各国老年人社会福利制度大致包括两种主要方式。

1. 现金资助

实行现金资助的国家属少数，目前主要有以下两种方式：

首先，生活费用资助，主要是针对缺乏劳动能力或者有劳动能力但无足够经济收入的老人、残疾人等社会弱势群体直接提供生活费用资助，或者发放相当于现金资助的食品券，采取这种方式的有美国等国家。如美国对所有的65岁以上高龄者或者身体残疾者提供现金资助，作为补充其他福利所得的措施来执行。

其次，医疗费资助，主要是针对患病高龄老年人直接提供医疗费用资助，或者对在家护理老年人的家属提供护理津贴。日本、德国等国家提供这种资助。

澳大利亚政府所运作的福利，多数都是以津贴的形式来发放。政府的津贴品种繁多，有家庭津贴、青年津贴、新开始津贴（失业者的福利）、生育津贴、免疫津贴、家长补助、子女补助、托儿津贴、住房补助、残疾儿童津贴、护理人补助、土著青年助学金、偏远地区儿童补助、健康护理卡、老年津贴、鳏寡津贴、残疾人津贴、老年优惠卡、老年健康卡、电话补助、退伍军人津贴、孤儿养育津贴、领津贴者的教育补助，等等。基本上各种困难的情况都能覆盖得到了。

2. 福利服务

世界上大多数国家的老年人社会福利项目主要集中在福利服务，福利服务又包括以下四个方面：

首先，生活服务，其中包括建立老人院，开展老人的保健咨询、康复指导，提供信息等普遍性的服务，还包括饮食的配送（美国、德国、英国、瑞典等国家）、提供闲暇生活的服务（法国）。

其次，医疗服务，其中包括住院和疗养性医疗服务（英国），护理服务

(德国、法国等)。

再次，住宅服务，其中包括慰问家访（美国）、住宅代行家务（德国、日本等)、配备家庭服务员（英国）等。

最后，设施服务，这也是大多数国家采取的福利服务方式，主要包括收容设施（美国)、老人公寓（法国、英国、瑞典)、高龄者住宅（高龄者住宅由能够自理的老人入住，兼有饮食和护理服务）和中长期滞留中心（中长期滞留中心的对象主要是慢性病老人患者，以提供医疗服务为主）(法国)、食堂、美容理发室、劳作室、谈话室等设施的利用（英国)，以及特别护理疗养院(对象是生活上不能自理的老人）(瑞典)。

随着老年人寿命的延长，老年人生活护理和医疗护理工作量也随之增大，尤其是患有慢性疾病和长期患病的老年人。因此目前世界各国老年人社会福利服务最突出的部分和中心课题是护理服务，它也是衡量一个国家老年人社会福利水平高低的重要指标。

人口老龄化不仅是个人和家庭的现实问题，它还涉及政治、经济、文化、社会等领域。积极应对人口老龄化关系到国计民生、民族兴衰和国家的长治久安。我国在 2015 年 4 月 24 日第二次修订的《中华人民共和国老年人权益保障法》作为一部构建和发展和谐稳定社会关系的重要法律，不仅增强了老年人自身法律保护的意识，还会从各个层面提高生活质量与幸福满意度。修订的内容主要包括：一是集中规定了老年人享有的基本权利，主要是从国家和社会获得物质帮助、享受社会服务和社会优待、参与社会发展和共享发展成果等权利，这些权利大多体现了老年人的特殊要求。二是规定积极应对人口老龄化是国家的一项长期战略任务。这一规定从法律上明确了应对人口老龄化的战略定位，对于从国家战略层面谋划和推进老龄工作具有重要意义。三是对老年人社会保障体系和社会养老服务体系以及老年优待作出原则规定。四是从经费保障、规划制定和老龄工作机构职责三个层面进一步明确政府发展老龄事业、做好老年人权益保障工作的职责。五是强化了老龄宣传教育，以进一步增强全社会老龄意识，营造敬老、养老、助老的良好氛围。六是增加了有关老龄科研和老年人状况统计调查和发布制度的规定。七是增加了对参与社会发展作出突出贡献的老年人给予表彰奖励的规定，以鼓励老年人继续为国家建设作贡献。八是规定每年农历九月初九为老年节。

为构建适应老龄化新形势的养老服务管理体制，国务院印发《“十三五”国家老龄事业发展和养老体系建设规划》，要求制定实施老年人照顾服务项目，鼓励地方丰富照顾服务项目、创新和优化照顾服务提供方式，着力保障特殊困难老年人的养老服务需求，确保人人能够享有基本养老服务。在全国范围内基本建成针对经济困难的高龄、失能老年人的补贴制度。对经济困难的老年人，地方各级人民政府逐步给予养老服务补贴。完善农村计划生育家庭奖励扶助和特别扶助制度。

（二）家庭福利

家庭福利的对象和内容相当广泛，社会福利其他项目的某些内容也涉及家庭福利的内容。它的对象多是低收入家庭、多子女家庭或者单亲家庭，但总是围绕着家庭这一单位来进行。家庭福利的实施内容主要包括以下四个方面：

1. 住宅辅助

住宅辅助主要包括住宅津贴（主要包括房租津贴和自有屋的负担补助）和住宅融资等。实施住宅辅助的国家主要有法国、德国、瑞典和英国，其对象主要是低收入家庭、有未成年人的家庭等。

2. 生活辅助

生活辅助主要是以援助多子女的低所得家庭为目的。其对象范围比较广泛，主要包括多子女和能力、收入、资产相对低下者，即使家庭所得在贫困线以上，只要具备法律规定的条件也可享受该福利，它是一种层次较高的社会援助。例如，法国就是以多子女为中心，实施“家庭补充津贴”和“抚养儿童的双亲生活津贴”。前者支付给抚养有 3 个 3 岁以上子女的所有家庭，没有所得限制；后者特地为抚养有 3 个子女以上，并且双亲又因某种原因失去劳动所得，或者劳动时间以及劳动所得缩减了一半以上的家庭。实施生活辅助的国家主要有英国、法国、美国、德国、瑞典、日本等国家。

3. 家庭津贴

家庭津贴是指定期支付有子女的家庭现金。例如英国的“家庭所得补充给付”，是为了援助有子女的家庭，对其定期给付一定现金的计划。有些国家的家庭津贴还包括上学补助、出生补助和未成年受供养者的津贴等。实施家庭津贴的国家主要有英国、新西兰、加拿大等国家。美国尽管没有家庭津贴计划，但是有几个根据家计调查而确定补助金的福利计划，这些计划为家庭，很少是为了个人，提供收入或收入替代品，包括现金、票券计划和实物给付计划。

4. 医疗辅助

世界各国普遍实施了医疗社会保险项目等社会保障制度，因此实施医疗辅助的国家并不多。美国、法国虽然仍在实施医疗辅助制度，但是已把它作为医疗社会保险制度的补充。辅助对象主要是不能负担必要医疗费用的贫困家庭。其内容主要包括在宅医疗、住院、医疗津贴、负担保险费等。

5. 精神慰藉

我国在2015年4月24日第二次修订的《中华人民共和国老年人权益保障法》中明确规定：家庭成员应当关心老年人的精神需求，不得忽视、冷落老年人。与老年人分开居住的家庭成员，应当经常看望或者问候老年人。用人单位应当按照国家有关规定保障赡养人探亲休假的权利。

（三）残疾人社会福利制度

1. 国外残疾人福利类型

残疾人社会福利制度实施的目的在于尽快帮助残疾人重新获得能力或信心参与社会工作，帮助其自力更生，创造条件使其感觉与其他社会成员一样参与社会领域的所有活动。基于上述目的，在具体实施上，世界各国的残疾人福利制度分为以下三种类型：

（1）康复型。康复型残疾人福利制度主要是以美国和德国为代表，它主要是以治疗为主，创造条件帮助其恢复生理和心理功能。美国和德国都具备完善的康复医疗服务和残疾人专用的康复设施，设计有完备的残疾人医疗服务体系（美国的"访问护士制度"和德国的"在宅护理制度"），它们在残疾人的治疗和恢复功能方面起了很重要的作用。

（2）自立型。自立型残疾人福利制度主要是以英国为代表。它主要是强调为残疾人创造条件参加社会工作，帮助其自力更生，和正常人一样生活。英国还针对残疾人进行分类，根据就业的可能性，把登记在册的残疾人分为两类，一类残疾人经过职业训练就可以就业；另一类残疾人必须为其创造特别条件才能就业。同时，英国在津贴方面予以帮助。例如，每周支付保姆津贴或者直接将残疾津贴支付给残疾人，支付活动津贴给5~75岁行动能力缺乏者，改善残疾人的生活处境，并尽量帮助其提高生存能力，融入社会。

（3）辅助型。辅助型残疾人福利制度主要是以日本和法国为代表。它主要是以辅助的方式，减少残疾人在生活中遇到的困扰，提供尽可能多的方便，改善残疾人的生存环境。日本和法国都设有残疾人手册，这个手册使得残疾人享受公共交通和电信等日常生活服务的折扣或免费。并且，两国都还有残疾人免交所得税和居民税的优惠规定。此外，两国政府还向残疾人提供日常生活物质帮助，派遣服务人员，帮助其改造住宅等。

无论是以哪种类型为主，一般各国都会兼顾到各种不同类型，照顾残疾人生活的方方面面，为残疾人员这一特殊群体提供尽可能的帮助。例如，各国都存在残疾人及其家属的年金制度。此外，还有医疗帮助、改善居住环境和生活条件等，这些都是残疾人福利的重要内容。

2. 我国残疾人福利

（1）残疾人福利内容。残疾人福利既包括给予基本的物质帮助，还要根据社会经济文化发展状况，在残疾人的康复、医疗、教育、就业、文化娱乐等方面给予相应的权益保障，努力实现“平等、参与、共享”的残疾人保障目标。

1）残疾人就业。国家和社会采取必要措施保障残疾人在劳动力市场上享有就业的同等机会。《中华人民共和国残疾人保障法》规定：各级人民政府应当对残疾人劳动就业统筹规划，为残疾人创造劳动就业条件。残疾人劳动就业，实行集中与分散相结合的方针，采取优惠政策和扶持保护措施，通过多渠道、多层次、多形式，使残疾人劳动就业逐步普及、稳定、合理。我国的残疾人就业，主要有两种方式，即社会吸收和福利企业。

2）残疾人教育。《关于残疾人的世界行动纲领》指出：会员国应保证残疾人有平等接受教育的机会。包括使最严重残疾的儿童享受义务教育；并容许在入学年龄、教学内容、考试程序方面增加灵活性。联合国《残疾人机会均等标准规则》指出，在实施义务教育的国家，应向各种类别和不同程度的男女儿童，其中包括重残儿童，提供义务教育。

我国法律规定，国家保障残疾人受教育的权利，各级政府应当将残疾人教育作为国家教育事业的组成部分，统一规划，加强领导。根据残疾人的特性，采取两种教育方式：一是普通教育方式，对具有接受普通教育能力的残疾人实施。二是特殊教育方式，对不具备接受普通教育能力的残疾人实施。此外，还根据残疾人的身心特性和特殊需要实施教育。国家设立残疾人教育机构，鼓励社会力量办学、捐资助学。国家组织和扶持盲文、手语的研究与应用，特殊教材的编写和出版，特殊教学用具及辅助用品的研制、生产和供应。

3）残疾人康复。国际社会认为，只要向残疾人传授康复知识和方法，相当数量的残疾人可以在家庭和社区范围内进行功能、自理能力和劳动技能的训练。康复一般包括以下几种服务：①及早发现病情；②诊断和处理；③医疗护理；④社会、心理和其他方面的咨询和协助；⑤进行自理训练；⑥职业技能训练、职业培训、公开招聘和保护性的就业安置；⑦提供辅助器械、行动工具及其他设备；⑧专门教育服务等。在残疾人的康复保障中，要强调残疾人所具备的能力，尊重他们的人格和尊严。康复工作应该在自然的环境中进行，辅之以社会康复服务和专门的康复机构。

《中华人民共和国残疾人保障法》规定：国家和社会采取康复措施，帮助残疾人恢复或者补偿其功能，增强其参与社会生活的能力。康复技术应当从实际出发，将现代康复技术与我国传统的康复技术相结合。以康复机构为骨干、社区康复为基础、残疾人家庭为依托，以实用、易行、收益广的康复内容为重点，开展康复新技术的研究、开发和应用，为残疾人提供有效的康复服务。

4）残疾人文化生活。《关于残疾人的世界行动纲领》提出，会员国确保残疾人有机会充分发展他们创作性的、艺术的和社会方面的潜力，这既是为了他们自身的利益，也是为了造福社会。为此，应确保他们参与文化活动。必要时，应提供特别帮助，如聋人助听器、盲人点字印刷书籍等。为了活跃残疾人的文化生活，国际上定期举办残疾人奥林匹克运动会、特殊奥运会、世界聋人运动会、国际特殊艺术节、国际残疾人智能竞赛。

我国残疾人文化生活保障的指导原则是：残疾人文化、体育、娱乐活动应当面向基层，融于社会公共文化生活，适应各类残疾人的不同特点和需要，使残疾人广泛参与。国家和社会采取各类措施，丰富残疾人的精神文化生活，主要包括：①通过广播、电影、电视、报刊等形式，反映残疾人生活，为残疾人服务；②组织和扶持盲文读物、盲人有声读物、弱智人读物的编写和出版，开办电视手语节目，在部分影视作品中增加字幕、解说；③组织和扶持残疾人开展群众性文化、体育、娱乐活动，举办特殊艺术演出和特殊体育运动会，参加重大国际性比赛和交流；④有计划地兴办残疾人活动场所，为残疾人提供方便和照顾。

5）举办精神病人福利院。精神病人福利院是我国接受和治疗精神病人的福利事业单位，由卫生、民政、公安三个部门分别举办，承担不同对象的收治任务。民政和卫生部门精神病人福利院的任务，是收养城镇中无依无靠、无生活来源、无法定义务抚养人的精神病人，同时也收养自费的家庭无力看管的精神病人。精神病人福利院对精神病人实行开放管理，即不关、不绑、不锁，采取劳动治疗、文娱治疗、药物治疗和心理治疗，并把这四种方法结合运用。

6）扶残助残活动。公共服务机构应当为残疾人提供照顾和优待，内容包括：①残疾人在搭乘国内公共交通工具时应给予一定的照顾和方便，甚至享受减费或免费服务；②盲人读物邮件可以免费寄递；③残疾人申请在公共场所开设零售店或申请解困住宅、停车位，应保留其名额并优先核准；④残疾人或其抚养义务人应缴纳的捐税，政府应按残疾人的残疾等级、家庭经济状况，依法给予适当的减免。

7）环境保障。《残疾人机会均等标准规则》指出，各国应确认无障碍环境在社会各个领域机会均等过程中的重要性。对任何类别的残疾人，各国应做到：采取行动方案，使物质环境实现无障碍；采取措施，在提供信息和交流方面实现无障碍。

《中华人民共和国残疾人保障法》规定：国家和社会逐步创造良好的环境，改善残疾人参与社会生活的条件；逐步实行方便残疾人的城市道路和建筑物设计规范，采取无障碍措施等。2001 年，建设部、民政部、中国残联联合发布了《城市道路和建筑物无障碍设计规范》，其中有 24 条纳入工程建设标准强制性条文。

（2）我国残疾人福利存在的问题。目前，我国的残疾人福利事业仍然存在着比较多的问题，主要表现在：残疾人保障水平较低，滞后于经济和社会发展；对无障碍设施管理不严；对残疾人照顾不周，对侵犯残疾人合法权益的行为制裁不力；为帮助残疾人就业而给予福利企业的税收优惠重形式、轻效率，从而导致一些不良影响的产生等。

（3）我国残疾人福利解决对策。针对目前我国残疾人福利事业存在的问题，应重点采取以下措施加以解决：①强制推行依法分散、按比例安排残疾人就业；②在城市主要道路和大型公共建筑强制推行无障碍设计规范；③为残疾人提供特别服务，如开办残疾人用品专卖店等；④增设解雇保护，赋予残疾人特殊的休息权利；⑤研究、开发和生产适应残疾人使用的产品；⑥对农村残疾人给予特别关注；⑦制定《残疾人权益保障法实施细则》；⑧进一步重视残疾人康复工作。要下大力气向残疾人普及康复知识，传授训练方法，提供经济适用的辅助工具，指导和帮助广大残疾人在家庭和社区进行自我训练。

中国目前我国仍有相当数量的农村贫困残疾人、近 200 万城镇残疾人生活还十分困难，城乡残疾人家庭人均收入与社会平均水平差距仍然较大，要以残疾人两项补贴为核心加快建立残疾人基本福利制度。《“十三五”推进基本公共服务均等化规划》要求全面落实困难残疾人生活补贴和重度残疾人护理补贴制度。对获得最低生活保障后仍有困难的重度残疾人采取必要措施给予生活保障。积极推进为家庭经济困难的残疾儿童、青少年提供包括义务教育和高中阶段教育在内的 12 年免费教育。实施残疾儿童抢救性康复、贫困残疾人辅助器具适配等重点康复项目，建设康复大学。加强国家通用手语、通用盲文的规范与推广。加快推进公共场所和设施的无障碍改造。

（四）儿童及青少年社会福利制度

儿童及青少年社会福利制度的宗旨是为了提高国民素质，为儿童和青少年创造轻松、健康的生长环境。它主要包括实物给付和现金给付两个部分的内容。

1. 实物给付

实物给付的内容丰富，主要包括保育所和幼儿园等儿童福利设施的提供，儿童保育所、婴儿院、托儿所等的免费服务、免费午餐、免费就诊，专门公寓的提供及儿童监护等法律支持，法律规定的日常照顾、儿童谈心服务，对寄养的孩子或养子加入保育所的特殊照顾，双亲权的行使等。例如，丹麦法律为青少年建立青少年俱乐部，为青少年提供娱乐和相互交往的场所。妇女、婴儿和儿童特别补充食品计划是美国最受欢迎和最成功的预防性健康计划之一。

2. 现金给付和支持服务

现金给付主要包括各种形式的对生育妇女的一次性补助，以及单亲家庭抚养儿童津贴、儿童住宅津贴、育儿津贴、抚养儿童家庭援助等。但是，最体现儿童保护水准的是儿童津贴，它的水平在一定程度上反映了一个国家的儿童保护的状况。它不仅体现在儿童津贴的高低，还体现在儿童津贴的期限。例如，瑞典作为福利国家的典范，其法律规定免税的儿童津贴提供给那些抚养 16 岁以下的一个或两个孩子的家庭，抚养 20 岁以下的学生的家庭，以及抚养 23 岁以下的由于残疾而参加特殊学校的学生的家庭，还为多子女的家庭提供儿童补充津贴，其标准为：第三个孩子增加 50%，第四个孩子增加 100%，第五个孩子增加 150%。

此外，儿童和青少年福利往往和其他社会福利项目政策不可避免地联系在一起。总之，扶助来自生活的方方面面，从而给予每个儿童和青少年以充分的福利保障。

（五）中国的儿童福利

1. 儿童福利的内容

在《中华人民共和国未成年人保护法》中，规定了对未成年人的家庭保护、学校保护、社会保护和司法保护等措施，并对有关儿童福利问题作了种种规定。我国儿童福利的内容主要包括以下几个方面：

（1）儿童医疗保健设施和服务。卫生部门对儿童实行预防接种制度，积极防治儿童常见病、多发病，加强对传染病防治工作的监督管理和对托儿所、幼儿园卫生保健的业务指导。另外，国家还兴办专为儿童医疗保健服务的儿童医院，或者在全科医院设立儿科，同时开展儿童保健工作，定期进行儿童健康检查、预防接种等，使儿童健康成长。

（2）儿童的活动场所和条件。国家和社会负责建立和普及托儿所、幼儿园，为婴幼儿提供良好的活动、生活条件和保育服务；建立儿童活动中心、少年宫、少年活动站以及儿童公园、儿童乐园等儿童活动学习场所。另外，博物馆、纪念馆、科技馆、文化馆、影剧院、体育馆、动物园、公园等场所，对中小学生实行优惠开放。不仅如此，国家还鼓励政府机关、社会团体、企事业单位和其他社会组织、公民个人等，兴办哺乳室、托儿所、幼儿园，提倡和支持兴办家庭托儿所，并且开展多种形式的有利于儿童健康成长的社会活动。

（3）普及义务教育。在《中华人民共和国教育法》和其实施细则中，对有关儿童的教育福利作了如下规定：①国家实行九年制义务教育。凡年满6周岁的儿童，不分性别、民族、种族，应当入学接受规定年限的义务教育。条件不具备的地区，可以推迟到7周岁入学。②地方各级人民政府应当合理设置小学、初级中等学校，使儿童、少年就近入学。同时，为盲、聋哑和弱智儿童举办特殊教育学校（班）。③国家对接受义务教育的学生免收学费。设立助学金，帮助贫困学生就学。实施义务教育所需事业费和基本建设投资，由国务院和地方各级人民政府负责筹措，予以保证。④地方各级人民政府创造各种条件，使适龄儿童入学接受义务教育。适龄儿童不入学接受义务教育的，当地人民政府对其父母或其他监护人批评教育，并采取有效措施责令其送子女或被监护人入学。对招用适龄儿童就业的组织和个人，当地人民政府给予批评教育，并责令停止招用，情节严重的，可以罚款，或者吊销营业执照。

学校应当尊重未成年学生的受教育权，不得随意开除学生。学校、幼儿园的教职人员应当尊重未成年人的人格尊严，不得对未成年学生实施体罚、变相体罚或者其他侮辱人格尊严的行为。学校不得使未成年学生在危及人身安全、健康的校舍和其他教育教学设施中活动。

（4）儿童的日常生活保障。儿童的生命权、健康权应该受到保护。父母或者其他监护人应当依法履行对儿童的监护职责和抚养义务，不得虐待、遗弃儿童；不得歧视女童或者残疾儿童；禁止溺婴、弃婴。父母或者其他监护人还应当以健康的思想、品行和适当的方法教育儿童，引导他们进行有益身心健康的活动，预防和制止儿童吸烟、酗酒、流浪以及聚赌、吸毒等。

（5）儿童福利院。儿童福利院是指我国民政部门在城市举办的以孤儿为主要收养对象的社会福利事业单位，其主要任务是收养城市中无家可归、无生活来源、无法定义务抚养人的孤儿，收养家庭无力看管的儿童。儿童福利院配备有医生、护士、护理员和文化教员，专门负责儿童、弃婴和残疾儿童的生活护理、康复训练和文化教育。这些儿童的生活水平一般保持在相当于当地居民生活的中等水平上。

(6) SOS 儿童村。SOS 儿童村是一项安置孤儿的国际性社会福利设施，由奥地利人赫尔曼·格迈纳创立。第二次世界大战之后，格迈纳以使天下所有的孤苦孩子都有家可归为宗旨，发起了 SOS 儿童村运动。儿童村模拟家庭单位，一般由 15 到 20 户“人家”组成，每户招聘一个“家庭妈妈”，教养 12 个不同年龄的孤儿，他们作为一家的兄弟姐妹共同生活，直至能够独立生活和自我照料为止。儿童村招收孤儿的条件是：父母双亡，无法定抚养人或法定抚养人无力抚养；年龄在 8 周岁以下，身心健康，发育正常，无家族遗传病史。儿童村由村长负责领导，管理人员有村长助理、妈妈、妈妈助理、教师和后勤人员等。儿童村的孤儿就读于附近学校，进入青年期以后迁至 SOS 青年村居住，直到他们完全独立。我国目前已经在天津、烟台、齐齐哈尔、成都、南昌、开封等地建立起了 SOS 儿童村。

(7) 残疾儿童康复服务。国家设立残疾儿童康复服务中心，为残疾儿童提供门诊和家庭咨询，开展各种功能训练和医疗、教育、职业培训，以减轻他们的残疾程度，帮助他们恢复生活自理和劳动能力，为其走向社会创造条件。各地根据儿童身体和精神障碍的具体情况，设立针对性的康复机构，如聋哑儿童矫治中心等，集中对伤残儿童进行综合性医疗和救治，使其尽快克服或减轻因疾病或伤残带来的痛苦，健康快乐地成长。

(8) 儿童福利的纲领性文件。1990 年 8 月 29 日，我国政府签署了联合国《儿童权利公约》。1991 年 12 月 29 日，全国人民代表大会常务委员会决定批准我国加入《儿童权利公约》，该公约于 1992 年 4 月 2 日对我国生效。为履行承诺，我国分别在 1992 年和 2001 年制定了《九十年代中国儿童发展规划纲要》《中国儿童发展纲要（2001—2010）》两个关于儿童福利的纲领性文件，分别制定了我国 20 世纪 90 年代和 21 世纪头 10 年的儿童事业发展目标和策略措施，有力地促进了我国儿童福利事业的发展。

3. 儿童福利的发展与挑战

(1) 儿童福利的发展。儿童福利起源于西方儿童救助事业，其初级阶段以特殊儿童的救济和收养为主，属于消极的救济性儿童福利。20 世纪以来，儿童福利事业逐渐发展为促进一切儿童全面发展的积极性的社会事业。中华人民共和国成立以来，我国的儿童福利事业也经历了这样一个发展历程。在政府的儿童福利政策指导下，我国以全体儿童为对象的普遍儿童福利获得了巨大的发展。

第一，儿童的养育。中华人民共和国成立初期，政府在部分地区发放婴儿食品；20 世纪 60 年代、70 年代推广科学膳食制度；80 年代开发辅助食品；90 年代促进母乳喂养、优化膳食模式。通过这些措施，儿童的营养状况得到极大提高。

第二，儿童的教育。政府一直把儿童教育置于整个教育事业发展的优先地位，不断增加教育投入，儿童教育事业有了很大发展。近年来，在政府和全社会的共同努力下，我国基本实现九年制义务教育，许多指标优先于其他发展中国家，有的接近发达国家水平。

第三，儿童的健康。我国政府和社会各界高度重视儿童健康和保健：20 世纪 50 年代开始在全国推广儿童免疫活动；1978 年开始在全国范围内普及儿童计划免疫工作；20 世纪 80 年代统一了儿童免疫程序，实行儿童预防接种证制度，使计划免疫得到进一步发展。目前，我国已经建立了符合国情的妇幼卫生服务体系，初步建立了遍布于城乡的三级医疗预防保健网，向广大儿童提供卫生保健和计划免疫服务。

第四，儿童的娱乐。为了给儿童创造良好的娱乐游戏条件，各地设立了众多的少年宫、儿童公园、儿童游乐园、儿童图书馆等设施，为儿童的快乐生活提供了良好环境和便利条件。

此外，以特殊儿童为对象的特殊儿童福利方面，也取得了巨大成就。我国设立了大量的特殊学校，保障了绝大部分的聋、哑、弱智儿童接受教育和生活照顾；设立了儿童福利院，负责照顾孤残儿童、弃婴等的生活、教育、康复等；国家制定了《中华人民共和国收养法》，使孤残儿童可以进入正常的家庭，培养正常的家庭情感，掌握进入社会的本领；利用国际力量，建立了 SOS 儿童村，使孤儿重新获得母爱和家庭温暖；在民政部、卫生部等部门的组织和全体社会成员的协助下，开展了手术矫治小儿麻痹症、白内障等疾病，大大提高了儿童的健康水平，促进了残疾儿童的康复。

（2）儿童福利面临的挑战。随着社会和经济的发展，在我国儿童福利体系的建设中，也出现了一系列新的问题，从而使儿童福利面临着新的挑战。

第一，特殊困难儿童的问题。随着时间的推移，儿童福利院集中养育孤残儿童，也暴露出了一些缺陷：第一，经费供应紧张。第二，集中养育的孩子在长大后，由于长期与社会隔绝，很难适应社会，难以真正融入社会生活。

从国际经验来看，家庭寄养的新模式能够使孤残儿童更好地融入家庭和社会，有助于孤残儿童回归家庭，回归社会。所以，家庭寄养应当成为时代发展的趋势。然而，家庭寄养模式也存在一些问题：第一，寄养家庭的责任问题。有一些家庭特别是农村家庭，家长是为了增加收入才接受寄养儿童的，对被寄养儿童的心理需要和教育需要，认识和投入不足。第二，寄养儿童成年后的出路是寄养制度中最难解决的问题。寄养转收养是一个有效的解决方案，但是，由于儿童的残疾等因素，给收养家庭带来一定的经济支出和就业风险。因此，寄养真正转为收养的比例较低。第三，寄养经费问题。由于我国财政拨款有限，寄养经费开支拮据。第四，存在相关法律的缺乏问题。有关寄养各方面的法规和政策还不健全。

第二，流浪儿童福利性救助问题。1982 年，我国制定了《城市流浪乞讨人员收容遣送办法》，确立了我国的流浪儿童收容和遣送制度。2003 年，收容遣送制度正式告别历史，同年 8 月 1 日施行新的《城市生活无着的流浪乞讨人员救助管理办法》。这一办法，强调“自愿受助”，规定只有流浪乞讨人员请求并表示愿意接受救助的，救助站才可以实施救助，体现了人性化管理。但是，对于拒绝政府救助的流浪乞讨人员，目前缺乏法律规定。然而，《中华人民共和国未成年人保护法》则规定了救助的必要性，《中华人民共和国预防未成年人犯罪法》也规定，未成年人的父母或其他监护人不得让不满 16 岁的未成年人脱离监护单独居住。这些立法本身互相矛盾，制约了救助工作的有效进行。而且，新的管理办法规定，流浪儿童的收容期限为 10 天，但在实际工作中，10 天根本无法彻底解决一个流浪儿童的问题。

此外，还存在一个令人困扰的问题。我国签署的联合国《儿童权利公约》承认，儿童作为独立个体而存在，有为自己做决定的权利，需要获得尊重权。《城市生活无着的流浪乞讨人员救助管理办法》也强调救助儿童的“自愿受助”。这种情况就导致一些非法组织利用未成年人，在大中城市繁华地段进行乞讨和从事非法活动，严重影响了城市的社会治安秩序，造成了不良的社会后果。

第三，儿童福利层次提升问题。随着社会和经济的发展，人们的物质和精神需求不断提高，从而使儿童福利的层次也面临着越来越高的要求。福利院的孤残儿童同样希望能够同普通儿童一样，接受正规教育和职业技能培训；能够广泛地参与社会生活，获得社会认可，实现自身价值。残疾儿童需要专业的专家和机构为他们提供针对性的康复指导、专业化的信息和咨询服务。

4. 儿童福利存在的问题及解决对策

我国的儿童福利涉及教育、健康、特殊保护等各方面内容，但有关规定过于笼统，使得在现实操作中的实际效果不甚理想。

(1) 儿童福利存在的问题。第一，政府投入多，社会参与少。对儿童的保护，在资金的筹集、机构的运作方面，社会力量的参与力度还不够。第二，农村卫生服务网建设滞后。不能确保农村儿童享有基本的卫生医疗和保健服务，贫困家庭的儿童因受家庭条件的限制而不能获得很好的医疗服务。第三，儿童受教育的不平等性依然存在。性别歧视观念影响着女童受教育的机会，阻碍了教育平等权利的真正实行；儿童在受教育方面还存在着城乡巨大差异；残疾儿童、孤儿、流动人口中的儿童受教育权利还面临着一些障碍。第四，儿童法律保护责任缺失。监护人、学校侵犯儿童合法权益，父母伤及子女健康乃至生命的事件时有发生，而法律缺乏相应的处理措施；商业机构受利益驱使，利用儿童牟取暴利的现象还较为普遍。然而遗憾的是，目前我国还没有制定一部儿童福利法。

(2) 儿童福利问题的解决对策。第一，坚持“儿童优先”的基本原则。国家制定相关政策时要体现“儿童优先”原则，保障儿童生存、发展、受保护和参与的权利，提高儿童整体素质，促进儿童的身心健康发展。第二，保障儿童基本生活与医疗保健。完善医疗保障制度，确保儿童享有基本的卫生医疗和保健服务；多渠道设立贫困家庭的疾病救助基金，帮助特困家庭儿童获得必要的医疗救助；对城市流动人口中的儿童实行保健等。第三，大力发展儿童教育，保障儿童受教育权利。合理配置教育资源，缩小地区和城乡差距，维护儿童的平等受教育权利；对贫困家庭儿童实施教育救助；完善流动人口中儿童就学制度；消除阻碍女童入学的障碍，保障女童受教育的权利；贯彻落实残疾儿童、孤儿就学的有关优惠政策，切实保障其受教育权利等。第四，加强立法，建立健全儿童福利法规。强化儿童基本权利保护，认真执行《中华人民共和国未成年人保护法》、《中华人民共和国收养法》、《中华人民共和国预防未成年人犯罪法》等法律法规，严格履行儿童权利公约；依法打击侵害儿童合法权益的违法犯罪行为；设立儿童法律援助机构，为儿童提供多种形式的法律援助服务等。制定儿童福利法，加快儿童福利法制化、社会化建设。第五，建立政府与民间相结合的儿童福利发展机制。国家鼓励和支持社会组织或者个人兴办各种儿童福利设施，组织民间性的儿童福利活动，提高民间力量的参与力度，倡导全社会都来关心和帮助儿童健康成长，共同促进儿童福利事业的进步和发展。

（六）教育、培训、住宅等社会福利制度

教育、培训、住宅等社会福利往往安插在上面四个针对不同对象的社会福利制度中，但有必要将其单独讨论，因为这些社会福利是对人们生活有重大影响的福利项目。教育和培训社会福利制度主要是由国家提供教育设施、教育资金和教育人力资源，负担费用，目的在于提高国民劳动力素质和身心健康水平，维护社会稳定，缩小收入分配差距带来的机会不均。世界各国都实行免费的有年限的义务教育制度。同时，随着社会经济发展，一些国家也越来越重视对于劳动力再教育和老年人教育的需求。例如，丹麦教育经费很大一部分用于成年人教育计划。在瑞典，政府对正在参加工作培训的职工比照失业补偿金发放培训补贴。成年人请假去接受义务教育及中等教育时可以得到专门的成年人学习帮助补贴和贷款。

住宅社会福利主要集中在低收入者身上。低收入者的收入不足以支付住房费用，导致住房环境恶化，影响了人们的生活质量。住宅福利的主要内容是由政府提供资金和人力，为低经济收入者提供住房和生活设施。例如在美国，1949 年的住房法案制定了一项政策，确保“为每一个美国家庭提供体面的住房和适宜的居住环境”。1993 年，联邦政府提出“为所有美国人提供体面、卫生、安全、可负担得起的住房”，包括为无家可归者提供公共住房、租金救助和其他计划。在墨西哥，1989 年以来全国团结计划提供资金用于改善贫穷者的住房状况，发展低收入地区的基础设施。政府提供的住房福利可以对住房提供直接支付或转移支付，即以多种形式提供住房补贴。也可做出政策性规定，要求建设住房时必须划出一定数量的住房以低于市场价格出售给低收入家庭，或者政府直接兴建经济房屋（也称廉价房屋或福利房屋）定向出售给低收入家庭。

（七）社会福利的发展趋势

社会福利经历了从消极救治到积极预防、由部分人的社会责任转变为国家和社会的责任的发展历程。它的发展趋势是：将随着社会化程度的进一步提高，越来越为全社会共同关心；在国家的统筹下，日益与经济和社会发展的整体规划相结合，创造有利于社会成员个人与集体发展的社会环境；通过推进社会的现代化，加速科技革命，加强家庭和社区等的功能，进一步改善公共环境卫生，提高人民健康水平，发展国民教育，进行城市改造，增加住宅和公共福利设施，提高全体社会成员的社会生活质量。

第二节　社会救助

一、什么是社会救助制度

（一）社会救助的概念

社会救助制度是社会保障制度重要的组成部分，它作为社会保障的最低和最基本目标，承担了社会成员所需基本条件的责任。社会救助对于保障社会稳定具有重要意义，因此它同时也是社会保障体系中最早建立起来的制度。但现代的社会救助制度不同于传统的慈善性质的救助，它已经发展成为以社会救助法律为依据，是具有制度性、社会性和强制性的社会制度。目前世界上 160 多个国家中实施的社会保障制度大多涵盖了社会救助。

社会救助制度，也称社会救济，是指国家或社会通过立法规定，对因为生理或心理、社会或个人、系统或突发原因导致一时或长期陷入困境，并且失去最低生活保障的社会成员，按照法定的标准向其提供满足最低生活需求的物质帮助，维护其基本生存权的一种社会保障制度。在现代社会中，享受社会救助是社会成员的一项基本权利，提供社会救助是现代国家和社会义不容辞的义务和责任。

（二）社会救助的特点

如果说社会保险的目标是预防风险，社会福利的目标是提高生活质量，社会救助的目标就是缓解贫困带来的痛苦。除此之外，相比较其他社会保障制度，社会救助制度具有一定的特点。其特点主要表现在以下几个方面：

1. 权利和义务的单向性

社会救助是对社会成员基本生存权利的保障，基本生存权是宪法赋予公民的权利。我国宪法第 45 条明确规定：“中华人民共和国公民在年老、疾病或者丧失劳动能力的情况下，有从国家和社会获得物质帮助的权利。”因此它是现代国家和社会的一项责任和义务，国家应该通过法律保证所有的社会成员均能够享受到最低生活保障。所以社会救助强调的是国家和社会对于贫困者的责任和义务，社会救助体现的是权利和义务的单向性特征。

2. 救助资金运动的单向性

社会救助资金一般由政府财政拨付，社会成员不用缴纳任何费用。对社会救助来说，资金的单向性流动是客观要求，提供社会救助不仅是政府和社会应承担的责任，而且这种资金的流动还有利于实现政府对社会成员收入公平分配的目标。

3. 社会救助对象的限制性

社会救助对象是那些因各种原因无法维持最低生活保障和遭受其他突发性灾难的社会成员，只有符合法律规定，生活真正陷入贫困的社会成员才有资格享受社会救助。

4. 社会救助目标的低层次性

社会救助制度仅仅是通过资金和实物满足社会成员最低的生活需求，因此它在社会保障体系中的保障水平是最低的。它的目标是缓解贫困给社会成员所带来的生活上的困难，而非提高社会成员生活质量。它既体现了人道主义精神，使每个公民不至于生活处于无助的困境，同时，避免了申请救助者的依赖心理。

5. 社会救助手段的多样性

社会救助既可以采用实物救助也可以采用现金救助；既有临时救助也有长期救助；既有官方救助又有民间救助。

（三）社会救助的对象

社会救助的对象主要是那些生活陷入困境的社会成员，按照造成贫困的原因，可以分为以下 3 类：

（1）无法定赡养人、无劳动能力、无经济来源的社会成员，即“三无人员”。这类成员多属于长期固定救助对象。他们共同的特点就是由于先天或后天的因素失去劳动能力，主要包括孤儿（尚未有劳动能力）、残疾人（终身无劳动能力）、长期患病者（较长时间无劳动能力）、未参加社会保险且无子女和配偶的老人（已丧失劳动能力）。

（2）虽有劳动能力，但是因为某种原因失业、中断工作而导致的收入中断或者降低，同时又无法获得社会保险的社会成员。所包括的对象有：地处贫困地区而收入过少者；有工作能力但找不到合适工作而致贫者；家庭人口过多、缺乏劳动力或者主要劳动者无法工作而使生活发生困难者；享受失业津贴期满后仍找不到工作的就业困难者等。

（3）由于各种自然灾害和社会灾害而导致生活暂时困难的社会成员。生活暂时困难是指人们因不可抗拒的自然灾害而造成的经济、财产损失，基本生活需要暂时无法满足。此外，这类社会成员有劳动能力，本来也有生活来源，只是因为突发因素而导致一时陷入生活困境，因而需要国家和社会给予帮助。

社会救助还可以按照具体的人口群体划分为儿童救助、老人救助、妇女救助、残疾人救助、失业者救助、病人救助等；按照救助期限划分为定期救助（针对长期贫困）和临时救助（针对暂时贫困）；按照地区划分为贫困地区救助我国目前的贫困地区标准为，以人为单位年纯收入 700 元，以县为单位年人均纯收入1 370元，凡收入低于此标准的地区为贫困地区，国家给予一定的援助。在国际上，按照 1981 年联合国的规定，凡是人均国民生产总值低于 250 美元，现代工业产值在国内生产总值中不到 10%以及识字率不到 20%的国家，均属不发达国家，由联合国给予一定的援助和城市贫困者救助。2017 年，中央财政专项扶贫资金增长 30%以上。贫困地区和贫困人口是全面建成小康社会最大的短板。2017 年将加强集中连片特困地区、革命老区开发，改善基础设施和公共服务，推动特色产业发展、劳务输出、教育和健康扶贫，实施贫困村整体提升工程，增强贫困地区和贫困群众自我发展能力。

（四）社会救助的意义

社会救助作为一种保证社会成员最低生存权利的社会保障制度，对现代社会有着重要的意义。主要体现在以下四个方面：

（1）社会救助有利于社会的稳定。社会稳定表现为社会中各个社会成员之间的关系。在现代社会，由于人们占有的社会资源、自身的劳动能力和就业机会的不均等，市场分配机制又是以社会成员占有的生产资源作为依据确定收入数额的，这就容易产生收入分配不公平，一部分社会成员由于各种原因无法从社会生产中获取其生存所需要的生活资料，从而使其生存权利得不到保障，不利于社会的稳定。国家和社会通过社会救助为低收入者提供生存保障，使其法定的生存权利得到维护，起到了稳定社会的作用。

（2）社会救助有利于宏观经济的稳定。社会救助制度不仅是一个收入再分配制度，同时也是一个收入调节制度。因此，它会影响到社会总需求的总量和结构，成为国家调节经济运行的重要手段，它具有国家宏观经济调控的重要政策工具功能。此外，社会救助还有经济“自动稳定器”功能。当社会需求不足时，就业岗位减少，失业人口增加，享受社会救助的人口增加，政府社会救济金支出就会自动增加，增加社会需求的总量，缓解经济衰退；反之，如果社会需求过剩，通货膨胀过度，就业岗位增加，失业人口减少，享受社会救助的人口减少，政府相应的社会救济金支出就会减少，客观上收缩了社会需求，缓解了供给相对不足。

（3）社会救助有利于社会劳动力的再生产。劳动力的再生产是以劳动者的物质消费和精神消费的形式来实现的。在现代社会经济条件下，社会经济呈现“发展—过热—衰退—发展”的周期性特征，当社会总需求不足时，经济衰退，就业岗位减少，多余的劳动力会暂时退出劳动领域。社会再生产这种周期性的运动特征要求暂时处于失业状态的劳动力作为劳动力后备军进行正常的再生产，但是处于失业状态的劳动力同时也失去了收入。社会救助为处于失业状态下的劳动力提供最低生活保障，为劳动力再生产提供了必要的物质条件。

（4）社会救助弥补了社会保险制度的不足。社会保险制度是一种强调权利和义务平衡的社会保障制度。享受社会保险待遇有严格的条件限制：只有纳入社会保险制度体系，并且承担了相应的社会保险义务的社会成员才能享受社会保险待遇。因此，必然还有一部分社会成员没有纳入到社会保险范围，或者无力缴纳保险费而不能够享受社会保险待遇。对于这部分社会成员所面临的风险，只有通过社会救助的方式加以弥补，帮助他们解决后顾之忧。

（五）社会救助的标准

各国社会救助的标准有很大的差异，这主要取决于一国的经济发展水平和居民的生活水平。一般来说，接受社会救助的社会成员大部分属于社会贫困群体。因此，我们必须了解什么是贫困。一百多年前，英国的布什和朗特里开创了对贫困问题的理论和实证相结合的研究领域。此后，不计其数的学者从不同的角度给贫困一词下了定义。这些定义大多数可以说是大同小异，只是因为观察角度的不同，导致他们在描述贫困时所选择的关键词有所不同而已。

对贫困的第一种看法是“缺乏说”，这种观点得到大多数学者认可。美国的雷诺兹对贫困的界定较为狭义，着眼于收入的不足。他说：“所谓贫困问题，是说在美国有许多家庭，没有足够的收入可以使之有起码的生活水平。”①英国的汤森对贫困所下的定义含义较广，他的着眼点是“资源的不足”，他说：“所有居民中那些缺乏获得各种食物、参加社会活动和最起码的生活和社交条件的资源的个人、家庭和群体就是所谓贫困的。”英国的奥本海默观察贫困的角度更广，他所列出的“匮乏”几乎涉及生活的各个方面，他说：“贫困是指物质上的、社会上的和情感上的匮乏。它意味着食物、保暖和衣着方面的开支要少于平均水平。”世界银行在《1990年世界发展报告》中，将贫困定义为：缺少达到最低生活水准的能力。

① 劳埃德·雷诺兹．微观经济学．北京：商务印书馆，1992.

对贫困的第二种看法是“机会说”或“排斥说”，这无疑是在探寻“缺乏说”的深层原因。奥本海默曾尝试从“机会被剥夺”的角度去界定贫困，他在《贫困的真相》中这样定义贫困：“贫困是指物质上的、社会上的和情感上的匮乏。它意味着在食物、保暖和衣着方面的开支要少于平均水平……首先，贫困夺去了人们建立未来大厦——‘你的生存机会’的工具。它悄悄地夺去了人们享受生命不受疾病侵害、有体面的教育、有安全的住宅和长时间的退休生涯的机会。”欧盟给贫困下的定义是从“社会排斥”的角度阐述的，它认为“贫困应该被理解为个人、家庭和人的群体的资源（物质的、文化的和社会的）如此有限，以至他们被排除在他们所在的成员国的可以接受的最低限度的生活方式之外”。①

对于贫困问题，我国学者也提出了自己的看法。统计局课题组认为：“贫困一般是指物质生活困难，即一个人或一个家庭的生活水平达不到一种社会可接受的最低标准。他们缺乏某些必要的生活资料和服务，生活处于困难境地。”②

可见，贫困包含以下两层含义：第一，贫困是一种客观的社会现象，目前在世界上存在着大量的贫困人口；第二，贫困是由于资源的匮乏而使生活水平低于社会可接受的最低标准。这里所说的资源既包括物质的，也包括文化的和社会的。总的来说，缺乏手段、能力和机会是贫困问题的根本。

从以上描述可以看出，贫困包括绝对贫困和相对贫困。绝对贫困是指维持生存的最低需求品缺乏，它是采用贫困线作为其衡量水准；相对贫困是建立在将贫困者的生活水平与其他社会成员的生活水平对比上的概念，是指比其他社会成员平均生活水平低的生活状态。在现代社会中，由于经济发展不平衡，相对贫困是不可避免的，社会保障制度无法消除相对贫困，重点是解决绝对贫困问题。

贫困是一个社会的、历史的范畴，它所包括的内容和确定的标准是随着社会经济文化发展水平的提高而变化的。用于确定绝对贫困的“生活必需品”的范畴日益扩大，确定相对贫困的标准也会随之变化。

人们根据研究的需要，按照不同的标准，把贫困划分为绝对贫困与相对贫困、狭义贫困和广义贫困、长期贫困和暂时贫困、农村贫困与城市贫困等几种

① Atkinson A. B. *The Institution of an Official Poverty Line and Economic Policy. STICERO*, 1993.

② 《中国城镇居民贫困问题研究》课题组和《中国农村贫困标准》课题组的研究报告，1990.

类型。

绝对贫困从人生存能力的角度出发，以维持人的生理功能的最低需要的标准加以界定，它也可以称作生存贫困。它强调的是维持最低生活的需求品的缺乏。这里的基本必需品一般包括最低标准热量摄取，以及最简单的衣物及住所等。但是基本必需品的标准也不是不变的，它会随着社会经济的发展而相应地提高。那么绝对贫困即是指在一定的社会生产力水平下，个人和家庭依靠自己的劳动取得的收入及其他合法收入，仍不能满足其对于维持生理效能的最低需要的状态。

相对贫困的概念是指相对于社会平均生活水平而言存在较大差距的贫困。即在同一时期，由不同地区之间、各个社会阶层之间、各阶层内部不同成员之间的收入差别而产生的低于社会认定的某种水平的状况。其主要表现是贫困者的生活水平属于最低水平，即勉强度日，不能享受所谓的比较体面的生活和现代社会所具有的基本需求。

随着对于贫困问题不断深入的认识，贫困概念的内涵和外延也得到了不断的充实和扩展，从仅仅涉及经济方面逐渐发展到涉及政治、社会、文化等各方面的因素。狭义的贫困即是指仅仅从经济意义上或者经济角度考虑的贫困，而广义的贫困是指不仅从经济意义上考虑，而且从政治、社会、文化方面理解的贫困。

长期贫困是指某种贫困的状态持续了很长一段时期，或者在相当长的一段时期内仍不能摆脱贫困状态的贫困。而暂时贫困是指由于不可抗拒的自然和社会灾害或者其他突发性因素导致的贫困，这种贫困只是暂时性的，但是如果不加以适当的救助，暂时贫困也会发展为长期贫困。农村贫困是指由于生活或者劳动处于经济不发达或者欠发达地区而导致的贫困。而城市贫困主要指由于缺乏劳动力、劳动技能或者具有劳动力但找不到适当的工作而中断收入、收入降低等导致的贫困。

（六）确定社会救助标准的方法

具体内容参见第十章第二节。

二、社会救助制度

（一）社会救助制度的历史沿革

社会救助是最为源远流长的社会保障范畴，一般认为，它起源于原始社会末期，当时的原始共产主义制度对氏族内部的所有成员均给予生活保障。恩格斯在《家庭、私有制和国家的起源》中对“易洛魁人的氏族”作出过这样的描述：“不会有贫穷困苦的人，因为共产制的家庭经济和氏族都知道他们对于老年人、病人和战争残废者所负的义务。” “同氏族人必须相互援助、保护……个人依靠氏族来保护自己的安全，而且也能做到这一点。”进入奴隶社会特别是封建社会以后，人们出于恻隐之心或者宗教信仰而对老弱病残施以救助，后来就形成了人们用成文或不成文的形式固定下来的慈善事业。

但是，直到1601年英国女王伊丽莎白一世颁布世界上第一部救济贫民的法案（史称旧《济贫法》），才将社会救助作为一项法定的制度确定下来。它把救济对象分为三类：一是有劳动能力的贫民，强制他们进贫民习艺所，进行极其艰苦的劳动。因为当时新教教义认为贫穷是由于个人原因造成的，特别是个人懒惰。二是丧失劳动能力的贫民，这些人由各教区设立的贫民救济院进行收养，或者施以院外救济。三是无依无靠的孤儿，由贫民教养院和贫民习艺所安排孤儿习艺。

20世纪初，以“自助助人”为旗帜的社会工作在欧美各工业化国家已经形成，它作为一门专业和学科，以及社会工作者作为一项职业，都已经为社会所普遍认可。因此社会工作者就“济贫”这一类代表旧的伦理思想的旧概念，提出了“公共救助”一词，随后又衍生出“社会救助”一词。“社会救助”一词最早见于1909年英国的一个皇家专门委员会的报告中，这个报告要求废除惩戒性的济贫法，而代之以人道主义精神的社会救助，不过这个建议一直到20世纪30年代才被采纳。

正式把社会救助列入社会保障体系的是在1935年美国通过的《社会保障法案》，这部法案把对老人、孤儿、盲人、伤残者和病人的社会救助列为社会保障的三大部分之一。但是在19世纪末，德国俾斯麦政府创建了社会保险制度，甚至有人预言，社会救助将完全被社会保险和社会福利取代。但是，事实证明，在西方发达国家，社会救助仍然是整个社会保障制度的重要内容，它在整个社会中起到了“保底”的作用。1965年，美国出版的《社会工作百科全书》中写道：“社会救助是社会保险制度的补充，当个人或家庭生计断绝时，给予生活上的扶助，是在整个社会保障制度体系中最富有弹性而不受约束的一种计划。”在广大发展中国家和不发达国家，社会救助更是一项主要的社会保障制度。

2014年2月，国务院颁布了《社会救助暂行办法》（以下简称《办法》），自2014年5月1日起施行。《办法》是我国第一部统筹各类社会救助制度的行政法规，首次将救急难、疾病应急救助、临时救助等方针政策纳入法制安排，是我国统筹构建社会救助制度体系的标志，具有重大现实意义和深远历史意义。

（二）社会救助制度的分类

社会救助可以根据一个国家或地区受益者的多少以及救助金是否成为受益人生活的主要来源分为“集中型”和“分散型”；也可根据救助内容的不同偏重区分为“现金救助型”和“实物救助型”。当然，有很多的国家或地区的社会救助制度处于这两种分类的类型中间，有集中又有分散，有资金又有服务。

1. 集中型和分散型

所谓集中型是指对一个国家或地区的社会救助制度来说，受益者多而且救助金又成为受益者生活的主要来源，或者受益者少，同时救助金又不是其生活的主要来源；反之，分散型即是指在社会救助体系中，受益者多而救助金不是其生活的主要来源，或者受益者少，同时救助金又是其生活的主要来源。

所谓集中型和分散型的分类，着眼于社会救助制度是否在整个社会保障体系中处于最重要的地位，对整个社会稳定起到决定性的影响。但对社会救助类型的分析还有待于更深入的分析，因为对一个国家或地区来说，贫困线的划定和受益者比例有着直接的关系，这不仅对于受益者本群体有着重要的意义，与国家总体经济状况、社会稳定程度和国家对于社会救助体系的建设目标都有关联。

2. 现金救助型和实物救助型

现金救助型又分为一般性救助和专项救助。一般性救助即不区别救助对象提供统一水平和统一内容的社会救助。专项救助针对不同救助对象的特点提供不同种类的现金补助。

实物救助型救助制度主要体现在以下两个方面：其一，针对生活贫困者的物质扶助，如当食物、衣服、住房和生活设施等基本生活必需品无法得到满足时，由国家和社会出资给予补足；其二，实物救助型还提供专项服务，它力图立足于对贫困家庭或贫困者的理解上，着眼于“帮助个人自立”、“尊重个人需要”、“理解个人尊严”、提高服务效率。要求社会组织和团体以需求者为本位，创造方便受救助者的综合服务体系。

当然，这两种社会救助制度类型并不是截然区分的。世界上各个国家和地区的社会救助体系在不同程度上表现出两者的交叉和重合。

三、世界各国的社会救助制度

（一）社会救助的类型

虽然世界各国社会救助制度千差万别，但从总体上看，可以分为“现金型”和“实物型”。现金型又分为一般性救助和专项救助。英国的收入补助计划、比利时和法国的最低生活保障线制度、德国的一般低收入家庭救助计划、秘鲁的“大众食堂”式救助和印度尼西亚的贫困家庭发展型生产救助是一般型救助的典型例子。而世界各国的绝大部分社会救助项目则主要是专项救助。采用实物救助的国家比较少，例如阿根廷的国家食品补助中心计划。2014 年 5 月 1 日施行的《社会救助暂行办法》规定我国社会救助的类型主要包括最低生活保障、特困人员供养、受灾人员救助、医疗救助、教育救助、住房救助、就业救助和临时救助。

（二）社会救助对象范围

大多数国家社会救助金的发放对象是申请者及其家庭成员，即把申请人和被抚养人包括在内。奥地利、卢森堡、日本的社会救助金的发放甚至包括申请人的成年子女。

而申请人范围各国有不同的规定。福利型国家的救助内容主要包括低收入家庭救助、老龄救助、失业救助和残疾人救助等。美国的福利性社会救助项目覆盖面广，达到应享受人群的 95%，其社会救助主要有失业救助、医疗援助和家庭津贴等形式。此外，美国的社会救助制度还包括补充保障收入、抚养儿童家庭的补助、食品补助等。同时，各国对不同类型的人群的救助倾向也有不同。例如，在瑞典，残疾人救助金的发放在救助金总开支中占的比重较大。德国则比较重视对失业人群的救助。

（三）社会救助对象申请条件

从一般意义上来说，社会救助的享受是与人的需求相关联的，因此，只要申请者无法维持生活，就有权享受救济。

但是，这里面存在着对需要进行验证的问题。在某些国家，只要申请就给予救助；而有些国家则要进行财力审查、支出审查和就业审查，从而决定是否给予申请者救助。此外救济标准还与救济对象的所在地区、身体、年龄、家庭人口和抚养义务等有关。

福利型国家强调任何个人都有维持个人生存最低标准的权利，与他所从事的职业和所获得的收入无关，一般只要其具有公民身份，便可以享受社会救助待遇。地方政府有义务对那些家庭收入无法满足其最低生活需要的个人进行救助，实行类似制度的有挪威、荷兰、新西兰等国家。英国社会救助制度规定，凡是在16岁以上的英国居民，只要其收入不足以满足最低生活需要，都可申请社会救助。

大部分国家对于受救助者年龄有规定。大部分欧盟国家规定，受救助者的最低年龄为18岁，法国规定为25岁，卢森堡为30岁，德国则不作规定。在美国，补充家庭收入计划针对65岁以上没有得到社会保险保障的人员。瑞典规定凡年龄在54岁以下的失业者，领取失业救助金的天数不得超过150天；年龄在55岁到59岁的失业者领取天数不超过300天；年龄超过60岁无期限规定，但可在领取到65岁时改领取养老金。

财力审查。财力审查即是根据规定，对申请者及相关家庭成员的收入和资产状况加以审查，不足特定标准才给予补助。大多数国家在社会救助标准之外都规定一个免审额度，即允许申请者持有少量的资产和收入。例如在澳大利亚，老年人在领取救助金的同时，可以保留12.575万澳元的资产。在瑞典，申请者只有在几乎一无所有的情况下才被给予资格。在财力审查范围方面，大多数国家只考虑申请人及其配偶的现有财力。但在有些国家，如奥地利、德国、瑞士和日本，把申请者的父母、祖父母和成年子女的财力状况考虑在内。在法国，甚至还考虑申请者的法定继承人的财力状况。

支出审查。支出审查即是根据规定，对申请者及其家庭成员的日常支出状况加以审查，以决定是否对申请人给予救助。美国规定，凡家庭支出中有1/3用于购买食物，便被视为贫困家庭和贫民，给予社会救助。

就业审查。由于各国失业率居高不下，给各国社会救助制度带来巨大压力。为此，各国在救助实施过程中引入就业审查，目的在于鼓励和要求社会救助对象努力寻找就业机会，接受适当的就业安排。

（四）社会救助标准和领取救助金的期限

大多数国家对于社会救助金的领取时间是没有限制的。只要申请者符合条件，都可以得到救助。但葡萄牙和新西兰对于青年人领取社会救助金的时间有一定的限制。最近，奥地利、丹麦、意大利、西班牙、瑞士和土耳其也准备对社会救助金的领取时间进行必要限制。

（五）社会救助制度的管理体制

根据中央政府和地方政府对于社会救助事权的划分，社会救助的管理体制大致可以分为以下三种类型：

（1）中央政府集中管理类型。如英国、澳大利亚和新西兰等国家由中央政府确定社会救助的标准并负责具体管理，由中央财政拨款。

（2）地方政府管理类型。日本、瑞士、瑞典、芬兰和挪威等国家实行地方政府管理体制，一般都是由中央政府制定社会救助标准，由地方政府负责具体事务。

（3）中央和地方政府共同管理类型。法国、美国和卢森堡等国家实行这种制度。如法国，中央政府制定最低社会保障制度并负责管理，部分专项救助由相应的社会保险管理机构统一管理，资金来自中央政府及各种缴纳费用；其他实物救助由地方政府负责。卢森堡由中央政府负责制定统一标准，地方政府负责具体实施，头三个月到一年的开支由地方财政负担，以后的开支由中央财政拨付。

（六）社会救助资金的来源

“福利国家”大多强调国家责任，其社会救助的资金基本上都是由国家或政府通过一定税收承担责任，而不是采取个人集资形式。例如丹麦，其社会救助资金一半由中央政府财政负担，一半由地方政府支付。在荷兰，国家负担90%的开支，而在英国、卢森堡和爱尔兰则100%由国家负责。此外，日本的社会救助资金也基本上由国家预算负担。

自保公助型国家如德国，社会保障事业的资金主要不是由政府，而是由社会承担。政府和慈善机构负责的各种补贴和社会救济只占总开支的1/3，其他2/3的开支由具有法人地位的社会保险管理机构承担。

在美国，其社会救助资金来源为联邦政府和州政府共同供给，但州政府有较大的自主权，决定补助金额多少。在意大利，地方政府也具有较大自主权。其他国家如英国、西班牙和德国在社会救助事业管理方面也有权力下放的倾向。

自我积累型的国家如新加坡等由政府通过公共援助计划对老、弱、病、残又无依无靠的公民实施救助，同时社会团体也通过各种基金对贫困家庭给予一定经济补助。韩国社会救助制度也来源于财政拨款。总之，从国际社会经验来看，社会救助资金的来源需要各方面通力合作。

我国社会救助的资金主要来源于政府，同时国家鼓励单位和个人等社会力量通过捐赠、设立帮扶项目、创办服务机构、提供志愿服务等方式，参与社会救助。

（七）社会救助支出水平

社会救助支出水平可以按照各国社会救助津贴的绝对数，或者通过社会救助项目的支出在国内生产总值中所占百分比来比较。福利国家一般强调政府在社会救助体系中的基础性地位，中央或地方政府社会救助支出份额比较大，而自保公助型国家支出份额相对较弱，自我积累型国家强调个人自助性，社会救助的国家支出项目更弱。例如新加坡，政府对于因年老、疾病、残疾或其他原因不能工作，而又无依无靠的公民支付标准为单身每月 180 新元，四口之家（1 个大人 3 个小孩）每月也只有 535 新元。其他国家如日本，第二次世界大战后社会保障政策由“扶贫”转向“防贫”，反映在中央财政拨款上，就是国家预算在社会保障部门所占比重缩小。1954 年国家扶助高达 36%，1960 年为 26%，而到 1989 年只有 7.5%。

社会救助支出水平可以按照救济金占退休金或工资收入的比例来比较。在丹麦，社会救助金相当于退休金的 93%，在英国和爱尔兰，相当于 86%，但同时仅相当于平均工资收入的 31%～35%。与平均工资相比较，欧盟北部国家，德国为 39%，荷兰为 49%。在欧盟南部，社会保障水平较低，希腊提供的社会救助金仅相当于退休金的 11%，西班牙仅相当于 33%。

第三节　社会优抚

一、什么是社会优抚

（一）社会优抚概念

社会优抚是国家以法定的形式，通过政府行为，对为国家和社会作出特殊贡献的特殊人群及其家属实施的一种带有褒扬、优待、抚恤和安置性质的特殊社会保障制度。社会优抚制度与其他社会保障制度的不同之处，是其保障对象的特殊性，它是针对社会特殊对象所实行的优待抚恤。

社会优抚主要是针对军人及其家属所建立的社会保障制度，是国家和社会依据法律的规定，对军人及其家属所提供的各种优待、抚恤、养老、就业安置等待遇和服务的总称。社会优抚是我国社会保障制度的重要组成部分，我国宪法规定："国家和社会保障残废军人的生活，抚恤烈士家属，优待军人家属。"社会优抚制度的建立，对维持社会的稳定，保卫国家的安全，促进国防和军队现代化建设都具有重要意义。

（二）社会优抚的内容

优抚制度可以分为优待制度和抚恤制度，这两项制度不仅确保了优抚对象一定的物质生活水平，而且使他们在社会生活中受到关怀和尊重。与此同时，为了更好地做好优抚工作，政府还为优抚对象创办了各种社会福利机构。在优抚制度中，这项工作被称为优抚事业。

（1）优待制度是指国家、社会及公众依照法规政策的有关规定，对烈属、因公殉职及病故军人家属、革命伤残军人、现役军人家属、带病回乡复员军人等优抚对象在政治上、经济上给予优厚待遇的工作制度。优待有广义和狭义之分，狭义的仅指对义务兵的家属的优待；广义的指国家、社会及公众对优抚对象广泛地关怀和照顾，包括对他们在治病、住房、就业、入学、入托、经济补助、救济、贷款、生活品供应、邮政等方面给予优待。

（2）抚恤制度是国家对伤残军人和殉职、病故军人家属采取物质抚慰的一种社会保障制度。我国抚恤制度主要包括伤残抚恤和死亡抚恤两类。伤残抚恤指对按规定取得革命伤残人员（包括伤残军人、伤残机关工作人员、伤残人民警察、伤残民兵民工）身份的人给予物质照顾。对其中无工作的人员，国家发给伤残抚恤金；对其中有工作的人员，国家发给伤残保健金。死亡抚恤是指向革命烈士、牺牲和病故军人、死亡的国家机关工作人员（包括民主党派、人民团体工作人员）发放抚恤金。死亡抚恤包括一次性抚恤和定期抚恤两种。一次性抚恤是指具有褒扬和社会补偿性质的社会津贴，一次性抚恤金发放的范围是，革命烈士、因公牺牲和病故军人的家属，这里的家属是指军人的父母、配偶、子女，以及依靠军人生活的18岁以下的弟妹、军人自幼曾依靠其抚养长大现在又必须依靠军人生活的其他家属。定期给付则是具有救助性质的国家补助，其对象与一次性抚恤金发放的对象基本相同。

（3）优抚事业是指政府出面举办各种优抚事业，并开展抚恤优待活动。包括以下四个方面的内容：

第一，举办伤残军人教养机构，安置伤残军人。伤残教养机构主要接受伤残军人以及服役期长且又丧失劳动能力的老军人，帮助他们料理生活，组织他们参加一些力所能及的轻便生产活动。

第二，政府设置复退军人疗养机构，医治患慢性病的复退伤残军人。复退军人疗养机构的主要任务是，对退伍又仍患慢性病而需要长期住院疗养的军人、需长期住院治疗的患有后遗症的伤残军人的治疗，以治疗他们的慢性病或尽量使其症状有所好转。

第三，政府举办复退军人精神病院，医治患精神病的复退军人。政府举办复退军人精神病院，收容那些地方医院一时无力收容或无力住进地方病院的患有精神病的复退军人，以作为对军人的一种优待。

第四，政府举办为国捐躯军人家属养老院。政府举办为国捐躯军人家属养老院，使他们颐养天年，为他们养老送终，既能对捐躯军人家属进行优抚，又能安慰现役军人，鼓舞士气。

（三）社会优抚的特点

社会优抚制度与其他社会保障制度的不同之处，是其保障对象的特殊性，它是针对社会特殊对象所实行的优待抚恤。社会优抚的基本特征是：

1. 特殊性

社会优抚是一项特殊的社会保障制度。由于社会优抚不是惠及每个社会成员，它只是在法定的范围内实施。因此世界上的众多国家，都把社会优抚制度作为一种特殊的社会保障。社会优抚的对象主要是军人及其家属，他们是为了国家作出牺牲和贡献的群体，是国家和社会的有功之臣，对他们实施保障，实质上就是对他们所作牺牲和贡献的补偿和褒扬。

2. 优待性

社会优抚是对那些长期在国家革命和建设过程中，直接或间接地为国家和社会作出过贡献，因而为他们提供的一种特殊的优惠待遇。这一群体在工作期间，有的负伤致残，有的积劳成疾，有的英勇献身，为国家和社会作出了重大贡献，国家、社会有责任和义务全面、周到、细致地安排好他们的生活。根据我国社会优抚政策的规定，对社会优抚对象的优惠主要体现在以下三个方面：(1) 生活水平略高于当地群众的平均水平；(2) 为革命牺牲或致残的，国家定期给予带有补偿性质的抚恤金；(3) 铁路、公路、民航及各种公共服务场所设立优待服务窗口等。

3. 综合性

社会优抚与社会保险、社会救助和社会福利不同，它是特别针对某一特殊身份的人所设立的，内容涉及社会保险、社会救助和社会福利等，包括抚恤、优待、养老、就业安置等多项内容，是一种综合性的项目。我国社会优抚既强成了抗美援朝、边境自卫反击战等拥军支前慰问任务，通过群众优待和国家抚恤相结合，保证了几千万优抚对象的日常生活。

中华人民共和国成立之初，我国颁布了一系列优抚优待的法规，如1950年颁布了《革命军人牺牲病故褒恤暂行条例》、《革命烈士家属、革命军人家属优待暂行条例》、《革命工作人员伤亡褒恤暂行条例》、《民兵兵工伤亡褒恤暂行条例》、《革命残废军人优待抚恤暂行条例》等5个规定，建立起以军人和家属为对象的优抚制度。

1981年和1982年国务院和中央军委分别颁布了《关于军队干部退休的暂行规定》和《关于军队干部离职休养的暂行规定》，对军队干部离退休问题作了具体的规定。1984年人大通过了修改的《中华人民共和国兵役法》，其中对军人的抚恤、优待、退休养老、退役安置等问题都作出了原则性的规定。1987年和1988年先后颁布了《退伍义务兵安置条例》和《军人抚恤优待条例》，建立健全了社会优抚安置的法规体系。

世界各国都从各自的兵役立法和国家稳定的需要出发，对现役军人的优待、抚恤和退役后的生活待遇等都作出了具体规定。从各国情况看，有些国家是将优抚条例单列，作出特殊规定；有些国家则是在一般社会保障体系制度中对优抚对象给予优惠性保障。美国在1930年成立了退伍军人管理署，内设医疗、福利、阵亡纪念三个处。英国政府规定：对两次世界大战中的残疾军人及其遗孀、孤儿等家属，实行战争抚恤金制度。这种抚恤金，根据军阶的高低、家庭负担的大小和残废造成困难的程度，给予补助津贴；遗孀津贴，包括遗孀抚恤金、子女津贴、房租津贴、取暖津贴、饮食津贴和子女教育津贴等多项内容。法国早在19世纪就在政府文职官员和军人中实施养老、退休制度。如今，法国军人也享受较高福利水准的社会保障。苏联的义务兵役制把军人家属的优待视为解除军人的后顾之忧、稳定军心、提高战斗力的主要措施。

（二）现代社会优抚制度的分类

现代社会优抚事业是在社会保障制度不断完善的过程中形成的，是现代社会保障体系中的特殊部分。但是，社会优抚保障制度并不是一个与其他社会保障截然不同的、独立于其他社会保障措施之外的特殊形式，而是与其他社会保障形式相互结合、交互发展的一种保障形式。社会优抚保障大致可以分为三类：

1. 社会保险形式的优抚保障

这种优抚活动是以社会保险方式实施的社会优抚保障措施，将社会优抚纳入社会保险系列。美国政府在实施事业军人特殊退休制度的同时，从1957年开始，对所有的军人实施“老残遗属及健康保险”的投保制度。

2. 社会救助式的优抚保障

此方式是由政府对退役人员或对现役者的家属提供救济和帮助。日本和我国的优抚工作中有与此类似的措施，美国优抚政策中也有此项内容。日本的退役军人在患病就医期间，可给予生活补助。我国的优抚对象，特别是对农村的退伍军人及现役人员的家属实行救助性措施，如定期补助、临时性补助、可优惠得到发展生产的资金或贷款等。美国的退役军人可以得到“农场贷款”和其他生产性质的贷款。

3. 社会福利褒扬性的优抚保障

优抚对象在社会保障中具有特殊地位，因而福利褒扬性的措施较多。福利性也是现代优抚活动的主要方式，包括资金保障和服务保障。资金保障是由政府对死亡军人家属或伤残军人提供抚恤金，对退役军人发放复员费或安家费。另外，政府对优抚对象减免税收、减免交通费、减免医疗费等，也构成资金保障的内容。服务保障是指对优抚对象优先安排就业和就学，优先安排就业前的职业培训，如我国培养军地两用人才的工作。对伤残军人则实行福利性收养，如我国的荣复军人光荣院和疗养院等。

当然并不是说这三种形式就是截然分开的，它们往往是综合发挥作用的。在一个国家内，政府可以采用多种优抚形式实现优抚保障。

三、世界各国的社会优抚制度

社会优抚保障是国家社会保障制度的重要组成部分，也是军事制度的重要方面。世界各国的军事制度都有关于社会优抚的内容，包括军人的薪金福利、优抚安置和保险制度等。由于国情不同，各国的社会优抚保障也有差异。

（一）各国社会优抚福利的特点

1. 福利项目多

各国军人尤其是发达国家的军人薪金较高。各国军官的薪金收入均明显高于地方同级官员20%~50%，有的甚至高出一倍。各国军官除基本薪金外，还享有各种名目繁多的补贴。补贴项目有住房、伙食、交通、两地分居方面的基本补贴，还有专业技术、飞行、航海、艰苦地区等方面的补贴，这些都是军队提供的。社会提供的项目也很多，俄罗斯在《军人、预备役军人和退役军人及其家庭优待法》中就列举了9项之多。对军人不仅平时有补贴，战时还有特殊补助，如美军有战时危险地带津贴，俄罗斯有作战补助等。

2. 福利待遇优厚

各种福利待遇在相当大程度上减少了军人的经济负担。英国一名少校军官得到的住房补贴可以抵消65%左右的房租费用，伙食补贴可以抵消60%左右的伙食费用，加上相当于基本工资的21%的超期服役奖。仅此三项补贴，即相当于基本工资的50%左右。日本军人一年中享有的增发工资、营外补贴、住房补贴、交通补贴等，相当于5个月的工资。军人可享受免费医疗，家属也可部分免费。美国现役军人家属、21岁以下子女和退休军人及其家属，可以享受大部分免费医疗。俄罗斯的军官、超期服役士兵的家庭成员享有应交医疗费50%的优待。

（二）社会优抚的内容

1. 职业福利

职业福利包括多方面的项目：一是职业津贴。这样的津贴在各国军队中很普遍，如服役津贴、技术骨干再征入伍奖金、军医津贴等。二是免费医疗。三是住房待遇高。俄罗斯军官的住房由国家保障；美国军官住房实行免费使用，军官可以自由选择住房地点。四是购物优惠。美国兴办军队供销商店，商品价格比地方同类商品低廉，现役军人、退役军人及其家属可以采购。五是休假和休假补贴。俄罗斯军官每年有30~40天的假期；在艰苦地区服役的，可增加15天时间。配偶无工作及子女不满18岁的军官休假时，可得到相当于6个月的薪金补贴；配偶和子女可以得到相当于3个月的薪金补贴。六是军官人身保险免费或部分免费。瑞士政府每年从税收中拨专款投入军事保险银行，军事保险包括军人的健康、人寿、事故和职业保障等。

2. 社会优待

第一，税收减免。美国、英国等军官基本薪金以外的各种津贴、军人参战期间的薪金收入等，国家在征收所得税时给予一定比例的减免。美国自第一次世界大战以来实行军官享受部分免税。在俄罗斯，定期和超期服役的军人、学员、军事建筑人员及其配偶免征未婚税、独身税、少子女税，农庄免缴土地税；军官除工资外，其他收入免缴所得税。

第二，交通费优惠。俄罗斯、波兰、瑞士等国的军官在探亲、旅游或其他因私乘坐国内飞机、车船时，均享受半价优惠。印度军官除规定的探亲路费给予报销之外，每名军官每年还可以获得6张6折的火车票，供其家属使用。

第三，其他补贴。除上述几项外，一些国家的军官还享受婚丧补贴、生育补贴、子女补贴、搬家补贴、邮寄物品补贴、参加文娱活动优惠等多项补贴。据美国国防部估计，美军官兵每人每年平均享受到的福利待遇价值达 1.5 万美元。

3. 修养康复

俄罗斯军队对病重、受伤或因履行职责极端疲劳的军人，可由国防部支付补助金，为其治疗和恢复健康。

4. 抚恤

在美国，凡现役期间因公身亡（包括训练中的事故）军人的遗属，均可终身享受到遗属抚恤的待遇，每月补助金额依据该军官的原军衔级别而定，遗属子女和父母也享受到一定金额的补贴。对因公致伤、致残军人，从法规方面保障他们的生活、医疗保健以及可能的培训与就业。在俄罗斯，《俄罗斯军人优抚金法》规定，退役后，经劳动医务鉴定委员会确认为残废的军官，不受服役年龄的限制，享受按残疾等级计算的退休金；残废等级按致残原因分为两类，每类又分为三等，按等发放。一类残废金分别为原薪的 75%、50%、40%，二类残废金分别为原薪的 50%、45%、30%。如果残废金每月低于 150 卢布，则增加 20 卢布。军官死后，靠其抚养的家属有权享有抚恤金。对执行军事勤务牺牲者的家属，发给 40%的月薪；非因军事勤务死亡者的家庭中，对每个无劳动能力成员发给 30%的月薪。对无人抚养的子女发放抚恤金，由 16 岁延长到 18 岁，上学者到毕业为止，但不能超过 28 岁。

第四节　社会福利、社会救助与社会优抚制度的改革

一、社会福利制度的改革

（一）目前我国社会福利制度存在的问题

中国传统模式社会福利是由财政价格补贴、民政福利和企业或单位办福利三部分构成的，三者之间既缺乏协调性，又缺乏稳定性，企业或单位完全按照政府的意图办福利事业。但随着社会经济的发展，传统社会福利制度暴露出越来越多的问题。

（1）背离了社会福利社会化的基本原则。中国传统福利中的价格补贴、民政福利、单位福利三者之间，相互分割、自成体系，不仅导致福利效率低下，而且养成了城镇居民的畸形福利观念，进而使居民和单位之间形成了一种

"人身依附"关系。中华人民共和国成立初期建立起的是"就业与保障直接合一"的封闭体制，奉行"低收入、广就业、高福利"的社会政策，企事业单位的职工和国家机关工作人员享受职工福利和各种补贴待遇，其他部门的社会成员则被排除在外。

（2）混淆了工资分配与福利分配之间的关系，导致政府与用人单位的角色错位。由于传统福利制度以职工福利为主体，单位需依据国家政策对职工及其家庭的福利负全部责任，因而不可避免地要花费大量的人力、物力、财力来举办各种社会福利事业，结果形成了一种低工资与多福利相结合的单位内部混合分配模式。单位福利制度归根结底是高度集中的政治、经济和社会管理体制的产物，存在着平均分配、不问贡献、不计效率的现象，职工享受的各种福利名目繁多、杂乱。工资分配与福利权益混合，不断强化企业办社会、社会办企业的机制。

（3）社会福利的身份限制削弱了社会福利制度的公平性。一是社会福利只面向城镇居民，造成了城乡居民的不平等待遇，例如，城市职工享有无偿分配住房和收取低房租的福利政策；二是在城镇，有固定工作单位的职工及其家庭与没有固定工作单位或单位太小而无力建设集体福利的职工及其家庭之间，在福利权益和待遇方面的差距甚大；三是职工福利依附单位而且还有严格的身份限制，因而在不同单位之间，在同一单位内部的干部与普通职工之间、在国有单位职工与非国有单位职工之间，都存在着非公平性，如教育作为一种福利，主要投向城市，在教育内部又主要投向高校而忽略了基础教育，上大学有助学金，而中小学教育经费却严重不足。

（4）资金严重短缺，社会福利的供需矛盾十分突出。一方面，社会福利属于长期项目，但在传统制度下，政府每年用于福利方面的开支很少，企业因效益不良等亦对福利缺乏有力的财政支持；另一方面，人口老龄化趋势的加快、家庭人口规模的持续缩小、现代工作节奏的紧张与竞争的加剧，以及人们对自由流动等的追求，都要求福利制度真正走向社会化，拓宽社会筹资渠道。

（5）职业福利严重异化。主要表现在：职业福利异化为企业负担并成为企业社会福利的主体，职业福利没有对职工起到激励作用，职业福利上的攀比造成了不好的影响。

（6）国有企业负担过重，恶化其在市场中的生存环境。经济结构多元化作为我国经济体制改革的一个重要成果，使越来越多的劳动者进入非国有企业就业，而非国有企业单位通常不像国有企业那样提供全面而优厚的职工福利，当国有企业因职工福利承担巨大的社会负担时，非国有企业单位却可以不需要支付这种成本，两者处于一种极不公平的竞争环境中。

（二）社会福利制度改革的趋势

我国处于一种特殊的社会经济转型时期，社会主义制度本质上的公平性和社会成员对社会福利需求的日益增长，使得新型社会福利制度的建设和发展成为现阶段有中国特色的社会保障制度的重要内容。所谓“新型的社会福利制度”，是指适应市场经济和社会发展的要求，在对传统福利制度进行重大改革的基础上逐渐确立起来的一整套社会福利制度，它的特征即社会化。目前我国社会福利制度发展的目标模式应当是：以新型社会福利制度的基本框架为依据，以不断改善和提高社会成员的生活质量为追求目标，走社会化、多层次化的社会福利发展道路。这一发展道路包括以下几层含义：

（1）重整社会福利结构，使其由体系残缺向体系完整、功能全面、服务系统的方向发展。社区服务应当而且可以成为我国新型社会福利的基石，其具体措施为：社区服务必须从政府的发展规划、政策法规、资金筹集与设施建设等方面给予保证；提高社区服务在政府工作中的地位，完善社区服务的法规，协调政府各有关部门在这方面的活动，尽快将社区服务纳入社会工作和行业化管理的轨道。此外，社会化福利则构成整个福利制度的主体，而职工福利则在恢复其本来面目的条件下充当着社会福利的补充角色。

（2）确立社会福利制度应当以不断改善和提高社会成员的生活质量为追求目标。满足居民福利需求，根据城乡居民的普遍需求来设置项目。在我国社会福利制度的发展过程中，既要与社会救助、社会保险等其他社会保障制度保持协调，又要有区别，不能将救济与福利混淆。福利制度应当侧重于满足社会成员较高水平和较高层次的生活服务需求，包括物质需求和精神文化上的需求等。

（3）社会福利应该尽快走向社会化。推进多元化筹资方略，资金短缺是困扰我国社会福利发展的关键性因素之一，因此需要采取增加政府财政投入的同时，动员民间资财，福利项目收费补贴等多元化筹资方式，扩充资金的来源。无论是官方直接举办的民政福利事业，还是单位举办的职工福利事业，均应尽快走出板块状的自我封闭状态，对整个社会开放。

（4）社会福利应该坚持多层次化。社会优抚结构日益复杂化，社会成员的阶层分化亦十分明显，而不同阶层的社会成员对福利的需求是不同的，国家福利制度的安排必须充分地注意到这一点。此外，不同的社会群体存在着不同的社会福利需求，如老年人、妇女、儿童、残疾人等对社会性的福利有着自己独特的需求，为此，社会福利应当遵循这一规律，根据不同的群体来制定相应的社会福利政策、建立必要的福利设施、提供专门的服务等。

二、社会救助制度的改革

（一）目前我国社会救助制度存在的问题

考察我国社会救助的历史进程不难发现，我国在计划经济体制下形成的社会救济制度，存在救济范围窄、救济标准低、工作随意性大等问题，需要在社会主义市场经济体制的发展与完善过程中加以解决。

1. 救济范围窄

我国每年因各种原因导致贫困而需要社会救助的对象近 3 亿人，我国宪法也明确规定得到社会救助是每个公民的不可剥夺的权利。按照我国具体的有关政策的规定，真正能得到社会救助的人员不足应救人员的 1/3。长期以来，社会救济的主要对象是无法定赡养人、无劳动能力、无经济来源的“三无人员”，受到此限制，许多实际上生活贫困的人无法得到救济。农村农民的生活困难则由人民公社劳动集体来帮助克服。农村实行联产承包责任制以后，农民的收入差距拉大，困难群众的生活问题成为上下共同关心的焦点，才有了农村的扶贫工作。20 世纪 90 年代以来，随着传统计划经济体制向市场经济体制的转变，城镇单位救助的不足也逐渐显现出来，不可能沿用传统的单位救助办法。过去主要针对城镇单位保险和农村集体保障以外的对象而进行的社会救济制度已远远不能适应市场经济环境。

2. 救济标准低

我国传统的社会救助制度存在着标准偏低并且不统一的情况。现阶段，由于我国正处在经济转轨和社会转型的关键时期，所以不仅原有的贫困问题存在，而且新增的贫困问题也会越来越突出。2004 年我国政府将城镇贫困线定为人均 680 元人民币，人均每天才 1. 86 元人民币。农村的救济水平则更低。2011 年 11 月 29 日，中央扶贫开发工作会议在北京召开，中央决定将农民人均纯收入2 300元（2010 年不变价）作为新的国家扶贫标准，这个标准比 2009 年提高了 92%，比 2010 年提高了 80%。按照当日人民币市场汇价 1 美元兑 6. 3587 元人民币计算，中国新的国家扶贫标准大致相当于每日 1 美元。按此标准，全国贫困人口数量和覆盖面也由 2010 年的2 688万人扩大至 1. 28 亿人，占农村总人口的 13. 4%，占全国总人口（除港澳台地区外）的近十分之一。

3. 救济工作随意性大

计划经济体制下的社会救济工作没有形成一个规范化的工作流程，社会救济的对象到底有多少，谁能得到救济，救济多少，应该通过什么渠道和程序紧急救济等，都比较模糊和随意。在城镇，有工作单位的劳动者，如发生生活困难，照例由单位给予困难补助，补助数额也是由单位根据自己的经济状况自行确定，因此不可能形成一个统一的标准和规范化的工作程序。农村中类似的问题更加突出，有的基层干部甚至利用职权随意挪用扶贫资金，用在与解决群众温饱没有多大关系的项目上。没有严格的工作规程和制度化的救济方案，使社会救济工作容易出现暗箱操作，达不到扶贫济困的目的，还容易激发矛盾。

4. 救济资金管理混乱和财政投入过低

从社会救助资金的管理方面来看，一些救济物资难以快速及时发放，有的甚至存在挪用等营私舞弊的问题。救济标准过低的直接原因是救济经费不足。对农村贫困人口的救助也存在救助面窄、水平低的问题。

（二）社会救助制度改革的趋势

由于经济危机的出现，财政预算不堪重负，各国政府难以控制局面，再加上社会救助制度本身的缺陷，原有的社会救济制度产生了一个制度依赖群体，因此，各国纷纷开始变革，期望由此带来财政上的转机以及家庭结构、社会结构的变化。

1. 实施有选择性的救助制度

经济发展带来了中产阶级的扩大和贫困人口的减少，同时也带来了实施传统的救助制度还是实施有选择性的救助制度的问题。如果将 20 世纪 80 年代各国普遍采用的反贫困方法称为“传统的救助制度”，那么，它是“使一定的资源就像经过漏斗一样进行分配”的制度。虽然这种制度应该针对生活在贫困线以下的穷人，但事实上，最贫困的穷人却无法从中受益。其重要原因就是优抚福利扩散了，而对最悲惨的特殊群体的救助却远远不足，再加上各行其是的政府官员在其中相互牵制，对调整救助的要求漠不关心，而且，他们对穷人的命运也缺乏情感上的支持。有选择性的救助制度就是选择那些生活在贫困线以下的群体给予救助，帮助他们摆脱贫困状态。

2. 权责关系的转变

社会保障可被视为国家与家庭或个人之间的契约。但是，这个契约的条款要公平，救助制度的责任要清楚，应明确规定支付的具体金额和合格条件，领取补救金人的责任也要清楚。最近的政策发展涉及更明确地制定受益人的责任，而且还可能更加苛求。总之，政府从慈爱的祖母形象转变为一个严厉的母亲形象，要求孩子完成自己的事务，促使其独立。

3. 受益者完整人格的强调

对于社会救助制度的受益者收入调查的程序，近年来，一些国家对此作了修改，不再对申请援助者申报的家庭财产状况进行一一核实，而是根据要求和标准发放救助金，既简化了手续，又避免了令人难堪的核对工作给受益者带来人格和心理上的伤害。社会救助的目的就是满足社会成员最起码的生活需要，从而保持他们最基本的生存条件和人格。其实，社会救助制度自建立和发展起来一直面临着难以完结的课题就是如何减少人类的生存权利与生活自立两者之间的冲突和矛盾，从长远观点来看，趋于向个人提供机会和条件，以恢复和促进个人的发展。

4. 就业关联激励制度的采用

近年来，由于经济危机和社会危机的发生，一些国家纷纷对社会保障制度进行改革。即使在经济发达的美国、德国等国家，社会救助制度的改革也开始转移到与安排就业相关联的方向上来。职业介绍所的出现开始改变社会救助制度的面貌。在美国，“谁有劳动能力，谁就有义务工作”。比尔·克林顿于 1996 年签署了一项社会救助法案，使联邦政府从帮助穷人的义务中解放出来。自那时起，只有极少数需要援助的美国公民才享受得到国家财政的支持。

5. 社会救助管理方式的改革

社会救助事业的管理方式和资金筹集方式对于提高社会救助措施的效益具有特殊作用。美国经济学家米尔顿·弗里德曼认为，所谓“福利国家”的福利机关挥金如土。在美国，如果将救济款总金额除以按官方统计的美国贫民总数，就会发现，处于贫困线以下的人们的收入将比普通美国公民的平均收入高出一倍半到两倍，美国的贫困现象早已不复存在；可事实上，美国的贫困阶层依然存在，因为能分配给贫困者的救济金所剩无几，大部分救济金被福利机关挥霍掉了。扩大地方机构在社会救助事业管理方面的自主权，会大大减轻国家的社会开支负担。

长期以来，我们党高度重视社会救助工作，近年来颁布了《社会救助暂行办法》等法规文件，不断完善社会救助制度。但与社会救助实践需求相比，与脱贫攻坚战的艰巨任务相比，我国社会救助制度还存在许多需要改进的地方。

一是各地政策差异大。由于中央出台的政策和法规比较原则，加上各地经济发展水平、财政实力、人民生活水平的差异，不同地区在社会救助标准方面差异较大。

二是对社会救助对象缺乏明确的法定标准。虽然《社会救助暂行办法》对社会救助对象有所规定，但仍然过于宽泛，法定标准尚待进一步明确。

三是社会救助尤其是一些地区的最低生活保障标准偏低。最低生活保障标准和基本生活支出、居民收入、扶贫标准之间的关系需要进一步厘清。

四是不同社会救助项目的衔接机制不健全。养老保险、医疗保险等与社会救助之间缺乏明确的衔接机制。

五是财产和收入的核实手段需要进一步完善。社会救助经办机构向政府机构或商业银行等查询社会救助相关人的财产和收入情况还面临一些障碍。

解决这些问题，一个重要途径就是通过制定社会救助法完善社会救助制度。当前，以打赢脱贫攻坚战为契机，研究制定社会救助法可谓恰逢其时。制定社会救助法，必须把“精准”作为立法的重要原则，全面贯彻“精准扶贫、精准脱贫”基本方针，精准识别救助对象、精准设置救助标准、精准实施救助项目。

三、社会优抚制度的改革

（一）目前我国优抚制度存在的问题

我国实行“国家、社会、群众”三结合的优抚制度，在国家抚恤的基础上，发挥社会和群众力量，依靠全社会共同做好优抚工作，保障优抚对象的抚恤优待与国民经济的发展相适应，使抚恤优待标准与人民的生活水平同步提高。但是，改革开放以来，社会优抚工作和制度越来越不适应经济和社会发展的需要，社会优抚工作出现了一些新的问题。

1. 财政投入不足

一个时期以来，优抚补助资金的增长存在一定程度上的滞后性、被动性，优抚对象保障标准低，优抚保障经费的增长落后于经济和社会的发展速度，致使部分优抚对象家庭生活水平还不是很高。据 2016 年中国民政局资料，我国目前有 878.2 多万优抚安置对象，1996 年至 2001 年，国家各级财政累计投入抚恤资金 292 亿元，但还不能完全满足优抚事业发展的需要。目前，有很多优抚对象已经进入了老年阶段，处于特别困难时期，需要国家给予更多的帮助。今后相当长的一段时期内，这一矛盾仍将继续存在，甚至可能更加突出。见表 9.1。

表 9.1　　国家财政投入抚恤资金　　单位：亿元

2007	2008	2009	2010	2011	2012	2013	2014	2015	2016
186.8	224.4	270.5	312.0	360.4	444.7	509.8	601.5	611.3	648.0

2. 社会化程度低

社会力量参与优抚安置的途径还不是很多，主要体现在农村义务兵家属优待金的筹集上。在安置过程中不能得到社会各界的支持和配合，许多单位不愿接收安置。另外，还有一些优抚工作停留在政治鼓动性很强的活动中，作为社会化实质性标志的社会中介组织和民间机构尚未真正参与到优抚保障中来。社会化程度不高，这在一定程度上制约了我国农村优抚保障事业的发展。

3. 优抚对象自身竞争能力不强

由于历史、个人以及客观等多方面的原因，我国部分优抚对象家庭特别是伤残军人、在乡老复员军人、带病回乡退伍军人的家庭人口素质低、劳动力匮乏、年老体弱，参与社会竞争的能力先天不足。家庭自我保障和自我发展能力薄弱，仅靠政府的帮助不足以摆脱贫困和维持正常的社会生活水平。

4. 专业化程度低

我国社会优抚事业长期以来主要由政府的职能部门承担，从事社会优抚工作的人员非常杂，他们缺乏专业知识和专业技能训练，主要凭借自身的经验积累进行工作，因此必然导致社会优抚工作者自身素质良莠不齐。

5. 市场机制分配不公

随着我国社会主义市场经济的发展，市场竞争机制的作用将使集团、个人之间的收入差距拉大。分配形式的多样化，以及其他不正常因素的作用造成的分配不公现象，将会使一部分优抚对象在就业、收入方面受到不可避免的强烈冲击。

6. 社会权利和义务的矛盾加大

服兵役是适龄青年应尽的义务，而优抚只能起到部分补偿的作用。在发展市场经济的过程中，如果引导不力，必然导致社会上国防意识和拥军优属观念的淡薄，给国防建设和优抚工作增加难度。

（二）社会优抚制度改革的趋势

我国社会优抚事业今后的发展方向是：保障优抚对象的生活，不断提高其生活质量；健全工作体制，实行科学有效的保障措施；加强对群众的爱国主义和拥军优属教育，实行国家指导下的社会优抚模式。

1. 明确社会优抚保障制度主体的责任和义务

明确责任主要从两方面进行：一方面，要划清政府、社会与优抚对象自身的责任，充分调动各方面的积极性。政府应该负什么样的责任，就负什么样的责任，政府不能大包大揽，毫无原则地把优抚对象的一切都包揽下来，不要做那些不该办、办不了、办不好的事情，而要充分调动政府、社会、优抚对象家庭三者的积极性，共同努力，才能从根本上解决优抚保障问题；另一方面，还要分清中央政府和地方政府之间的责任，实行中央财政与地方财政共同负责、分类负担的体制。“三红”（在乡退伍红军老战士、在乡西路军红军老战士、红军失散人员）、“三属”（烈属、因公牺牲军人遗属、病故军人遗属）、伤残军人抚恤补助金主要由中央财政承担，在乡老复员军人、带病回乡军人的补助原则上由地方政府负担，同时还要建立抚恤补助经费自然增长机制。

2. 增加社会化机制，扩大优抚经费来源

优抚事业经费是落实优抚措施的保证，是保障优抚对象生活、推进优抚事业发展的物质基础。因此，各级政府在加强经费管理、提高经费使用效率的同时，应拓宽经费来源渠道，顺应军队与兵役制度的改革趋势。此外，优抚保障力求社会化，要把工作的注意力放到积极培育和发展社会中介组织参与社会保障上来。社会中介组织参与优抚保障是建立社会主义市场经济体制的客观需要，是转变政府职能的必然要求，是优抚保障社会化的有效途径和实质性标志。

3. 充分发挥优抚对象自身的作用，大力帮助优抚对象家庭发展生产

2016 年我国抚恤、补助各类优抚对象 877.2 万人，家庭人口近 2 亿，如果仅靠抚恤补助，不充分发挥优抚对象自身家庭的作用，不能也不可能解决优抚保障问题，更不可能使广大优抚对象脱贫致富奔小康。只有不断努力帮助优抚对象发展生产，不断提高优抚对象自身的保障能力和发展能力，才能从根本上解决保障问题。具体做法有：一，帮助优抚对象克服单纯依靠抚恤为生的思想，确定自立自强的意识；二，积极主动地与有关部门协调，确保优抚对象家庭优先优惠享受有关法律法规文件规定的资金信贷、生产资料和技术、生产项目等各项优惠政策；三，积极开展技术帮扶，组织引导机关、团体、企事业单位和个人扶持优抚对象家庭发展生产。

4. 适应形势发展需要，分层次、有重点地实施优抚措施

对义务兵在服役期间给予优待，退伍后安置好工作。但不采取像对老红军、伤残军人、烈属一样由国家一包到底的做法。国家和社会只能对其承担有

限的责任，主要应通过帮助和扶持其自我发展，从根本上建立其生活保障的基础。

5. 强化优抚法制和监督职能

法规制度对社会优抚的改革和发展有重要作用，法规制度不健全，社会优抚制度便无法可依，不利于社会优抚制度的改革和发展，不利于维护社会优抚对象的合法权利。优抚法制建设是优抚事业的基础，是优抚事业发展的保证。我国政府已制定了一整套法规制度，但仍需完善与之配套的具体法规和操作性法规，真正做到依法维护优抚对象的权益。

6. 促进优抚事业单位专业化，深化优抚事业单位的改革

引导一批经济实力强、管理规范、制度健全、有一定专业水平的组织，转变为具有独立法人资格的社会团体或民间机构，使其实体化、专业化，成为职业化的从事优抚保障的社会团体或民间机构，为优抚对象提供医疗、康复、保健、供养以及社会公益服务。这样，既能切实履行政府职能，又能充分利用社会财力、人力、物力以及管理服务的优势，为广大优抚对象服务，减轻政府的负担。

7. 开展军人社会保险，完善社会优抚保障体制

首先，实行军人社会保险可以使军人社会保障更好地适应社会主义市场经济的发展。我国从新中国成立初期逐步建立起来的军人抚恤优待、退役安置等保障制度，在社会主义市场经济条件下，已经表现出难以适应的许多新情况和新问题。其次，实行军人保险可以提高军人的社会保障水平，以凝聚军心、激发斗志，提高部队的作战能力。军人职业最具风险，但目前我国军人抚恤标准偏低，难以达到褒奖的目的。如果实行了军人的伤亡保险，就可以大幅度提高军人的伤亡抚恤保障水平。

8. 加强社会优抚保障和城乡社会保障体系的衔接

在城乡社会保障制度改革的背景下，尤其是社会保险制度改革后，强调权利和义务的对等关系，享受保障权利与缴费时间和金额有关联，可能使优抚对象的利益受损。所以，应该建立健全军人的保险制度，同时做好军人保险和社会保险的衔接工作，以维护优抚对象的合法权益。

☞ 小结

1. 社会福利是泛指解决一切有关“福利”问题的各种社会措施、政策和事业。社会福利所关注的是帮助人们在一定的生活水平上，尽可能提高他们生

活质量。社会福利具有福利性、规范性、起点高、公平性、普遍性和综合性等特点。历史上人们对于社会福利的理解经过了一段很长的时间，社会福利事业随着时间的推移所涉及的范围也越来越广，大致经历了三个阶段：慈善事业、社会事业和社会福利制度。

2. 社会救助制度，也称社会救济，是指国家或社会通过立法规定，对因为生理或心理、社会或个人、系统或突发原因导致一时或长期陷入困境，并且失去最低生活保障的社会成员，按照法定的标准向其提供满足最低生活需求的物质帮助，维护其基本生存权的一种社会保障制度。在现代社会中，享受社会救助是社会成员的一项基本权利，提供社会救助是现代国家和社会义不容辞的义务和责任。相比较其他社会保障制度，社会救助制度具有权利和义务的单向性、救助资金运动的单向性、社会救助对象的限制性、社会救助目标的低层次性和社会救助手段的多样性等特点。

3. 社会优抚是国家以法定的形式，通过政府行为，对为国家和社会作出特殊贡献的特殊人群及其家属实施的一种带有褒扬、优待、抚恤和安置性质的特殊社会保障制度。社会优抚制度与其他社会保障制度的不同之处，是其保障对象的特殊性，它是针对社会特殊对象所实行的优待抚恤。社会优抚的基本特征：特殊性、优待性、综合性和褒扬性等。

4. 我国目前社会福利、社会优抚和社会救助制度均存在着不容忽视的问题，这些问题不解决好，就会影响整个社会的稳定和经济的健康发展。相对于社会保障体系中的其他项目而言，这三个制度的改革发展对于社会和国家意义重大。其对象的低层次性、特殊性等均决定了其改革的必要性。

☞ 重点名词

社会福利　社会优抚　社会救助　慈善事业　国际标准法　预算标准法　优待制度　抚恤制度　优抚事业　新型社会福利制度

☞ 复习思考题

1. 社会福利有哪些特点？社会福利的类型有哪些？自保公助型国家、福利国家在社会福利制度上有哪些区别？

2. 社会优抚的类型有哪些？什么是社会保险型社会优抚、社会福利型社会优抚和社会救助型优抚？自保公助型国家、福利国家在社会救助制度上有哪些区别？

3. 我国目前在社会福利、社会优抚和社会救助制度设计上有哪些问题？

4. 简述社会福利、社会优抚和社会救助制度改革的趋势。

第十章

城市居民最低生活保障

第一节　城市居民最低生活保障制度概述

一、城市居民最低生活保障制度的概念

理论界借鉴国外成熟的经验，并结合现阶段的实际，对城市居民最低生活保障制度的定义，比较有代表性的有以下两种：一种是城市居民最低生活保障制度是指由政府对实际收入低于最低生活保障线的城市居民进行社会救助的一项制度；另一种是城市居民最低生活保障制度是以保障城市居民基本生活为目的，科学、合理地确定最低生活保障标准，然后对其家庭成员的人均收入低于最低生活保障标准的部分给予差额补助的一种社会救助制度。

通过比较上述两种定义，可以发现，虽然表述上有差异，但两种定义在实质内容上是一致的。前者突出了城市居民最低生活保障制度的保障主体、保障对象，但未指出城市居民最低生活保障工作的具体形式；后者强调了城市居民最低生活保障制度的目的，并且简明扼要地介绍了城市居民最低生活保障待遇的兑付标准。

将上述两种定义予以综合，笔者将城市居民最低生活保障制度定义为：以保障城市居民基本生活为目的，由当地政府根据本地社会经济发展和人民生活水平，科学、合理地确定当地的最低生活保障标准，对于收入低于保障标准的人员由政府给予差额补助的一种社会救助制度。

在理解城市居民最低生活保障制度的概念中，有两个问题值得我们关注：

(1) 城市居民最低生活保障中的“基本生活”指的是维持其生存的“最低生活”。在国际上，一般使用生存线、温饱线和发展线来衡量“基本生活”。生存线是满足人的生理需求所需要的最低费用标准，只有达到此线才能维持生存；温饱线是满足人的生活需求所需要的最低费用标准，也就是生理需求之外

加上能够体面地生活下去的最低需要，只有达到此线才能维持温饱；发展线是能够使人自给有余的生活的最低费用标准，也就是能够体面地生存下去，有余力从贫困中解脱出来，达到此线则具备了自我发展的能力。

（2）城市居民最低生活保障的补助标准问题。城市居民最低生活保障是政府对低于城市居民最低生活保障标准的人员给予的无偿补助。政府给予的补助是根据实际收入和当地最低生活标准共同确定的，而不是按当地最低生活标准的实际数给予补助。这样，虽然程序复杂，工作量大，但却可以保证公平。如果不区分收入的高低，对低于最低生活保障标准的人员统一支付相同标准的补助，不仅会严重挫伤那些生活水平虽低于城市居民最低生活保障标准但仍在努力劳动的人的积极性，而且会使收入稍高于城市居民最低生活保障标准的那部分人丧失劳动的积极性，而坐等救济。所以，合理地确定补助的标准既是科学的，也是必要的。

二、城市居民最低生活保障制度遵循的基本原则

建立和完善我国城市居民最低生活保障制度的目标是在短期内消除城市居民绝对贫困现象，缩小相对贫困范围，建立起管理统一、对象明确、标准严格、实施简便、资金筹措多样的法制化和规范化的社会救助制度。《城市居民最低生活保障条例》（以下简称《条例》）规定："城市居民最低生活保障制度遵循保障城市居民基本生活的原则，坚持国家保障与社会帮扶结合、鼓励劳动自救的方针。"根据这个目标，在市场经济条件下，我国城镇居民最低生活保障制度应遵循全民覆盖原则、政府保障原则、最低生活保障原则和法制化原则。

（一）全民覆盖原则

最低生活保障制度是保障生存权这一基本人权的最后防线，理应覆盖所有公民。从发展的要求看，我国城乡都应该建立最低生活保障制度。但目前我国经济发展水平还没有达到这个程度，特别是城乡差距很大，最低生活保障制度首先只能在城市推行。

《条例》第二条规定："持有非农业户口的城市居民，凡共同生活的家庭成员人均收入低于当地城市居民最低生活保障标准的，均有从当地人民政府获得基本生活物质帮助的权利。"这一规定确立了城市居民最低生活保障制度的"全民覆盖"原则的法律地位，明确了这是人人享有的平等权利。这意味着反对种种歧视，如职业歧视、性别歧视、年龄歧视、健康歧视、政治歧视等。是

否承认任何人都有维持最低生活水准的权利，即“不失尊严地活着”是现代社会保障制度与早期社会保障制度的本质区别之一。现代社会保障制度的一系列原则规定都是围绕着任何人都有维持最低生活水准的权利这一思想展开并服务于这一思想的。

过去我国社会救助的对象仅限于“三无人员”，那些有劳动能力却因各种原因无法就业的，或在岗人员因各种原因而导致家庭人均收入低下的都不在保障范围之内。有人认为这部分社会成员是有工作的或是有工作能力而不工作的，不应该享受国家救济，否则就是“养懒汉”。而事实上国家计委宏观经济研究院课题组关于“世纪之交的中国社会形势”的调查表明：全国城镇户均家庭收入低于全国平均水平的主要包括内退人员、个人被雇者、集体企业职工、其他就业者、家务劳动、失业者和国有企业下岗职工，其中后三者状况最差。如果把这些人排除在保障线之外，最低生活保障制度就起不到应有的作用，这显然不符合“全民覆盖”原则。

此外，各地在确定保障对象时，还遇到一些特殊情况，如：因主要劳动力拒绝合适的工作安排或犯法服刑，因违反计划生育政策多生子女等原因导致家庭生活困难，这样的家庭是否应列入最低生活保障范围？按照“全民覆盖”原则和《条例》规定，任何一个家庭都有享受最低生活保障的权利，因为它是“只看结果，不问原因”的。当然如果家庭主要劳动力拒绝合适工作，可首先视为他已拿到最低工资，然后再测算其家庭人均收入，低于当地最低生活保障标准的，其家庭成员应享受最低生活保障。同样道理，家庭主要劳动力犯法或违反计划生育政策等，只要其家庭人均收入低于当地最低生活保障标准，其家庭成员就应该享受最低生活保障。

（二）政府保障原则

在改革开放之前，我国是绝对平均主义下的“平等”，但这种绝对平均主义使社会处于无效率状态，制约了社会发展。改革开放促进了经济的发展，提高了社会的效率。但优胜劣汰的市场经济又导致贫富分化，形成“马太效应”，穷者越来越穷，富者越来越富。市场经济必然带来不平等，但只强调效率而忽视公平，甚至认为要想发展经济就必须牺牲社会公正的理论和做法，其结果就是导致社会贫富差距过大，引起强烈的社会摩擦。这是不可取的，也是与我国社会主义的本质相背离的。要克服这一市场缺陷，靠市场自身来完成，明显不行，只能也只有政府才可以承担起这份责任。

从社会保障与财政的关系来看，最低生活保障也应该由政府负责。人们遇到的风险一般可分为三个层次：第一层次是人们普遍遇到的风险，如养老和医疗中的一般病症等，对这种风险进行的保险，不属于公共产品和劳务，具有排他性，应主要由个人自我保障。政府可以加以控制和指导，但不应承担主要责任；第二层次是人们遇到的暂时性风险，如财产损失、车祸等，这种风险可以采取建立互济性保险基金的方式来解决。它若由政府来组织则具有强制性和非盈利性，但经营上可能缺乏效率，而商业保险刚好相反。所以这种风险由商业保险来承担更合理；第三层次的风险是指贫困的社会成员无力参加第一、二层次的保险，无法维持基本生存，这一层次的风险只能由政府出面，通过财政渠道解决。

《条例》第四条规定："城市居民最低生活保障制度实行地方各级人民政府负责制。县级以上地方各级人民政府部门具体负责本行政区域城市居民最低生活保障的管理工作；财政部门按照规定落实城市居民最低生活保障资金；统计、物价、审计、劳动保障和人事部门分工负责。在各自的职责范围内负责城市居民最低生活保障的有关工作。县级人民政府民政部门以及街道办事处和镇人民政府负责城市居民最低生活保障的具体审批工作。国务院民政部门负责全国城市居民最低生活保障的管理工作。"《条例》明确了政府保障的原则，政府是实施最低生活保障制度的主体，政府各部门间的协调和社会行为的协调以政府为主导。但也应该看到，政府的财力、人力、物力等资源是有限的，不可能完全满足城市居民最低生活保障工作的需要，因此，政府还必须调动各方面的积极性，动员和组织社会力量，参与城市居民最低生活保障工作，形成合力。

（三）最低生活保障原则

一个国家的社会保障制度是由经济发展来支持的，它要以经济实力作为基础。一般来说，各国的社会保障水平与本国的经济发展水平相适应。保障水平不足使竞争中处于劣势的人们缺乏最基本的生活保障，造成社会的不稳定；而保障水平过高又会加重在业者的负担，不利于调动他们的积极性，并且使一些人成为躺在国家身上的懒汉，削弱经济发展的动力。在建立我国的社会保障制度时，应很好地吸取其他国家通过几十年实践得来的宝贵经验和教训，确定适当的保障水平。

城市居民生活保障制度要解决的是城市居民的贫困问题。一般认为，贫困有绝对贫困和相对贫困之分。绝对贫困指基本生活没有保障，温饱没有解决，简单再生产不能维持或难以维持；相对贫困则指温饱基本解决，简单再生产能够维持，但低于社会平均生活水平，缺乏扩大再生产的能力或能力很弱。我国是一个发展中国家，同时又是一个人口大国，目前正处于经济起飞阶段，必须保持较高的积累水平，这样的基本国情决定了我国的社会保障水平不可能很高。从我国的实践和目前的财政能力来看，最低生活保障作为社会保障体系中的最后一道防线，只能保证最基本的生活需要，即对处于绝对贫困状态的居民提供保障。建立城市居民最低生活保障制度不希望在“缩小贫富差距”或“提高人民日益增长的物质和文化需要”等方面大有作为，而是要帮助城市中的最贫困居民解决“温饱”问题。《条例》第六条规定：“城市居民最低生活保障标准，按照当地维持城市居民基本生活所必需的衣、食、住费用，并适当考虑水、电、煤（燃气）费用以及未成年人的义务教育费用确定。”因此，各地在制定标准时，要坚持最低生活保障原则，首先要考虑城市贫困居民最起码的生活需要，不能太低，低标准无济于事；也不能太高，高标准财政承受不起。

（四）法制化原则

现代社会是法制社会，法制原则必然体现在社会保障改革中，最低生活保障制度也不例外。过去，我国的社会救助政策往往是临时性的，存在政出多门，责任不明，部门之间各行其是，随机性强，对象不准确，操作不规范等问题。改革开放后，党和国家多次在重要会议上强调要改革和完善社会救助制度，国务院也几次下达文件和召开会议要求在全国建立城市居民最低生活保障制度。但是如果不在方针、原则、保障对象、保障标准、保障程序、经费筹集、法律责任等方面进行规范，那么就势必影响此项工作的健康发展。人们常称社会保障立法为“保障的保障”，足见其重要性和必要性。

我国从 1999 年 10 月 1 日起正式实施的《城市居民最低生活保障条例》把我国的城市救助制度纳入法制化、规范化、制度化、科学化管理的轨道中。它明确了保障对象、范围和城市居民享受最低生活保障的条件；明确了各级政府的责任和保障资金来源的主渠道；明确了制定最低生活保障标准的原则和权限；明确了城市居民最低生活保障的具体程序；明确了工作人员和保障对象双方的法律责任。《条例》的颁布实施，意味着城市居民最低生活保障制度的统一和城市居民享受最低生活保障权利和机会的平等，同时也为这项制度的具体操作提供了法律依据。

当然，社会救助制度的法制化道路还很漫长。一方面有法可依还要达到有法必依，各地的城市居民最低生活保障工作都纳入到《条例》所规定的轨道中来还需一定时间；另一方面还缺乏相应的监督制度、审计制度、资金运作和管理制度等；统一的、全面的《社会救助法》也应尽早制定，它不仅是社会救助制度化的保障，同时也是社会保障体系建设中的重要内容。这将是一个庞大而系统的工程，也将是一项艰巨而长远的任务。

三、城市居民最低生活保障制度的特点

（一）对象的限定性

城市最低生活保障制度的救济对象有严格的范围限定，只有在个人或者家庭的收入低于国家或者地方政府核定的标准时，才有可能成为城市最低生活保障制度的保障对象，进入城市最低生活保障范围。

（二）管理的动态性

国家或者社会在对有关的个人或者家庭进行最低生活保障的补助时，实行的是有进有出动态管理。符合条件的及时纳入保障范围，应保尽保，当被救济对象的经济状况发生变化后，其享受最低生活保障的资格就有可能丧失。

（三）保障水平和范围的有限性

城市最低生活保障制度保障的是家庭生活的基本水平，如粮食、衣服、住房、水电气等生存所需要的各方面，在我国城镇，还包括未成年人的义务教育费用。人们的交通、文化娱乐、社会交往等费用不在救济之列。

（四）资金来源的可靠性

由财政和保障对象所在单位分担过渡到财政负担的方式，使城市最低生活保障制度的全面实施有了稳定可靠的资金保证。我国《城市居民最低生活保障条例》规定：最低生活保障所需资金由各级政府纳入预算，予以保证。纳入社会救济专项资金支出项目，专项管理，专款专用。最低生活保障资金在我国首次得到法律的确认。国家鼓励社会组织和个人为城市居民最低生活保障提供捐赠、资助；所提供的捐赠、资助全部纳入当地城市居民最低生活保障。这样就减少了救济工作中的不确定性，避免了救济的随意性，从而把城市贫困人口的最低生活保障纳入了法制化的轨道。

第二节 最低生活保障线的测量及其调整

一、最低生活保障线的测量方法

最低生活标准，是指由政府制定的、与社会经济发展相适应的、在社会发展的某一个时期内维持一个人生存的衣、食、住等方面的最低限度的基本生活标准。最低生活标准是个变量，它应该随着社会经济的发展而进行相应调整。

最低生活保障制度是一项生命线工程，是全体社会成员的最后一道生活防线。制度顺利实施的关键在于最低生活标准的确定。这个标准要以一定时期的社会生产力水平和社会平均收入水平为依据，按照社会的、道德的标准来加以确定，同时也要强调其层次性。它既不能太高，因为标准太高容易加重国家和地方财政的负担，又可能诱导人们形成惰性，躺在救济的摇篮里，而不愿通过自身努力尽早摆脱贫困；但是也不能太低，因为太低不足以给贫困者提供最低生活保障，从而无法达到预定的目标，有违建立这一制度的初衷。

国际上比较流行的测量最低生活保障线的方法主要有四种，即生活需求法、国际贫困标准线法、生活形态法和恩格尔系数法。

（一）生活需求法

生活需求法又称“市场菜篮法”，也叫“标准预算法”。就是根据当地维持最低生活的物品和服务的种类和数量列出一张清单，然后根据市场价格计算出拥有这些物品和服务需要的现金金额，由此确定的现金金额即为最低生活保障线。处于最低生活保障线以下的人口就是贫困人口，应该对其实施援助。这种方法是测定最低生活保障标准的方法中最古老、最易于为人所接受的一种，最早是由英国人 Rowntree 在 1901 年提出的。这种方法的问题是由谁来确定菜篮子的内容，也就是说哪些是生活必需品，哪些不是生活必需品，究竟如何看待统一的贫困标准之下个人的需求差异，目前实际的做法是由群众和专家共同作出决定。

（二）国际贫困标准法

国际贫困标准实际上是一种收入比例法，经济合作与发展组织提出：以一个国家或地区社会中位收入或平均收入的 50%~60% 作为这个国家或地区的贫困线，亦即最低生活保障线。这种方法原来是世界经济合作组织在调查其会员国的社会救济标准时偶然发现的，最初主要用于国际比较，后来欧共体为了统一其成员国的社会救济标准，便决定将社会中位收入的50%~60%确定为各国的社会救济标准。这种方法的主要问题是，需要对该国或该地区的收入状况进行全面的调查，同时，50%~60%的比例是否放之四海而皆准，也是值得怀疑的。

（三）生活形态法

生活形态法也叫“剥夺指标法”。这一方法的创始人是英国人Townsend，其理论依据是，每个社会都有为人们普遍接受的生活需求，在这些生活需求中，存在着一个“剥夺门槛”，当需求项目少于这个“剥夺门槛”时，该家庭要想维持已经习惯的习俗、活动和饮食就会特别困难，而这个“剥夺门槛”就是最低生活保障线。它首先从人们的生活方式、消费行为等方面，提出一系列有关贫困家庭生活形态的问题，让被调查者回答，然后选出若干剥夺指标，即在特定的生活形态中舍弃某些方式和行为，然后再来分析他们的需求以及消费和收入，由此得出贫困线，即最低生活保障线。这种方法的主要问题是理论过于抽象，实际操作过于复杂，不易为非专业人员接受，因而在各地使用较少。

（四）恩格尔系数法

这种方法缘自“恩格尔定律”。19世纪，德国统计学家恩格尔经过大量统计调查得出一个规律：食物消费达到一定水平后会相对比较稳定，不会随收入的增加或消费的增加而提高，所以当一个家庭的收入增加或消费提高时，它的食物消费在全部消费中的比重会相应下降。因此用饮食支出占总支出的比例，大体可测定该家庭的生活水平。如果饮食支出占家庭总支出的比例很高，意味着家庭生活水平很低，收入只能维持最低生活；反之，如果饮食支出比例很低，则意味着家庭用于满足其他生活需求的收入很多，生活肯定属于上乘、富足。国际粮农组织认为，恩格尔系数在59%以上的就属于贫困，用这个数据求出的消费支出即为贫困线，即最低生活保障线。

二、城市居民最低生活保障制度的调整原则

城市最低生活保障标准并非一成不变，而是要经常进行调整。通常是由当地主管部门每年或适时调整，向社会公布。在进行调整时，一般要考虑以下原则：

（一）分享经济发展成果的原则

城市最低生活保障标准随全体劳动者平均工资的提高而相应提高，就是被救济对象分享国家经济发展成果的原则。水涨船高，国家经济水平上升了，国民收入以及分配到劳动者身上的劳动报酬也会相应提高；与此同时，被救济对象也应享受比原来高的保障待遇，以便使领取城市最低生活保障金的人也能分享经济增长的果实。在这种情况下调高保障标准，符合城市最低生活保障制度的本质要求。因为城市最低生活保障制度是建立在相对贫困基础上的。当生产力有所发展，大多数人的生活水平随经济增长而日益提高时，如果不提高城市最低生活保障，便会使相对贫困的鸿沟越来越大，使受保障对象的社会生活风险和心理压力相应加大，这就会抵消作为最后一道社会安全网的保障功能，从而增加社会风险。因此，随着经济发展水平的提高，相应调整城市最低生活保障线的标准，也是必然之举。

（二）与物价挂钩的原则

同一标准的保障待遇，在不同的物价水平下，享受到的物质生活资料和服务是不同的。为了维持被救济者的最低生活，使之不受物价波动的影响，必须按照物价上涨的幅度，主动地、适时地调高最低生活保障标准。如果面对价格迅速上涨而不相应地提高城市最低生活保障标准，将使受保障者的生活更加困难。所以，把最低生活保障标准与物价挂钩，是该项制度完善的表现。

第三节 城市居民最低生活保障基金的筹集和运行

一、城市居民最低生活保障资金的筹集

城市居民最低生活保障制度作为我国新时期城镇社会救助工作的主体，是一项“花钱”的事业，而且随着城市居民最低生活保障对象数量的逐年增长和城市居民最低生活保障标准的不断提高，需要的城市居民最低生活保障资金必然是越来越多。在实际运行中，资金保障方面存在的问题已经成为困扰城市居民最低生活保障制度的主要制约因素。因此，如何建立一个合理、高效的筹资机制，为城市居民最低生活保障制度建立一个稳定、充裕的资金来源，成为理论界与实务界关注的焦点问题。

在城市居民最低生活保障制度发展的初期，关于城市居民最低生活保障资

金的来源有两种意见：一种是由各级地方财政按一定比例分级负担，所需经费列入财政预算；另一种是各方出力，财政保底。也就是在原有单位保障的前提下，一些单位无力保障或仅有一部分保障，不足以解决问题的，再由当地主管部门解决，主管部门无能为力的，最后由地方财政兜底。两相比较，第一种办法是比较理想的，因为它将传统的企业或单位负责救济的任务重新交给社会，也就消除了传统救济体制下的弊端。《国务院关于在全国建立城市居民最低生活保障制度的通知》中肯定了这一筹资办法，并规定建立这项制度所需资金，由地方各级人民政府列入财政预算，纳入社会救济专项资金支出科目，专账管理。每年年底前由各级民政部门提出下一年的用款计划，经同级财政部门审核后列入预算，定期拨付，年终编制决算，送同级财政部门审批。目前采取最低生活保障资金由财政和保障对象所在单位分担办法的城市，要逐步过渡到主要由财政负担的方式上来。《城市居民最低生活保障条例》规定城市居民最低生活保障所需资金，由地方人民政府列入财政预算，纳入社会救济专项资金支出项目，专项管理，专款专用：国家鼓励 社会组织和个人为城市居民最低生活保障提供捐赠、资助；所提供的捐赠资助，全部纳入当地城市居民最低生活保障资金。

二、城市居民最低生活保障基金的运行

对于最低生活保障资金，市场经济国家通行的惯例是以个人所得税作为建立居民生活最后一道安全网的主要来源。但是对于实施最低生活保障的具体形式，西方国家存在两派观点。

凯恩斯主义者主张对贫困家庭发放差额补助金，使生活在“贫困线”之下的个人都能达到政府规定的最低生活保障线，将处于“贫困线”之下的人的生活水平与社会平均的生活水平拉平。它是利用政府的再分配功能，将征收上来的个人所得税转移到低收入者手中，既可以保障公民最低生活水平，又可以通过转移支付拉动需求。

货币主义学派则认为，高效率的经济运作来自市场竞争规则的规范和有效作用，如果将低收入者的收入一律拉平到政府规定的某一条收入标准线，意味着实行了一种奖懒罚勤的非理性的救助活动，其结果是扼杀经济活力、降低经济效率。因此，货币主义学派的代表人物弗里德曼提出“负所得税方案”，来保障公民的最低生活水平。由政府确定保障标准，然后对低收入者给予适当补助。为了避免把低收入者的收入一律拉平而导致经济效率的下降，每一个低收入者将根据本人收入的情况获得补助金。

笔者认为，“负所得税”这种方式虽然由于各种限制，一直没能推广开来，但是，这种方式有着自己独特的优点，从长期来看，最低生活保障的救助形式最终将采取这种形式。

负所得税实质上就是所得税的反向延伸，其含义是：以社会平均收入作为个人所得税的起征点，收入在起征点以上的公民，应缴纳个人所得税；收入在起征点以下的公民，可以从政府征收的个人所得税中得到补偿。补偿的方式是，首先由政府给定负所得税的税率，通过起征点和负所得税的税率，计算出保障标准，其计算公式为：

最低收入保障标准=起征点×负所得税税率

负所得税税额=最低收入保障标准-（个人实际收入×负所得税税率）

获得负所得税后个人可支配收入=个人实际收入+负所得税收入

通过负所得税的形式，对收入低于起征点的纳税人提供补助，越是贫困者，得到的援助将越多。详见图 10.1。

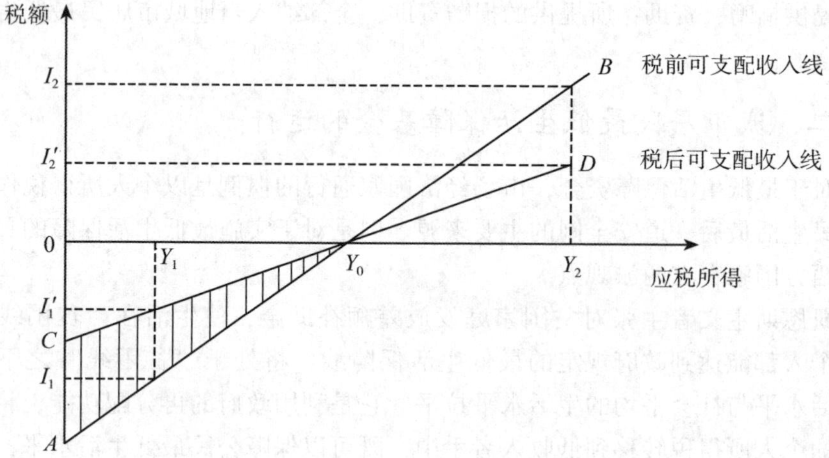

图 10.1　负所得税的补助区域和补助程度

在图 10-1 中横轴表示应税所得，纵轴表示税额，直线 AB 表示税前可支配收入线，直线 CD 表示税后可支配收入线，直线 AB 和直线 CD 相交于横轴 Y_0 点，此时的应税所得即为 Y_0。税前可支配收入线表示无所得税，在征收负所得税后，税前可支配收入和实际可支配收入发生偏离，以 Y_0 为“零税负点”，在这一点上，纳税人既不纳税，也得不到政府的补助金。如果纳税人的收入为 Y_1，且 $Y_1<Y_0$，则可以得到政府通过负所得税形式的补助，其所得负值税额为

$(I_1'-I_1)$。如果纳税人的收入为 Y_2，且 $Y_2>Y_0$，则应依法缴纳所得税，税额为 (I_2-I_2')。图中阴影部分为负所得支付区域及支付程度。

由图 10.1 可以看出，低收入家庭的收入并没有被拉齐到同一条最低生活保障线，而是根据纳税人税前所得，补助后的可支配收入有所不同。

以个人所得税的起征点为1 600元为例，假定正、负所得税的税率均为20%。当纳税人的收入低于1 600元时，就可以申请国家以“负所得税”的形式进行补助。补助的具体标准见表 10.1。

表 10.1　**负所得税补助程度表**　单位：元

税前总收入	负所得税税额	税后收入
0	320−0×20%＝320	320
400	320−400×20%＝240	640
800	320−800×20%＝160	960
1 200	320−1 200×20%＝80	1 280
1 600	320−1 600×20%＝0	1 600
2 000	320−2 000×20%＝−80	1 920

从本例中，我们可以看到，当纳税人通过诚实劳动，将收入从 0 元依次提高到 400 元、800 元、1 200元、1 600元、2 000元后，虽然国家的补助从 320 元降低为 240 元、160 元、80 元，当收入正好等于起征点1 600元时，既不需要缴纳所得税，也不能享受政府通过负所得税方式给予的补贴，当收入达到2 000元时，不仅没有补助，还要缴纳 80 元的正的个人所得税。但是加上自身的收入，此时税后的个人可支配收入会变为 320 元、640 元、960 元、1 280 元、1 600元和1 920元。

实践中我们要注意最低收入保障标准和负所得税税率的设计，最低收入保障标准的设计要和现实情况相符，不能太高，太高会给财政带来过大的压力；也不能太低，太低无法达到保障最低生活的目的。同时负所得税的税率要和最低收入保障标准相配合，只有满足“最低收入保障标准＝起征点×负所得税税率”这个条件，才能使得负所得税制度和现行的所得税制度得以很好的衔接。同时，我们还要注意，负所得税的税率一定不能定得太高，因为这个税率表示纳税人通过劳动取得收入后从国家所获得的补助，一旦税率过高，势必影响纳税人自己劳动取得收入的积极性，从而也不利于发挥负所得税制度的最大优势。

使用负所得税的方式确保最低收入，有其自身的特点。第一，这种方式将资金主要用于穷人。受益者获得补助是因为他们收入低，而不是因为他们是老年人、残疾人、失业者等，毫无疑问，老年人、残疾人、失业者等通常就是贫穷者，但显然这是用两种不同的方式区分的人群，我们不能将老年人、残疾人、失业者等和贫穷直接画等号。第二，这种方式使穷人具有自助的动力。差额补助的方式，实际上包含着对获得补助者的劳动收入课以100%的税收，即每当他们挣得一分钱，他们的补助将减少一分钱。这种方式严重地影响了纳税人自助的动力。负所得税的税率小于100%，故能保持接受补助者小规模地、循序渐进地进行自助的动力。在上述的例子中所使用的20%的税率下，接受补助者能够保留额外挣得的每一分钱中的80%。当然，与能够将这一分钱全部保留下来相比，这只是一种较小的动力；但与一点也留不下来的情况相比，它又是一种较大的动力。

负所得税的实施增加了个人来自非劳动供给所得，影响到家庭劳动供给的决策，对劳动供给产生替代效应和收入效应。详见图10.2。

图10-2　负所得税的收入效应和替代效应

在图 10.2 中，横轴和纵轴分别表示闲暇 L 和劳动收入 Y，Y_0 为国家规定的最低收入保障水平，当纳税人的收入低于这一水平时，政府就要支付负所得税。直线 YL_0 是在没有负所得税情况下的个人预算约束线。引入负所得税之后，当在收入水平低于 Y_0 时，个人得到负所得税补贴，此时个人预算约束线变为折线 YAB，曲线 U_1 表示在没有负所得税情况下的关于劳动收入和闲暇两种效用的无差异曲线，而曲线 U_2 表示有负所得税情况下的关于劳动收入和闲暇的无差异曲线。

引入一条直线 $A'B'$，使得 $A'B'$ 平行于 AB，且与无差异曲线 U_1 相切，因此 $A'B'$ 就是直线 AB 的一条预算补偿线，U_1 与直线 YL_0 和 $A'B'$ 的切点分别为 C 和 E，在横轴和纵轴所对应的坐标值分别为 Y_1、L_1 和 Y_2、L_2，无差异曲线 U_2 与折线 YAB 相切于点 D，对应的坐标为 Y_3、L_3。

负所得税的收入效应。图 10.2 中，引入直线 AB 的预算补偿线 $A'B'$ 后，由于 $A'B'$ 与曲线相切于点 E，劳动者在存在负所得税情况下闲暇和劳动收入的获得量分别为 Y_2、L_2。现假设将 $A'B'$ 平移到 AB 位置上去，于是劳动者的效用最大化的均衡点就会由点 E 平移到点 D，相应的闲暇和劳动收入的变化量为 L_2L_3 和 Y_2Y_3，显然它们都是正值，可见，负所得税使纳税人增加了闲暇和劳动收入，总福利得到提高。

负所得税的替代效应。引入负所得税后，使得劳动收入和闲暇的相对价格发生改变，闲暇变得相对便宜，因此，劳动者会更多地消费闲暇而更少地劳动。而在上图中，由于在无差异曲线 U_1 上劳动者总效用不变，增加闲暇的代价就是减少收入。在休闲和劳动收入的相对价格变化后，劳动者的效用最大化均衡点由 C 点移到 E 点，改变的闲暇和收入的变化量为 L_1L_2 和 Y_1Y_2。其中，劳动者增加了闲暇，减少了劳动收入，而劳动者的总效用并未改变。

三、申领程序与组织管理原则

一般说来，要享受最低生活保障待遇，必须经过申请、调查、审核批准和保障金的发放几个程序。

申请时要注意，首先，申请人必须在户口所在地提出申请。这就意味着即使人户分离的贫困家庭，也只能在自己的户口所在地而不是居住地提出申请。其次，申请人要向户口所在地的街道办事处、乡镇政府而不是居民委员会提出申请，但这并不意味着居委会不能接受政府委托代理接受申请人的申请，而且在实际工作中恰恰相反，一般都是居委会而不是街道办事处或乡镇政府直接接受申请人的申请。再次，贫困户在提出申请时，应当提供相应的证明材料，主要是证明身份的材料和证明收入的材料。最后，申请人需要填写《城市居民最低生活保障待遇审批表》，并保证如实填写相关内容、表示愿意配合有关部门的调查核实工作。在完成了上述一系列工作后，就算结束了申请程序。

有关社会保障机构接受申请后，派出专业人员，对申请家庭及其所在地区和工作者所在单位进行详细调查。调查的目的是为了核实申请人所提供的证明材料在《城市居民最低生活保障待遇审批表》中填写的内容的真实性。调查的方式一般有三种：首先是入户调查。入户调查是一种最直接、最便捷的调查方式。通过入户调查，可以真实地感受到保障对象的生活状态、生活水平，了解到保障对象所提供的相关资料的真实程度。其次是间接寻访，即通过间接地寻访保障对象的邻居、亲戚、朋友、领导、同事等，了解保障对象的背景、历史和所处困境的严重程度。最后是信函索证。这是一种节省人力、物力，可以大大减轻工作量的调查方式，但其单独使用时真实性往往会大打折扣。

审核、审批工作的主要任务是审查申请人所提供的材料是否完备、程序是否合法，并对某些疑难问题作出决定。发放最低生活保障金是把城市居民最低保障落实到保障对象身上的最后一道程序，及时、足额、准确地把最低生活保障金发放到真正生活困难的保障对象手中，是这一程序的最终目的。

当一个家庭的人均收入低于当地最低生活保障标准时，其户主就可以按照法定的程序申请救济：首先提出申请。户主向户籍所在地的街道办事处或者镇人民政府提出书面申请，出具有关证明材料，填写《最低生活保障待遇审批表》。出具的证明材料，主要是指证明其家庭人均收入低于最低生活保障标准的文件，如工资单，家庭成员的简况等。其次是初审，由所在地的街道办事处或者镇人民政府对申请及其所附的证明材料进行初步审查，主要是核实有关材料和情况的真实性与准确性。由街道办事处或者镇人民政府进行初审，由于管辖的范围有限，有利于统计申请人家庭真实的收入和实物收入，包括工资、退休金、法定赡养人、抚养人或者扶养人应当给付的赡养费、抚养费、扶养费等，以及单位发放的食品、衣服等实物，但不包括优抚对象按照国家规定享受的抚恤金、补助金。

调查制度的实施，一般是由基层社会保障组织中的专业人员负责。他们到申请者的住所、所在街区的管理部门或申请者的工作单位以及其他部门，如银行等，进行详细、认真的调查，以了解申请者真实的生活情况，为最后的申请评判提供可靠资料。

严格的申请制度是必需的，但也存在不利的一面。首先，申请及审核项目非常烦琐，使不少申请人望而却步；其次，在“生活状况调查”时，有的调查人员对申请人的审查过于苛刻，往往会损害申请者的尊严，引起他们的反感。这就要求建立简明高效的申请审核制度，同时加强对工作人员的选拔和培训，要求他们有一定的专业知识和方法，具备人道主义精神和博大的爱心。

城市居民对县级人民政府民政部门作出的不批准享受城市居民最低生活保障待遇或者减发、停发城市居民最低生活保障款物的决定或者给予的行政处罚不服的，可以依法申请 行政复议；对复议决定仍不服的，可以依法提起行政讼诉。享受城市居民最低生活保障待遇的城市居民有下列行为之一的，由县级人民政府民政部门给予批评教育或者警告，追回其冒领的城市居民最低生活保障款物；情节恶劣的，处冒领金额 1 倍以上 3 倍以下的罚款：（1）采取虚报、隐瞒、伪造等手段，骗取享受城市居民最低生活保障待遇的；（2）在享受城市居民最低生活保障待遇期间家庭收入情况好转，不按规定告知管理审批机关，继续享受城市居民最低生活保障待遇的。

从事城市居民最低生活保障管理审批工作的人员有下列行为之一的，给予批评教育，依法给予行政处分；构成犯罪的，依法追究刑事责任：（1）对符合享受城市居民最低生活保障待遇条件的家庭拒不签署同意享受城市居民最低生活保障待遇意见的，或者对不符合享受城市居民最低生活保障待遇条件的家庭故意签署同意享受城市居民最低生活保障待遇意见的；（2）玩忽职守、徇私舞弊，或者贪污、挪用、扣压、拖欠城市居民最低生活保障款物的。

四、最低生活保障的政策配套

由于我们的社会救助制度有“治本脱贫”的内涵，制定政策时还必须考虑它和其他社会政策的配套与衔接。

（一）最低生活保障线制度与其他社会保障制度的配合

在社会保障制度的三个层次中，社会救助是最底下的一张安全网，而且用的是纳税人的钱。如果上面的社会保障安全网都有漏洞，漏下的人太多，只靠社会救助这一张网就显得独力难支。所以，我们必须注意最低生活保障线制度与相关社会保障政策的配套。首先，要尽量使企业贯彻落实《中华人民共和国劳动法》制定的最低工资标准。应以企业保障职工最低工资为前提，然后再看职工家庭人均收入水平是否低于最低生活保障线。其次，养老保险制度应有最低退休金标准。同样应以保证退休人员的最低退休金为前提，然后再看其家庭人均收入水平是否低于最低生活保障线。再次，失业人员进行失业登记和获得相关失业保险待遇同样是实行最低生活保障制度的前提条件，失业保险金也应有最低标准。最后，城市的贫困家庭光靠现金保障仍然是不够的，资金不足可以用服务来补偿，在社会福利和职工福利方面应首先重点考虑贫困家庭。

（二）实行以工代赈和救助与职业培训挂钩的政策

按照“发挥人的潜能”的原则，在最低生活保障制度普遍实施后，参照国外的经验，可组织受助者中有劳动能力的人以以工代赈的方式参加一些社会公益劳动。这样，一方面可给受助者以回报社会的机会；另一方面也可以以劳动报酬的形式发放救助金，减少他们的心理压力。北欧各个国家实行的是“积极的劳动力市场”政策，即把有劳动能力但丧失劳动机会的人员组织起来参加各种培训，以提高他们在劳动力市场中的竞争能力，参加者可得到比社会救助标准更高的补贴，这对我国很有借鉴意义。我国的下岗、失业问题不是在短时间内就可以解决的，大批人员流散在社会上，不仅其自身生活无保障，也是社会不安定的隐患。而利用我国社会组织化程度较高的优势，把他们组织起来进行专业、转岗培训应该是可行的。培训的基地应设在基层社区，并与社区服务联系起来。同时，把失业、下岗人员组织起来也可以解决目前困扰社会救助机构的一个难题，即对这些人员是否已再就业，是否已有新的收入，也就是是否确实需要社会救助做到心中有数，因为对拒绝参加培训者即可视为没有就业的欲望。

（三）为贫困群体提供优惠政策

为贫困群体提供优惠政策，如为他们中有劳动能力者再就业创造条件；发展第三产业，尤其是社区服务；尽量为贫困户自力更生创造有利的外部环境等，均为可供考虑的政策选择。同时，也可以考虑在教育、住房、医疗、水电等方面给贫困户减免交费的政策优惠，以减少他们的部分开支。

第四节　城市居民最低生活保障制度的发展阶段

我国城市居民最低生活保障制度从 1993 年初创，到 2017 年已有 20 多年历史，依次经历了探索、推广和完善三个阶段。

一、城市居民最低生活保障制度的探索阶段

这一阶段是从 1993 年 6 月到 1997 年 9 月。城市居民最低生活保障制度产生的最根本也是最直接的原因是传统的社会救济制度不适应新时期城市社会救

济工作的需要。城市居民最低生活保障制度最先发源于上海，也可以说是偶然当中蕴涵着某种必然。上海作为中国的经济的中心，最先感受到来自社会救济工作方面的压力。由于传统社会救济制度存在的体制缺陷，使得上海出现了一部分“政府管不上，企业靠不上，家庭顾不上”的“三不管”人员。为了改善这部分人的生活状况，上海市民政局会同有关部门经过深入调研、反复论证，提出了确定一条能够随物价指数进行调整的最低生活保障线，作为各行各业实施困难补助的基本标准的建议。该建议得到了上海市有关领导的肯定，成为上海市建立城市居民最低生活保障制度的基础。1993 年 5 月 7 日，上海市民政局、财政局、劳动局、人事局、社会保险局、市总工会联合发布《关于本市城市居民最低生活保障线的通知》，宣布自 1993 年 6 月 1 日起在全市范围内实施城市居民最低生活保障制度，标准为月人均 120 元。这一文件的颁布，标志着城市居民最低生活保障制度在中国的诞生。

上海市的做法得到了民政部的高度赞赏。在 1994 年 5 月召开的第十次全国民政会议上，“对城市社会救济对象逐步实行按当地最低生活保障线标准进行救济”被列入了民政工作今后五年乃至世纪末的发展目标，并进行了具体安排。厦门市政府仅仅在几个月以后，就发布了《厦门市最低生活保障办法》。其他城市也都立即着手开始调研，建立城市居民最低生活保障制度的工作在整个民政工作中的地位迅速突出起来。

在 1994 年年底召开的全国民政厅局长会议上，民政部提出选择部分省会城市率先进行最低生活保障线的调研，因地制宜地制定本地区的最低生活保障线，开展按最低生活保障线进行救济的试点。1995 年年初，民政部专题研究部署了城市居民最低生活保障制度的工作计划，决定成立联合调研组对较早实施最低生活保障的城市进行跟踪调研。1996 年的全国民政厅局长会议，又把建立城市居民最低生活保障制度的工作作为重点议题，在 1997 年连续召开的社会保障汇报会上，也都对这项工作进行了阶段性的总结和针对性的指导。

在民政部的大力推动与地方政府的积极参与下，探索建立城市居民最低生活保障制度的工作呈现出了良好的发展势头。1995 年年底以前，全国只有 12 个城市建立了这项制度；到 1996 年年底，建立城市居民最低生活保障制度的城市就有 116 个；截至 1997 年 8 月底，全国共有 206 个城市建立了城市居民最低生活保障制度，约占当时全国城市总数的 1/3。这标志着改革城市传统社会救济制度的探索取得了初步成果，城市居民最低生活保障制度初步确立。

从总体上看，探索建立城市居民最低生活保障制度的步伐是与经济体制改革的进程基本一致的。东部地区特别是沿海发达城市如上海、厦门、青岛、广州、大连、福州、海口等，体制改革比较深入，不仅具有对城市居民最低生活保障制度的迫切要求，而且具备了实施的主要条件。另外有些城市如沈阳、武汉、合肥等虽然不是沿海开放城市，但是在这些城市中国有大中型企业相对密集，建立现代企业制度和转换经营机制对建立与之配套的城市居民最低生活保障制度的要求相对而言也十分迫切。中西部贫困地区也有部分城市建立了这项制度，但基本上集中在省会或各地相对发达的城市，这也说明了城市居民最低生活保障制度的建设与经济发展、经济体制改革的进程之间有着高度的相关性。换言之，社会主义市场经济的发展和经济体制改革的深化，是促进建立城市居民最低生活保障制度的根本动力。

二、城市居民最低生活保障制度的推广阶段

这一阶段是从 1997 年 9 月到 1999 年 9 月。1997 年 9 月 2 日，《国务院关于在全国建立城市居民最低生活保障制度的通知》（以下简称《通知》）下发；第二天，国务院又召开了全国城市居民最低生活保障制度电视电话会议。这是我国城市居民最低生活保障制度建设工作从探索阶段进入全面推广阶段的重要标志。

《通知》对建立城市居民最低生活保障制度的重要性、保障对象及其保障标准的确定、保障资金的来源和管理等作了原则性规定。《通知》还对这项制度保障的对象作了进一步确定，主要是家庭人均收入低于当地最低生活保障标准的持有非农业户口的城市居民，具体有三类：第一，“三无人员”，即无生活来源、无劳动能力、无法定赡养人或抚养人的居民；第二，领取失业救济金期间或失业救济期满仍未能重新就业、家庭人均收入低于最低生活保障标准的居民，这些人是有劳动能力但因各种原因而一时无法就业者；第三，在职人员和下岗人员在领取工资或最低工资、基本生活费以及退休人员领取退休金后，其家庭人均收入仍低于最低生活保障标准的居民，这类人员都有一定的收入来源，但因收入较低或其家庭赡养或抚养系数高而负担较重，家庭人均收入达不到当地政府颁布的最低生活保障线。第一类人员是传统的救济对象，第二、三类人员是市场经济条件下新增的保障对象。

根据保障基本生活、克服依赖思想的基本原则，对上述对象实施城市居民的最低生活保障制度。其发放标准是，第一类的保障对象按最低生活保障标准全额发放，如其原来享受的生活救济标准高于最低生活保障标准的，则按原救济标准发放；对第二、三类保障对象均按其家庭人均收入与最低生活标准的差额发放。

特别值得一提的是，《通知》根据我国实际，明确提出了实施城市居民最低生活保障制度“三步走”的时间表，即 1997 年年底以前，已建立城市居民最低生活保障制度的城市要逐步完善，尚未建立城市居民最低生活保障制度的要抓紧做好准备工作；1998 年年底以前，地级以上城市要建立起城市居民最低生活保障制度；1999 年年底以前，县级市和县政府所在的镇要建立起城市居民最低生活保障制度。《通知》的下发，大大加速了城市居民最低生活保障制度的推广进度。到 1998 年年底，全国有 581 个城市和 1121 个县政府所在的镇建立了城市居民最低生活保障制度，分别比 1997 年新增 250 个和 666 个。1999 年 1 月至 9 月，又有 84 个城市和 682 个县政府所在的镇新建了城市居民最低生活保障制度。至此，全国 667 个城市和 1638 个县政府所在的镇全部建立起了城市居民最低生活保障制度，比国务院规定的时限提前了 3 个月。

三、城市居民最低生活保障制度的完善阶段

这一阶段是从 1999 年 10 月至今。1999 年 9 月 28 日，国务院颁布《城市居民最低生活保障条例》（以下简称《条例》），自 1999 年 10 月 1 日起施行。《条例》对城市居民最低生活保障制度的保障原则、保障对象、管理部门及其职责、资金来源及管理、保障标准的确定及调整、审批程序、城市最低生活保障金的发放及其监督以及城市最低生活保障工作中的违纪违法行为的处罚等相关内容作了比较明确的规定，成为迄今为止指导城市最低生活保障工作的一部纲领性法规。《条例》的颁布和实施，标志着我国城市最低生活保障工作开始步入了法制化建设的轨道。

这一阶段不仅完善了城市最低生活保障的相关法规，而且保障对象人数有明显的增加，保障标准也有大幅度提高。1999 年 11 月底，民政部召开了全国城市居民最低生活保障工作会议。会上，各地分别介绍了几年来建立城市居民最低生活保障制度的基本做法和取得的经验。同时也指出：在全国建立的城市居民最低生活保障制度只是初级的，完善、规范的工作任务还十分艰巨，城市居民最低生活保障工作仍然任重道远。这次会议标志着我国的城市居民最低生活保障工作由推广阶段正式进入完善阶段。

2001 年 11 月 12 日，国务院办公厅再次发出《国务院办公厅关于进一步加强城市居民最低生活保障工作的通知》，对全面落实城市居民最低生活保障制度、城市居民最低生活保障资金专项管理和推进城市居民最低生活保障工作的规范化管理等工作出了指示。

以后的几年中，各级政府部门密切配合，出台了一系列的条例，切实地将城市居民最低生活保障制度落到细处，落到实处。2002 年 3 月 6 日，民政部向各省、自治区、直辖市民政厅（局）和新疆生产建设兵团民政局发出了《关于进一步加强城市居民最低生活保障信息系统建设的通知》。2003 年 3 月 25 日，民政部再次发出了《关于按照国务院要求进一步健全城市低保制度的通知》。2003 年 12 月 31 日，建设部、财政部、民政部、国土资源部和国家税务总局联合签署了《城镇最低收入家庭廉租住房管理办法》，从 2004 年 3 月 1 日起施行。2004 年 8 月 27 日，民政部、教育部共同发出《关于进一步做好城乡特殊困难未成年人教育救助工作的通知》。这些措施完善了城市居民最低生活保障制度，解决了制度实施过程中出现的各种问题。

从总体上看，城市居民最低生活保障工作从东部到西部基本形成了一个三级台阶形的新格局。东部沿海发达地区，包括上海、浙江、江苏、北京和广东，在"应保尽保"的基础上，做到了法制配套、各项政策措施到位；中部地区基本做到以实现"应保尽保"为基础，同时拓展了其他社会救助措施，而且将法制建设提上了议事日程；西部地区很快也可以实现"应保尽保"，对城市贫困人口实行基本生活救助。这个格局大体上与整个国家的经济发展水平相一致。

2016 年以来，上海、北京、天津以及福建省、广东省、贵州省、江苏省、辽宁省、宁夏、浙江省等 10 多个省市相继调整最低生活保障标准，部分城市实现了城乡低保标准的"并轨"。其中，上海市 2016 年城乡低保标准最高，为 880 元/月，苏州次之，为 810 元/月，而北京市则排名第三位，为 800 元/月。

第五节　我国城市居民最低生活保障现状

制度经济学理论表明，一次制度安排的变迁，是将潜在的制度需求和供给，转化为实际的制度需求和供给，总是以既定的社会环境为条件的。旨在救助贫困人口而设计的最低生活保障制度，是我国经济体制改革，社会转型过程的产物。

城市居民最低生活保障制度作为一种新的制度安排，是我国近年来社会保障制度渐进变迁的又一局部调整。因为，相比原有的社会救济制度，它是一种保障功能更大，保障效率更高的救济制度。

一、我国城市居民最低生活保障制度的特点

根据有关法规、政策的规定，我国城市居民最低生活保障制度具有以下特点：一是在权利—义务关系上，强调政府负有救助的义务，公民享有受助的权利；二是在保障对象上，限定在持有非农业户口的城镇居民；三是在保障资金的筹集上，规定由政府负担，个人不负有缴费义务；四是在程序条件上，提出申请是城镇居民获得城市最低生活保障救助的前提；五是在实质条件上，只有在经过相关的家庭经济调查核实，确认符合规定条件的情况下，申请者才能获得城市最低生活保障救助；六是在保障标准上，以维持城镇居民基本生活所需的费用为限；七是在保障待遇的兑付上，视城市最低生活保障对象的收入情况，实行以现金给付为主体的差额补助；八是在工作机制上，实行各级政府负责制，具体由民政部门牵头组织，相关部门予以配合；九是在管理方式上，实行动态管理，即通过对家庭收入情况进行定期核查等方式实现保障对象上的“有进有出”，保障待遇上的“有增有减”。

二、我国城镇居民最低生活保障制度的意义

从我国实际情况出发，逐步建立适应社会主义市场经济体制要求的，具有中国特色的城镇最低生活保障制度，是建立与完善我国社会保障制度，深化经济体制改革和稳定社会的一个重要措施，具有十分重大的意义。

（一）建立城镇居民最低生活保障制度是建立社会主义市场经济体制的要求

在社会主义市场经济的发展过程中，尤其是在体制转轨、社会转型的剧变期，不可避免地会出现一些新的社会矛盾和社会问题。市场经济体制不能自发地实现社会公平，更不能自发地保护弱者的生存和发展。市场经济必然会带来两个后果：一是市场竞争机制发挥作用，市场运行会自发地倾向于效率，产生优胜劣汰的结果，因此，市场机制在产生拥有大量财富的强者的同时，也制造了大批的竞争失败者。二是为刺激效率，必然扩大收入差距。市场分配为收入倾斜创造了条件，不同职业群体的收入差距呈增长之势。

我国的经济体制改革已进入攻坚阶段，在产业结构调整、劳动力结构调整和物价体系调整等方面，改革力度的加大都会触及城市居民的切身利益。上述种种情况，要求政府介入和干预，通过政府活动，调节收入再分配，建立包括最低生活保障制度在内的社会保障制度。建立最低生活保障制度是为了缓解由

此引发的社会矛盾和社会问题，为所有居民在最起码的生活条件上进行保底，以保护贫困者的基本生活。保护劳动力的再生产，保障公民的生存权。其作用是不可低估的，在这方面，一些市场经济国家在社会结构发生剧烈变化时加大社会救助力度的做法也为我们提供了可借鉴的经验。

（二）建立城镇居民最低生活保障制度是建立、健全社会保障体系和社会救济制度改革的需要

尽管近年来我国在社会保险方面下了很大功夫，逐步完善各项制度，但仍不足以应付目前存在的所有问题。最低生活保障制度是社会保障中最低层次的保障，保障对象范围较广，保障待遇标准也较低，是政府为社会设立的最后一道安全网。社会保障必须有这种保底措施，才能使那些不能享受社会保险的个人或群体得到最起码的保障，而不至于使他们陷入生活无着的困境。失业保险和最低工资制度解决不了贫困居民的基本生活保障问题，最低生活保障制度是其他社会保障措施所无法替代的。因此，建立最低生活保障制度对完善社会保障制度来说意义重大，广大群众称之为“民心工程”。

我国传统的城镇社会救济制度是在计划经济体制下产生的，存在着许多问题，已不能适应新形势的需要，必须进行改革。建立城镇最低生活保障制度，是改革传统社会救济制度的重大步骤。同时，建立城镇最低生活保障制度，把保障对象、保障标准、资金来源、管理监督规范化，有利于提高整个社会救济工作的水平。

可以说，建立最低生活保障制度，改变中国城市中大量的弱势和贫穷群体的生存状况是我们社会全面进步的责任。进而言之，建立和完善这一制度不但符合我们社会全面进步的道德准则，而且对我国全面建设小康社会，提高我国的国际地位也是至关重要的。

（三）建立城镇居民最低生活保障制度是保证改革与发展顺利进行，维护社会稳定的重要措施

改革和发展需要一个稳定的社会环境，而我国正在进行的改革必然对某些社会成员的利益有一定伤害，从而孕育着社会风险，形成对社会成员的压力。全体社会成员对社会风险的承受力是不一样的。犹如木桶效应，水流的外溢取决于木桶上最短的一块板，社会风险最易在承受力最低的社会成员身上爆发。当低收入家庭的基本生活受到影响时，贫困就不仅是经济问题，也可能转化为政治问题。当社会成员基本生活难以为继，经济压力和心理负荷累积到相当程

度时，就会产生许多社会问题，甚至产生严重的社会矛盾。

近年来，社会稳定也是备受关注的问题。与社会稳定有关的一项重要指标是痛苦指数，即失业率加上通货膨胀率。国际上公认的痛苦指数警戒线是10%，重警戒线是20%，即使不包括隐性失业，我国20世纪90年代的痛苦指数也没有低于20%。这不能不引起我们的警觉。解决问题的重要措施之一，就是建立面对全体社会成员的最低生活保障制度，解除人民群众的后顾之忧，改善城市低收入家庭的生活，使更多的人在经济上具有安全感，从而缓和社会矛盾，为经济建设和改革开放创造良好的社会环境。同时，建立居民最低生活保障制度，也有利于弘扬扶贫济困的人道主义精神，有利于精神文明建设。所以，这项被视为花钱不多，效果极佳的社会工程，应该引起高度重视。

三、我国城市居民最低生活保障制度的成绩

城市居民最低生活保障制度从探索、推广到基本普及，走过了不平凡的20年，相比传统社会救济制度显示出了巨大优越性，已经发展成为我国城镇经常性社会救助工作的主体。回顾20多年取得的成绩，集中体现在以下四个方面：

（一）保障人数迅速增长

我国享受城市居民最低生活保障的人数增长迅速，1996年保障对象还只有84.9万人，1997年为87.9万人，1998年为184.1万人，1999年为265.9万人，2000年为402.6万人，2001年为1 170.7万人，2002年为2 064.7万人，到了2003年就达到2 246.8万人，2004年这一数据首次出现下降，但也有2 201万人，但是2005年又恢复到了2 233万人，2006年2 240.1万人，2007年2 272.1万人，2008年2 334.8万人，2009年2 345.6万人，2010年2 310.5万人，2011年2 276.8万人，2012年2 143.5万人，2013年2 064.2万人，2014年1 877万人，2015年1 701.1万人。具体趋势见图10.3。

保障对象的迅速增加并不表明我国城市贫困人口在迅速增加，它说明的是越来越多的已经存在的贫困人口得到了有效的生活保障，换句话说，它是初步实现“应保尽保”的标志。过去之所以保障对象少，是由于大量应该得到基本生活保障的贫困人口没有纳入保障范围，也就是“应保未保”问题。一方面，由于资金不足，各地普遍存在人为控制保障人数的现象；另一方面，各地还存在各种地方政策，将有劳动能力但无收入来源的人排除在保障对象之外。此外，一些地区没有将符合条件的国有大中型企业特困职工纳入保障范围。因

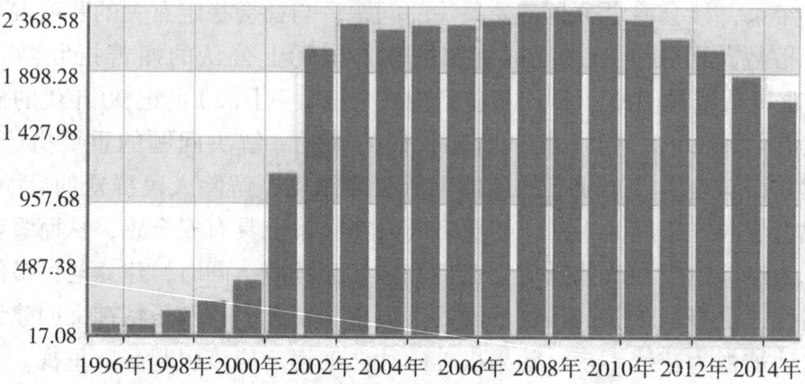

资料来源：中国民政统计年鉴 2005

图 10.3　1996 年到 2005 年保障人数

此，过去城市居民最低生活保障实际上并没有完全发挥应有的作用。随着制度的逐步完善，越来越多的贫困人员享受到城市居民最低生活保障，使得保障人数大量增加。

（二）保障资金增长迅猛

为保证“应保尽保”目标的实现，在中央财政加大投入之后，各地积极调整财政支出结构，较大幅度地增加了城市居民最低生活保障制度的资金预算。1996 年保障资金还只有 3 亿元，1997 年为 29 亿元，1998 年为 71 亿元，1999 年为 138 亿元，2000 年为 219 亿元，2001 年为 416 亿元，到了 2002 年这一数据激增为1 087亿元，2003 年更是高达1 505亿元，2004 年这一数据出现较大幅度下降，但也有 88.87 亿元，2005 年又恢复到了 96.19 亿元，2006 年缺失，2007 年 274.7 亿元，2008 年 385.2 亿元，2009 年 461.4 亿元，2010 年 495.9 亿元，2011 年 617.3 亿元，2012 年 635.9 亿元，2013 年 634.1 亿元，2014 年 648.5 亿元，2015 年 651.4 亿元，2016 年 628.5 亿元，2017 年第一季度 151 亿元。具体趋势见图 10.4。

从资金数量上看，2000 年之前各级政府用于保障的资金支出数量非常有限，这与 2000 年前保障人数很少有关。2001 年、2002 年、2003 年各级政府用于保障的资金支出增长比较快，2007 年的保障支出增长迅猛，2014 年、2015 年保障资金支出达到 650 亿，可见国家对于扶贫工作的重视。

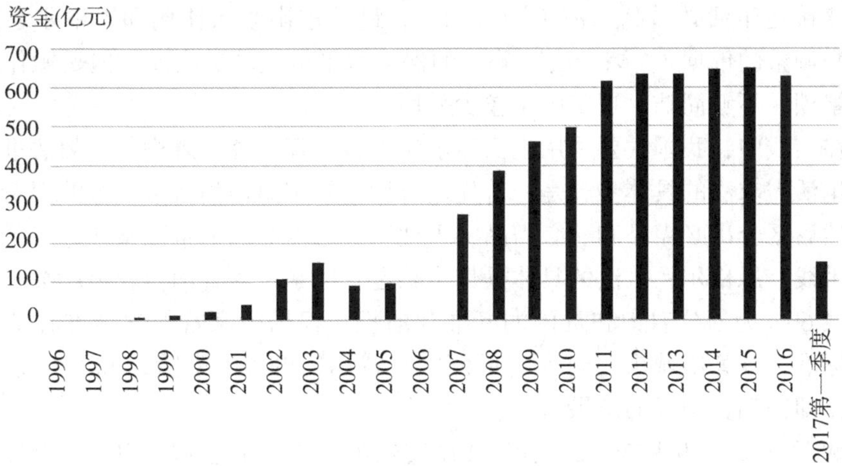

资料来源：中国民政统计年鉴 2017

图 10.4　1996 年到 2017 年第一季度保障资金

从资金构成上看，2001 年中央支出占 43.4%，地方支出占 56.6%；2002 年，中央财政支出占 44.2%，地方支出占 55.8%；2003 年中央支出占 59%，地方支出占 41%。在中央和地方负担比例上，一个明显的趋势是中央负担比例逐年上升，这表明，中央政府在城市居民最低生活保障中承担了主要责任。

（三）保障标准日趋合理

科学地确定最低生活保障线，是实施城市居民最低生活保障制度的核心工作之一，这项工作比较复杂、技术性强，必须在充分调查研究的基础上，采用科学可靠的测算法，并与当地的实际情况相结合，合理确定出当地的保障水平线。

我国地域辽阔，经济、社会发展不平衡，各地生活水平差异较大。在确定最低生活保障线标准的问题上，国家只能提出原则要求，具体标准应由省级或地级政府有关部门根据当地的消费水平、物价水平、生活习惯和财政能力而定，允许不同地区在标准上存在差异。

根据我国现实和多年实践，任何一种方法都很难单独适用于中国的实际。为了使城市居民最低生活保障标准制定得科学合理，许多学者和社会工作者进行了专门的研究，他们在分析生活需求法、国际贫困标准线法、生活形态法和恩格尔系数法四种常用方法优劣的基础上，推出了“综合法”。它包括以下三个步骤：首先用“生活形态法”，来确定“贫困的一群”；然后用“市场菜篮法”来确定生活必需品的清单和贫困线；最后求出收入比例和恩格尔系数作为将来调整的依据。“综合法”确定的保障水平虽然准确度高，但是操作起来比较繁琐，不够简洁，现实中也较少采用。

在实践中，我国主要采用生活需求法进行计算，并用恩格尔系数法进行检验。生活需求法的具体步骤是：首先通过调查确定温饱消费水平组的消费物品表，然后区分出必需品和非必需品，再把所有必需品的消费额累加起来，即得到贫困线。恩格尔系数法的具体操作步骤是：以承认联合国粮农组织关于恩格尔系数60%为划分温饱和贫困的标准为前提，根据国家营养学会推荐的食品定量标准，计算出城市居民人均最低饮食费用，再用它来除以60%的恩格尔系数，即得到贫困线的结果。

截至2005年9月30日，我国4个直辖市，27个省会城市以及5个计划单列市，每人每月最低生活保障最高的为深圳市，最低的为乌鲁木齐市；地级市保障标准一般为130元左右，县和县级市保障标准在100元左右。截至2016年，我国4个直辖市，27个省会城市以及5个计划单列市，每人每月最低生活保障最高的为上海市、最低的为南宁；地级市保障标准一般为130元左右，县和县级市保障标准在100元左右。详细数据如表10.2所示。

表10.2　**2016年各地城乡居民最低生活保障标准**

地区	城市低保标准	农村低保标准	调整日期
上海	880元	880元	2016年4月1日
苏州	810元	810元	2016年7月1日
北京	800元	800元	2016年1月1日
重庆	420元	230元	2015年10月1日
天津	780元	700元	2016年4月1日
南京	750元	750元	2016年7月1日
杭州	744元	744元	2015年11月1日
太原	500~530元	320~400元	2016年1月1日
石家庄	550元	4 000元/年	农村低保标准从2015年12月1日起 城市低保标准从2016年1月1日起

续表

地区	城市低保标准	农村低保标准	调整日期
呼和浩特	515~565元	3 644元/年	2015年1月1日
武汉	580元	320元	2015年1月1日
长沙	450元	450元	2015年7月1日
广州	745元	745元	2016年1月1日
南宁	290元	130元	2015年10月1日
海口	520元	460元	2015年7月1日
成都	450~550元	450~550元	2015年11月1日
贵阳	545~583元	3 336~6 996元/年	2016年1月1日
昆明	475~530元	215~295元	2015年4月1日
拉萨	640元	2 450元/年	2015年
西安	565元	3 200元/年	农村低保标准从2015年10月1日起 城市低保标准从2015年7月1日起
兰州	387~515元	2 453元/年	2015年5月30日前
西宁	403元	2 970元/年	2016年1月1日
银川	440元	3 150元/年	2016年4月1日
乌鲁木齐	395元	215元	2015年7月
沈阳	620元	380元	2016年
长春	360~510元	2 800~3 000元	2016年
哈尔滨	510元	3 500元/年	农村低保标准从2015年1月1日起 城市低保标准从2015年10月1日起
合肥	510元	不低于3 266元/年	2015年—2016年
福州	3 000~6 840元/年	3 000~6 840元/年	2016年
南昌	480~510元	310元	2016年
济南	525~580元	不低于4 165元/年	2016年4月1日

续表

地区	城市低保标准	农村低保标准	调整日期
郑州	550 元	320 元	2016 年 7 月 1 日
青岛	580~650 元	470~580 元	2016 年 4 月 1 日
厦门	7 320 元/年	7 320 元/年	2016 年

资料来源：《中国劳动和社会保障统计年鉴 2001》；中华人民共和国民政部网站

标准确定后，考虑到人民生活水平逐年提高和物价不断上涨等因素，每一年或两年要调整一次，以便救助对象的基本生活能够得到保证，并能分享经济发展成果。在调整标准时，应逐步进行，一次调整的幅度不宜太大。

从全国 36 个主要城市的情况看，2016 年公布的标准普遍高于最初时的标准。在这些城市最初建立城市居民最低生活保障制度时，保障标准在 300 元/(月人）以上的只有广州、深圳、北京、上海、宁波和杭州与厦门的部分城市，大多数城市在 200~300 元/（月人）之间，另有太原、呼和浩特等 10 个城市保障标准低于 200 元/（月人），西宁最低为 165 元/（月人）。而 2016 年则只有南宁一个城市的保障标准低于 300 元/（月人），很多城市在 500~600 元/（月人）之间，2016 年全国多个省市低保标准已经超过了每人每月 700 元。具体城市包括了：北京、上海、天津、南京、杭州、广州、深圳、苏州等。2016 年北京、南京、上海、广州、长沙、苏州等地实现了城乡低保标准的统一。上海市 2016 年城乡低保标准最高，为 880 元/月，苏州次之，为 810 元/月，而北京市则排名第三位，为 800 元/月。

但是一些尚未“并轨”城市的城市低保标准和农村低保标准之间的差距比较明显。譬如，沈阳农村低保标准为 380 元，而城市低保标准相差了 240 元；郑州自 2016 年 7 月 1 日起将全市城市低保标准调整为每人每月 550 元，与农村低保标准差距多达 230 元；重庆市农村低保标准为 230 元，与城市低保标准相差了 190 元。

（四）管理体制日臻完善

目前，我国开展的城市居民最低生活保障制度，是由国家与省一级民政部门负责制定政策；市一级民政部门根据政策，结合本地实际情况，制定各项具体标准和范围；具体操作由街道办事处和居委会实行。一般需要经过个人申请—居委会核实—街道办事处审核—区民政部门审批—市民政部门复核备案几个环节。

在党中央、国务院的重视和领导下，在各部门协助和社会各界力量的共同参与下，民政部门经过多年的努力，目前较为完善的城市居民最低生活保障制度已经在我国基本建立。城市居民最低生活保障资金已经列入了包括中央财政在内的各级财政预算，具有了稳定的经费来源，并且有较大幅度的增长。各地正按照要求建立城市居民最低生活保障资金专户，实行封闭管理，并开始探索城市居民最低生活保障资金社会化发放办法，通过银行、邮局的网络，把城市居民最低生活保障资金及时足额地发放到保障对象手中。城市居民最低生活保障工作已经走上了规范化、法制化管理的轨道，《城市居民最低生活保障条例》已于1999年正式颁布，目前各个省均出台了与《城市居民最低生活保障条例》相配套的实施办法。

第六节　我国城市居民最低生活保障制度的问题及对策

城市居民最低生活保障制度已经在我国全面建立并发挥着巨大的功效。但是应该看到，由于我国建立这项制度的时间比较短，对这项工作的认识需要一个不断提高的过程，目前城市居民最低生活保障工作还存在许多问题，需要我们积极探索新的解决途径。

一、我国城市居民最低生活保障制度的问题

（一）保障范围存在漏洞

目前我国城市居民最低生活保障制度的保障人数已超过2 233万人，享受城市居民最低生活保障、农村居民最低生活保障和农村特困人员救助供养人数分别为1 480万人、4 577万人和 497 万人。同时由于各地贯彻国务院关于按“实际收入”计算的政策，保障人数将还会有所增加。随着户籍制度改革的推进，大量农村人口将转为城市人口，其中部分困难居民将要享受最低生活保障；产业结构调整和企业减员增效也会产生新的贫困人口；国有企业下岗职工基本生活保障向失业保险并轨过程中，一些未就业的困难家庭也需要直接进入保障范围。保障人数的增加，保障群体的扩大，使得部分符合保障条件的城市贫困居民没有被纳入最低生活保障范围，这是目前工作中最为突出的问题。

城市居民最低生活保障制度是国有企业下岗职工基本生活保障和失业保险之后的“最后一道防线”。从实施情况看，由于国有企业下岗职工基本生活保

障和失业保险不能完全落实，使城市居民最低生活保障与前两条保障线的衔接困难重重。一是城市居民最低生活保障与下岗职工基本生活保障衔接困难。按照规定，下岗职工基本生活费通过企业建立的再就业服务中心发放，但许多地方只有少数下岗职工进入中心，多数下岗职工未能进入中心，这些人领不到基本生活费，政府和主管部门又没有解除他们与企业的劳动关系，这样也就使他们无法顺利享受失业保险和城市居民最低生活保障，成为游离于“三条保障线”之外的群体。二是城市居民最低生活保障与失业保险的衔接仍有问题。由于失业保险覆盖面小和基金不足，一部分失业职工不能足额领取或根本不能领取失业救济金，原因主要是因为企业不能足额缴纳保费，或在企业破产后职工无法直接进入失业保险行列。这部分人既不能享受下岗职工基本生活费，又无法领取失业救济金。

由于存在衔接的问题，城市居民最低生活保障制度未能完全为这部分人提供保障，使得部分应该享受保障的人无法成为保障对象，我国还没有完全实现“应保尽保”的目标，在保障范围上存在漏洞。

（二）保障资金投入不足

近年来，各级财政都加大了城市居民最低生活保障资金的投入，但由于保障覆盖面的扩大和新对象的纳入，最低生活保障资金投入仍然不足，与实际需求还有相当大的差距。目前我国的户籍制度的改革，还会使今后一段时期内城市最低生活保障对象不断增加，保障资金的需求还将有大幅度的增长，最低生活保障资金显得更加不足，形势更加严峻。

自建立城市居民最低生活保障制度以来，各地保障资金大多采用了市、区分级负担的方法。对于区财政来说，虽然分摊的只是部分资金，但开支的绝对金额却比以前增加了许多。目前，由于区属企业普遍不景气，区财政所依赖的财源大多数存在问题。有调查显示，在经济欠发达地区，保障资金的来源90%以上靠中央和省级财政，市、县级配套资金严重不足，即使中央和省级财政提供资金作为适当补偿，市、县财政在资金的预算和使用上仍然存在较大缺口。国家下拨的保障费用，有的地方当作上交提留款给扣下。有的虽然将保障资金纳入了地方财政预算，但在执行过程中，已落实的保障资金十分有限，大多列而不支，坐等中央、省级资金。即使资金下拨到地方，也未必能用好，缺乏实事求是的资金使用计划和方案，使钱不能真正用在“刀刃”上，甚至造成权力滥用，滋生腐败。

同时，保障资金东西部之间的“悖律”仍然存在。东部地区经济较发达，居民收入相对较高，需要加以保障的对象比例较小，而这些地区财政状况也较好，能够拿出更多的资金来保证这项制度的开展；中西部特别是西部地区的情况正好相反，这些地区经济相对落后，居民收入相对较低，需要加以保障的对象比例较大，而经济落后的中西部地区财政状况也较差，能够用于保障的财政支出捉襟见肘，非常紧张。这种情况的出现使得保障资金不仅在总量上存在欠缺的问题，同时在资金的结构上也出现很大的不平衡。

（三）待遇标准不够合理

由于我国经济实际情况的制约，保障标准较低，使得救助范围大大缩小，不能有效地解决广大实际困难户的贫困问题。

我国目前的城市居民最低生活保障制度主要是针对绝对贫困设计的，换句话说，政策的目标定位主要是保障居民的基本生活，而不考虑调节居民的收入分配。这样，实际确定的标准就很低。此外，目前救助标准还只是着眼于一种生存的救助，只能解决基本的温饱，在就业、医疗、教育、住房、交通等方面的救助很少。这种保障标准是难以使贫困者摆脱贫困的，甚至，如果长期坚持过低的保障标准，这项制度就只能变成一个维持消除绝对贫困的消极救济制度。

根据一些学者在上海、重庆、武汉和兰州等城市所作的调查，当地公布的标准难以有效保障贫困居民的基本生活需求。保障对象的收入仍然只够糊口，他们在食品方面是节省第一，很少考虑营养，吃肉和吃水果，对他们来说还是属于可望而不可即的“高层次消费”；穿衣的主要来源是亲友赠送，也有的是基层社区募集的衣物；有病不看的现象相当普遍，原因是医药费太贵；对于许多贫困家庭来说，孩子的学杂费是一个沉重的负担。在医疗、教育和社交方面，贫困家庭最起码的需求还是很难得到满足。

由于资金不足，有的地方虽然规定了较高的保障标准，但在实际工作中并未执行，只是根据财政状况决定保障金的发放标准；有的地方对全国统一提高标准的政策执行不力，造成实际保障标准低于政策标准；甚至有的地区把这项制度理解为临时救济制度，只是不定期地给予保障对象一些补助而已。

在社会救助制度的实践中，国际上通行的做法是针对不同的家庭执行不同的救助标准。但是，在我国城市居民最低生活保障制度的实践中，各地普遍的做法是执行统一的固定标准，很少地区能够考虑家庭规模和家庭人口构成的影响，迄今为止，只有东部沿海的少数城市，例如福州、厦门、杭州等地，考虑了家庭规模的影响，执行了多元化的弹性标准。

（四）管理机制仍不健全

一是保障对象申请资格审查工作的不规范。对保障对象资格申请的审查，关键是收入的调查，而收入核实难是最突出问题。实践中，居委会干部对收入的核实，主要是采取入户询问家庭状况或走访相关的邻居、关系人、工作单位，取得登记对象提供其收入的书面证明。这些资格调查方法虽然能在一定程度上了解登记申请人的家庭收入情况，但因为没有详尽的调查指标，缺少客观的、连续性的工作基础。再有，申请人不诚实申报收入情况，有关单位出假证明，使得申请证明缺乏真实性、可靠性。特别是取消对有劳动能力、符合就业条件而未就业人员的虚拟“应得收入”标准后，对这部分人的收入核实更加困难。

二是对保障对象监督不严密、缺乏动态监控管理。目前，对保障对象的监督，主要是通过对保障对象的收入情况、享受保障标准、时间等进行张榜公布，并开通举报电话，这样的监督举报效果难以得到保证。因此，从根本上说，还是要健全规章制度，并且对玩忽职守的工作人员和虚假申请的居民制定相应的约束和惩戒措施，使保障制度更加规范。

三是对制度的实施缺乏监督。城市居民最低生活保障制度实施工作的监督，基本上是以民政部门内部控制为主，实行的是自上而下的层层监督体制，基本不接受外界的监督和约束。只是在出现了大的问题时，执法机关才相应介入。另外，多年来，民政部门虽然对贫困人员进行了不间断的救助，但社会救助信息不完全公开，尤其是不定期公布保障标准和保障资金等情况，使制度实施工作避开了社会舆论的监督，以致形成了不应有的“盲区”。

四是机构和人员不合理。目前许多地方的民政部门缺乏专门机构和专业人员管理这项工作，面对繁重的救助任务，机构和人员显得很不适应。城市居民最低生活保障制度是一项很讲究工作方法和技巧的工作，这项工作要求对保障对象的调查、统计及其财产、收入的评估形成完善的机制，但现有的基层民政部门，尚不能很好地完成这项工作。全国的保障对象已超过2 233万人，全国每月发放的保障资金超过 10 亿元，同时对保障对象还要实行动态管理，工作量很大，任务非常繁重。目前我国的城市居民最低生活保障工作，都由基层社区、街道委员会管理，这些工作细致而繁琐，但是街道委员会人员严重不足，文化水平难以适应工作需要，难免会影响工作的顺利开展。尽管一些地方也增加了人员，增设了机构，充实工作力量，但是各地情况相差悬殊，发展很不均衡，缺乏统一的设计和规划。虽然近年来，政府公务员、事业单位和社区的工作人员文化素质都有所提高，但是相对于制度的实施来说，仍然不够。城市居民最低生活保障机构，尤其是基层机构，专业化、职业化程度仍然很低；与保障任务越来越重的形势很不适应。

五是要加强法制建设。《城市居民最低生活保障条例》颁布实施后，使城市居民最低生活保障制度基本做到了有法可依，有章可循，在法制化轨道上迈出了重要一步。但是，相关法律法规还不完善，具有规范性和可操作性的法规性文件或实施细则有待完善。城市居民最低生活保障制度的各项措施最终需要通过制定《社会救助法》的方式加以确认。只有制定社会救助立法，才能从根本上保证城市居民最低生活保障制度的权威性和连续性，确保人民的基本生活权益。必须更加重视社会救助制度的完善，研究制定社会救助法，以法治手段助力精准扶贫、精准脱贫。

（五）救助形式尚需改变

我国城市居民最低生活保障制度中规定主要采用差额补助的形式进行救助，多吉才让在对城市居民最低生活保障制度进行定义时就明确地提出应该采用这种形式。但是前文已经论及，采用这种形式将低收入者的收入一律拉平到同一条水平线，其结果是扼杀经济活力，导致经济非效率。

采取这种方式可以使制度得到迅速的推广，在保障工作经验不足、人手有限的情况下，这种方式让制度迅速地发挥功效，简化了工作程序，解决了急需救助的人员的生活保障问题。但是其缺点同样明显，这种形式降低了经济效率，违反了税收基本原则，其100%的实际税率不仅严重地挫伤了劳动者自救的积极性，还在很大的程度上导致了违规现象的出现。例如，保障对象故意隐藏自己的收入，以此来获取更多的补助，工作人员利用职权，在确定保障数额时徇私舞弊，导致实际工作中的“寻租”现象严重等。

二、我国城市居民最低生活保障制度的对策

城市居民最低生活保障制度是一项市场经济国家必备的社会政策。目前中国的这项制度尚需完善，根据社会救助理论原则，结合我国的实际情况，笔者提出以下几点建议。

（一）保障范围覆盖全面

能否实现对符合救助条件的城市贫困人口的“全覆盖”，成为评价制度实施成效的最重要的指标之一。如何全面实现“应保尽保”，成为一项紧迫而艰

巨的任务。

在当前“三条保障线”并存的情况下，应加强最低生活保障同下岗职工基本生活保障、失业保险之间的衔接工作，发挥社会保障的综合效益。对于目前下岗职工基本生活保障存在部分不落实和失业保险覆盖面小的情况，要首先保证让那些已享受其应得的待遇后，家庭人均收入仍低于当地保障标准的居民得到保障。同时严格按照“三条保障线”的衔接顺序和各自的分工，明确职责，不将那些应由前两条保障线保障的人员直接纳入城市居民最低生活保障范围，以避免造成政策上的混乱。对那些因长期无法享受最低工资、基本生活费等待遇而造成家庭生活特别困难的人员，可采取临时救济方法解决其实际困难。从制度本身和制度实践中共同努力，使制度的覆盖面涉及整个贫困人群。

（二）保障经费共同负担

各级财政特别是中央财政，要按照建立公共财政的目标，加快财政预算支出结构调整的步伐，明显提高社会保障资金支出占财政预算支出的比重。尤其要较大幅度地提高城市居民最低生活保障资金所占的比例，做到基本满足实施城市居民最低生活保障制度的需要。

保障资金应该考虑由中央、省、市和区四级财政来分担。传统的城市社会救济经费主要是基层负担的，而现在建立的城市居民最低生活保障制度，中央和省级财政要参与分担，市财政也必须参与分担，而且还应负担大头；区、县的财政负担减少到最低程度，不然，扩大救助范围的努力会遇到障碍。

要开支就得有收入，按照国际惯例，个人所得税是调节贫富差距、实现社会公平的主要手段。从这个意义上说，个人所得税是支持社会保障开支的最好财源。在发达国家，个人所得税约占整个财政收入的30%，而用于社会保障的公共支出也占财政支出的20%~30%。在我国现行的税制安排中，个人所得税是中央和地方共享税，地方政府应该把该税种作为支持此制度的主要财源。

经济欠发达，财政压力大的地区，应坚持走多元化筹集资金的路子，实行预算内安排一部分，福利彩票筹措一部分，发动社会捐赠一部分，筹措足够的资金用于保障支出。积极发挥非政府、非盈利部门的作用，依靠社会福利社团和慈善团体，广泛发动国内外的社会捐赠，建立救助基金作为这项制度的有益补充。这些基金虽然不能替代政府财政资金的主渠道作用，但在一定程度上可以缓解对财政预算的压力。

（三）完善救助标准

近年来，国务院有关领导一再指出，城市居民最低生活保障标准是个应该认真研究的问题，标准既不能定得太低也不能定得太高。

在保障标准的确定上，应充分体现出科学性、公平性和有效性。科学性指的是科学合理地测定、调整保障标准；公平性指的是得到救助的对象确实是需要帮助的人，且他们得到救助后的生活水平不能高于非救助对象；有效性指的是得到救助的对象能维持基本生活，他们当中的大部分人能通过自身的努力，有望逐步摆脱贫困。

实际操作中，由于中国社会经济发展极不平衡，制定全国统一的社会救助标准显然不可行，而且，现行标准是由地方政府结合本地实际自行确定的，这就使得各城市间的保障标准出现了极大差异。

但是，这并不是说民政部门在这方面无事可做，民政部门可以结合社会经济的发展水平测算出一个综合指数，将全国分成若干层次，在每个层次中随机抽取若干城市作抽样调查和定量分析，对各个层次保障线的下限提出一个对全国具有指导意义的相对统一的标准。这是因为目前城市居民最低生活保障标准的制定大约有三种方式：一是通过较为科学的调查研究再结合本地的财政能力来确定标准，这种保障水平比较符合当地的实际；二是参照与本地发展程度差不多的城市的保障标准，再结合本地的财政能力来确定标准，相当一部分大中城市都是采取这种方式，这种方式的保障水平一般偏低；三是完全依据本地的财政能力来确定标准，绝大多数中小城市都是采取这种方式，这种保障水平大多偏低。

另外，还要建立社会救助资金自然增长机制。按照国家法定统计部门公布的与城市居民最低生活保障有关的最新数字资料，自动增加城市居民最低生活保障资金，提高补助标准。考虑到人民生活水平的逐年提高和物价不断上涨等因素，保障线应该经常进行调整，并与失业保险金标准、下岗职工基本生活费标准和最低工资标准进行衔接。

（四）改革管理体制

新的制度必然呼唤新的管理体制，为了满足建立城市居民最低生活保障制度乃至整个社会福利和社会保障制度的要求，必须对现行的管理体制进行改革。

首先要明确中央政府和地方政府的职责，对于开展城市居民最低生活保障制度工作，中央政府在宏观决策上负主要责任，地方政府负责具体组织落实城市居民最低生活保障制度工作，组织制定实施方案，确定本地区的保障标准，并根据本地经济发展实际情况适时调整这一标准。

其次要强化监督机制。保障资金，是城市贫困人口的“救命钱”，为保证这笔有限资金在社会救助中用到实处，要求在工作的各个环节中，都要注重调查研究，坚持公平、公开、公正的原则。为了防止资金被挪用，避免贪污、拖欠等现象的发生，必须对资金流向的各个环节加强监督，除了各级审计部门依法审计外，接受群众监督是必不可少的。

从基层到中央，各级政府部门都应该建立畅通的投诉渠道。对于有理有据的投诉，相关机构可以让投诉者提请行政复议。如果符合政策规定，就要责成下级机关改正。如果申请者对行政复议的结果仍然不满意，他们应该还可以提起行政诉讼。因此还应该建立相关法律援助制度，帮助他们打官司。

以群众团体和社会团体、社会知名人士和学术界的专业人士为主，建立民间性质的城市居民最低生活保障制度社会监督委员会。政府授权委员会接受相关投诉展开调查，委员会根据调查结果有权对民政部门提出改进意见。社会监督委员会还可以进行政策评估，并根据评估结果向民政部门提出改进建议。评估结果和政策建议向社会公布。社会监督委员会下设城市居民最低生活保障制度社会监督网络，授权他们通过直接向调查对象发问卷、实地调查等方式进行调查，并向社会公布调查结果。

最后要完善相关法律体制，不断改进工作方法和手段，规范工作程序和运行机制，提高准确性和工作效率。目前中国的社会救济工作急需规范，订立一部《社会救济法》，明确从事社会救济的行政机关的权力和义务、社会救济工作的操作程序、被救济对象的确定程序、被救济对象的权利和义务、相关部门的义务及违反法律应承担的法律责任等，依法约束行政机关及其工作人员和被救济对象的行为，规范社会救济工作的开展，已是一项迫在眉睫的工作。建立健全城市居民最低生活保障对象审批制度和档案管理制度，强化内部管理监督机制，严格规范保障金申请、审批和发放程序。加强立法，将城市居民最低生活保障制度管理工作逐步纳入到法制管理的轨道之中。

（五）改善救助形式

鉴于现行救助形式的弊端，笔者认为应该采用上文介绍的“负所得税”方式作为我国城市居民最低生活保障工作主要的救助形式。这种方式使资金集中用于穷人，并将他们当做认真尽责的人而不是无能的、受国家保护的人来对待。按照收入标准来给予帮助，使穷人担负起对其自己的福利状况的责任，从而有利于培养独立与自立习惯。

充分发挥这种补助形式的优点，在具体的制度的设计上，如果负所得税的保障标准和税率定得过高，无疑会损害纳税人的利益，给“负所得税”政策的实施增加阻力。实行一种尽可能低的税率更加具有激励贫困者自助的效果，但是这种税率必须要提供一个能够维持基本生活的收入水平。实践中，可以采取在部分城市试点的方案，选择部分经济发展程度相对较好，制度建设相对完善的城市先进行试点，条件成熟再向全国推广开来。在具体的补助数量上宜暂时采用320元的补助标准和20%的负所得税税率，使得这种新的补助形式和现行的所得税能有很好的衔接。积累了足够的经验后，在补助形式上，应该采用更加完善方案，例如，根据经济发展状况，调整补助标准和税率，使用更加科学的累进制的负所得税税率等。

☞ 小结

随着我国市场经济体制改革的深化，传统的社会救济工作已经无法保证实际需要。为了保证由于建立现代企业制度等各种原因所形成的城市贫困人口的生存问题，我国于1993年建立城市居民最低生活保障制度，至1993—2017年间。这项制度目前主要是要解决城市中绝对贫困人口的生存问题，因此，制定一条合理的最低生活保障标准就成为该制度的核心内容。目前，国际上对最低生活保障标准的测算通行的有四种方法，实际操作中，我国是将生活需求法和恩格尔系数法结合起来，同时注意标准应该随着社会经济的发展而调整，制定了合理的最低生活保障标准后，必须要采取多种途径筹集保障资金，目前我国采用的是中央和地方财政共同承担，纳入财政预算，同时积极发动社会力量，保证资金的充足到位。在具体实施补助时，负所得税制由于不仅能很好地将所得税收入和保障支出对应起来，而且能避免“一刀切”的绝对平均主义做法而备受我们关注。实际操作中，保障对象为了获取保障资金，必须经过申请、调查、审核批准和保障金的发放四个程序。我国的城市居民最低生活保障制度最早是1993年在上海建立的，发展至今共经历了探索、推广和完善三个阶段，到现在已经在社会经济中发挥了巨大的作用。但是，现实生活千变万化，再加上该项制度建立时间不长，因此，在现实的运行过程中暴露出了不少的问题，有待进一步的完善。

☞ 重点名词

城市居民最低生活保障　贫困最低生活标准　负所得税

☞ 复习思考题

1. 国内外对贫困有哪些看法，怎么理解？

2. 测量最低生活保障线的方法有哪些，具体如何操作？

3. “负所得税”如何确定城市居民最低保障资金数量？

4. 要享受最低生活保障待遇，必须经过哪些程序，各个程序如何进行？

5. 我国城市居民最低生活保障制度的建立和完善分为哪些阶段，各阶段的标志是什么？

第十一章

农村社会保障

第一节 建立健全农村社会保障体系的必要性和可能性

目前，我国农村社会保障体系还处在初步构建阶段，有相当部分社会保障内容还是空白。随着市场经济的不断深入，农民也同样面临市场风险、自然风险和生活风险，农村居民的保障需求也在提高。从农民生活方面看，由于农民收入水平的提高，基本生活标准也越来越高，而频繁发生的自然灾害削弱了土地的保障能力，农民面临与城镇居民同等程度的生活风险；从社会稳定的角度看，第六次全国人口普查显示，我国人口的50.32%居住在农村，农村是构成社会稳定的基础，我国社会的稳定有赖于农村社会的稳定，只有农村建立了良好的社会保障体系，才能真正在全国范围内建立起一个可靠的社会安全体系；从农村经济发展的情况看，城乡社会保障存在着巨大差异，城乡二元结构还没有从根本上被打破，不利于人才的合理流动，严重阻碍农村城市化的进程，制约农村经济的快速发展。

由此可见，尽快建立健全农村社会保障体系已成为稳定农村秩序，促进农村经济发展，构建和谐社会，完善社会主义市场经济的重要步骤。

一、农村社会保障体系建立的必要性

（一）建立农村社会保障体系是维护社会稳定，构建和谐社会的需要

自20世纪50年代城乡社会主义改造以来，由于在制度上严重忽视农民利益，社会财富大量从农业转向工业，城乡差别越来越大，二元体制成为我国社会经济结构的一个重要特点。据有关资料显示，从社会保障支出看，占全国人口一半以上的农民社会保障支出只占全国社会保障支出总数的5%，而占人口20%的城镇居民的社会保障支出却占全国社会保障支出总数的95%；从社会保

障的覆盖面看，城镇远远高过农村。这对我国社会的稳定发展造成了极大的影响。农村社会保障制度的重要作用之一就是通过税收调节和福利补贴、社会救助等一系列制度措施来缩小贫富差距，缓解由此产生的社会矛盾。它的主要作用是：其一，其收入补偿功能保证社会全体成员都能够满足最起码的生存需求。其二，社会保障的国民收入分配和再分配功能，在市场经济条件下起着“平衡器”的作用。

（二）建立农村社会保障体系可以有效地扩大农民的消费需求，促进国民经济的发展

近几年农村现实情况表明，由于考虑到疾病和将来的养老问题，农民不愿也不敢将手中的积蓄用于消费。在未来较长的时间内，扩大内需仍将是推动我国经济增长的主要手段。如果国家能为9亿农民提供最基本的社会保障，解除他们的后顾之忧，就能使他们敢于把手中多余的钱拿出来用于消费，从而促进农村经济和整个国民经济的发展。

（三）建立农村社会保障制度是深化农村经济体制改革、调整农村经济结构的需要

随着我国市场经济的发展，土地承包制的进一步实施及乡镇企业的快速发展，农村的经济体制和经济结构发生了很大的变化。在目前农业发展水平较低、劳动者素质较差、抵御自然和市场风险能力较弱的情况下，农民收入状况不稳，农村家庭受自身生产、子女入学等因素的影响，生活非常困难。只有建立多种形式的社会保障制度，才能促进农业经济的进一步发展，保证农民收入和生活、生产以及社会稳定。农村经济改革的发展要求建立多层次的社会保障体系。健全的社会保障制度还是农村经济运行的“稳定器”。巨额的社会保障基金可以提供农村经济发展所必需的大量资金，能够有力地促进农村经济的不断增长。

（四）建立农村社会保障体系是解决中国人口问题和落实农村计划生育政策的需要

在落后的农业生产力条件下，生育成了获取保障的一种成本最低的投资。因此，要搞好农村计划生育工作，必须从传统的家庭保障为主转向社会保障为主。另一方面，我国人口已进入老龄化阶段。根据全国第五次人口普查，我国农村65岁及以上人口已占总人口比重的6.96%，我国农村有97.66%的老人依

靠家庭养老，依靠退休金和集体养老的老人仅占2.34%。如此庞大的老人队伍，给农民家庭带来了不小的经济负担，明显抑制了农民的消费水平。在农村家庭养老原有的社会经济基础及其功能已逐渐削弱的情况下，为维系未来所面临的养老需要，改变其模式已成为必然。因而，迫切需要建立新型的农村社会保障体系，将单一的家庭养老转化为依靠多种主体的社会养老方式。农村实行计划生育政策后，农村家庭养老出现了新的矛盾和问题。家庭规模有了很大变化，有形成小型化家庭的趋势。家庭人员结构也发生了变化，一对夫妇要供养四个老人，一般家庭的经济实力难以达到赡养的要求，赡养时间和精力也难以保证。同时，农村有些人缺乏应有的法律意识和道德观念，老年人的生活无法得到有效的保障，传统的家庭养老已无法适应社会的发展，我国农村的实际情况，迫切需要建立农村社会保障体系。

二、建立农村社会保障体系的可能性

（1）持续稳定增长的经济为农村社会保障提供了物质基础。近年来，我国的财政收入每年以高于GDP 6%~7%的速度为国家财政积累财力，如果按照分批的做法，只要以财政收入总额的1%~2%就基本上能够解决农村社会保障制度对资金的需求。即使考虑到财政支出也同样增长的因素，在财力上依然是可行的。因为我国当前的财政支出结构并不合理，存在着支出的越位与缺位问题，而支出中最大的缺口就是社会保障支出的不足。从理论上说，其中应该包括农村的社会保障支出的缺口。

（2）我国农村曾实行过的合作医疗制度，虽由于各种原因而宣告解体，但它毕竟曾经满足了当时农民的某种社会需要，而且提高了政府在实行社区保障中的组织能力和管理能力，为农村社会保障制度的建立创造了良好的环境，使其成为一种可能。

（3）农民观念的更新为农村社会保障提供了思想基础。农村与城镇居民的相互流动（主要是农村流向城镇）、计划生育政策的实施等促进农民思想观念更新，特别是先进地区的示范效应，使广大农民渴望有社会保障。

（4）农村经济体制的改革，尤其是乡镇企业的迅速崛起与发展，使农村社会经济有了一定的发展，从而为农村社会保障制度的建立创造了基本条件，解决了农村保障基金的筹措问题，大大增加了农村社会保障体系建立的现实可能性。

（5）城镇社会保障体系的建立为农村社会保障提供了准备。城镇社会保障体系及其管理体系的初步建立，为农村的立法、行政管理、基金管理等组织构架积累了实施经验。

（6）改革为农村社会保障铺设了道路。户籍制度改革、市场经济体系的建立与完善、工业化和信息化的发展、国有股减持补充社会保障基金等改革，为农村社会保障的建立奠定了基础。

第二节 建立健全农村社会保障体系的基本原则和目标

一、农村社会保障体系构建的原则

建立农村社会保障制度是一项庞大的系统工程，涉及面广，不能一蹴而就，应根据农村自身的特点和今后农村经济的发展从局部入手，逐步推进，走“渐进式”发展的路子。

具体原则有：

（一）从实际出发，因地制宜的原则

积极稳妥，不搞“一刀切”，经济发达的富裕地区应尽快抓紧，全面展开；一般地区应先从养老保险和医疗保险入手，创造条件逐步展开；对经济落后的贫困地区，要把社会保险与救济救灾工作统一起来，提高他们战胜灾害、脱贫致富的能力。保障范围由小到大，项目由低到高，社会保障要顺应农民的要求，尊重农民的感情，留有余地，循序渐进，以适应当地经济发展水平。

（二）以保障农民最迫切的需要和解决基本生活问题为原则

人们只有满足了最迫切的基本生存需要之后才会向更高层次的需要提出要求。目前农民最迫切需要的是养老和医疗保险，基本的问题是保障最低生活水平。因此，我国农村社会保障应立足于农民的基本生活需要，解决农民的养老保险和医疗保险，然后再根据农民的实际承受能力和经济发展状况，逐步扩大范围，提高水平。

（三）坚持权利和义务、公平和效率相统一的原则

权利和义务是相辅相成、不可分割的，个人在参加社会保障中所享受的社会保障权利是和其承担的义务相对应的。这里的义务主要是缴费义务，农民参加社会保障需要缴纳一定的保费，这样既体现了缴费时的公平和享受社会保障过程的公平，又利用保费促进了经济的增长，体现了公平和效率相统一的

原则。

（四）坚持社会保障发展水平和经济发展水平相适应的原则

通常，经济发展水平越高享受的社会保障就越全面，如果忽视经济发展水平而一味追求社会保障水平将会不利于经济的发展，对经济起阻碍作用。同样，若社会保障发展滞后，将会挫伤劳动者的积极性，不利于经济的发展和社会的稳定。

（五）坚持“国家政策引导，农民自我保障为主，集体补助为辅”的保障原则

资金短缺是阻碍我国社会保障制度发展的一大难题。在这种情况下，依靠国家财政开展农村社会保障工作显然极不现实。中国农村现有老人 1 亿多人，如果依靠国家财政直接资助每位农村老人每月 50 元以保障他们享有最低生活水平，一年就要拨付 600 亿元。而且随着人口老龄化发展，农村老人越来越多，生活质量随着经济发展越来越高，国家财政负担必然越来越重，有不堪重负之忧。农村社会保障的出路只有坚持“国家政策引导，个人交费为主，集体补助为辅”的原则，依靠农民自身的力量进行自我保障，充分体现“自济互助”的特点。

二、农村社会保障体系构建的目标

改革开放以来，我国农村经济发生了巨大的变化，但是与城市相比较来说仍然比较落后，因而农村社会保障体系构建的目标既不能照搬计划经济下的模式，也不能照搬城市的模式，而应从农村的现实状况出发来确立。总体构建目标应当是：建立以补救模式为基础，以救残补缺和济贫扶困为特征，采取建立个人账户、储备积累的方式，形成包括社会救济、社会保险、社会福利和优抚安置，以保障基本生活为出发点的低水平、全方位、不遗漏的、多层次的农村社会保障体系。

这一总目标具体分解为以下两个方面：

（1）从总体构架来看，应建立包括社会救济、社会优抚、社会保险和社会福利等项目齐全的农村社会保障体系。从地区经济的现实出发，建立不同类型的项目。在贫困型农村，建立救济型的社会保障项目，以扶贫和救济为主体，搞好救残助困工作，把救济和开发式扶贫结合起来，着力增加贫困型农村的“造血”功能。在温饱型农村，建立基本生活需要型的社会保障制度，在

搞好救济扶贫的基础上，发展公益性的基础设施建设，为农村社会经济的进一步发展创造条件。在富裕型农村中建立保险型的保障，以农村社会单位为依托，大力发展农村社会的养老保险和救济的合作保险。

(2) 建立个人账户，作好储备积累工作，同时扩大资金筹集渠道并保值增值。在经济学中，每个行为主体都是理性的经济人，农村居民也不例外，他们都担心自己缴纳的保障费为他人所用而不愿缴纳，为了解除这种防备心理，需要建立个人账户，保证自己所缴纳的基金属自己所有，并做好储备积累工作。对资金的来源，应以个人储蓄积累为主，将社区和国家扶持及社会帮助相结合，充分发挥农民的家庭保障和个人保障的积极性。对筹集来的资金，为了使资金增值，可考虑建立农村金融市场，既达到资金保值的目的又促进了农村经济发展。农村社会保障是一种基本社会保障，为了保障这种基本社会保障的不足，可建立基本保障之外的商业性保障来作为补充，这种商业性保障制度是针对那些现行的基本保障不能满足其需要，而他们又有更高保障需求的人而设置的，这种制度是以自愿为原则，费用自理，国家给予支持的补充性社会保障。

第三节　农村社会养老保险制度及其完善

2010年第六次人口普查显示，我国农村60岁以上老年人口为9 930万，将在2030年达到1.2亿，到2053年我国60岁以上老年人数将会达到峰值，约为4.3亿，之后才会逐渐减少。农村社会养老保险是农村社会保险制度中最重要和最核心的组成部分，其功能在于保障老年人年老丧失劳动能力后的基本生活需要。随着人口老龄化的到来，人口赡养比例不断提高，养老保险的重要性日益凸显，特别是在中国农村，这一问题就显得更加重要。如何建立符合我国农村特殊经济状况的养老保险制度，已成为政府和各界关注的重要问题。

1992年，民政部印发了《县级农村社会养老保险基本方案（试行）》（以下简称《方案》）。《方案》虽然只是我国政府从中国农村实际情况出发制定的引导农民自愿参加农村社会保险的一个规范性文件，不具有法律的强制性，但它的颁布和实施实现了养老保险制度在中国农村从无到有的突破。此后，《方案》在全国有条件的地区逐步得到推广。

根据《方案》的精神，我国农村养老保险的基本原则是：保障水平与农村生产力发展和各方面承受能力相适应；养老保险与家庭赡养、土地保障以及社会救助等形式相结合；权利与义务相对等；效率优先，兼顾公平；自我保障为主，集体调节为辅，国家给予政策扶植；坚持农村务农、务工、经商等各类人员社会养老保险制度一体化；政府组织与农民自愿相结合。

一、农村社会养老保险制度的建立、改革与完善

（一）现阶段我国农村养老三种形式

现阶段我国农村养老存在三种形式，即家庭养老、社区（集体）养老和社会养老，其中，家庭养老仍是农村养老保障的主要形式。

1. 家庭养老

农村家庭养老的具体形式包括：（1）在家庭范围内老年人靠自己的劳动和以往的收入积累养老；（2）靠子女供养；（3）配偶供养；（4）其他直系或非直系亲属供养。但我们通常所说的家庭养老一般是指以血缘关系为纽带，由家庭或家族成员为上一辈老人提供衣、食、住、行等一系列生活安排的养老方式。这实际上是以个人终生劳动的积累为基础，在家庭内部进行代际交换的“反哺式”养老模式，即上一辈抚养下一辈，反过来，下一辈成年后赡养上一辈，随着时间推移，重复这个连续不断的过程（见图 11.1）。

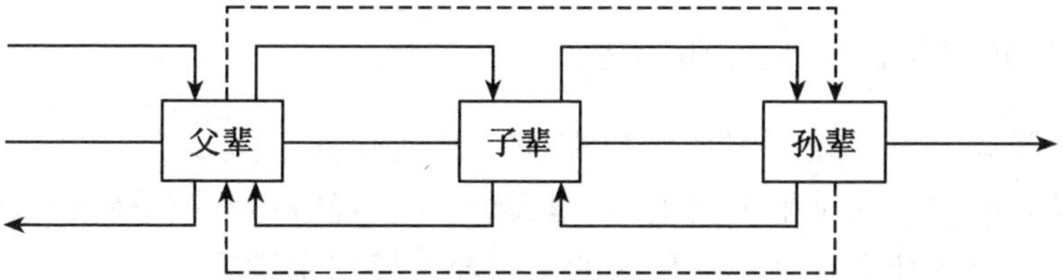

图 11.1　传统式家庭内代际交换

中华民族素有尊老、敬老、养老的优良传统，历史上长期居统治地位的儒家文化提倡长幼有序，弘扬孝道，为家庭养老制度的实行奠定了思想和文化的基础。1996 年 10 月开始实施的《中华人民共和国老年人权益保障法》，对老年人被赡养的权利作了明确规定，使家庭养老再一次以法律的形式得到确认。由于很长时间以来，农民都是主要靠家庭养老来解除其后顾之忧，所以，“养儿防老”成了农民世代沿袭的观念，“多子多福”成为人们对老有所养的概括。

2. 社区（集体）养老

社区（集体）养老一般是指农村基层组织对无依无靠、无劳动能力、无

生活来源的孤寡老人实行“五保”（即保吃、保穿、保住、保医、保葬）。社区（集体）养老一般采取两种形式：（1）分散供养。即由村级组织负责，由邻里照顾，集体提供口粮、住房、烧柴等必要的生活资料。（2）集中在养老院（或敬老院）供养。将“五保”老人集体安置在乡或村敬老院，由乡村集体提供吃、穿、住等生活安排，并由工作人员负责日常照顾。养老费用一般由农民统筹款、乡（村）企业收入、乡村提留和地方财政划拨等提供。

社区（集体）养老是在人民公社时期的统一经营、集中劳动的集体经济基础上形成和发展起来的。随着家庭联产承包责任制的普遍实行，过去实行的“以集体保障为主体、国家和家庭保障为补充”的农村劳动者保障体系随之解体，集体养老功能不断弱化。

3. 社会养老

社会养老是由国家或各级政府组织实施的一种社会保障制度。民政部于1991年出台了《县级农村社会养老保险基本方案（试行）》，并在山东、上海、江苏、安徽等省（市）的农村地区进行试点。目前这种养老方式在逐步扩大。

总地来看，我国农村养老现状仍以家庭养老为主，基本沿袭了以家庭保障为基础和主体，辅之以集体供养、群众帮助和国家救济的传统模式。

（二）农村家庭养老面临的挑战

改革开放以来，我国广大农村在经济发展和社会进步上取得了很大的成就，农村人民的生活水平大大提高。与此同时，经济体制改革所带来的农村社会的一系列重大社会变迁亦对传统的家庭养老提出了挑战。

1. 家庭联产承包责任制加大了农民的经营风险

家庭联产承包责任制的推行，使家庭重新成为经济单位，形成了一家一户分散经营为特征的农业生产基本格局。随着农产品逐步纳入商品生产的轨道，农村经济逐渐从单一产业向多种经营发展，农业劳动者的生产经营活动日趋频繁。在市场经济条件下，伴随着致富机会一起到来的是经济风险的增加，年老体弱、疾病伤残、自然灾害、市场波动、经营不善等，都会对农民造成破产的威胁。而目前我国农民家庭经济基础非常薄弱，单个家庭保障能力有限，个人和家庭都难以抵御风险。

2. 土地保障功能的弱化

长期以来，农民的社会保障主要是以土地为中心的非正规保障，农民养老的经济基础是耕地的使用权；特别是那些在农村经济和农民的收入来源中农业所占份额大的地区。因此，随着农村经济的发展和农民收入水平的提高，农村土地的保障功能应该得以强化。但是，遗憾的是，近年来，农村土地的保障功能不仅没有得到强化，反而有呈弱化的趋势。土地保障功能弱化的主要原因有三个：（1）耕地每年以三四百万亩的速度递减。随着城镇化的加速，土地大量地向城镇转移，而与此同时，部分地方存在着乱上项目、乱占耕地的现象。于是，农民对耕地的人均占有量日益减少（据有关部门统计，我国人均耕地比中华人民共和国成立初期的 2.7 亩下降了近一半），难以实现规模经营。（2）农业经营的绝对收益越来越低，在有些地方，农业经营甚至亏本。目前，多数农产品提价的空间小，降价的压力大。但与此同时，在以小规模农户分散经营为主的农业组织结构之下，农产品成本增加的势头却一直比较强劲，由此导致主要农产品的生产成本占出售价格的比重加大。在价格、成本双因素的夹击下，我国农业经营的绝对收益已经越来越低。（3）土地的流转价格越来越低，在有些地方，经营土地甚至成了农民的负担。部分地区的农民认为种田是件划不来的事，发生土地流转时，转出户不仅不能从土地转让中获得收益，反而要倒贴给转入户每亩一定数量的钱，被称为“倒贴皮”。

3. 农村人口老龄化问题日益严重，家庭结构发生了变化

随着我国计划生育政策的持续推进，农村的独生子女在大幅度增加，产生的结果是家庭小型化的趋势。同时，社会经济的发展和医疗水平的提高使得人口平均寿命普遍延长（我国人口平均寿命已从 1949 年的 35 岁上升到目前的 76 岁），老年人口迅速增加。据有关部门预测，到 2030 年前后，我国将达到老龄化高峰（老龄人口将占总人口 14%或更多），更有人口学家估计，到 21 世纪中叶，中国老年人口的比例将接近 25%，其中，农村老年人数量巨大，将占老年人总数的 70%以上。由于农村老龄化趋势明显，传统的家庭结构发生了明显的变化。如果说传统的家庭结构是“金字塔形”（老年人少，年轻人多），那么现在则是四、二、一的“倒金字塔形”（四个老人，两夫妇，一个孩子），随着人口预期寿命的延长，将过渡到八、二、一结构的“倒金字塔形”（八个老人，两夫妇，一个孩子）。这样的家庭结构如果单纯依靠家庭养老，那么就只能是老年人生活贫困，年轻人不堪重负，从而最终导致整个社会的不稳定。

4. 大批农村年轻劳动力向城市转移加大了家庭养老的困难

中国经济具有典型的二元经济结构特征，即传统农业与现代工业并存。我国目前正处在工业化快速发展的历史时期，在工业化过程中，必然伴随着大量农村人口，特别是农村年轻人口向城市的转移。同时，随着城镇户籍制度和劳

动用工制度的松动，许多农民离开土地进城务工或从事其他非农产业，成为以工薪收入为主要生活来源的新型农民。另外，由于农村逐步实现了机械化生产，提高了劳动生产率，使劳动力需求量大量地减少，加上农业经营的绝对收益越来越低，农民以农业增收的难度很大，于是，不少年轻人便涌入城市去“淘金”。大量农村年轻人口向城市的转移，必然使家庭养老失去了坚强的后盾，加大了家庭养老的困难。

5. 家庭养老缺乏严格的制度约束，具有不确定性

虽然我国有法律制度支持家庭养老制度（1954年《中华人民共和国宪法》规定子女有抚养老年父母的义务，1981年婚姻法继续强调了这一点，1996年制定了《中华人民共和国老年人权益保障法》），但是，我们仍可以看到，20世纪80年代以来，无论农村还是城市，由于子女不孝而引发的赡养案件增多。在有法可依的情况下家庭养老问题依然存在，主要在于政府本来认为家庭养老这种非正式制度安排可以比正式制度更经济，可减轻运行成本，而当家庭养老已由非正式制度衍化为正式制度，为法律所确定时，政府还缺乏增加运行成本的准备。如果政府要做到有效监督，必须收集充分的资料，了解老年人生活状况，但这样的话，成本将十分昂贵，足以让政府望而却步。所以往往是仅有条文的规定而无操作的规则，政府仅规定子女有赡养父母的义务，至于怎样才算尽到了义务却没有明确的规定；缺乏严格的监督，政府把舆论倡导作为手段，法庭仲裁作为事后监督的方式，但这种监督实施时情况往往已十分严重。

综上所述，由于农村中土地保障功能的弱化，人口老龄化、家庭小型化及人口流动等社会经济因素的变迁，导致家庭养老功能日趋弱化，迫切要求构建一套完整的农村养老保险制度，使农村由家庭养老向社会养老转轨。

（三）1992年农村养老保险制度评析

20世纪80年代中期以前，中国农村没有出现过为农民举办的社会养老保险，农民的养老需求一般都在各自的家庭中解决，政府和集体负责解决的只是为数不多的“三无人员”的“五保”供养问题，这是社会保障体系中较低层次的社会救助活动。

改革开放以后，农村的经济有了很大的发展，农村的社会结构也发生了很大的变化。随着农村经济的发展，部分富裕农村已经自发地建立起了小社区型的养老保险和补贴制度。这种群众自发的行为为政府着手推行农村社会养老保险提供了动力。

自1986年起，民政部就开始对农村社会保障进行研究，并在小范围内开

展了试点工作。1991 年 6 月，在总结探索经验和深入调查研究的基础上，民政部根据国务院的决定制定了《县级农村社会养老保险基本方案（试行）》，并在山东组织了较大规模的试点。1992 年 1 月 3 日，民政部正式将《县级农村社会养老保险基本方案（试行）》下发全国，奠定了我国农村社会养老保险制度建设的基础。

1. 1992 年农村养老保险制度的优点

现行的农村养老保险制度采用个人自我平衡式养老保险模式，不仅在模式的设计上有明显的优势，而且对农村社会、经济发展具有积极的作用。

第一，个人自我平衡式基金模式有很高的透明度。每个人自己有单独的账户，个人积累资金记于个人名下，与其他人不发生任何转移关系。在以个体和家庭为经营主体的农村，只能实行透明度高的养老保险模式，否则农民会产生抵触情绪。因为农民习惯于自己的钱自己用，是不会接受将自己收入的一部分转移到别人身上的。

第二，这种方法有较低的政府负担。由于是一种强制储蓄模式，基金独立核算，不与政府财政挂钩，政府不需要对其负财政上的责任。农村集体或社区对养老保险的补助水平也根据经济实力，有很大伸缩性，因此，采用这种方法不会对国家财政造成压力。政府的责任是组织、监督、管理及必要的法规实施。

第三，增强农民储蓄意识，引导农民合理消费。三十多年的经济改革使一些农村地区富裕起来，农民收入有了很大提高。但与此同时，各种封建活动也死灰复燃，红白喜事大操大办，赌博、嫖娼、吸毒等丑恶现象沉渣泛起。这些不合理甚至违法的消费对社会的健康发展是极其有害的。建立农村养老保险制度实际上也是引导农民合理消费，杜绝铺张浪费的手段之一。向农民提供社会养老保险，将农民的消费基金的一部分转变为养老保险基金沉淀下来，既可以改善农民消费的方向，又能为农民养老作积累。

第四，促进农村经济和乡镇企业的发展。社会养老保险制度比家庭养老能够承受更多的生产经营风险，在有了晚年收入保障后，农民可以更妥善地安排生产投入，推动农村产业化的发展。同时，在市场经济条件下，乡镇企业在竞争中也面临着生存危机。在目前乡镇企业没有纳入城镇企业职工养老保险范围的条件下，为乡镇企业职工建立养老保险制度，可以解除乡镇企业职工的后顾之忧。

第五，进一步缩小城乡差别。长期以来，我国经济发展战略是：重工业、轻农业，重城市、轻农村，形成城乡分隔的二元经济格局。国家的工业化、城市化，几乎建立在牺牲农民利益的基础上。这也是造成城乡居民收入水平的巨大差距及农民长期遭到不平等待遇的根本原因。农村养老保险制度的建立，可以在一定程度上调整城乡之间、农民与工人之间的关系，缩小城乡差别。

第六，有益于农村计划生育政策的顺利实施。传统的家庭养老，使生育成了一种养老投资。“养儿防老”是农民世代沿袭的观念，“多子多福”正是人们对老有所养的概括，而这一传统观念与计划生育的基本国策是背道而驰的。人口学家曾提出，解决我国农村生育率偏高的途径不在于收紧政策，而在于综合治理。农村社会养老保险制度的建立，在制度上使农民老年生活有了保障，将有利于控制人口增长目标的实现。

第七，巩固家庭关系，缓和养老纠纷。我国农村家庭养老主要是老年人依靠劳动收入，并和子女住在一起。当老人没有了收入或丧失了劳动能力时，就要完全依靠子女养老。这是导致家庭关系紧张的一个因素。尤其是近些年来，由于传统道德观念上的一些变化，子女拒养老人的事时有发生，使老人的晚年生活缺乏保障。农村社会养老保险制度至少可以从资金上解决老年人的基本生活问题，这在某种程度上无疑会缓和家庭矛盾，巩固家庭关系。

第八，缓解老年贫困化问题。农村的贫困问题不仅表现在地域上，而且表现在不同人口群体的分布上。农村老年人，特别是农村老年妇女，由于没有城镇企业职工的退休金制度，比其他年龄组人口更可能处于贫困状态。农村养老保险制度的建立，可以为农村老年人提供一定的收入保障，是减少老年贫困人口的好办法。

2. 1992 年农村养老保险制度的缺陷

农村社会养老保险制度是一个新生事物，尚处于探索阶段，难免有一些不尽完善之处。主要表现在：

第一，现行农村养老保险制度的设置已不适应发展的要求。目前，农村社会养老保险使用的仍然是 1992 年出台的《县级农村社会养老保险基本方案（试行）》。在保险对象、缴费年龄、缴费标准、基金管理、增值渠道、经费来源等问题上已不适应新形势发展的要求，在一定程度上制约着“农保”事业的发展。如在“农保”的对象上，局限于农民。随着城乡一体化进程的加快，打破了城镇户口与农业户口的界限，“农保”的服务对象应加以调整，服务领域也应拓宽。

第二，现行农村养老保险制度的政策作用不明显。农村社会养老保险坚持个人缴纳为主，集体补助为辅，国家在政策上予以扶持的原则。政策扶持集中体现在乡镇企业职工参加养老保险，集体补助部分可税前列支。而大部分以种田谋生的农民则享受不到这一待遇。目前，有相当部分村组集体积累实际是“空壳子”，即使集体经济较雄厚的村组，其公益金积累在收入分配中所占的比例也是微乎其微，“农保”中的集体补助为辅也就成了一句空话。农民参加养老保险实际上成为纯个人储蓄积累保险。

第三，现行的农村社会保险制度不能有效地解决农村养老问题。我国农村生产力水平普遍较低，农民收入不高，还存在大量贫困人口，他们没有能力为自己的个人账户积累足够的资金以颐养天年。由于农村养老保险制度是完全积累型的个人账户制，养老金水平完全取决于账户积累期限和积累规模，投保期限越长，缴费金额越多，受益越多。目前，农村养老保险制度规定投保对象为20~60岁的农村居民，如果一次性缴保险费100元，对于现在20岁的人来说，到60岁开始领保险金时，每月能拿到104元；对于现在40岁的人来说，到时每月只能拿到11元；对于59岁的人来说，60岁时每月还拿不到1元钱。因此，现行的制度只能使“未来老年人”即现在的年轻人受益，而现实的老年人和中年人却很难依靠养老保险积累的资金生活，将成为农村养老保险的“真空”人群。

第四，现行的农村养老保险基金正面临着贬值的危机。按照现行的《县级农村社会养老保险基本方案（试行）》的规定，养老保险的保值、增值主要是依靠“购买国家财政发行的高利率债券和存入银行”，而不能直接用于投资。这种资金运营手段根本无法保证养老基金的保值。特别是在银行利率不断下调的现状下，农村养老保险基金的保值、增值压力进一步加大。

（四）新一轮农村养老保险制度模式的不断探索

我国是一个农业大国，“三农”问题历来都是党和政府工作的“重中之重”，现在更是被提到了前所未有的高度。为了确保农村的稳定和发展，社会各界一直都在对建立完善的农村社会保障制度进行不懈的探索和研究。

1. 大兴首创“普惠制”的农村社会养老保险制度

从2004年1月起，《北京市大兴区农村社会养老保险办法（试行）》在大兴区全面实施，该区的农民率先拥有了农村社会养老保险政府补贴账户。这是全国首个实行“普惠制”的农村社会养老保险制度。该区财政每年出资1 500万元，为全区24.6万名符合参保条件的农民全部设立政府补贴账户，对参保农民予以补贴和建立待遇调整储备金。

这种新型的农村社会养老保险制度的主要内容包括：（1）大兴区的农村社会养老保险是由政府组织引导，农民自愿参加，个人、集体和政府三方筹资，建立个人账户，储蓄积累与养老保险待遇调整机制相结合的养老保险制度；（2）大兴区行政区域范围内具有农业户口的各类人员和具有小城镇户口但仍从事农业生产劳动的人员都可以参加；（3）农村社会养老保险费以个人缴纳为主，原则上最低缴费标准以预期领取的养老金不低于本区当年农村最低生活保障标准的120%确定；（4）保险费缴纳方式可以采取按季、按年或趸缴的办法；（5）除用村集体土地等大宗资产变现收益一次性给村民缴纳养老保险费的入保年龄不限外，参加农村社会养老保险的年龄以参加生产劳动为起点，一般为16~60周岁；（6）养老金领取一般从年满60周岁的次月开始，直到身故，对因病或因残丧失劳动能力的被保险人，领取养老金的年龄可提前到50周岁；（7）区政府将按照年龄大的多补，年龄小的少补的原则，分年龄段给予每人每年20元至60元不等的补贴，有条件的村镇还可以对参保农民另行补贴；（8）另外，大兴区还将从今年起的三年中，对参加农村社会养老保险并达到规定最低缴费标准的，按应享受补贴标准一次性给予政府补贴100%、60%和30%数额的奖励，并全部记入个人账户。

大兴区所推行的农村社会养老保险制度与一些地区原来实行的农村社会养老保险制度相比，有了重大突破：一是以保障基本生活为目的的缴费标准基本实现了与农村最低生活保障制度的对接，缴费标准依据领取标准确定，以养老金领取水平不低于当地农村最低生活保障水平的120%测算需要缴纳的保险费作为最低缴费标准，确保参保人员在年老后的生活水平始终高于农村最低生活保障水平，从而解决了以往制度中因缴费过少而导致养老金领取水平过低的弊端。二是打破了过去养老金发放纯靠个人账户的做法，增加了养老保险待遇调整的储备金，根据当地社会经济发展、人均收入增长、物价指数等因素变动情况适时调整领取养老金人员的待遇，使养老金的领取水平与社会发展同步，从而解决了过去制度中养老金一经领取终身不变的弊端。三是体现了以人为本的理念，对特殊人群不仅强调村集体要适当提高补助标准，而且在享受政府补贴中规定：农村低保对象、残疾人享受政府补贴不受最低缴费标准的限制；另外，对参加保险后，又因患重病和特殊原因造成生活极度困难的，可由本人提出申请，借支其农村社会养老保险个人账户内资金，解决了参保人员在特定时期先保证生存，后解决养老的难题。四是实行“普惠制”，为24.6万名应参保的农民都设立了保险账户，并且，在养老保险开始实施的五年内，除对达到缴费标准的给予补贴外，对暂时因观念意识不到位或经济条件不具备的，政府保留补贴账户，让农民有一个认识过程。

2. 山东省建立失地农民养老保险

随着我国城市化、工业化进程的加快，许多农民赖以生存的土地变成了工业园区，失地农民的生活和安置成为一个焦点问题。为确保这些农民“失地不失利”，山东省在这方面进行了积极有效的探索。山东省已在部分市区进行了建立失地农民基本生活保障制度的试点工作，并在2004年年底前全面推开。

据山东省国土资源厅耕地保护处的介绍，列入保障对象的范围为：在城区规划区内，经依法批准实施统一征地，失地时享有第二轮土地承包权、且失地后人均农业用地较少的在册人员，有条件的地方可以把城市规划区外的独立工矿区和国家重点项目建设区等列入保障范围。失地农民养老保险金由四部分组成：征地费用、政府补贴、劳动保障部门出资和个人出资，其中政府出资部分将不低于保障资金总额的30%。这些资金金额到位后，大部分地区人均保险金可达到4万元至5万元。凡符合要求的失地农民，男60周岁、女55周岁以下人员按当地测算标准一次或分次缴纳养老保险费用，建立个人专户和统筹账户。缴费对象在男年满60周岁、女年满55周岁时开始领取养老金。缴费对象未达到领取年龄死亡后，其个人账户中本息可依法继承。

这种方式较之以前对失地农民进行简单的一次性补偿办法有明显的优势。过去的失地农民普遍存在着怕失去生活保障又无处就业的忧虑，出现拒绝征地或漫天要价的现象。而这种失地农民养老保险实质上是把土地征购补偿金直接用来为被征地农民购买农村社会养老保险，使失地农民的养老有所依靠，从而解决了失地农民的后顾之忧。

新一轮农村养老保险制度试点工作的推行，为进一步全面构建农村社会养老保险制度提供了许多不可多得的经验，具有极强的借鉴性。

二、新型农村养老保险制度

2009年9月《国务院关于开展新型农村社会养老保险试点的指导意见》决定从2009年起开展新型农村社会养老保险（以下简称新农保）试点。2009年覆盖面为全国10%的县（市、区、旗），以后逐步扩大试点，在全国普遍实施，2020年之前基本实现对农村适龄居民的全覆盖。

（一）新型农村社会养老保险的模式及特点

1. 我国新型农村养老保险模式的选择。目前，世界各国社会养老保险的筹资模式，主要有三种类型：现收现付制、完全积累制和部分积累制。

世界上大多数工业化国家传统的养老保险制度大多采取现收现付模式。20世纪90年代以来，由于现收现付制的制度缺陷和人类社会老龄化趋势的加剧，许多国家都根据本国的具体情况进行了不同形式的改革。改革的主要特点是从现收现付制过渡到完全积累制或部分积累制；从社会统筹过渡到个人账户等。

中国农村人口多、底子薄，各地经济发展不平衡。建立适合中国农村经济发展水平，能够促进农村经济发展和社会稳定、具有中国特色的农村社会养老保险制度，至关重要。因此，我国农村社会保险模式的选择必须考虑以下因素：其一，人口因素。中国是一个人口众多的国家，而大部分的人口在农村，且老年人口基数大。其二，经济因素。我国农村经济整体发展水平较低；与城市居民相比，农民收入增长缓慢；不同地区经济发展不平衡。其三，政府和企业的财力有限，不能给予农民更多经济上的支持。其四，传统观念的影响。农民普遍受教育程度偏低，易受传统观念的影响，参加社会保险的意识薄弱，需要积极加以引导。

因此，在我国建立新型农村养老保险制度，既不能像西方高福利国家那样依靠政府财政的大力支持，采用现收现付制的模式，也应有别于我国城市已建立的政府、企业、个人共同筹资的模式。

2. 我国新型农村养老保险基本模式的特点。中国农村养老保险模式主要有以下几个特点：

第一，基金筹集实行个人缴费、集体补助、国家补贴相结合的原则，这是对 1992 年农村养老保险体系中过分强调农民个人在基金筹集中作用的模式进行改进的结果。

第二，实行储备积累，建立个人账户，农民个人缴费和集体补助全部记在个人名下，属个人所有，除政府补贴外可以依法继承。

第三，年满 60 周岁、未享受城镇职工基本养老保险待遇的农村有户籍的老年人，可以按月领取养老金。新农保制度实施时，已年满 60 周岁、未享受城镇职工基本养老保险待遇的，不用缴费，可以按月领取基础养老金，但其符合参保条件的子女应当参保缴费；距领取年龄不足 15 年的，应按年缴费，也允许补缴，累计缴费不超过 15 年；距领取年龄超过 15 年的，应按年缴费，累计缴费不少于 15 年。

第四，采取政府组织引导和农民自愿相结合的工作办法。这是我国农村经济发展不平衡所决定的过渡时期的工作方法，随着农村经济的发展，在有条件的地区将逐步加大政府推动的力度，以体现社会保险的特征。

（二）新型农村社会养老保险水平、范围的确定

1. 农村养老保险水平

农村养老保险水平主要包含两层含义：保险费的缴费标准和养老金的支付水平。因此，农村养老保险水平的确定应考虑如下因素：农村当地老年人的基本生活指标；农村对未来所期待的保障目标；农民的经济条件和经济承受能力；为了避免保险费的贬值而对保险费用指数化的调整标准。

2. 农村养老保险的对象

农村养老保险对象是指：应该覆盖的被保险人群。包括：年满 16 周岁（不含在校学生）、未参加城镇职工基本养老保险的农村居民，可以在户籍地自愿参加新农保。缴纳保险费的年龄一般为 20 周岁至 60 周岁。

（三）新型农村社会养老保险费的征收

农村养老保险基金的筹集应贯彻个人缴纳、集体补助和国家补贴相结合的原则。个人自愿分档缴纳养老保险费，有条件的村集体应当对参保人缴费给予补助，补助标准由村民委员会召开村民会议民主确定。鼓励其他经济组织、社会公益组织、个人为参保人缴费提供资助，中央政府和地方政府均对参保人给予适当补助。

参加新农保的农村居民应当按规定缴纳养老保险费。缴费标准目前设为每年 100 元、200 元、300 元、400 元、500 元 5 个档次，地方可以根据实际情况增设缴费档次。参保人自主选择档次缴费，多缴多得。国家依据农村居民人均纯收入增长等情况适时调整缴费档次。

政府对符合领取条件的参保人全额支付新农保基础养老金，其中中央财政对中西部地区按中央确定的基础养老金标准给予全额补助，对东部地区给予 50%的补助，地方政府应当对参保人缴费给予补贴，补贴标准不低于每人每年 30 元；对选择较高档次标准缴费的，可给予适当鼓励，具体标准和办法由省（区、市）人民政府确定。对农村重度残疾人等缴费困难群体，地方政府为其代缴部分或全部最低标准的养老保险费。在此前 55 元的标准下，财政对“新农保”、“城居保”待遇的补贴额度一年超过1 200亿元。

（四）新型农村社会养老保险基金的给付和监管

1. 新型农村养老保险费的给付

第一，给付条件。给付条件包括年龄限制和缴费期限制，即年满 60 周岁、未享受城镇职工基本养老保险待遇的农村有户籍的老年人，可以按月领取养老金。新农保制度实施时，已年满 60 周岁、未享受城镇职工基本养老保险待遇的，不用缴费，可以按月领取基础养老金，但其符合参保条件的子女应当参保缴费；距领取年龄不足 15 年的，应按年缴费，也允许补缴，累计缴费不超过 15 年；距领取年龄超过 15 年的，应按年缴费，累计缴费不少于 15 年。要引导中青年农民积极参保、长期缴费，长缴多得。具体办法由省（区、市）人民政府规定。

第二，给付标准和种类。养老金待遇由基础养老金和个人账户养老金组成，支付终身。中央确定的基础养老金标准为每人每月 55 元。地方政府可以根据实际情况提高基础养老金标准，对于长期缴费的农村居民，可适当加发基础养老金，提高和加发部分的资金由地方政府支出。个人账户养老金的月计发标准为个人账户全部储存额除以 139（与现行城镇职工基本养老保险个人账户养老金计发系数相同）。另外，保险对象领取养老保险金不足 10 年身亡者，养老金余额可以由继承人或指定受益人继承。参保人死亡，个人账户中的资金余额，除政府补贴外，可以依法继承。政府补贴余额用于继续支付其他参保人的养老金。经国务院批准，全国城乡居民基本养老保险基础养老金最低标准提高至每人每月 70 元，即在原每人每月 55 元的基础上增加 15 元，提高幅度为 27.3%，提高待遇从 2014 年 7 月 1 日算起。此次上调将惠及全国超过 1.4 亿城乡老年居民和数亿城乡家庭，受益面大，受益方式直接，有利于更好保障和改善低收入或无收入的城乡老年居民基本生活。同年，新农保和城居保实现并轨。居民养老保险制度实行个人缴费、集体补助、政府补贴相结合的筹资模式，养老金支付由个人账户养老金和政府承担的基础养老金两部分组成。

2. 新型农村养老保险基金的监督

各级人力资源和社会保障部门要切实履行新农保基金的监管职责，制定完善新农保各项业务管理规章制度，规范业务程序，建立健全内部控制制度和基金稽核制度，对基金的筹集、上解、划拨、发放进行监控和定期检查，并定期披露新农保基金筹集和支付信息，做到公开透明，加强社会监督。财政、监察、审计部门按各自职责实施监督，严禁挤占挪用，确保基金安全。试点地区新农保经办机构和村民委员会每年在行政村范围内对村内参保人缴费和待遇领取资格进行公示，接受群众监督。

第四节　农村医疗社会保障制度的改革与完善

一、医疗社会保障制度在农村的重要性

在农村有这样一句话：“小病养，大病扛，重病等着见阎王。”农民害怕

疾病，特别是大病、重病，因为这会使农民走进病与贫的恶性循环中。因病致贫是农村贫困现象大量存在并不断发生的重要原因。在我国贫困人口中，因病致贫的大约占三分之一甚至更多。因病致贫大体有以下三种情况：一是家庭主要劳动力患病，失去或部分丧失劳动能力，导致家庭收入的减少，并且加大医疗费用的支出，造成贫困；二是家庭成员有长期患病或患大病者，大幅度增加医疗费用的支出，有的甚至倾家荡产、负债累累而致贫；三是上述两种情况同时发生在一个家庭中，更是雪上加霜。病与贫之间往往出现的恶性循环为：疾病—贫困—无力医治—更加贫困—病情加重。

疾病并不可怕，让农民害怕的是昂贵的医疗费用，高昂的医疗费用把农民推向贫困的深渊。农村医疗保险通过收入的转移和资金的积累，对因疾病需要使用大量资金者提供必要帮助，减少农民的财务风险，它把少部分人的风险分摊给大部分人承担。通过医疗社会保障制度的建立解决农民的医疗费用是为了保障农民的正常生产和生活，避免因病致贫的发生。从某种意义上讲，农村医疗社会保障制度是农村的稳定器和安全网，是解决农民因病致贫的根本途径。

二、农村医疗社会保障制度的现状

如第六章所述，我国传统农村合作医疗制度曾经取得过巨大的历史成就，但却随着改革开放的不断推进日益失去了其固有的优势并逐步走向衰落。在传统农村合作医疗制度解体之后，农村医疗社会保障制度建设出现了巨大的空白。在农村医疗社会保障制度发展停滞不前的状态下，商业医疗保险进入了农村医疗保障领域并在一定范围内取得了不俗的成绩。然而，商业保险以盈利为目标的经济本性决定了这种医疗保障模式是无法长期在中国农村地区立足的，中国农村居民的医疗保障最终还是需要社会的力量来解决。随着改革开放的不断深入，农村市场经济发展迫切地需要建立农村医疗社会保障制度。各级政府的责任意识的不断增强、政府财政能力的不断提高、各种主客观因素的相互作用等都成为新型农村合作医疗制度诞生的重要条件。

目前，新型农村合作医疗制度的试点工作正在如火如荼地进行，随着这一制度的确立，我国农村居民的医疗问题终于重新有了制度保障。

三、新型农村合作医疗制度改革

（一）改革进程

1990 年，卫生部、国家计划委员会、农业部等联合发布的《我国农村实现“2000年人人享有卫生保健”的规划目标》中明确指出了我国农村卫生保健的最低目标。1991年国务院批转卫生部等部门《关于改革和加强农村医疗卫生工作请示的通知》，要求稳步推行合作医疗保健制度，为实现人人享有卫生保健提供社会保障。1993年国务院政研室和卫生部在全国范围内进行了调研，提出了《加快农村合作医疗保健制度改革和建设》的研究报告。此后，卫生部与世界卫生组织合作在7省14县进行了试点。1996年国务院批转了卫生部、国家计委、财政部、农业部、民政部《关于发展和完善农村合作医疗的若干意见》。

2002年中共中央、国务院发布《关于进一步加强农村卫生工作的决定》，首次提出“新型农村合作医疗制度”一词，要求“建立和完善农村合作医疗制度和医疗救助制度”，“各级政府要积极组织引导农民建立以大病统筹为主的新型农村合作医疗制度”，并首次明确承诺对农村合作医疗和医疗救助给予支持。国务院办公厅2003年转发的卫生部、财政部和农业部三部门《关于建立新型农村合作医疗制度的意见》中指出，2003年是中央政府财政开始对新型农村合作医疗的对象农民进行补贴的第一个年份，该意见的发布，可以视作新型农村合作医疗制度建立的真正开端。

（二）新型农村合作医疗制度的主要措施

2003年国务院办公厅发布的《关于建立新型农村合作医疗制度的意见》中明确规定了新型农村合作医疗制度的主要内容：

1. 目标和原则

新型农村合作医疗制度是由政府组织、引导、支持，农民自愿参加，个人、集体和政府多方筹资，以大病统筹为主的农民医疗互助共济制度。从2003年起，各省、自治区、直辖市至少要选择2~3个县（市）先行试点，取得经验后逐步推广。2008年在全国基本推行，到2010年，实现在全国建立基本覆盖农村居民的新型农村合作医疗制度的目标，减轻农民因疾病带来的经济负担，提高农民健康水平。

2. 组织管理

新型农村合作医疗制度一般采取以县（市）为单位进行统筹。条件不具备的地方，在起步阶段也可采取以乡（镇）为单位进行统筹，逐步向县（市）统筹过渡。要按照精简、效能的原则，建立新型农村合作医疗制度管理体制。省、地级人民政府成立由卫生、财政、农业、民政、审计、扶贫等部门组成的农村合作医疗协调小组。各级卫生行政部门内部应设立专门的农村合作医疗管理机构，原则上不增加编制。

县级人民政府成立由有关部门和参加合作医疗的农民代表组成的农村合作医疗管理委员会，负责有关组织、协调、管理和指导工作。委员会下设经办机构，负责具体业务工作，人员由县级人民政府调剂解决。根据需要在乡（镇）可设立派出机构（人员）或委托有关机构管理。经办机构的人员和工作经费列入同级财政预算，不得从农村合作医疗基金中提取。

3. 筹资标准

新型农村合作医疗制度实行个人缴费、集体扶持和政府资助相结合的筹资机制。

（1）农民个人每年的缴费标准不应低于 10 元，经济条件好的地区可相应提高缴费标准。乡镇企业职工（不含以农民家庭为单位参加新型农村合作医疗的人员）是否参加新型农村合作医疗由县级人民政府确定。

（2）有条件的乡村集体经济组织应对本地新型农村合作医疗制度给予适当扶持。扶持新型农村合作医疗的乡村集体经济组织类型、出资标准由县级人民政府确定，但集体出资部分不得向农民摊派。鼓励社会团体和个人资助新型农村合作医疗制度。

（3）地方财政每年对参加新型农村合作医疗农民的资助不低于人均 10 元，具体补助标准和分级负担比例由省级人民政府确定。经济较发达的东部地区，地方各级财政可适当增加投入。从 2003 年起，中央财政每年通过专项转移支付对中西部地区除市区以外的参加新型农村合作医疗的农民按人均 10 元安排补助资金。

新型农村合作医疗的筹资标准应该随着经济发展水平和农民收入水平的提高而不断提高。2009 年 7 月卫生部等七部委联合发布的《关于巩固和发展新型农村合作医疗制度的意见》指出，要根据各级政府财力状况和农民收入增长情况及承受能力，逐步提高财政补助标准及农民个人筹资水平，积极探索建立稳定可靠、合理增长的筹资机制。2009 年全国新型农村合作医疗筹资水平应达到 100 元，其中中央政府和地方政府各补助 40 元，农民个人缴费 20 元；2010 年全国新型农村合作医疗筹资水平应达到 150 元，其中中央政府和地方政府各补助 60 元，农民个人缴费 30 元。

4. 资金管理

农村合作医疗基金是由农民自愿缴纳、集体扶持、政府资助的民办公助社会性资金，要按照以收定支、收支平衡和公开、公平、公正的原则进行管理，必须专款专用，专户储存，不得挤占挪用。

农村合作医疗基金主要补助参加新型农村合作医疗农民的大额医疗费用或住院医疗费用。有条件的地方，可实行大额医疗费用补助与小额医疗费用补助结合的办法，既提高抗风险能力又兼顾农民受益面。对参加新型农村合作医疗的农民，年内没有动用农村合作医疗基金的，要安排进行一次常规性体检。各省、自治区、直辖市要制定农村合作医疗报销的基本药物目录。各县（市）要根据筹资总额，结合当地实际，科学合理地确定农村合作医疗基金的支付范围、支付标准和额度，确定常规性体检的具体检查项目和方式，防止农村合作医疗基金超支或过多结余。

（三）新型农村合作医疗制度的特点

建立以大病统筹为主、兼顾基本医疗为主要内容的新型农村合作医疗制度，旨在通过政府组织、引导、支持，农民自愿参加，个人、集体和政府多方筹资方式，建立可以使农民无病健康体检、小病自筹自用、大病统筹补助的农村新医疗机制，从而有效地解决农村中普遍存在的看病难问题，帮助农民增加抵御重大疾病的能力，促进农村的稳定与发展。

与过去相比，新的农村合作医疗制度呈现了政府责任、政府投入改供方为需方、以县为单位的大病统筹和大额医疗费用、以收定支收支平衡、管理和经办机构经费同级财政预算、管理体制、监督体制、医疗救助、承担公共卫生任务的九大新特点。具体归纳为以下几个方面：

1. 政府加大了对农村合作医疗的投入

最重要的表现是国家投入占主要部分。截至2008年年末，新型农村合作医疗规定，在强调农民必须自愿的原则下，基本上是农民每年人均缴纳20元，中央财政对参加新型农村合作医疗的农民每年按人均40元给予补助，地方财政对参加新型农村合作医疗的农民每年按人均不低于40元给予补助，可以说国家拿出大笔的钱，用于为农民解决看病难问题。进一步地完善了由个人缴费、集体扶持、政府资助相结合的筹资机制，有别于过去的合作医疗仅是农民自己出钱、互助共济的形式。国务院确定，按照每人每月70元的标准，由中央财政对中西部地区全额补助，对东部地区补助50%。2014年我国城乡居民基本医保财政补助标准提高到人均320元，2015年起，提高城乡居民医疗保险待遇标准。国务院决定，对城乡居民基本医疗保险的财政补助标准再次提高60元，达到人均380元。个人缴费标准提高30元，达到人均120元。新增资金重点用于全面实施城乡居民大病保险，以减轻困难家庭就医费用负担。

2. 提高了统筹的层次

过去的合作医疗以乡、村为单位开展，新型的农村合作医疗规定以县为单位统筹，条件不具备的地方可以从乡统筹起步，逐步向县统筹过渡，扩大了筹资范围，使合作医疗基金有所保障，增强了合作医疗的抗风险和监管的能力。

3. 强调了以大病统筹为重点

过去的合作医疗一般是平均主义的报销办法，资金的使用没有重点，大多数地区将保障的重点放在门诊和小病上，即“保小不保大”、“保医不保药”。新型的农村合作医疗以县为统筹单位，突出解决大病，“保大适度保小”，将大部分合作医疗资金用在大病、重病的报销上，着重解决农民因患大病而致贫、返贫的问题。

4. 坚持了农民自愿参加的原则

赋予了农民知情权和监督权，提高了农村合作医疗的公开性、公平性和公正性。

5. 加强了对农村合作医疗基金的监督管理

农村合作医疗经办机构要定期向农村合作医疗管理委员会汇报农村合作医疗基金的收支、使用情况；要采取张榜公布等措施，定期向社会公布农村合作医疗基金的具体收支、使用情况，保证参加合作医疗农民的参与、知情和监督的权利。审计部门要定期对农村合作医疗基金收支和管理情况进行审计。

6. 建立了农村合作医疗基金的管理方法

新型农村医疗合作制度的基金采取专户存储，专款专用的方式，严禁任何单位和个人违法挪用。参加合作医疗的农民到县（市）、乡（镇）、村定点医疗机构就诊时，可直接按规定减免或报销部分医药费用。定点医疗机构定期将所减免或报销的资金数额以及相关凭据报到县（市）或乡（镇）新型农村合作医疗经办机构，经审核后开具申请支付凭证，交由代理银行办理资金结算业务，直接将资金转入有关医疗机构的银行账户，做到新型农村合作医疗基金收支分离，管用分开，封闭运行。

7. 建立了医疗救济制度

民政部门和扶贫部门资助贫困农民参加新型农村合作医疗，充分考虑到了贫困农民的医疗问题。

（四）新型农村合作医疗制度改革进程中出现的困难和不足

1. 农民对新型合作医疗制度的认同度不高

农民是合作医疗制度的主体，农民对合作医疗的认识和接受程度至关重要。有些农民因贫困拿不出钱参加合作医疗，同时对疾病风险存在侥幸心理，没有一种固定的医疗消费投入意识。并且还有一些农民担心交了钱得不到实惠，对参加新型合作医疗采取观望、等待，甚至不信任的态度。

2. 农村医疗卫生资源不足

县医院、乡镇卫生院和村卫生所是农村的三级卫生服务网络。乡镇卫生院是新型合作医疗制度的一级医院，然而，国家对农村卫生院的投入很少。多数乡县财政较困难，导致乡镇卫生院资金不足，设备、条件极其简陋，医护人员素质不高，诊疗技术落后，难以满足新型合作医疗制度的需要。由于乡村卫生院难以体现出医疗社会保障的功能，直接降低了农民参加合作医疗的积极性。

3. 基金筹集、管理机制不健全

新型农村合作医疗制度实行个人缴费、集体扶持和政府资助相结合的筹资机制。中央、省、市财政的资金往往都能到位，但大多数地区的县、乡、镇财政往往入不敷出，拿不出合作医疗补助金。而且有的地方财政在资金投入上随意性很大，数额也没有统一标准，这样势必导致新型合作医疗制度的资金缺位。

4. 试点过滥，管理不规范

根据《中共中央、国务院关于进一步加强农村卫生工作的决定》的精神和国务院办公厅转发的《关于建立新型农村合作医疗制度的意见》的要求，从2003年起，各地开展基线调查，制定试点方案，展开试点工作。之后在没有规范操作模式的情况下，各地过多地强调因地制宜，合作医疗的形式多种多样，给统一管理、操作都带来了困难，推广更是成为一个难题，不利于农村合作医疗制度的健康发展。

经过了数年的不断探索和地域协调，卫生部、财政部在《关于做好2008年新型农村合作医疗工作的通知》中指出，各级卫生、财政部门要加大对尚未开展新型农村合作医疗地区的指导和支持力度，特别对老、少、边、穷县（市、区）要在政策和资金上给予重点扶持，确保这些县（市、区）新型农村合作医疗制度顺利启动，实现2008年新型农村合作医疗制度的全面覆盖。已经开展新型农村合作医疗的地区也要加大工作力度，巩固成果、完善制度，不断研究新情况、解决新问题，确保新型农村合作医疗制度平稳运行。

（五）城乡居民基本医疗保险

国务院2016年1月12日发布《国务院关于整合城乡居民基本医疗保险制度的意见》（国发〔2016〕3号）。城乡居民基本医疗保险是整合城镇居民基本医疗保险（简称城镇居民医保）和新型农村合作医疗（简称新农合）两项制度，建立统一的城乡居民基本医疗保险（简称城乡居民医保）制度。此意见明确了工作进度和责任分工。各省（区、市）要于2016年6月底前对整合城乡居民医保工作作出规划和部署，明确时间表、路线图，健全工作推进和考核评价机制，严格落实责任制，确保各项政策措施落实到位。各统筹地区要于2016年12月底前出台具体实施方案。

第五节 农村扶贫

1978年以来，随着经济体制改革的逐步深入和政府大规模扶贫计划的实施，我国农村绝对贫困人口的数量从2.5亿人下降到2002年的2 400多万人。虽然取得了举世瞩目的成就，但也存在着不容忽视的问题，从20世纪80年代后期到现在，绝对贫困人口数量下降极为缓慢。因此，对我国农村扶贫工作中存在的问题进行分析，并据此提出农村反贫困的路径选择，对我国现阶段扶贫工作具有重大的现实意义。

一、农村贫困的原因

（一）环境因素的影响

环境因素主要包括自然环境和社会环境。自然环境的优劣严重影响农民的温饱水平。恶劣的自然条件直接导致农业生产水平的低下与不稳定；另一方面，我国贫困地区大多处于边远山区，在地理上与经济中心拉开了距离，造成与主流经济、社会、文化的隔绝，缺乏发展商品经济的社会环境。

（二）人的因素影响

人的因素影响主要包括人的文化素质、人口出生率等因素。据对全国大多数贫困县的调查，贫困地区人口的文化程度都低于全国水平，而且中小学生流失严重，流失率上升。另外，贫困地区人口快速增长，从而造成了“越穷越生，越生越穷”的恶性循环，使得脱贫步履维艰。

（三）政策因素的影响

从宏观上看，新中国成立以来实行的农业支持工业，以乡村支持城市的政策，强化了历史上原来就存在的二元经济结构。从微观上看，我国对贫困地区的救济、开发、投入毕竟有限，难以照顾到所有贫困地区人口，不可能使之全面迅速地摆脱贫困。

二、扶贫开发的历程与成就

（一）我国扶贫开发的历程

中华人民共和国成立后，我国政府一直致力于发展生产、消除贫困的工作。但真正严格意义上的扶贫，是在改革开放以后提出并大规模实施的。从1978年到2000年，我国的扶贫开发大致经过了三个阶段。

1. 体制改革推动扶贫阶段（1978—1985年）

1978年，按中国政府确定的贫困标准统计，农村贫困人口为2.5亿人，占农村总人口的30.7%。导致这一时期大面积贫困的原因是多方面的，主要是农业经营体制不适应生产力发展需要，造成农民生产积极性低下。因此，制度的变革就成为缓解贫困的主要途径。

我国自1978年开始的改革，首先是土地经营制度的变革，即以家庭承包经营制度取代人民公社的集体经营制度。这种土地制度的变革极大地激发了农民的劳动热情，从而极大地解放了生产力，提高了土地产出率。与此同时，在农村进行的农产品价格逐步放开、大力发展乡镇企业等多项改革，也为解决农村的贫困问题打开了出路。这些改革促进了国民经济快速发展，并通过农产品价格的提升、农业产业结构向附加值更高的产业转化以及农村劳动力在非农领域就业三个方面的渠道，将利益传递到贫困人口，使贫困农民得以脱贫致富，农村贫困现象大幅度缓解。

据统计，从1978年到1985年，农村人均粮食产量增长14%，棉花增长73.9%，油料增长176.4%，肉类增长87.8%；农民人均纯收入增长了2.6倍；没有解决温饱的贫困人口从2.5亿人减少到1.25亿人，占农村人口的比例下降到14.8%；贫困人口平均每年减少1786万人。

2. 大规模开发式扶贫阶段（1986—1993年）

20世纪80年代中期，在改革开放政策的推动下，我国农村绝大多数地区凭借自身的发展优势，经济得到快速增长，但少数地区由于经济、社会、历史、自然、地理等方面的制约，发展相对滞后。贫困地区与其他地区，特别是与东部沿海发达地区在经济、社会、文化等方面的差距逐步扩大。我国农村发展不平衡问题凸显出来，低收入人口中有相当一部分人经济收入不能维持其生存的基本需要。

为进一步加大扶贫力度，我国政府自1986年起采取了一系列重大措施：

成立专门的扶贫工作机构，安排专项资金，制定专门的优惠政策，并对传统的救济式扶贫进行彻底改革，确定了开发式扶贫方针。自此，我国政府在全国范围内开展了有计划、有组织和大规模的开发式扶贫，我国的扶贫工作进入了一个新的历史时期。经过八年的不懈努力，国家重点扶持的贫困县农民人均纯收入从1986年的206元增加到1993年的483.7元；农村贫困人口由1.25亿人减少到8 000万人，平均每年减少640万人，年均递减6.2%；贫困人口占农村总人口的比重从14.8%下降到8.7%。

3. 扶贫攻坚阶段（1994—2000年）

随着农村改革的深入发展和国家扶贫开发力度的不断加大，我国贫困人口逐年减少，贫困特征也随之发生较大变化，贫困人口分布呈现明显的地缘性特征。这主要表现在贫困发生率向中西部倾斜，贫困人口集中分布在西南大石山区（缺土）、西北黄土高原区（严重缺水）、秦巴贫困山区（土地落差大、耕地少、交通状况恶劣、水土流失严重）以及青藏高寒区（积温严重不足）等几类地区。导致贫困的主要因素是自然条件恶劣、基础设施薄弱和社会发育落后等。

以1994年3月《国家八七扶贫攻坚计划》的公布实施为标志，我国的扶贫开发进入了攻坚阶段。《国家八七扶贫攻坚计划》明确提出，集中人力、物力、财力，动员社会各界力量，力争用七年左右的时间，到2000年年底基本解决农村贫困人口的温饱问题。这是新中国历史上第一个有明确目标、明确对象、明确措施和明确期限的扶贫开发行动纲领。

在1997年至1999年这三年中，我国每年有800万贫困人口解决了温饱问题，是进入20世纪90年代以来我国解决农村贫困人口的最高水平。到2000年年底，国家“八七”扶贫攻坚目标基本实现。

“十三五”规划纲要提出，推进精准扶贫精准脱贫。金融扶贫是一个重要力量。保险扶贫作为金融扶贫的重要组成部分，在投保便利、运作高效、承包对象针对性强等方面存在着较大优势，不仅能够帮助贫困户控制、管理可预知或不可预知风险，还能精准对接贫困户的多重保险需求，助其脱贫。未来，如何根据行业特点和发展实际，以直接或间接的方式实施“精准扶贫”，对于保险业来说，意义重大。

（二）我国扶贫开发取得的成就

经过20多年不懈的艰苦奋斗，我国的扶贫开发取得了巨大成就。

1. 解决了两亿多农村贫困人口的温饱问题

农村尚未解决温饱问题的贫困人口由1978年的2.5亿人减少到2000年的3 000万人，农村贫困发生率从30.7%下降到3%左右。其中，国家重点扶持贫困县的贫困人口从1994年的5 858万人减少到2000年的1 710万人。这些人主要是生活在自然条件恶劣地区的特困人口、少数社会保障对象以及部分残疾人。

2. 生产生活条件明显改善

1986年到2000年的15年间，在我国农村贫困地区修建基本农田9 915万亩，解决了7 725万多人和8 398万多头大牲畜的饮水困难。到2000年年底，贫困地区通电、通路、通邮、通电话的行政村分别达到95.5%、89%、69%和67.7%。

3. 经济发展速度明显加快

"八七"扶贫攻坚计划执行期间，国家重点扶持贫困县农业增加值增长54%，年均增长7.5%；工业增加值增长99.3%，年均增长12.2%；地方财政收入增加近1倍，年均增长12.9%；粮食产量增长12.3%，年均增长1.9%；农民人均纯收入从648元增加到1 337元，年均增长12.8%。

4. 各项社会事业发展较快

贫困地区人口过快增长的势头得到初步控制，人口自然增长率有所下降。办学条件得到改善，"两基"工作（即基本普及九年义务教育和基本扫除青壮年文盲）成绩显著，592个国家重点扶持贫困县中有318个实现了"两基"目标。职业教育和成人教育发展迅速，有效地提高了劳动者素质。大多数贫困地区乡镇卫生院得到改造或重新建设，缺医少药的状况得到缓解。推广了一大批农业实用技术，农民科学种田的水平明显提高。贫困地区95%的行政村能够收听收看到广播电视节目，群众的文化生活得到改善，精神面貌发生了很大变化。

5. 解决了一些集中连片贫困地区的温饱问题

沂蒙山区、井冈山区、大别山区、闽西南地区等革命老区群众的温饱问题已经基本解决。一些偏远山区和少数民族地区，面貌也有了很大的改变。历史上"苦瘠甲天下"的甘肃定西地区和宁夏的西海固地区，经过多年开发建设，基础设施和基本生产条件明显改善，贫困状况大为缓解。

缓解和消除贫困，最终实现全国人民的共同富裕，是社会主义的本质要求，是中国共产党和人民政府义不容辞的历史责任。改革开放以来，特别是实施《国家八七扶贫攻坚计划》以来，我国农村贫困现象明显缓解，贫困人口大幅度减少。到2000年年底，除了少数社会保障对象和生活在自然环境恶劣地区的特困人口以及部分残疾人以外，全国农村贫困人口的温饱问题已经基本解决，《国家八七扶贫攻坚计划》确定的战略目标基本实现。扶贫开发实现了贫困地区广大农民群众千百年来吃饱穿暖的愿望，为促进我国经济的发展、民族的团结、边疆的巩固和社会的稳定发挥了重要作用。在短短20多年时间里，我们解决了2亿多贫困人口的温饱问题，这在中国历史上和世界范围内都是了不起的成就，充分体现了有中国特色社会主义制度的优越性。

2015年10月16日，习近平在2015减贫与发展高层论坛上强调，中国扶贫攻坚工作实施精准扶贫方略，增加扶贫投入，出台优惠政策措施，坚持中国制度优势，注重六个精准，坚持分类施策，因人因地施策，因贫困原因施策，因贫困类型施策，通过扶持生产和就业发展一批，通过易地搬迁安置一批，通过生态保护脱贫一批，通过教育扶贫脱贫一批，通过低保政策兜底一批，广泛动员全社会力量参与扶贫。

三、农村扶贫工作存在的问题

我国贫困人口的收入水平较改革开放以前有了明显提高，特别是随着我国社会经济的快速发展，国家加大了对农村扶贫工作的投资力度，在不到20年的时间里，全国农村贫困人口减少了2亿人。但是，客观地评价当前农村的扶贫工作，仍存在一些问题。一是目前我国扶贫的标准是低水平的；二是较低的经济发展水平和社会基础设施以及人力资源开发，仍然制约了偏远山区的扶贫效果；三是受自然条件恶劣、社会保障系统薄弱和自身综合能力差等因素的限制，目前已经解决温饱问题的贫困人口还很容易重新返回到贫困状态；四是尽管扶贫开发已使广大农村贫困地区的贫穷落后状况明显改变，但贫困农户的基本生活条件还没有质的变化，贫困地区社会、文化落后的状况还没有得到根本的改观。

也就是说，基本解决农村贫困人口的温饱问题，只是完成扶贫历史任务的阶段性成果。在此基础上使贫困地区的人民生活实现小康，进而过上比较宽裕的生活，还需要一个长期的奋斗过程。

四、新时期的农村扶贫

党中央、国务院决定：从2001年到2010年集中力量加快贫困地区脱贫致富的进程，把我国扶贫开发事业推向一个新的阶段。这是贯彻邓小平同志“共同富裕”伟大构想和江泽民同志“三个代表”重要思想的一项战略决策，是全面建设小康社会、实现社会主义现代化建设第三步战略目标的一项重大举措。

（一）基本方针

1. 坚持开发式扶贫方针

以经济建设为中心，引导贫困地区群众在国家必要的帮助和扶持下，以市场为导向，调整经济结构，开发当地资源，发展商品生产，改善生产条件，走出一条符合实际的、有自己特色的发展道路。通过发展生产力，提高贫困农户自我积累、自我发展的能力。这是贫困地区脱贫致富的根本出路，也是扶贫工作必须长期坚持的基本方针。

2. 坚持综合开发、全面发展

把扶贫开发纳入国民经济和社会发展计划，要加强水利、交通、电力、通信等基础设施建设，重视科技、教育、卫生、文化事业的发展，改善社区环境，提高生活质量，促进贫困地区经济、社会的协调发展和全面进步。

3. 坚持可持续发展

扶贫开发必须与资源保护、生态建设相结合，与计划生育相结合，控制贫困地区人口的过快增长，实现资源、人口和环境的良性循环，提高贫困地区可持续发展的能力。

4. 坚持自力更生、艰苦奋斗

充分发挥贫困地区广大干部群众的积极性、创造性，自强不息，不等不靠，苦干实干，主要依靠自身的力量改变贫穷落后面貌。

5. 坚持政府主导、全社会共同参与

各级党委和政府要适应发展社会主义市场经济的要求，加强对扶贫开发工作的领导，不断加大工作和投入力度。同时，要发挥社会主义的政治优势，积极动员和组织社会各界，通过多种形式，支持贫困地区的开发建设。

（二）内容和途径

1. 继续把发展种养业作为扶贫开发的重点

因地制宜发展种养业是贫困地区增加收入、脱贫致富的最有效、最可靠途径。要集中力量帮助贫困群众发展有特色、有市场的种养业项目。贫困地区发展种养业要以增加贫困人口的收入为中心，依靠科技进步，着力优化品种、提高质量、增加效益；要以有利于改善生态环境为原则，加强生态环境的保护和建设，实现可持续发展。帮助贫困户发展种养业，一定要按照市场需求，选准产品和项目，搞好信息、技术、销售服务，确保增产增收。要尊重农民的生产经营自主权，注重示范引导，防止强迫命令。

2. 积极推进农业产业化经营

对具有资源优势和市场需求的农产品生产，要按照产业化发展方向，连片规划建设，形成有特色的区域性主导产业。积极发展“公司加农户”的订单农业。引导和鼓励具有市场开拓能力的大中型农产品加工企业到贫困地区建立原料生产基地，为贫困农户提供产前、产中、产后系列化服务，形成贸工农一体化、产供销一条龙的产业化经营。加强贫困地区农产品批发市场建设，进一步搞活流通，逐步形成规模化、专业化的生产格局。

3. 进一步改善贫困地区的基本生产生活条件

以贫困乡、村为单位，加强基本农田、基础设施、环境改造和公共服务设施建设。2010 年前，基本解决贫困地区人畜饮水困难，力争做到绝大多数行政村通电、通路、通邮、通电话、通广播电视。做到大多数贫困乡有卫生院、贫困村有卫生室，基本控制贫困地区的主要地方病。确保在贫困地区实现九年义务教育，进一步提高适龄儿童入学率。

4. 加大科技扶贫力度

在扶贫开发过程中，必须把科学技术的推广和应用作为一项重要内容，不断提高科技扶贫水平。无论是种植业、养殖业、加工业，都必须有先进实用的科学技术作为支持和保证。要充分利用科技资源和科技进步的成果，调动广大科技人员的积极性，鼓励他们到贫困地区创业，加速科技成果转化。要采取更积极的措施鼓励民间科研机构、各类农村合作组织和各类科研组织直接参加项目，在扶贫开发中发挥更重要的作用，并在科学技术推广工作中提高自身的水平，拓展更广阔的发展空间。各有关省、自治区、直辖市政府要安排资金，建立科技扶贫示范基地，注重示范效应，充分发挥科技在扶贫开发中的带动作用。

5. 努力提高贫困地区群众的科技文化素质

提高群众的综合素质特别是科技文化素质，是增加贫困人口经济收入的重要措施，也是促进贫困地区脱贫致富的根本途径。必须把对农民科技文化素质的培训作为扶贫开发的重要工作。切实加强基础教育，普遍提高贫困人口受教育的程度。实行农科教结合，普通教育、职业教育、成人教育统筹，有针对性地通过各类职业技术学校和各种不同类型的短期培训，增强农民掌握先进实用技术的能力。反对封建迷信，引导群众自觉移风易俗，革除落后生活习俗，不断发展社会主义精神文明。

6. 积极稳妥地扩大贫困地区劳务输出

加强贫困地区劳动力的职业技能培训，组织和引导劳动力健康有序流动。沿海发达地区和大中城市要按照同等优先的原则，积极吸纳贫困地区劳动力在本地区就业。贫困地区和发达地区可以就劳务输出形成合作关系，开展劳务协作。输入地和输出地政府都有责任保障输出劳动力的合法权益，关心他们的工作、生活，帮助解决实际困难和问题。

7. 稳步推进自愿移民搬迁

对目前极少数居住在生存条件恶劣、自然资源贫乏地区的特困人口，要结合退耕还林还草实行搬迁扶贫。要在搞好试点的基础上，制订具体规划，有计划、有组织、分阶段地进行；要坚持自愿原则，充分尊重农民意愿，不搞强迫命令；要因地制宜、量力而行、注重实效，采取多种形式，不搞“一刀切”；要十分细致地做好搬迁后的各项工作，确保搬得出来、稳得下来、富得起来。经济发达的省市要从全局出发，适当增加吸纳和安置来自贫困地区的迁移人口，并作为对口帮扶的一项重要措施来抓。地方各级政府要制定鼓励移民搬迁的优惠政策，处理好迁入人口和本地人口的关系，尽快提高迁入人口的收入水平和生活质量。县内的移民搬迁由县政府组织，跨县的由省级政府统一组织。要做好迁出地的计划生育和退耕还林还草工作，确保生态环境有明显改善。

8. 鼓励多种所有制经济组织参与扶贫开发

地方各级政府要创造良好的政策环境和投资条件，吸引多种所有制经济组织参与贫困地区的经济开发。对于适应市场需要，能够提高产业层次、带动千家万户增加收入的农产品加工企业，能够发挥贫困地区资源优势并改善生态环境的资源开发型企业，能够安排贫困地区剩余劳动力就业的劳动密集型企业，能够帮助贫困群众解决买难、卖难问题的市场流通企业，国家给予必要的政策扶持。

2015 年 6 月，习近平总书记在贵州调研期间提出了“扶贫开发贵在精准，重在精准，成败之举在于精准”的精准扶贫方针，要求将有限的扶贫资源瞄准最需要的贫困群体，最大限度地消除政策和资源偏离。互联网分享、远程、快捷的特点，使其在社会资源配置中能够有效发挥优化和集成作用。随着“互联网+”上升为国家战略，“互联网+精准扶贫”成为贫困地区发展后发赶超的重要抓手。推进“互联网+精准扶贫”，不仅需要扶贫对象的自发参与，更需要政府有所作为，以充分发挥互联网在贫困地区资源配置中的功能，推动各类资源向困难群众集结，实现脱贫致富。

2016 年，习近平在中央扶贫开发工作会议上强调，消除贫困、改善民生、逐步实现共同富裕，是社会主义的本质要求，是我们党的重要使命。全面建成小康社会，是我们对全国人民的庄严承诺。脱贫攻坚战的冲锋号已经吹响。我们要立下愚公移山志，咬定目标、苦干实干，坚决打赢脱贫攻坚战，确保到2020年所有贫困地区和贫困人口一道迈入全面小康社会。

要坚持精准扶贫、精准脱贫，重在提高脱贫攻坚成效。要解决好“扶持谁”的问题，确保把真正的贫困人口弄清楚，把贫困人口、贫困程度、致贫原因等搞清楚，以便做到因户施策、因人施策。要解决好“谁来扶”的问题，加快形成中央统筹、省（自治区、直辖市）负总责、市（地）县抓落实的扶贫开发工作机制，做到分工明确、责任清晰、任务到人、考核到位。

精准扶贫是为了精准脱贫。要设定时间表，实现有序退出，既要防止拖延病，又要防止急躁症。要留出缓冲期，在一定时间内实行摘帽不摘政策。要实行严格评估，按照摘帽标准验收。要实行逐户销号，做到脱贫到人，脱没脱贫要同群众一起算账，要群众认账。

五、农村社会保障发展趋势

当前，我国农村社会保障支出占财政支出的比例偏低，应通过完善制度，精准识别，开展低保等社会救助制度，对社会保障制度加以完善，使农村社会保障成为有效推进精准扶贫制度化的突破口。

首先，整合城乡居民基本养老保险制度。把现行的新型农村社会养老保险和城镇居民社会养老保险整合为统一的城乡居民基本养老保险制度，实现城乡居民在制度上的公平和公共资源上的共享。

其次，整合城乡居民基本医疗保险制度。2016年1月《国务院关于整合城乡居民基本医疗保险制度的意见》明确，要把现行的新型农村合作医疗制度和城镇居民基本医疗保险制度，整合为统一的城乡居民基本医疗保险制度。通过统一覆盖范围、筹资标准、保障待遇、医保目录、定点管理经办服务和基金管理，消除城乡居民医保分设、管理分割、资源分散等障碍，提高统筹层次，实现城乡居民在制度上的公平和公共资源上的共享，方便城乡居民医保关系转移接续，扩大选择就医的范围，提高报销比例。

最后，统筹城乡社会救助体系和扶贫政策。推进城乡最低生活保障制度共享发展，进一步健全社会救助体系，做好医疗、就业、教育、住房等专项救助与低保政策、扶贫政策的制度整合和待遇衔接。根据贫困家庭认定和居民经济状况核对等情况，有区别地提供专项社会救助。在实现专项救助向贫困家庭延伸，对贫困人口应保尽保的同时，按照低保线和扶贫线保持一致的要求，制定

低保标准动态调整办法，继续提高城乡低保和农村五保补助标准①

☞ 小结

党的十六大报告中明确指出“建立健全同经济发展水平相适应的社会保障体系是社会稳定和国家长治久安的重要保证”。农村劳动者与城市劳动者应该享有同等的权利，建立农村社会保障制度是农村劳动者享有公民基本权利的具体体现。要使农民老有所养、病有所医、困有所帮，迫切需要建立适合我国国情和地方经济发展实际的农村社会保障体系。建立健全农村社会保障体系最重要的是构建完善的农村养老保险制度和农村医疗保险制度。另外，农村扶贫工作也是农村社会保障体系的重要的组成部分。

☞ 重点名词

农村社会保障　农村医疗保险　农村养老保险　农村扶贫

☞ 复习思考题

1. 建立农村社会保障有什么重要意义？
2. 建立健全农村社会保障体系的基本原则和目标是什么？
3. 我国农村养老面临的问题主要有哪些？
4. 改进和完善我国农村医疗保险的对策有哪些？
5. 我国农村扶贫开发经历了哪几个阶段，各阶段的特点是什么？

① 曹建民．社保制度应与精准扶贫更好对接．经济日报，2016-08-12.

高等学校公共管理类系列教材

已出版:

- 社会保障学
- 地方政府学
- 行政文化学概论
- 中国行政制度史
- 公共部门公共关系学
- 政治学
- 行政监察学
- 公共管理学
- 公共政策学原理
- 行政法概论
- 管理学
- 领导学导论
- 公共部门人力资源开发与管理
- 行政学原理
- 公共组织理论
- 行政案例分析

武汉大学出版社（全国优秀出版社）